Deutsche Literatur des Expressionismus

Germanistische Lehrbuchsammlung

Herausgegeben von Hans-Gert Roloff

Band 40

PETER LANG

Bern · Frankfurt am Main · New York

Wolfgang Paulsen

Deutsche Literatur des Expressionismus

PETER LANG

Bern · Frankfurt am Main · New York

CIP-Kurztitelaufnahme der Deutschen Bibliothek

Paulsen, Wolfgang:
Deutsche Literatur des Expressionismus / Wolfgang Paulsen.
Bern; Frankfurt am Main; New York: Lang, 1983.
(Germanistische Lehrbuchsammlung; Bd. 40)

ISBN 3-261-03203-0

© Verlag Peter Lang AG, Bern 1983
Nachfolger des Verlages der Herbert Lang & Cie AG, Bern

Rolf Bongs

Dem Dichter, dem Menschen, dem Freund

IN MEMORIAM

Inhalt

I. Der Expressionismus im historischen Kontext 9

  1. Das deutsche Phänomen und die 'Moderne' 9
  2. Der Expressionismus als 'Bewegung' 18
  3. Die 'bürgerliche Familienhölle' 29
  4. Die Rolle der Frau im Expressionismus 38

II. Der Expressionismus innerhalb der Stilgeschichte 42

  1. Sprache und Form 42
  2. Von Nietzsche zu Marinetti und Dada 51
  3. Zur Frage der Aufgliederung des Expressionismus 57
  4. Die Wegbereiter 61
    Herwarth Walden 61
    Franz Pfemfert 62
    Kurt Hiller 63
    Kurt Pinthus 64

III. Die expressionistischen Dichter und ihr Werk 67

  1. Vorbemerkungen zur Anlage der Darstellung 67
  2. Die Rolle der Lyrik 69
  3. Die Rolle der Dramatik 71
  4. Die Rolle der Epik: Roman und Erzählung 73

IV. Das lyrische Werk des Expressionismus 76

  1. Die Lyrik in der Frühzeit des Expressionismus 76
    Jakob van Hoddis und Alfred Lichtenstein 77
    Georg Heym / Ernst Blass / Ernst Wilhelm Lotz / Paul Boldt   82
    Ernst Stadler 91
    Georg Trakl / Albert Ehrenstein 100
    Franz Werfel 108
  2. Die Lyrik des 'Hochexpressionismus' 115
    Gottfried Benn 117
    August Stramm 122
    Johannes R. Becher 125
    Max Herrmann-Neiße 127

V. Das Drama des Expressionismus 129

  1. Die frühen dramatischen Experimente 129
    Ernst Barlach 133
  2. Der Durchbruch zum expressionistischen Drama 139
    Carl Sternheim 140

3. Das Verwandlungsdrama 147
   Reinhard J. Sorge 151
   Walter Hasenclever und Arnolt Bronnen 156
   Hans Henny Jahnn 161
   Georg Kaiser 164
   Paul Kornfeld 173
   Fritz von Unruh 174
   Reinhard Goering 178
4. Die aktivistisch-pazifistische Dramatik des Spätexpressionis-
   mus 182
   Gustav Sack und Ludwig Rubiner 182
   Ernst Toller 183

VI. Die Prosadichtung des Expressionismus 186

1. Zur Frage der Vorläuferschaft 186
   Leonhard Frank / Albert Paris von Gütersloh / Alfred Kubin 188
   Jakob Wassermann 190
2. Frühexpressionistische Prosa 194
   Carl Einstein 194
   Franz Jung 196
   Gottfried Benn 199
   Gustav Sack und Reinhard Goering 200
   Albert Ehrenstein 201
3. Die Prosa des Hochexpressionismus 202
   Kasimir Edschmid 202
   Alfred Döblin 204
   Hans Henny Jahnn 211
   Franz Kafka 211

Auswahlbibliographie 216

Weitere Forschungsliteratur 224

Register 229

Die Konstellation des Menschengeschlechts
hat sich gewandelt. Das Vollkommene
ist sauer geworden.
Hans Henny Jahnn, «Perrudja»

I. Der Expressionismus im historischen Kontext

1. Das deutsche Phänomen und die 'Moderne'

Als Jakob van Hoddis im Januar 1911 sein berühmt gewordenes Gedicht
«Weltende» schrieb, mit dem Kurt Pinthus rund zehn Jahre später seine
Menschheitsdämmerung einleitete, gab es noch keinen 'Expressionismus'.
Der Name, also die Bezeichnung als solche, kam erst auf der Ausstellung
der Berliner Sezession von 1911 auf, an der auch einige Pariser 'Fauvisten',
die sich selbst freilich nie als Expressionisten empfunden haben, beteiligt
waren, war also zunächst eine Angelegenheit der Malerei. Es mag nur eine
Anekdote sein – die freilich viel für sich hat –, daß der Kunsthändler und
Verleger Paul Cassirer das Wort als Aperçu hingeworfen habe, als er – Armin Arnold zufolge sogar schon 1910 – gefragt wurde, ob Pechstein (nach
anderen die Fauvisten) nun noch Impressionisten seien, worauf er geantwortet haben soll: Nein, das sind Expressionisten. Die Bestimmung der
neuen Malerei als Expressionismus findet sich erstmalig in der Einleitung
zum Ausstellungskatalog der Sezession und wurde daraufhin auch von der
Tageskritik aufgegriffen (6, 11). Daß Arnold sie später dann für England
schon um die Mitte des vorigen Jahrhunderts (6, 7) und Helmut Kreuzer
sie für Amerika im Jahre 1878 in Charles de Kays *The Bohemian. A Tra-
gedy of Modern Life* hat belegen können (19, 285, Anm. 12), ist in unserem
Zusammenhang nur amüsant; es beweist höchstens, wie leicht Vorsilben
sich in ihr Gegenteil vertauschen lassen. Was uns an Kreuzers Entdeckung
allerdings stutzig macht, ist, daß das Wort hier bereits im Zusammenhang
mit der Boheme auftaucht.
   Die bildende Kunst war der Literatur also um einiges voraus, und zwar
nicht nur in Berlin, wo unter anderen auch Barlach an der Sezession beteiligt gewesen war, sondern vorher schon in Wien, der Hochburg des noch
an die Tradition gebundenen Ästhetizismus, gegen den die neuen Impulse
sich vornehmlich richten sollten. In Wien war es bereits 1909 bei der Uraufführung von Kokoschkas *Mörder [,] Hoffnung der Frauen* – er selbst hat
den Titel mit und ohne Komma benutzt – zu einem Theaterskandal gekommen. Der Autor hatte mit dem Stück seine in der Malerei gemachten
Kunsterfahrungen auf die Literatur und speziell auf die Bühne zu übertra-

gen gesucht und damit auf die «expressionistische Kunstwende als jener um der Erde, des Menschen, um des Künstlers, des Kunstwerks willen unternommenen existentiellen Revolution» (28, 45) – wobei man sich freilich unter einer «existentiellen Revolution» nicht viel vorstellen kann – hingeleitet. Noch heute wird man in nichtdeutschen Ländern zuerst an die Malerei und nicht an die Dichtung denken, wenn vom deutschen Expressionismus die Rede ist, was allerdings auch daran liegt, daß die Malerei nicht erst die Sprach-Barriere zu überwinden hat. Trotzdem hat Ernst Bloch sicher recht, wenn er im Verlaufe der sogenannten Moskauer Expressionismus-Debatte während der frühen Hitler-Jahre «die expressionistischen Bilder» für «viel bezeichnender für die Bewegung» hielt «als die Literatur» (13, 96; 45, 182). Aufschlußreich für diese Vorherrschaft der bildenden Künste und die Faszination, die von ihnen ausging, ist sicher auch der Umstand, daß noch keine deutsche Kulturperiode so viele Doppeltalente hervorgebracht hat wie der Expressionismus – Maler vor allem, denen das Hinübergreifen in die Dichtung notwendig war, von Kandinsky und Kokoschka über Barlach, Ludwig Meidner, Hans Arp, Kurt Schwitters bis umgekehrt zu dem späten Fritz von Unruh, zu Lothar Schreyer und dem frühen George Grosz, den Mehr-als-nur-Sonntagsmaler August Stramm nicht zu vergessen. Nicht bei allen lag dabei das Hauptgewicht auf dem Visuellen der Malerei, in manchen Fällen steht die eine Kunst gleichberechtigt neben der anderen: Diese Dinge sind schwer auszumachen. Schon Else Lasker-Schüler hatte über die dichterische Aussage hinweg zur Zeichnung gegriffen, um ihre Traumwelt zu realisieren, und auch bei Kafka finden sich solche Versuche. Es ließen sich unschwer noch weitere Beispiele aus dem weiteren Umkreis des Expressionismus für diese schöpferischen Grenzüberschreitungen beibringen: Paris von Gütersloh, Alfred Kubin, Hermann Hesse: Das alles war wohl eher zeitsymptomatisch als typisch für den Expressionismus. Kunst war nun eben Kunst, wie immer sie sich realisierte. Man hatte die Angst vor dem Dilettieren verloren, weil es nun auf etwas anderes ankam: die unbedingte Selbstaussage. Keine der Künste unterstand mehr der ihr eigenen Autorität.

Das alles ist Teil des 'Neuen', das heraufkam: Es setzte sich über das 'Alte' hinweg, weil dieses 'Alte' – man könnte es unter dem Begriff 'Tradition' zusammenfassen – in eine schwere Krise geraten war, so daß man in letzter Zeit von einem 'Traditionsbruch' hat sprechen können (151, 60; 144 passim), den man entweder auf das Jahr 1910 oder drei Jahre später festgelegt hat. Bei dieser Gelegenheit spricht man gerne von einer expressionistischen Revolution, die das Antlitz der Erde für immer verändert habe, was in mancher Hinsicht sicher stimmt, in anderer aber auch wieder nicht. Revolutionär war die 'Bewegung' schon deswegen nicht, weil sie über ihre Herausforderung des Status quo kaum hinausgekommen ist, sich also in der Negation im wesentlichen erschöpft hat. Außerdem wurden von ihr fast ausschließlich bürgerliche Schichten erfaßt, deren Sache – wenigstens in Deutschland – Revolutionen gewöhnlich nicht sind. Das Motto des Bürgers war seit jeher 'Ruhe und Ordnung'.

10

Um diese Zusammenhänge richtig in den Blick zu bekommen, muß man die speziell deutschen Verhältnisse zu Beginn unseres Jahrhunderts in Betracht ziehen. Das Bürgertum hatte im Wilhelminischen Zeitalter über alle ökonomischen Krisen hinweg eine Prosperität ohnegleichen erlebt, damit aber zugleich die Angst kennengelernt, mit der man das so Gewonnene, weil man ihm doch nicht so recht traute, betrachtete. Man konzentrierte daher alle seine Energien auf deren Erhaltung und ergab sich damit einer materialistischen Weltanschauung, die das Gegenteil war von dem, was bisher als unbedingter Maßstab für ein sinnvolles Leben gegolten hatte: die Aufrechterhaltung der 'deutschen', sich auf Weimar berufenden Tradition. So war das Bürgertum mit sich selbst in Widerstreit geraten, und die junge, nach der Jahrhundertwende heraufkommende Generation war nicht mehr bereit, diesen Widerspruch hinzunehmen. Wenn der Bürger es aber dennoch dazu kommen ließ, mußte der politisch-ökonomische Druck von oben so groß geworden sein, daß alle Notventile versagten und der Gegendruck von unten sich zu konsolidieren vermochte.

Das alles ist hinlänglich bekannt. Was den Expressionismus betrifft, so ist daher die Frage zu stellen, ob der Druck von oben, also die Unter-Drückung wesentlicher Schichten der Bevölkerung, zu Beginn unseres Jahrhunderts wirklich so unerträglich geworden war, daß der Gegendruck in Form einer 'revolutionären' Explosion unvermeidlich wurde. Die Frage ist leichter zu stellen als zu beantworten. Preußen-Deutschland war fraglos ein Polizeistaat, und wenn auch die 'Ruhe und Ordnung', die der Bürger braucht, seit eh und je polizeilich abgesichert war, hatten sich doch die gesellschaftlichen Verhältnisse während des späten 19. Jahrhunderts so tiefgreifend verändert, daß der Polizeischutz nur noch in beschränktem Maße dem Bürger zugute kam, vor allem aber dem politisch-ökonomischen, längst überlebten 'System', nämlich dem absterbenden Feudalstaat diente, der sich mit allen ihm zur Verfügung stehenden Mitteln an der Macht zu halten suchte. Um statt vieler anderer Augenzeugen wenigstens Fontane zu zitieren, der, selbst ein Mann von durchaus konservativer Disposition, 1896 an seinen Freund Georg Friedlaender schrieb: «Alles, was jetzt bei uns obenauf ist [. . .], ist mir grenzenlos zuwider: dieser beschränkte, selbstsüchtige, rappschige Adel, diese verlogene oder bornierte Kirchlichkeit, dieser ewige Reserve-Offizier, dieser greuliche Byzantinismus. Ein bestimmtes Maß von Genugtuung verschafft einem nur Bismarck» – für den Fontane sonst wenig übrig hatte – «und die Sozialdemokratie, die beide auch nichts taugen, aber wenigstens nicht kriechen» (51, 305). Ein Ressentiment gegen die 'Verhältnisse' hatte sich offensichtlich aufgespeichert, das sich nicht nur gegen die regierenden Oberschichten richtete, sondern gerade auch gegen das auf diese Oberschichten eingespielte Bürgertum. Das waren aber nicht die Schichten, von denen sich eine Revolution erwarten ließ. Und doch schied dieses Bürgertum offensichtlich Schichten von sich ab, die im Verlaufe der Jahre ihre Stimme gegen die von Fontane – und ähnlich von anderen – charakterisierten Zustände erhoben. Gesellschaftskritik war zum mindesten seit dem Naturalismus in Deutschland durchaus an der Tagesordnung, aber man wich doch vor dem offenen und letztlich aussichtslosen Kampf gegen die herrschende Ordnung ins Ästhetische aus. Dieses Ausweichen hat in Deutschland natürlich seine Geschichte. Während noch vor einem knappen Jahrhundert für die vor dem Polizeistaat Metternichs und seiner deutschen Bundesgenossen in die Gefilde des Biedermeierlichen ausweichende Kunst das Erbe Weimars absolute Gültigkeit besessen hatte, hat sich das zu Beginn unseres Jahrhunderts durch den immer gröbere Formen annehmenden bürgerlichen Materialismus von Grund auf geändert – Fontane hat ihn in *Frau Jenny Treibel* bereits an den Pranger gestellt. Die Tradition trug nicht mehr, und um sie dennoch zu bewahren, mußte man schon eine sehr reaktionäre Position beziehen, wie es denn auch von mancher Seite her (George, Hofmannsthal, Paul Ernst und vielen anderen) geschehen ist. Ihre Bemühungen um Erhaltung des Status quo waren weitgehend (und auf die Dauer) vergeblich – ja, in mancher Hinsicht haben sie dem 'Neuen' sogar Vorschub geleistet, stand man doch auf demselben Boden und zog an demselben Tau, nur in verschiedene Richtungen. Das gilt besonders für George, dessen Denkformen die expressionistischen Neuerer durch die Bank ablehnten, während seine Bemühungen um Sprache und Dichtung sie weiterhin faszinierten, schöpften sie doch alle aus demselben Quell: der Gedankenwelt Friedrich Nietzsches.

Kurz damit der Expressionismus, ein im wesentlichen deutsches Phänomen, der deutschen Geistesgeschichte hoffnungslos ausgeliefert? Diese Meinung hat Fritz Martini in seiner die Expressionismus-Forschung nach dem letzten Krieg wieder rehabilitierenden Schrift *Was war Expressionismus?* (119) vertreten, während andere darin eine europäische Kunsterfahrung sehen zu können glaubten. Er sei, meinte Martini, «eine wesentlich deutsche Erscheinung» gewesen (13, 138), aber auch er fügte die Einschränkung hinzu, daß man in ihm «Symptom und Ausdruck einer Weltkrise auf allen Gebieten» zu sehen habe, deren Wirkung «noch heute keineswegs historisch» geworden sei (13, 137 und 147). Wie immer man diese «deutschen Verhältnisse» sieht, sie sind sicher aus dem europäischen Erlebnis-Zusammenhang nicht herauszulösen. Sehr überzeugend hat Walter H. Sokel schon 1959 in seinem immer noch grundlegenden Buch über den Expressionismus (167) diese Zusammenhänge gesehen und ihre Manifestationen als die der 'Moderne' bestimmt, während Wilhelm Emrich ein Jahr später «die Kunstrevolution von 1910 bis 1925 [. . .] eine große Wellenbewegung in dem großen Strom der modernen Kunst» genannt (13, 188) und Sokel damit im Grunde zugestimmt hat, wie im Prinzip auch noch Richard Brinkmann, der bekennt, er könne sich «der pauschalen und unqualifizierten Form», in der Sokels Thesen als 'falsch' hingestellt worden sind, «nicht anschließen» (19, 175). Trotzdem läßt sich gegen den Begriff der 'Moderne' als Epochenbezeichnung natürlich manches einwenden – vor allem gegen seine Weitmaschigkeit. So hat Hans Robert Jauß mit Recht darauf aufmerksam gemacht, daß geistige Bewegungen sich schon seit dem Mittelalter ihren Vorläufern gegenüber gerne als 'modern' empfunden haben, und das sogar auf Lateinisch (77, passim). Wenn wir heute von der 'Moderne' sprechen, geht es allerdings doch wohl um mehr als ein sich von einem 'Alten' abhebendes 'Neues', liegen dem Begriff tiefgreifende Verschiebungen in den gesellschaftlichen und kulturellen Voraussetzungen zugrunde, die das Gesamte unserer Lebens- und Denkformen erfaßt haben.

Trotzdem wird man innerhalb dieses ganzen Problemkreises die deutsche Komponente doch betonen müssen. Nicht nur die 'deutschen Verhältnisse' an sich unterschieden sich seit der Aufklärung wesentlich von denen in anderen europäischen Ländern, auch die Reaktionen auf diese Verhältnisse seitens der von ihnen Betroffenen haben bis in die Kunst hinein – und hier am leichtesten nachweisbar – eine unverkennbar nationale Färbung. So konnte Wolfgang Rothe im letzten seiner vielen Beiträge zur Expressionismus-Forschung die seitdem oft zitierte Feststellung machen, daß der Expressionismus als kulturelle Gesamterscheinung «die maßgebliche deutsche Kulturbewegung (v. Sydow) des 20. Jahrhunderts» gewesen sei (148, 9). Man mag zu den speziellen Leistungen dieses Expressionismus besonders in der Literatur stehen, wie man will – als Gesamterscheinung war er ein Phänomen von epochaler Bedeutung, hat er die Voraussetzungen für ein völlig neues Kunstverständnis geschaffen, das für die ganze Folgezeit bis in unsere Tage im weitesten europäischen Rahmen seine Gültigkeit behalten sollte. Damit aber kommt der Bewegung eine Bedeutung zu, die noch keine frühere deutsche in dieser Form gehabt hat – auch die Romantik nicht.

Daß eine solche Rezeption überhaupt möglich war, deutet andererseits darauf hin, daß die westliche Welt, wenn auch auf verschiedene Weise und aus unterschiedlichen Gründen, auf dieses 'Neue' bereits vorbereitet war. Das von Freud später diagnostizierte 'Unbehagen in der Kultur' ist ja keineswegs ein Produkt speziell deutscher Verhältnisse, wie sehr diese ihm auch als konkrete Anhaltspunkte gedient haben mochten. Nur so ist es zu erklären, daß ziemlich gleichzeitig mit den ersten Regungen dessen, was man später in Deutschland als 'Frühexpressionismus' gekennzeichnet hat, in Frankreich die 'Fauves' (d.h. 'die Wilden') ihre Front gegen den französischen Impressionismus bezogen und in Italien die Futuristen auf italienisch-temperamentvolle Weise unter der Leitung des nicht weniger 'wilden' Marinetti den kulturellen Status quo ihres Heimatlandes herausforderten. In jedem Fall ging es um gesellschaftlich bedingte, aber auf kulturellem Boden ausgetragene 'Bewegungen'. Ja, das Argument läßt sich vertreten, daß auch Hofmannsthals vielberufener 'Lord-Chandos-Brief' aus dem Jahre 1902 bereits in diesen Zusammenhang gehört, indem er die Kommunikationsfähigkeit der tradierten Sprache in Frage stellte – ein frühes Symptom jedenfalls für die zunehmende Beunruhigung der künstlerisch Engagierten, die dann keine zehn Jahre später im Expressionismus ihre sehr unhofmannsthalschen Folgen zeitigen sollte. Spätestens seit dem Ende des ersten Jahrzehnts mehrten sich die Anzeichen, daß das traditionelle Kunstverständnis erschüttert war. Es ist aber eines, die überkommene Formensprache abzulehnen, und ein anderes, eine neue an ihre Stelle zu setzen. Einig war man sich, ausgesprochen oder unausgesprochen, in der

Negation. Bei der Zertrümmerung des 'Erbes' aber flogen die Stücke in die verschiedensten Richtungen. Den aus der Tradition Entlassenen blieb nichts anderes übrig, als ihre eigenen Wege zu gehen. Aber so frei, wie man sich wähnte, war man doch nicht: Aus der zertrümmerten Tradition ließ sich manches herüberretten und den eigenen Bedürfnissen anpassen. Auch die nun überhand nehmende Gesetzlosigkeit unterstand immer noch einem obersten Gesetz, dem Gesetz nämlich der kreativistisch ausgewerteten Gesetzlosigkeit, die sich am ehesten noch mit dem durch Nietzsche (und andere) ausgelösten Vitalismus in Zusammenhang bringen läßt. Außerdem konnte man sich auf die Anregungen stützen, die den deutschen Frondisten aus dem Ausland zukamen: auf die an der Ausstellung der Berliner Sezession von 1910 beteiligten 'Fauves' und auf Marinetti bei seinem turbulenten Auftreten in Berlin drei Jahre später – nicht zuletzt aber auch auf Strindberg und sein 'Stationendrama', auf Walt Whitman, Maeterlinck, Verlaine, Rimbaud und selbst noch auf Baudelaire. «Völlig Unvereinbares» sei in die «literarische Revolution von 1910–1925 eingegangen», stellt Wilhelm Emrich in seinem Expressionismus-Essay fest (13, 180). Der sogenannte 'Traditionsbruch' war eben doch weniger radikal, als man es hingestellt hat. Das 'Erbe' zerbrach einem unter den Händen, ganz überwinden aber ließ es sich nicht. Man könnte geradezu von einer Ambivalenz im Verhalten diesem Erbe gegenüber sprechen. Auch wenn der Krug 'zerbrochen' war, gaben die Scherben doch noch allerlei her. Voller innerer Widersprüche war die angetretene Erbschaft, und sie spiegelten sich in den immer wieder in offene Fehden ausbrechenden Divergenzen im Denken der so inkohärenten expressionistischen Gruppierungen, um am Ende zu ihrer schließlichen Auflösung Wesentliches beizutragen.

Das aber heißt, daß die Brüchigkeit, von der zu reden war, nicht nur die Tradition, sondern auch das, was sich an ihre Stelle drängte, betrifft. Der 'Bruch' ging ebenso durch die Reihen der Provokateure. Das klassische Beispiel dafür, aber nicht das einzige, ist das im Grunde widersinnige Verhältnis von italienischem Futurismus und deutschem Expressionismus. Während nämlich die 'malaise', von der die jungen Deutschen ergriffen waren, sich gegen nichts so eindeutig richtete wie gegen eine selbst zur Maschine gewordene und damit seelisch-geistig verkümmerte bürgerliche Welt – was keineswegs identisch ist mit dem Leben in der Großstadt, wie noch zu zeigen sein wird –, proklamierten die Futuristen gerade das heraufkommende Maschinenzeitalter, begeisterten sich naiv an Flugzeugen und Automobilen und begrüßten zur gegebenen Stunde auch den Krieg als große kulturelle Seelenreinigung. In ihren Manifesten beriefen sie eine neue, auf die Technik eingeschworene Kunst. Einen größeren Gegensatz zu dem, was die deutschen Expressionisten bewegte, läßt sich kaum denken, auch wenn es unter ihnen hier und da zunächst zu einer rein patriotisch motivierten Kriegsbegeisterung kommen konnte. Was die beiden Bewegungen über alle Mißverständnisse hinweg verband, war ein aus Nietzsche, Bergson und anderen herausdestillierter Vitalismus. Wieder einmal überschwemmte die Flut der Emotionalitäten alle Bereiche der Rationalität. Mit ihrer überschäumenden Lebensbegeisterung rissen die Futuristen während Marinettis Berliner Besuch die jungen Intellektuellen, die nicht wußten, wie ihnen geschah, mit sich fort, versorgten sie mit bisher ungeahnten Sensationen, inszenierten für sie einen wahrhaften, ganz Berlin erfassenden Kunst-Karneval.

Vergegenwärtigt man sich diese Lage der Dinge und nimmt hinzu, daß der Expressionismus im 'Dritten Reich' als 'entartete Kunst' diffamiert worden ist, muß dessen pauschale Verurteilung durch Georg Lukács als eine der «bürgerlich-ideologischen Strömungen» befremden, auch wenn er sein so unverständliches Urteil dadurch zu mildern suchte, daß er in ihm «zweifellos nur *eine von vielen*» Strömungen sehen wollte, «die später im Faschismus» mündeten, während er gleichzeitig nicht umhin konnte zuzugeben, daß «viele Expressionisten und ihnen nahestehende Schriftsteller (z.B. Heinrich Mann) [...] auch politisch mehr oder weniger links eingestellt gewesen» waren (13, 33 u. 40). Dies «mehr oder weniger links» ist in seinem Sprachgebrauch natürlich alles andere als eine Ehrenrettung, denn die «mehr oder weniger links» Eingestellten waren ihm ein besonderer Dorn im Auge. Es handle sich in diesem Falle, meinte er, «nicht um die persönliche Entwicklung einzelner zum Faschismus, [...] sondern um den Entwicklungsgang einer Ideologie» (ebda., 33). Mit solchen Formulierungen konfrontiert sich nur eine Ideologie mit einer anderen, eine Ideologie zudem, die, was die Literatur betrifft, sich auf den Boden eben jenes Realismus stellt, mit dem die Expressionisten so erfolgreich gebrochen hatten, sich also als eine höchst unzeitgemäße Betrachtung erweist. Sein sich so vehement gebender Essay war 1934 innerhalb der Moskauer Expressionismus-Debatte unter dem nicht gerade sehr originellen Titel «'Größe und Verfall' des Expressionismus» erschienen und segelte schon insofern unter falscher Flagge, als darin wohl von einem 'Verfall', aber nirgendwo auch von der 'Größe' des Expressionismus die Rede war – ja, auch der 'Verfall' wurde nicht eigentlich dem Expressionismus, sondern der bürgerlichen Gesellschaft angelastet, als deren Produkt er zu gelten hatte. Kein Wort davon, daß die Expressionisten durch den Bruch mit dieser Gesellschaft zu sich selbst gefunden hatten und gleichsam an ihrem Rande dahinlebten. Wir könnten über diese schiefen Urteile von Lukács heute stillschweigend hinweggehen, sie als ein kurioses Denkmal in der Geschichte der Expressionismus-Rezeption auf sich beruhen lassen, wenn sie nicht auch in der Expressionismus-Debatte unserer Tage immer wieder auftauchten. Wieviel richtiger und sachkundiger hat Herwarth Walden dann wenige Jahre später innerhalb derselben Moskauer Debatte die Zusammenhänge gesehen, wenn er betonte, daß «*gegen* den Expressionismus» alles kämpfte, was später «zum Faschismus führte» (13, 81).

Es hat kaum eine Erscheinung in der Geschichte der deutschen Literatur gegeben, über die die Meinungen derart auseinandergehen wie über den Expressionismus. Während dessen erster Chronist, Albert Soergel, 1925 noch alles mögliche zum mindesten «im Banne des Expressionismus» – so der Titel des zweiten Bandes seiner Darstellung der *Dichtung und Dichter der*

Zeit (164) – sah, war Gottfried Benn, der es eigentlich hätte wissen müssen, gar nicht so sicher, daß es ihn überhaupt gegeben habe. *Expressiv – was ist nun das und was ist Expressionismus? Gab es ihn überhaupt?* fragte er allen Ernstes in der Einleitung zu seiner bekannten Anthologie *Lyrik des expressionistischen Jahrzehnts* (15), um ihn dann doch ungeniert in den Titel seiner – übrigens nicht von ihm selbst zusammengestellten – Sammlung zu setzen. Tatsächlich haben sich auch nur sehr wenige Expressionisten expressis verbis als solche bekannt. Selbst Döblin, der sich zum mindesten in einigen seiner frühen Erzählungen, aber auch in seinen großen Romanen vom *Wang-lun* bis zum *Wallenstein* expressionistischer Stilmittel bediente, empfand sich eher als einen Erneuerer des Naturalismus denn als Expressionisten. Als der Expressionismus dann in den späten zwanziger Jahren politisch verdächtig wurde, kam er doch – ebenso wie Benn nach seiner Bekehrung vom Nationalsozialismus – zu seiner Verteidigung, obgleich er sich selbst schon von ihm distanziert hatte. *Worin bestand das Verbrechen des konsequenten Expressionismus?* lautete seine recht rhetorische Frage in einem Brief aus dem Dezember 1927 an Emil Faktor und Herbert Ihering. *Daß er die Selbstherrlichkeit des leeren Wortes, der toten, von ihm sinnlich genannten Worthülle, Tonhülle verkündete; er machte die Worte zu bloßen Tönen und Geräuschen, er steuerte die Wortkunst auf die Klippe der Musik* (34, *Briefe,* 134). Das klingt zwar wenig nach einem neonaturalistischen Programm, um das es Döblin in seiner expressionistischen Zeit gegangen war, bezeichnet vielmehr die Erfahrungen mit Dichtung, die er dem Sturm-Kreis verdankte. Hier hatte dessen Heerführer Walden ja auch August Stramm ausdrücklich auf das theoretische Werk von Arno Holz verwiesen. Wir werden uns mit dem frühen Döblin wie auch mit dem wohl radikalsten Expressionisten August Stramm noch eingehender zu befassen haben. Welche Stellung zwischen den Zeiten, denen des ausgehenden Realismus (also des Naturalismus) und der 'Neuen Sachlichkeit', die ja keineswegs nur als eine Abkehr vom Expressionismus zu verstehen ist, der Expressionismus bezog, wird deutlich, wenn man diese 'Nahtstellen' genauer ins Auge faßt.

Es darf deswegen nicht verwundern, wenn man bis in die Forschung unserer Tage hinein immer wieder auf ein Mißbehagen mit der Bestimmung des Expressionismus als 'Bewegung' stößt. Benns Frage, was das nun eigentlich sei, hat sich augenscheinlich nicht befriedigend beantworten lassen. Woran liegt das? In der Hauptsache sicher daran, daß man den Expressionismus als Epochenbezeichnung nahm, womit man schon deswegen nicht zurechtkam, weil der 'Traditionsbruch' eben doch kein vollkommener gewesen war: Die immer noch an der Tradition festhaltende Literatur ging weiterhin ihre traditionellen Wege, beherrschte wohl auch noch den Büchermarkt. Außerdem darf man nicht aus dem Auge verlieren, daß der Expressionismus überhaupt auf relativ enge Kreise beschränkt blieb, die sich oft genug gehörig in Szene zu setzen hatten, um überhaupt gehört zu werden, und daß diese Kreise ihre Zentren in nur wenigen Großstädten hatten. Wir haben es hier also mit einer Avantgarde zu tun, deren Bedeutung nicht unterbewertet wird, wenn man sie lediglich als das nimmt, was sie war – eine bedeutsame und folgenreiche 'Bewegung', aber keine 'Epoche'. Von einer nur «verhältnismäßig engen Zirkelbewegung der 'radikalen' Intellektuellenkreise in den letzten Vorkriegsjahren» hatte schon Lukács mit gutem Recht in der Expressionismus-Debatte gesprochen (13, 20/1). Selbst von einem 'expressionistischen Jahrzehnt' im Sinne Benns kann nur dann die Rede sein, wenn man die Zahlen etwas willkürlich abrundet, denn der Expressionismus hat sich immerhin, in aufsteigender wie absteigender Linie, beinahe zwei Jahrzehnte lang zu behaupten vermocht.

Dieses Unsicherheitsgefühl dem Terminus 'Expressionismus' gegenüber hat natürlich seine guten Gründe, denn letzten Endes hat es so viele Expressionismen gegeben wie Expressionisten. Aber war das in den Bewegungen früherer Zeiten anders – etwa in der Romantik? 'Bewegungen' kommen durch Anstöße zustande, die gleichzeitig 'Abstöße' und damit Gegenbewegungen sind. Es geht allem Anschein nach immer darum, daß sich individuelle, natürlich durch ihre Zeit bedingte Denkformen gegen einen sozialen und kulturellen Status quo durchzusetzen vermögen, wobei ihnen in diesem Status quo etwas entgegenkommt, ihnen sozusagen den Boden bereitet hat. Diese Zusammenhänge haben die Literaturkritik immer schon beschäftigt, ohne daß sie dafür bisher gesicherte Kriterien entwickelt hätte. Das war fraglos in der Expressionismus-Forschung bis heute der Fall und konnte schon deswegen nicht anders sein, weil die Kritik von demselben 'Traditionsbruch' betroffen war wie Kunst und Literatur.

Wo aber die Tradition ihre Dienste versagt, wird das Schaffen des Künstlers wie des Dichters zunächst zu einem 'ego-trip': Er hat sich jeweils seine Wege in das sich vor ihm auftuende Neuland selbst zu bahnen, während er gleichzeitig, aus einem ganz natürlichen menschlichen Bedürfnis heraus, sein Vorgehen dadurch zu stützen sucht, daß er sich um den Anschluß an andere bemüht, die sich in demselben Dilemma befinden wie er. Daher wäre unsere Behauptung, daß es so viele Expressionismen gegeben habe wie Expressionisten, dahin zu ergänzen, daß diesem individuell aufgespaltenen Expressionismus die Tendenz zur Gruppenbildung entspricht. Man neigt heute dazu, eine solche Lage der Dinge mit dem Begriff 'Dialektik' zu erfassen. Wem damit gedient ist, mache davon den nötigen Gebrauch.

Unsere Überlegungen haben uns geholfen, das Problem, mit dem wir es beim Expressionismus zu tun haben, in seinen großen Umrissen sichtbar zu machen, aber sie sind offenbar doch wenig geeignet, auch konkrete Einsichten zu vermitteln. Die Feststellung einer mehr oder weniger totalen Divergenz der individuellen Bestrebungen – auch wo diese sich vorübergehend in Gruppen zusammenbündeln lassen – erleichtert uns keineswegs unsere Aufgabe. Sie ist erst zu lösen, wenn es gelingt, hinter dem Divergierenden das Gemeinsame herauszuarbeiten. Worin aber lägen die Gemeinsamkeiten von Expressionisten wie Werfel und Benn, von Sorge, Kaiser, Kafka und Sternheim? In vielen Fällen hat man sich die Aufgabe dadurch zu erleichtern gesucht, daß man Autoren wie Kafka und Sternheim aus dem Bereich des Expressionismus einfach ausschloß. Gewiß gibt es dafür

17

sogar stichhaltige Gründe, aber diese selben Gründe ließen sich dann auch auf andere, darunter die bedeutsamsten Talente der 'Bewegung', anwenden – sicher auf Barlach, meines Erachtens sogar auf Kaiser. Es bliebe uns am Expressionismus wenig in den Händen – so wenig sogar, daß man sich fragen müßte, ob es sich überhaupt verlohne, ihm so viel Aufmerksamkeit zuzuwenden, denn das, 'was bleibt' – um auf den Titel des einst vielbeachteten Buches von Eduard Engel anzuspielen –, wäre gerade das Minderwertigste an dieser eben doch um eine Erneuerung der Kunst bemühten Bewegung.

Wir werden uns also nach verläßlicheren Kategorien umzusehen haben und sind der Meinung, daß es diese tatsächlich gibt. Vorher aber wäre zu klären, was wir überhaupt unter einer 'Bewegung' verstehen, wenn wir vom Expressionismus sprechen. Wir haben uns daher zunächst auf einen Umweg zu begeben, der vor allem dazu angetan ist, die weiteren Zusammenhänge, in denen der Expressionismus zu sehen ist, zu verdeutlichen.

2. Der Expressionismus als 'Bewegung'

Wenn wir den Expressionismus als eine Bewegung verstehen, bedarf auch dieser Terminus 'Bewegung' einer Präzisierung: Er hat etwas Mißliches und führt leicht zu Mißverständnissen. Entwertet wurde er – oder doch in einem bestimmten Sinnbezug festgelegt, ob man sich dessen nun bewußt ist oder nicht – durch die Hitlerei, die sich bekanntlich als 'Bewegung' verstand, aber auch durch Bezeichnungen wie Jugend- oder jetzt auch Frauen-'Bewegung'. In jedem Falle handelte es sich um organisierte Massen-Bewegungen verschiedenen Formats mit einem mehr oder weniger durchgeformten Programm. In diesem Sinne war der Expressionismus allerdings keine 'Bewegung', er war es aber in jenem anderen, demzufolge eine gewisse soziale und damit auch kulturelle Konstellation etwas 'in Bewegung' brachte, die 'Gemüter bewegte' und eben jene Beunruhigung verursachte, von der bereits zu sprechen war. Solche Bewegungen – man könnte sie auch 'Strömungen' nennen – sind nichts Neues, ganz sicher nicht ein Merkmal der 'Moderne'. Sie sind Symptome für innere Zustände – oder genauer: für Verschiebungen innerhalb dieser Zustände, die sich konkretisieren wollen. Eine Bewegung in diesem sich der genaueren Bestimmung entziehenden Sinne war auch schon der Sturm und Drang, der ja nur in der deutschen Literaturgeschichte sein Sonderplätzchen gefunden hat und insofern ein spezifisch deutsches Phänomen war, während das übrige Europa ihn als frühe Erscheinungsform der Romantik nimmt. Hier wie da und anderwärts geht es um vor-revolutionäre Erscheinungen innerhalb der Gesellschaft, denen nur die unabdingbaren politischen Voraussetzungen fehlen oder gefehlt haben, um zu wirklichen Revolutionen zu führen. Oder anders ausgedrückt: Dieser vor-revolutionäre Impetus brach sich am Widerstand der auf ihn nicht hinreichend vorbereiteten Gesellschaft und ließ sich ins Ästhetische ablenken, wo er nicht mehr voll zur Auswirkung kommen konnte.

Betrachtet man nun die geistigen Zusammenhänge aus gehöriger Distanz, muß man den Einsatzpunkt der 'Moderne' wohl mit dem Ende des Realismus und dem Heraufkommen des Naturalismus ansetzen, wie es Walter Falk in seinem für unsere Darstellung grundlegenden Buch *Der kollektive Traum vom Krieg* (47) auch getan hat. Wir werden im weiteren Verlauf unserer Darstellung auf die von ihm herausgearbeiteten Kategorien noch genauer eingehen müssen. Daß die Entwicklung vom Naturalismus zum Expressionismus in gerader, wenn auch teilweise verdeckter Richtung verlief, ließe sich unschwer an mancherlei Erscheinungsformen nachweisen. Dabei bleibt freilich zu bedenken, daß der Naturalismus in Deutschland weitgehend Importware blieb – auch Holz und Hauptmann vermochten ja nicht lange bei der Stange zu bleiben – und erst in seiner Spätform, die sich den spezifisch deutschen Verhältnissen angepaßt hatte – also insbesondere bei Wedekind –, die Fundamente herausbilden konnte, auf denen die Expressionisten dann weiterbauen sollten. Daher die Bewunderung der Expressionisten für Wedekind und die anderen Vertreter dieses Spätnaturalismus, insbesondere den frühen Heinrich Mann, während andererseits keineswegs alles, was auf Wedekind zurückgriff, notwendig auch in den Expressionismus münden mußte: Das beste Beispiel für dieses Festhalten an den Wedekindschen Positionen wäre Heinrich Lautensack (speziell mit seiner *Pfarrhauskomödie* [1911]), dessen Werk eher der Heimatdichtung als dem Expressionismus zuzurechnen ist.

Viele der späteren Expressionisten haben tatsächlich mit rein naturalistischen, auf Ibsen oder Hauptmann zurückgreifenden Experimenten begonnen - so Hasenclever, Sternheim, Stramm und andere. Benn und Döblin wären denen zuzurechnen, die sich auch in späteren Jahren noch zum Naturalismus bekannt haben. Im Naturalismus ging es ganz bewußt um den Versuch, den gewandelten gesellschaftlichen und ökonomischen Verhältnissen in der Literatur Rechnung zu tragen, wobei man in Deutschland nun zum ersten Mal sein Augenmerk speziell auf die auch hier jetzt voll in Erscheinung tretende Großstadt richtete. Gerade damit aber stieß man auf den größten Widerstand, weil die Einwohner dieser Großstadt – und das war zunächst nur Berlin – noch durchaus in kleinstädtischen Formen dachten und als deutsches 'Bildungsbürgertum' fest entschlossen waren, an der (Weimarer) Tradition festzuhalten: Sie lehnten das 'Häßliche' ab, weil ihnen das 'Schöne' immer noch als ästhetische Norm galt – das war schon bei Fontane nicht anders gewesen, der das 'Häßliche' durch das 'Schöne' verklärt wissen wollte.

Es war wohl so, daß der neugebackene deutsche Großstädter die Großstadt als solche mit all ihren Lebensbedingungen noch nicht zu akzeptieren bereit war. So hielt er denn nostalgisch an der 'Natur' fest, die ihm die aus den naturalistischen Impulsen hervorgegangene Heimatkunst, die sich noch einmal wieder auf die Provinz zurückgezogen hatte, in reichem Maße lieferte. Daß es sich auch in diesem Fall nicht nur um deutsche, sondern gleichzeitig um gemein-europäische Reaktionen auf die Großstadt (Hamsun, Giono, der amerikanischen 'Regionalism') handelte, braucht uns in unserem Zusammenhang nicht zu beschäftigen.

Der Naturalismus als solcher blieb in Deutschland ziemlich wirkungslos. Den richtigen Instinkt für das, was er hier zu leisten hatte, besaß vor allem Wedekind, der dessen Stoßrichtung weg von den 'Verhältnissen' auf die Mentalität der für sie verantwortlichen bürgerlichen Gesellschaft richtete: auf ihre materialistischen Denkformen mit ihrer im Unwahren versteinerten Mentalität. Damit aber traf er diese Gesellschaft an ihrer verwundbarsten Stelle. Seine spezielle Kritik ist heute bereits – oder schon seit langem – historisch geworden, und das – wie in *Frühlings Erwachen* – bis zur unfreiwilligen Komik. Wichtiger ist, daß er sich für seine Argumentation eine Darstellungsform schuf, die dem Theater ganz neue Wege öffnete. Den Ausweg aus der von ihm aufgezeigten Konfliktsituation wies bereits in den letzten Jahrzehnten des vorigen Jahrhunderts eine den bürgerlichen Denkformen entsprechende Reaktion, die die verschiedensten, auch heute noch nicht leicht unter ein Dach zu bringenden Formen annahm und sich als Neuromantik, Neo-Klassizismus, Jugendstil oder Impressionismus gab. Sie alle meinen wir, wenn wir diese Bestrebungen etwas summarisch als 'Kunstperiode' bezeichnen. Es ist die Zeit, gegen deren Ende die heraufkommenden Expressionisten ihre ersten, oft entscheidenden künstlerischen Erfahrungen gemacht haben. Diese ihre Erfahrungen aber wurden für sie überschattet durch die volltönenden Worte Nietzsches mit ihrem die Zeit faszinierenden neuen Evangelium.

Wir können diese Zusammenhänge hier nur kurz skizzieren und müssen sie im weiteren Franz Norbert Mennemeiers Darstellung in dieser Reihe überlassen. Uns kann es lediglich darum gehen, die weiteren Perspektiven, in denen der Expressionismus zu sehen ist, wenigstens anzudeuten. Die junge Dichtergeneration, die im ersten Jahrzehnt unseres Jahrhunderts – der ausgehenden 'Kunstperiode' also – zumeist noch auf den Schulbänken saß, sah sich jedenfalls vor ganz neue Probleme gestellt, ohne sie auch schon durchschauen zu können. Was sie, mehr in ihrer jugendlich überhitzten Phantasie als in der Wirklichkeit, erlebte und dann auch zu getalten suchte, trug, wie in Heyms Dichtungen, Hans Mayer zufolge «unheimliche Züge» (13, 271). Mayer irrte sich aber gewaltig, wenn er meinte, daß «eine heimliche Sehnsucht nach dem Landleben, dem Dorf und dem Wald» in ihren Dichtungen mitgeschwungen habe (ebda). Derartiges träfe nur auf die in die Großstadt verschlagenen Provinzler wie Paul Zech zu sowie auf die, die eine deutsche Großstadt gar nicht kannten, wie Ernst Stadler, den Karl Ludwig Schneider und Edgar Lohner (112) dem Expressionismus überhaupt noch nicht so recht zuzurechnen wagten, nicht zu vergessen die dem Expressionismus gewöhnlich doch Zugeschlagenen, die – wie Ernst Barlach oder Gustav Sack – so intensiv mit sich selbst beschäftigt waren (auch Hans Henny Jahnn gehört zu ihnen), daß sie sich auf sich selbst zurückzogen, was dabei freilich mit einem Eingehen in die Natur zusammenfallen konnte, dann allerdings das Moment von «Dorf und Wald» um ein Erhebliches transzendierte.

Bei dieser Großstadtdichtung geht es zunächst noch nicht um Roman und Drama, sondern um die so viel unverbindlichere und unmittelbarere

20

Lyrik, von der Lohner, im Gegensatz zu Mayer, schon vor Jahren feststellen konnte, daß sie «nahezu gänzlich naturfremd und ohne die Folie der Großstadt gar nicht zu denken» wäre (ebda). Eine solche Regel läßt natürlich, wie jede andere, ihre Ausnahmen zu. *Wir wollen die Großstädte dichten, die beinahe so jung sind wie wir,* schrieb der dem Expressionismus wenigstens nahestehende Oskar Loerke 1912 programmatisch in der Zeitschrift *Zeit im Bild,* und noch vierzehn Jahre später äußerte er sich in der Rückschau sehr ähnlich: *Ich habe die moderne Großstadt erlebt als ein Stück Natur.* In diesem Zusammenhang erinnert man sich an das schöne, in die *Menschheitsdämmerung* miteingegangene Gedicht von Alfred Wolfenstein «Nacht im Dorfe», in dem er sich als ein in ein Dorf verschlagener Großstädter sah. Die ersten Strophen dieses Gedichtes lauten:

> Vor der verschlungenen Finsternis stöhnt
> Stöhnt mein Mund.
> Ich, an Lärmen unruhig gewöhnt,
> Starre suchend rund:
>
> Berge von Bäumen behaart ruhn
> Schwarz wüst herein,
> Was ihre Straßen nun tun
> Äußert kein Schein, kein Schrei'n.
>
> Aber ein wenig sich zu irrn
> Wünscht, wünscht mein Ohr,
> Schwänge nur eines Käfers Schwirrn
> Mir ein Auto vor.
>
> Wäre nur ein Fenster drüben bewohnt,
> Doch im gewölbten Haus
> Nichts als Sterne und hohlen Mond
> – Halt ich nicht aus – (124, 64)

Die romantische Sehnsucht nach der Natur hat sich in ihr Gegenteil verkehrt.

Die Großstadt verfügt über andere Requisiten als die Natur. Es ist bekannt, welche Rolle die Eisenbahnlyrik im Expressionismus gespielt hat: Wir werden darauf noch verschiedentlich Bezug zu nehmen haben. Schon die Naturalisten hatten die Eisenbahn thematisiert, die Futuristen sie dann zusammen mit allem Motorisierten, Auto und Flugzeug, begeistert 'gefeiert'. Auch die Expressionisten konnten sich den durch die Technik vermittelten neuen Erlebnismöglichkeiten nicht entziehen und haben sie dynamisiert. Karlheinz Daniels spricht von der positiven Einschätzung «der Maschine als Instrument menschlicher Lebenserweiterung und -vertiefung, nicht von ungefähr in Verbindung mit einem Motiv, das als typischer Ausdruck expressionistischen Lebensgefühls gelten kann: Bewegung» (26, 172). Und doch erweist sich diese ihre Großstadtverbundenheit letztlich als von höchst komplexer Natur: Die Großstadt war nicht nur die ihnen vertraute Welt, sie verfügte auch, wie auf exemplarische Weise in Heyms Gedichten, über ihre eigenen 'unheimlichen' Götter, und gerade das Vertraute konnte sich ihnen ins Erschreckende und Absurde verzerren (van Hoddis, Lichtenstein). Die Großstadt zeigte ihnen somit ein doppeltes Gesicht: Sie war für sie das schlechthin Gegebene und damit 'Natürliche', gleichzeitig verkörperte sie aber auch die massive Bürgerlichkeit mit ihrer ihnen so anstößigen Weltordnung. Das Leben in ihr konnte ihnen zum Narkotikum werden, aber es grenzte auch immer an Tod und Vernichtung. Natürlich kam es daher oft genug zu ausgesprochenen Ausbrüchen von «Großstadt-Überdruß» (26, 178), wie überhaupt ihr gegenüber mit den verschiedensten Gefühlsschattierungen zu rechnen ist: Man wird diese Gefühle sehr sorgfältig zu sondieren haben, und eine so kategorische Behauptung wie die Russel E. Browns, der «Großstadtdichter» Wolfenstein habe die Großstadt gehaßt (21, 264), ist daher in dieser Form nicht haltbar, was ja auch aus dem bereits herangezogenen Gedicht hervorgeht. 'Überdruß' und 'Haß' sind außerdem sehr verschiedene Gefühlsregungen.

Daß zu derselben Zeit, etwa seit 1907, in der sich die ersten vorexpressionistischen Kreise bildeten, auch die sogenannte 'Jugendbewegung', mit der Klampfe unter dem Arm und die im *Zupfgeigenhansl* gesammelten Lieder singend, die deutschen Lande zu durchstreichen begann, hat in gewisser Hinsicht als Parallelerscheinung zu gelten, war aber doch vor allem eine Reaktion auf die Natur-Ferne der modernen Großstadt. Der unbequemen Konfrontation mit ihr als einer gesellschaftlichen Gegebenheit wich man wochenendweise aus und suchte die Gesellschaft durch die Gemeinschaft zu ersetzen, während die jungen Expressionisten, denen zeitweise Ähnliches vorschwebte, es immer nur zu sehr locker gefügten Kreis-Bildungen brachten, zu meist recht unverbindlichen Gemeinsamkeiten. Von der Jugendbewegung, aber nicht von diesen expressionistischen Zirkeln – obgleich Lukács ihren vagen Antikapitalismus ebenfalls mit dem Adjektiv 'romantisch' belegt hat (13, 39) – ließe sich sagen, sie sei rousseauistisch im Fahrwasser einer verbürgerlichten Spätromantik dahergekommen, junge 'Taugenichtse', zu denen auch die 'neuromantischen Seelenvagabunden' gehören, deren Reflexe in der Literatur Jost Hermand uns in so amüsanten Farben als reinsten Kitsch geschildert hat (65, 95–115). Mit Hesses Knulp an der Spitze erlaubten sie es dem Leser, auf dem Sofa ausgestreckt, an ihren jugendlichen Triebhaftigkeiten teilzunehmen, ohne sich erst selbst den Unbequemlichkeiten des Herumvagabundierens auszusetzen. Denn der Bürger hat ja durchaus ein Herz auch für das Unbürgerliche, solange ihm seine Welt dadurch nicht in Unordnung gerät. Das aber, so fühlte er, drohte ihm von einer so tief im Chaos des Subjektivistischen befangenen Bewegung, die nicht in die Natur, sondern auf den Umwegen über Kunst und Ästhetik in freilich höchst fragmentierte, sich gelegentlich aber auch recht revolutionär gebärdende intellektuelle Utopien flüchtete.

Einer solchen Bewegung war innerhalb des Bürgertums in der Form der an ihrem Rande dahinexistierenden Boheme seit langem der Boden bereitet. Wir können ihr und ihrer Geschichte hier nicht im einzelnen nachgehen und verweisen statt dessen auf Helmut Kreuzers Darstellung (103). Seit dem 18. Jahrhundert war sie der Sammelpunkt derer gewesen, die die bürgerliche Ordnung mit ihrem 'Arbeitsethos' und ihrer restriktiven Moralität ablehnten und leichten Herzens auf die ihnen durch diese Ordnung garantierten Segnungen zugunsten einer Freiheit verzichteten, die sie zu nichts verpflichtete. Man lebte dem Leben und einer Kunst, die selten über das Niveau des Dilettantischen hinauskam. Wir kennen diesen Lebensstil sicher unzureichend und ungebührlich sentimentalisiert aus Oper und Roman. Die künstlerische Betätigung hat innerhalb der bürgerlichen Welt nichts so in Verruf gebracht wie dieser dem Vorwurf der Lebensuntüchtigkeit permanent ausgesetzte, gleichsam professionelle Dilettantismus. Je mehr das Bürgertum sich gegen Ende des vorigen Jahrhunderts in seinen Lebensformen verhärtete, eben weil es sich in ihnen bedroht fühlte, um so größer wurde das Mißtrauen, mit dem man dem sich in Versen ergehenden jungen Menschen in seiner Mitte begegnete. Wie sich das abspielte, kann man in Thomas Manns «Tonio Kröger», aber auch in den Biographien so mancher Expressionisten nachlesen.

Bis zu dieser Zeit hatte sich die Boheme in der breiteren Öffentlichkeit kaum zu Wort gemeldet. Wenn man sie sehen wollte, mußte man sie in Paris oder Schwabing aufsuchen. Das änderte sich bald nach der Jahrhundertwende, als es – besonders in Berlin – zu einer «raschen Ausbreitung der Bohème» kam (151, 89), und zwar durch einen erheblichen Zuzug aus dem mittleren bis oberen Bürgertum. Werner Kohlschmidt hat feststellen können, daß es «vorwiegend Großbürgertum» war, aus dem die jungen Expressionisten «stammten und das sie in sich und an sich durch ihren revolutionären Einsatz» – oder was sie dafür halten mochten – «korrigieren wollten», und daß man weiterhin «im Expressionismus [. . .] so gut wie auf kein Kind oder Glied der 'werktätigen Klasse'» stoße – vielleicht, wie er meinte, mit Ausnahme Paul Zechs und Leonhard Franks, für die aber «das zeitweilige Dasein als Arbeiter oder Chauffeur mehr eine sentimentalisch demonstrative Gleichstellung mit der Handarbeit als naive Existenz» bedeutet habe (100, 441 und 440). So ganz dürfte das nicht stimmen, denn Reinhold Grimm zufolge war wenigstens Frank «als viertes Kind einer Arbeiterfamilie» in Würzburg aufgewachsen (62, 191), womit dieser aber doch nur die Ausnahme von der Regel wäre, denn Gerrit Engelke, ebenfalls ein Arbeitersohn, hat den Expressionismus kaum tangiert. Im wesentlichen traf daher Alfred Richard Meyer trotzdem das Richtige, wenn er in seinen Erinnerungen die Teilnahme seiner speziellen Freunde an Bachmairs kurzlebiger Zeitschrift *Revolution* damit erklärte, «daß wir, obgleich wir, nein: da wir eben aus der Bourgeois-Sphäre entsprungen waren, dem erstickenden Vacuum leiblicher Saturation nicht unterliegen wollten» (125, 41). Man muß sich das 'geistige Proletariat' – wenn das die richtige Bezeichnung ist – vor Augen führen, wie es Roy F. Allens detaillierter Beschreibung (2) zufolge die Berliner Cafés in den Jahren unmittelbar vor dem Krieg bevölkerte, um das alles bestätigt zu finden. Was im einzelnen in diese Boheme eingegangen ist, und sicher auch aus dem niederen Mittelstand, läßt sich wahrscheinlich nicht mehr genau ausmachen. Das Phänomen an sich aber sollte für uns nicht viel Verwunderliches haben, denn ein halbes Jahrhundert später und wieder nach einer langen Friedenszeit und einer nicht bewältigten Prosperität (A. R. Meyers 'Sättigung') haben die Dinge in den sechziger Jahren, und zum Teil noch bis in unsere Tage hinein, bei allen zeitgeschichtlichen Unterschieden ganz ähnlich gelegen. Natürlich hat es in früheren Zeiten auch schon Generationsprobleme gegeben, aber man darf sich da durch äußere Ähnlichkeiten nicht täuschen lassen, wie das zum Beispiel

Werner Kohlschmidt getan hat, wenn er die bei den Expressionisten diagnostizierte Ausgangssituation schon eine Generation früher im Wiener Kreis um Hofmannsthal herausspüren zu können glaubte. Auch hier, meinte er, hätten wir es mit einer 'übersättigten' Jugend zu tun gehabt. Wie leicht aber ist eine Jugend aus solchen Kreisen 'übersättigt', ohne daraus dann gleich auch dieselben Konsequenzen zu ziehen! 'Übersättigt' war man sicher hier wie da – aber wovon? Und was tat man dagegen? Diese österreichische Übersättigung hat schließlich Hofmannsthal selbst in seinem *Der Tor und der Tod* gestaltet, und welch andere Formen hatte sie da angenommen! Die österreichischen Verhältnisse (wie die süddeutschen) unterschieden sich auch zur Zeit des Expressionismus noch wesentlich von den für die Bewegung doch symptomatischeren preußisch-norddeutschen, selbst wenn das Bild auf den ersten Blick an vielen Orten sehr ähnliche Züge aufweist. So spricht man – und das durchaus mit Recht – von einem Prager Kreis, tut aber, als ob er eine Zweigniederlassung der Berliner Zentrale gewesen wäre. Das legt auch Paul Raabe nahe, wenn er feststellt (was an sich ja stimmt), die Boheme habe sich «in den Cafés von Berlin und München, Wien und Prag» gesammelt (140, 246), nur daß alle diese Kreise bei einer solchen Formulierung ihr Eigentliches verlieren – und sie haben sich auch ganz gewiß nicht aus dem Grunde an den jeweiligen Örtlichkeiten gesammelt, weil ihnen die Kraft gefehlt hätte, «dem Selbst zu entfliehen». Denn wer vermöchte das schon? Ganz im Gegenteil: Man wollte nicht seinem Selbst, sondern der Welt entfliehen, zog sich also in sein Selbst zurück und hatte dazu auch die Kraft, nicht aber immer auch das für die Gestaltung solcher Erfahrungen ausreichende Talent. Der Titel von Hugo Balls Autobiographie läßt über die Fluchtrichtungen keinen Zweifel: *Flucht aus der Zeit* (1927).

Eine solche Egozentrizität konnte natürlich zu einer schweren Belastung werden, denn niemand erträgt auf die Dauer den luftleeren Raum absoluter Ichhaftigkeit: Man fühlte sich paradoxerweise gleichzeitig tief vereinsamt. Die Einsamkeit ist daher auch eins der immer wiederkehrenden Themen expressionistischer Lyrik. Das Konflikthafte, die innere Zerrissenheit, war damit der Bewegung von Anfang an mit auf den Weg gegeben: Es konnte sich bis zur Angst vor dem drohenden Wahnsinn steigern. Heym und Trakl haben diese Angst wohl am eindrucksvollsten gestaltet, ganz ähnlich aber auch Gustav Sack und Alfred Lichtenstein. In Heyms Tagebüchern, meinte Heinz Rölleke, sei alles nur «in die Perspektive eines ins Ungeheure übersteigerten Subjektivismus gestellt» worden (146, 355). Er habe die Großstadt schon deswegen nicht gehaßt, weil er «ausschließlich mit sich selbst beschäftigt» war, und aus keinem anderen Grund nahm Trakl von seiner Umwelt so gut wie keine Notiz. In der an subjektivistischen Extravaganzen nicht eben armen deutschen Literatur sucht derartiges seinesgleichen. Lukács hatte vollkommen recht, wenn er sich von seiner marxistischen Position aus über den «extrem subjektiv-individualistischen Radikalismus» dieser Kreise mokierte (115, 46). Wenn sich daher nur wenig Eindeutiges von allgemeiner Gültigkeit sagen läßt, so doch eben dies, daß zu dem We-

24

nigen vor allem seine totale Ichbezogenheit gehört, über deren wahren Charakter man sich nicht dadurch täuschen lassen darf, daß sie durchaus fähig war, sich in ein 'Du' und ein 'Wir' deflektieren zu lassen.

Es ist hinreichend bekannt, daß es im Expressionismus so gut wie keine Liebeslyrik gibt, die ja doch den ersten Schritt auf ein 'Du' hin markiert haben würde. Das ist ein weiterer Grund, Else Lasker-Schüler auch vom Thematischen her aus dem Expressionismus auszuschließen. Ihre Welterfahrung war eine durchaus andere als die der Expressionisten. Wenn man unter ihnen von 'Bruderschaft', einer neuen 'Gemeinschaft' oder gar gleich von einer ganz neuen 'Menschheit' träumte, so bestanden diese Träume aus einer Summierung einzelner Ich-Besessener, die sich in keine Gesellschaft einzufügen vermochten, sich ihr gegenüber daher in einem Haß-Liebe- (oder-Sehnsucht)-Verhältnis befanden. Das, was sie suchten, war total unrealisierbar. Zu bedenken bleibt ferner, daß die sich über die Gesellschaft erhebenden Kreise der damaligen deutschen Intelligenz letzten Endes als Menschen denselben Gesetzen unterstanden wie diese Gesellschaft – und dazu gehört die Selbstbehauptung im Konkurrenzkampf mit seinesgleichen. Die 'Erneuerung' des Menschen blieb daher eine schöne Forderung, die sich ausschließlich auf dem Papier realisieren ließ – in abstracto. Liest man Alfred Richard Meyers Erinnerungen aus späteren Jahren, könnte man erschrecken, wenn man die Diskrepanz zwischen der Forderung und dem wirklich Gelebten im Expressionismus genauer ermißt: «Überall in der Luft lag eine unheimliche Feindschaft, der wir zu begegnen hatten. Hatten sich schon wieder neue Fronten ergeben? War ein neuer Überläufer festzunageln? Welches Lager drohte sich zu spalten? Knisterte es nicht irgendwo im Gebälk einer Freundschaft? Wer stieg? Wer fiel? Alle Börsenberichte waren für uns von nebensächlicher Bedeutung. Wir selbst waren die Marktwerte. Und jeder wußte darum» (125, 12). Solche Worte sind dazu angetan, weite Bereiche expressionistischer Dichtung Lügen zu strafen. Der neue Mensch, wenn er wirklich geboren worden wäre, hätte sich erst einmal gegen seine eigenen Erzeuger durchzusetzen gehabt.

Natürlich haben keineswegs alle, die wir heute dem Expressionismus zurechnen, auch nur von ferne irgendwelchen Boheme-Kreisen angehört. Gelegentlich hat man sich sogar sehr ostentativ in seinem Lebensstil von ihnen distanziert. Carl Sternheim baute sich von seinen ersten Tantiemen für *Die Hose* (und dem Geld seiner zweiten Frau) ein richtiggehendes Rokoko-Schlößchen in der Umgebung von München, Georg Kaiser zog sich menschenscheu in die Einsamkeit von Grünheide bei Berlin und Ernst Barlach in sein Atelier im mecklenburgischen Güstrow zurück, während August Stramm wohlsituierter Beamter im höheren Postdienst war und Ernst Stadler schon vor Ausbruch des Krieges seinen gut-bürgerlichen Platz in der akademischen Welt gefunden hatte. Eine Gesellschafts-Problematik gab es für diese beiden bedeutenden Lyriker des Expressionismus nicht. Auch in den engeren Kreisen der Boheme dürfte man meist nicht am Hungertuch genagt haben. Dafür sorgte schon das aufblühende avantgardistische Verlegertum, dem alles daran gelegen sein mußte, die jungen Talente, mit denen man schließlich seine Geschäfte machte, auch über Wasser zu halten. Dafür sorgten andererseits die nun üppig ins Kraut schießenden Zeitschriften, auch wenn viele von ihnen (wie *Die Aktion*) keine Honorare zahlten, die Mitarbeit an ihnen sich aber doch indirekt bezahlt machte. Nicht zu übersehen ist außerdem die Rolle der Kunstmäzene größeren und kleineren Formats, von deren Tätigkeit innerhalb der 'Bewegung' wir immer wieder hören.

Wenn wir trotzdem von einem Anwachsen der Boheme sprechen können, geht es dabei fraglos um den Unterbau einer viel umfassenderen Bewegung, die nur als Ausdruck einer kollektivistischen Situation zu verstehen ist. Wie spannungsreich diese gleichzeitig so zentrifugalen und zentripetalen Kreise waren, ergibt sich mit Notwendigkeit schon aus dem bloßen Hinweis auf diese höchst komplexen Verhältnisse. So kam es fast in demselben Augenblick, als man sich 1909 unter dem Vorsitz des 'auf ewige Zeiten' zum Vorsitzenden gewählten Kurt Hiller im 'Neuen Club' zu einer der ersten literarischen Vorläufergruppen des heraufkommenden Expressionismus wie auch Aktivismus zusammenfand, zu Spaltungen und Neugründungen von der Art, wie Alfred Richard Meyer sie so lebhaft beschrieben hat. Wenn man daher gewiß von einer schon in den Keimen der Bewegung angelegten Fragmentierung der Bestrebungen sprechen kann, so ist es doch möglich, in all dem Diffusen und Divergierenden zwei Zentren auszumachen, zwei im Laufe der Jahre immer mehr an Profil gewinnende 'Lager'. Sie gruppierten sich einerseits um die von Herwarth Walden 1910 gegründete, vornehmlich der 'neuen Kunst' gewidmete Zeitschrift *Der Sturm*, andererseits um die durch den so viel politisch engagierteren Franz Pfemfert knapp ein Jahr später ins Leben gerufene *Die Aktion*.

Damit begann die Hochflut der expressionistischen Zeitschriften, Anthologien, Fliegenden Blätter und Jahrbücher, von der alle getragen wurden und deren genaueste bibliographische Erfassung wir Paul Raabe verdanken (141). Wieweit sich jeder der hier vertretenen Autoren als Expressionist verstand, spielt dabei nur eine untergeordnete Rolle. Ganz sicher wissen wir das nur von sehr wenigen: von Iwan Goll und Kasimir Edschmid, diesem selbst-ernannten Propaganda-Chef des Expressionismus in allen Künsten, indirekt noch von Ferdinand Hardekopf. Man darf aber doch wohl annehmen, daß im persönlichen Umgang die Bezeichnung recht selbstverständlich akzeptiert wurde, sicherlich in späteren Jahren. Ernst Stadler war in der Frühzeit durchaus mit ihr vertraut, hat sie aber nur einmal (in seiner Heym-Besprechung) verwendet, und der so auf ihn Festgelegte hat offenbar an der Charakterisierung keinen Anstoß genommen.

Aber halten wir uns zunächst noch an den im engeren Sinne des Wortes bohemehaften Hintergrund der zum Expressionismus hinführenden Gruppierungen. Die meisten der noch sehr jungen Leute, die zusammen mit schon 'bemosteren' Häuptern (etwa Theodor Däubler) die Großstadtcafés, unter ihnen in den ersten Jahren vor allem das 'Café des Westens' in Berlin, das sogenannte 'Café Größenwahn', zu füllen begannen, verfügten im Durchschnitt über eine vorzügliche Ausbildung, oft mit noch nicht abgeschlossenem Universitätsstudium, und gaben daher innerhalb der etablierten Boheme so etwas wie eine Oberschicht ab, die sich gegenüber der bürgerlichen Welt, der sie so ostentativ den Rücken kehrte, sehr viel aggressiver verhielt als die weinseligen Bohemiens von einst. Was die jungen Rebellen in ihren ihnen so plötzlich entfremdeten Elternhäusern erlebt hatten, war ihnen noch frisch genug im Gedächtnis und drängte nach irgendeiner Form der Gestaltung.

Eine nicht zu unterschätzende Rolle in diesem Entfremdungsprozeß spielten nicht zuletzt die Schulen, in denen sie saßen oder eben noch gesessen hatten, die Gymnasien, dieser Stolz des deutschen Bildungsbürgertums. Das Schulproblem überschattete das Familienleben, wie Hasenclever es in seinem *Sohn* dargestellt hat. Der Vater aber war die unmittelbare Verkörperlichung der Autorität, oft genug ein höherer, betont standesbewußter Beamter, der in manchen Fällen wie dem Stadlers und Kafkas erst selbst in die oberen Regionen des Bürgertums und damit in gesicherte Verhältnisse aufgestiegen war, die er durch seinen 'Herrn Sohn' nicht wieder aufs Spiel setzen lassen wollte. Sein Doppelgänger in der Schule war der in Dingen der Pädagogik und damit des Verständnisses für jugendliche Unbotmäßigkeiten gemeinhin recht ahnungslose Lehrer, auch er ein im ganzen autoritärer und kaisertreuer Beamter: Man hatte seine militärische Dienstzeit ja nicht umsonst hinter sich gebracht und war stolz auf sie, wahrscheinlich – ziemlich sicher! – war man auch zum Reserveoffizier avanciert, über den schon Fontane eine Generation vorher sein vernichtendes Urteil gefällt hatte: Untertanen sie alle, wie sie im Buche stehen – etwa in Heinrich Manns *Professor Unrat* oder fünfzehn Jahre später noch in Leonhard Franks *Der Bürger* (1924).

Eine genauere Analyse der Hintergründe, ohne die der Expressionismus mit seiner Reaktion auf die 'Wirklichkeit' nicht zu verstehen ist, erfordert eine wenigstens gedrängte Auseinandersetzung mit dem Phänomen 'Schule'. Der Hinweis auf die Assimilation des Schulsystems an die allgemeine geistige Umschaltung auf den Militarismus vor allem in Preußen, in zunehmendem Maße aber auch in ganz Deutschland, so zutreffend er an sich sein mag, genügt nicht, um die wahren soziologischen Hintergründe aufzudecken. Man mache sich nur einmal klar, eine wie untergeordnete Rolle die Schule – und damit der Lehrer – in der Gesellschaft in früheren Zeiten spielte. Wer über die nötigen Mittel verfügte, engagierte für seine Kinder einen 'Hofmeister', also einen Privatlehrer – meist einen fortgeschrittenen Studenten in Geldnöten –, vor allem auf dem Lande in den östlichen Provinzen, wo auch den begüterten Familien keine Schulen in der unmittelbaren Nachbarschaft zur Verfügung standen. Dieser Hofmeister spielt in der deutschen Literatur – vor allem im Roman – seine einzigartige Rolle, von Klinger bis zu Spielhagen. Meist verliebte er sich in die Tochter des Hauses, für die er gar nicht angestellt war, und entführte sie. Der Lehrer in den Schulen, schlecht bezahlt und oft noch schlechter ausgebildet, galt als ein Kauz (Jean Pauls *Schulmeisterlein Maria Wuz,* aber auch noch bei Grabbe; selbst Fontanes Professor Schmidt in *Frau Jenny Treibel* ist einer seiner letzten Nachfahren, liebenswürdig, aber schrullig, wie er ist). Das ändert sich mit den Gründerjahren radikal. Eine neue Kaste, gefördert durch die allgemeine Schulpflicht, bildet sich aus dem meist dem niederen Bürgertum entstammenden Bildungsbürgertum, das ohne jedes innere Verhältnis zu dem Geist des deutschen Humanismus diesen doch gepachtet zu haben scheint, versteinert und verknöchert, wie er zu Ende des Jahrhunderts war. Den Grund für diese Zustände sehe ich darin, daß dieses Bildungsbürgertum, für das das höchste Ideal der Gymnasialprofessor war, in der Konkurrenz mit dem Besitzbürgertum einen schweren Stand hatte. Schon Wedekind hatte in *Frühlings Erwachen* eine Parodie auf diese falschen Humanisten geliefert – Parodien müssen sich ja auf wirkliche Verhältnisse stützen –, und seinem Vorbild folgte eine weit ausgesponnene Literatur, die sich in den zwanziger Jahren des Films bemächtigte, die es in dieser Form aber – mit wenigen Ausnahmen – nur in Deutschland gibt. Die Verhärtung des Lehrerstandes scheint ein Produkt der neunziger Jahre gewesen zu sein. Schon 1897 – zu einer Zeit also, als die meisten der jungen Expressionisten noch auf den Schulbänken saßen – konnte Jakob Wassermann seinen jungen Helden Agathon in den *Juden von Zirndorf* folgendes vernichtendes Urteil über die Lehrer insbesondere und die Schule im allgemeinen zu Papier bringen lassen, woraufhin er der Schule verwiesen wurde: *Warum kümmern sich die Lehrer nicht um die Seele der Schüler, sondern bloß um das, was sie gelernt haben? Warum bleiben wir die Stopfgänse, die ihr ausschimpft, wenn sie nicht beständig fressen wollen? Warum fürchtet man den Lehrer oder verachtet ihn, statt ihn zu lieben? Ihr seid die Feinde der Schüler, darum spionieren sie nach euren Schwächen, ihr sitzt auf dem Pult und seid wie ein Buch, statt wie ein Mensch. Was ihr sagt, ist euch leblos geworden, weil es euch langweilt.* Die Achilles-Ferse dieses gymnasialen 'Übermenschen' ist das Geschlecht, die 'femme fatale', wie Heinrich Mann sie beschrieben und Marlene Dietrich sie verkörpert hat, in anderer Form aber auch Wassermann: Bei ihm wird der junge Lehrer Boyesen aus der Lehrerschaft ausgestoßen, weil man auf dem Buchstaben der Moral besteht und einen guten Leumund verlangt. Kulturgeschichtlich, aber auch völkerpsychologisch gesehen legen Wassermanns Worte ein vernichtendes Zeugnis ab. Man fragt sich, wie die politisch-ökonomischen Verhältnisse geradezu das Schlimmste im deutschen Volkscharakter hervorbringen konnten. Daß das nicht so zu sein braucht, kann man bei Carl Zuckmayer nachlesen, der in seiner Autobiographie sehr erstaunt über den Eindruck berichtet, den das Schulerlebnis seiner jungen Tochter während seiner Exiljahre in Vermont auf ihn machte: Sie liebte ihre Schule und war todunglücklich, wenn sie einmal krankheitshalber zu Hause bleiben mußte. Eine geistig-seelische Verkümmerung hatte in den Gründerjahren offensichtlich in Deutschland eingesetzt, deren letzte Spuren ich selbst noch in den zwanziger Jahren an diesbezüglichen 'Prachtexemplaren' erlebt habe. Die Sage vom 'ugly American' ist von Amerikanern selbst in Umlauf gebracht worden; über den 'ugly German' ist aus der ganzen Welt nichts Erfreulicheres zu berichten. Man müßte sich einmal genauer Rechenschaft ablegen, wie und wodurch dieses entsetzliche Bild zustande gekommen ist, diese Entstellung des deutschen Nationalcharakters, die relativ neueren Datums ist.

Um das alles in die richtige Perspektive zu rücken, wäre auch die deutsche Familie in die Überlegungen einzubeziehen, in der der Familienvater dem Landesvater nachzuleben gelernt hatte. Statt vieler anderer Beispiele – sie ließen sich häufen! – sei noch einmal auf Jakob Wassermann zurückgegriffen, der in *Christian Wahnschaffe* (geschr. 1916–18) eine seiner Gestalten erklären läßt: *Die Familie ist heute die ausschlaggebende Macht im Staate. Sie ist der Grundpfeiler und der Schlußstein tausendjähriger Schichtungen und Kristallisation. Wer ihr trotzt, ist ein Geächteter. [...] Er ist in einen dauernden Anklagezustand versetzt. Das macht den Stärksten mürbe* (184, II, 443).

3. Die 'bürgerliche Familienhölle'

Schon vor zwanzig Jahren hat Walter H. Sokel darauf aufmerksam gemacht, daß das Verhältnis dieser jungen Anti-Bürger zum Bürgertum sehr viel ambivalenter war, als sie es sich selbst eingestanden haben, und Peter U. Hohendahl hat in der Folge gefunden, «daß diese Generation geneigt war, ihren Abstand vom Bürgertum zu überschätzen» (71, 93). Sie war schließlich, wie bereits betont, aus diesem Bürgertum hervorgegangen. Sein Erbe war auch das ihre, und so blieb man im Tiefsten seines Herzens, wenn auch unter erheblichen Vorbehalten und mit einem Gefühl des Unbehagens, diesem Bürgertum verhaftet. Das gesamte deutsche Bildungsgut von Klassik und Romantik bis zu Nietzsche und George, einschließlich der so ausgesprochen deutschen Philosophie und Religion, nicht zu vergessen die besondere Affinität für Musik – damals ging sie unter dem Namen Wagner – steckte ihnen tief im Blut. Man hatte der erwerbsbesessenen Bürgerlichkeit ostentativ den Rücken gekehrt und die gegebenen Bedingungen durch utopische Wunschvorstellungen verschiedenster Provenienz ersetzt. Marxistische Kritiker sprechen da gerne von einem neuen 'Idealismus' – wie immer sie sich dazu stellen. Das wäre akzeptabel, wenn sich mit dem Begriff nicht schon seit langem feste Vorstellungen verbänden, die auf das, was hier gemeint ist, nicht zutreffen. Die Dinge liegen in Wahrheit sehr viel komplizierter, aber auch konfuser. Man kommt da mit zu sehr vereinfachten Bestimmungen nicht weiter, da sie das jeweils psychologische Moment nicht hinreichend mit in Anschlag bringen können. Was hat etwa der Utopismus der Aktivisten um Hiller und Rubiner mit dem schon fast urchristlichen Werfels zu tun? Was mit den Mythologemen Trakls? Was, so können wir weiter fragen, die so naive Projektion der Hoffnung auf ein noch erst zu gebärendes Kind, den kommenden Heiland, mit dem «Mut», den Sternheim in simplizistischer Nietzsche-Nachfolge dem Bürger «zu seinen sogenannten Lastern» machte? Wir könnten noch weitere Varianten zu demselben Thema namhaft machen und behielten doch nichts als Symptome in der Hand, Symptome für historisch gewordene soziale Verhältnisse, mit denen man aufzuräumen wünschte. Gewiß, hinter vielem die Geister auf so verschiedenartige Weise Bewegenden steht die magische Gestalt Nietzsches, dieses Sprachgewaltigen, dieses 'fremden Gottes', selbst auf dem Boden archetypischer Vorstellungen. Die expressionistische Generation war die erste, die sich solcher Magie in einer so geheimnislos gewordenen Welt nicht entziehen konnte, sich aus seiner krausen Gedankenwelt aneignete, was ihr paßte. Es gibt kaum einen Expressionisten, der nicht irgendwann einmal – meist in jungen Jahren – durch die Schule Nietzsches gegangen wäre. Er war ihr großer Anreger, aber auch Verführer, ganz ähnlich im Grunde wie für die spätere Generation von 'Aufsässigen' Karl

Marx, von dem man – was eigentlich gar nicht so selbstverständlich ist – in expressionistischen wie aktivistischen Kreisen noch wenig wußte. Und doch stand man einigen der frühen Marxisten (Rosa Luxenburg) hier und da persönlich nahe. Es ging eben weniger um Rationales als um Irrationales, um eine emotionale, meist persönlich bedingte 'Auflehnung' resp. Ablehnung. So war Nietzsche für sie nichts so sehr wie der Anti-Bürger schlechthin, ein Anti-Bürger von wahrhaft überdimensionalen Ausmaßen. Seine Botschaft war eine rein vitalistische, und wenn wir hier von 'Vitalismus' sprechen, dessen Entfaltung Gunter Martens in seiner grundlegenden Darstellung bis ins einzelne verfolgt hat (118), haben wir es mit einer europäischen Strömung zu tun, in der ja auch Bergsons Philosophie ihren Platz hat – wie sie immer wieder gezeitigt worden ist, wo dem Menschen die Welt unter seinen Händen zu einem toten System erstarrt war. So folgte die Romantik als Gegenbewegung der Aufklärung; so der Vitalismus der technisierten und mechanisierten, damit aber auch materialisierten bürgerlichen Gesellschaftsform, wie sie das 19. Jahrhundert hervorgebracht hatte.

Man begehrte also auf und baute dem Entfremdeten gegenüber auf die Kraft, die man in sich selbst verspürte. Walter Falk sieht deswegen die dominierende Note in dieser Bewegung in dem wachsenden, sich aber auch wandelnden Vertrauen auf sich selbst, das er als 'Kreativismus' bezeichnet (47), was uns noch genauer beschäftigen wird.

Wenn wir von einer – allerdings auf eigentümliche Weise weit um sich greifenden – persönlich bedingten 'Auflehnung' gesprochen haben, bedarf das noch des Hinweises auf ein Phänomen, das es an sich immer schon gegeben hat, aber doch nicht in dieser Form und in diesen Ausmaßen. Ich meine die durch den Generationsbruch, speziell den Vater–Sohn Konflikt verursachten traumatischen Erlebnisse. Es ist heute kaum noch nötig, diese Erscheinung anhand von Einzelbiographien genauer zu belegen. Der paradigmatische Fall war fraglos der Walter Hasenclevers (29), weniger bekannt sind andere, die in dieselbe Richtung weisen. In ihnen konkretisierte sich etwas, was den Vater–Sohn-Konflikt von Anfang an transzendierte: Es gehörte ganz einfach zum guten Ton, dem Vater gegenüber aufzustampfen. Wenn man will, kann man geradezu von einer Modeerscheinung sprechen. So findet sich ein solcher Konflikt auch bei Ernst Weiß, dessen Vater starb, als er selbst erst fünf Jahre alt war, ein recht unwahrscheinliches Alter für einen solchen Konflikt, es sei denn, man erinnere sich etwas zu lebhaft daran, daß man von seinem Vater gelegentlich übers Knie gelegt worden ist. Eine solche Jugendproblematik pflegt sich mit den Jahren zu verwachsen wie andere Jugendkrankheiten auch, und wo das nicht der Fall ist, wird man vermuten müssen, daß der 'Patient' aus irgendeinem Grund einen schweren seelischen Schaden erlitten hat. Es ist zum Beispiel durchaus möglich, daß dieser im Falle Hasenclevers viel mehr durch die Mutter als durch den Vater verursacht worden ist: Die Psychoanalyse steckte damals leider noch in ihren Kinderschuhen, wurde aber von den Expressionisten – im Gegensatz zur gängigen Literatur-Psychologie – durchaus bejaht, da sie die Möglichkeit gab, tiefer in das Innere des Menschen einzudringen.

Aber man hatte sich die Sache doch einmal vom Herzen zu schreiben, um den 'Haß' auf den Vater dann auf das zu übertragen, was er von allem Anfang an gewesen war: Haß auf jede Form von Autorität, insbesondere die des unerträglich gewordenen staatlichen Systems.

So sehr sich die Vater–Sohn-Problematik dem Betrachter auch als expressionistisches Sonderphänomen aufdrängt, muß er doch zu dem Schluß kommen, daß sie sich dichterisch nicht von besonderer Fruchtbarkeit erwiesen hat. Liegt das daran, daß dem Stoff bei aller ihm hier und da zukommenden penetranten persönlichen 'Tragik' doch die mehr als nur psychologische Substanz fehlte? Hätte der Expressionismus nichts weiter aufzuweisen als Stücke wie Hasenclevers *Sohn* oder Bronnens *Vatermord*, könnten wir zur Tagesordnung übergehen. Selbst Kafkas nie an die richtige Adresse gelangter «Brief an den Vater» hat doch nur einen dokumentarischen Wert für die Biographie seines Autors. Furchtbar, sicherlich, aber gerade in seiner maßlosen Formulierung eher abstoßend ist der viel zitierte Satz in Georg Heyms Tagebuch: *Ich wäre einer der größten Dichter geworden, wenn ich nicht solch einen schweinernen Vater gehabt hätte* – und, hätte er apokryph hinzufügen müssen, wenn ich nicht so früh im Wannsee ertrunken wäre. Der Leser spürt, daß hier etwas nicht stimmt, weil das Private in einem solchen Ausspruch Ansprüche erhebt, die ihm nicht zukommen. Das Problem hat sogar seine tragi-komische Seite, wenn wir hören, daß Jakob van Hoddis, der Dichter des «Weltungergang»-Gedichtes, Loewenson gegenüber geäußert haben soll: *Ihr habt es leicht mit eurer Opposition gegen die Eltern; – das ist unentbehrliches Sprungbrett in eine totale Unabhängigkeit* – und damit traf er wohl den Nagel auf den Kopf –, *aber wer wie ich eine Mutter hat, die für alles ein solches Verständnis aufbringt, und so gütig ist, dem sind die Waffen aus der Hand genommen* (143, 103). Nun – van Hoddis hatte natürlich auch eine Mutter, die schon von Kind an mit gewissen literarischen Extravaganzen vertraut war: als Tochter der notorischen Lyrikerin Friederike Kempner, deren *Schlesischer Schwan*, dieser Inbegriff aller Gartenlauben-Lyrik, vor nicht zu langer Zeit zum Amüsement ihrer Nachwelt wieder neu aufgelegt worden ist. Sein Vater, der sich aus kleinsten Verhältnissen heraufgearbeitet hatte, um schließlich Medizin zu studieren, paßt dagegen wenigstens marginal ins Bild, denn er war, seiner Tochter zufolge, «ganz im Zuge seiner Zeit und seines Berufes ein skeptisch-sezierender Materialist ohne Sinn für irgendeine Art von Transzendenz» (ebda, 11). An sich hätte dieser Materialismus 'im Zuge der Zeit' ja hingereicht, um den Sohn abzustoßen und dem Expressionismus in die Arme zu treiben, aber das Leben dieses Vaters wurde in den entscheidenden Jahren durch schwere Krankheiten und eine zunehmende Drogensucht so verdüstert, daß er für den begabten Sohn nicht mehr die Rolle eines Vater-Schrecks spielen konnte.

Das Problem aber hat, wie schon angedeutet, noch eine ganz andere Seite, die bisher so gut wie ganz unbeachtet geblieben ist, auf die wir aber im Verlaufe unserer Einzelbetrachtungen immer wieder stoßen werden: Nicht nur die Väter, auch die Mütter haben für die jungen Leute dieser Generation 'böse versagt'. Dem genauer nachzugehen, erforderte eine Sonderuntersuchung, denn auch dieses Versagen hat natürlich seine triftigen Gründe, die nicht nur deutsches, sondern überhaupt europäisches Schicksal sind, Ausdruck tiefgreifender Verschiebungen innerhalb der westlichen Gesellschaft. Bei genauerem Zusehen ergäbe sich wohl immer wieder dasselbe Bild, allerdings natürlich mit allen möglichen individuellen Variationen: das von jungverheirateten Frauen, die von dem liberalistischen Grundzug der Zeit miterfaßt waren. Von einer 'Frauenemanzipation' läßt sich da nur in wenigen Fällen reden, wohl aber von den von ihr ausgehenden Wellenbewegungen. Erwartungen waren gestellt, die sich nicht realisieren ließen: Das reicht bereits bis zur Mitte des vorigen Jahrhunderts zurück und ließe sich an dem Fall Mete Fontanes wie an einem Schulbeispiel studieren. Was konnte die gebildete junge Frau mit ihrer Bildung auch anfangen? Selbst die Universitäten waren ihr verschlossen. Dabei hatten sich ihre Denkformen noch nicht von denen der Männer gelöst: Wo sie zu Schriftstellerinnen wurden, hielten sie sich an die tradierten Schemata – oder schrieben zur Unterhaltung derer, die von der Literatur nichts anderes verlangten, und füllten die Seiten der *Gartenlaube,* deren Niveau mit ihnen im Verlaufe der Jahrzehnte gesunken war. Das alte Familiensystem wurde dadurch unterminiert. Auch sie, die Frauen, lehnten sich, wenn auch weniger geräuschvoll, auf ihre Weise gegen die patriarchalischen Verhältnisse auf und flüchteten sich in die Neurose. So gut wie van Hoddis haben es die meisten der jungen Expressionisten mit ihren Müttern jedenfalls nicht gehabt. So hat man allen Grund, sich ein wenig zu wundern, wenn Hans Mayer in seinem Vorwort zu Jahnns *Perrudja* etwas unbekümmert von der «expressionistischen Mutterbindung» spricht (122, 13). Natürlich gibt es die für jeden jungen Mann irgendwann im Verlaufe seiner Entwicklung, aber darum geht es hier nicht, sondern darum, daß diese Mütter nicht mehr in der Lage waren, die Bedürfnisse ihrer Kinder zu befriedigen.

Wir müssen es uns versagen, an dieser Stelle mit konkreten Fällen aufzuwarten, etwa mit dem der Mutter Werfels oder Trakls: Das wird an gegebener Stelle vom Biographischen der betreffenden Dichter aus zu beleuchten sein.

«Junge Leute sind also aufsässige Söhne», gab derselbe Hans Mayer etwas mokant zu verstehen, vielleicht zu sehr aus der Perspektive der sechziger Jahre, und zog daraus den Schluß, man müsse in expressionistischen Zeiten «in einer Familienhölle gelebt haben» (13, 269f.). Nun, wir Späteren haben diese 'Familienhöllen' nur noch durch die Literatur kennengelernt: So weitgehend war der feudalistische Staat mit dem Ersten Weltkrieg zusammengebrochen. Die Jugendrevolte der sechziger Jahre spielte sich unter ganz anderen gesellschaftlichen Verhältnissen ab. Das erhellt schon daraus, daß diese späteren 'aufsässigen Söhne' – die 'aufsässigen Töchter' waren inzwischen hinzugekommen – von ihren expressionistischen Vorfahren so gut wie keine Notiz genommen haben, auch wenn sie im Grunde da wieder angeknüpft haben, wo der Expressionismus nach der gescheiterten Revolution den Kampf aufgegeben hatte: Die Literatur war in ihren Augen in-

32

zwischen selbst zu einer Angelegenheit des 'Systems' und deswegen für sie 'irrelevant' geworden.

Man muß sich allerdings vergegenwärtigen, daß wir in die 'Familienhöllen' – einige der von ihr Betroffenen wie Hasenclever, Becher, Jahnn, Jung und Wolfenstein haben sich ihr durch die Flucht entziehen müssen, während es bei anderen (etwa Kafka) zu mehr oder weniger schweren Konflikten gekommen ist – nur durch eben diese von ihr besonders schwer betroffenen Söhne einen Einblick gewinnen, so daß bei deren Beurteilung doch einige Vorsicht geboten ist. Die Kinder aus ein und derselben Familie haben auf ihr Elternhaus oft sehr verschieden reagiert, die Töchter vor allem anders als die Söhne, im Falle Trakls aber auch die Brüder. Der sich so pronunziert gebende Konflikt war daher oft nur das Symptom für eine sehr persönliche Anfälligkeit, für eine individuelle Disposition. Es könnte durchaus sein, daß die daraus resultierende Aggression dann eine verdeckte Selbst-Aggression war, wie Peter Heller vermutet hat, «a masochistic rebellion» (64, 10). Sie bestünde darin, daß man sich uneingestandenermaßen die Schuld an der erlebten Entfremdung selbst zumaß. Das hat auch Louis Huguet in seiner psychologisch orientierten Analyse von Döblins vorexpressionistischem Jugendroman *Der schwarze Vorhang* bestätigt gefunden: «Le monde 'cassé' n'est que l'image, la projection de notre scission intérieure» (253, 47). Dagegen spräche höchstens in zunehmendem Maße die schiere Masse der Evidenz, wie gelegentlich die nachweisbare väterliche Brutalität: so etwa in der von Franz Jung berichteten (*Der Fall Gross,* 1921) der eines höheren, dazu auch noch österreichischen Justizbeamten, der seinen Sohn, einen Schüler Carl Gustav Jungs, nur deswegen, weil er Dinge geschrieben hatte, die ihm, dem Vater, nicht paßten und in denen er persönlich attackiert war, kurz vor dem Krieg unter fragwürdigen Machinationen in ein Irrenhaus hatte einsperren lassen. Ein Sonderfall gewiß, oder doch jedenfalls ein extremer, beinahe schon eine Bizarrerie, die aber doch nur aufgrund bestimmter überkommener Denkformen möglich war. Dieser Vater, wie nach ihm der Sohn, war schließlich das Produkt seiner Zeit, und er pochte auf seine väterliche (und gesellschaftliche) Autorität. «Im despotischen Vater ist schon vor dem Krieg der Monarch mitgemeint», urteilte Erich von Kahler (44, 17), wobei er sicher nicht nur an die damals schon längst problematisch gewordenen Figuren Wilhelms II. und Franz Josephs dachte, sondern an das Staatsoberhaupt schlechthin. Wenn wir dafür eines konkreten Beweises – allerdings nicht aus der Zeit vor, sondern in der Rückschau unmittelbar nach dem Krieg – bedürfen, so finden wir ihn in Werfels bekanntem Roman *Nicht der Mörder, der Ermordete ist schuldig* (1920), wo dem Helden während einer Anarchistenversammlung auf die Frage: *Was versteht ihr unter – Herrschaft des Vaters?* erklärt wird: *Alles [. . .] Die Religion: denn Gott ist der Vater der Menschen. Der Staat: denn König oder Präsident ist der Vater der Bürger. Das Gericht: denn Richter und Aufseher sind die Väter von Jenen, welche die menschliche Gesellschaft Verbrecher zu nennen beliebt. Die Armee: denn der Offizier ist der Vater der Soldaten. Die Industrie: denn der Unternehmer ist der Vater der Arbeiter! Alle diese*

Väter sind [. . .] vergiftete Ausgeburten der Autorität (187, 99). Werfel hat damals zeitweise diesen Anarchistenkreisen sehr nahegestanden – zum Entsetzen von Alma Mahler-Werfel.

Man wird solchen Vorstellungen nur gerecht, wenn man bedenkt, in welchem Zustand der äußeren wie der inneren Erstarrung sich das Bürgertum seit der Gründung des Kaiserreiches befand. Auf der einen Seite eine wenigstens für Preußen – aber darüber hinaus auch für das ganze Reich – noch vor kurzem unvorstellbare Prosperität, die aber dauernd von schweren politischen und ökonomischen Krisen begleitet war; auf der anderen die durch Technik und Industrie hervorgerufene Proletarisierung weitester Kreise. Das alles ist heute zu bekannt, um noch einmal wieder im einzelnen beschrieben zu werden. Das obere Bürgertum, mit dem wir es vor allem zu tun haben, war zu Ansehen und Wohlstand gelangt, ohne seiner Sache so recht sicher zu sein. Das Gefühl einer ständigen Bedrohung hatte um sich gegriffen und mußte mit allen Mitteln, nicht zuletzt denen der Polizei, beschwichtigt werden. Ruhe war wieder einmal die erste Bürgerpflicht. So lebte man, wenn eben möglich, auf großem Fuße, baute sich pompöse Häuser, hielt auf großbürgerliche Weise Hof: Die frühen Romane Heinrich Manns und anderer haben das bis zur Monotonie beschrieben, nicht ohne übertreibende Persiflage, denn man wurde das Unbehagen nicht los, daß da irgend etwas nicht stimmte. Der Schein trog weiterhin, aber man lernte auch, sich mit ihm abzufinden; nur die Söhne vermochten das nicht. Geld und Gewinn blieben Mittel zu etwas Unerreichbarem, der grassierende und wohl unvermeidliche Materialismus, der sich so hemmungslos zur Schau stellte, untergrub die 'geistigen Werte', die man als guter Deutscher ein Jahrhundert lang mit sich geschleppt hatte. Der Aufstieg des Bürgertums war allem Anschein nach beinahe unbemerkt von seinem Abstieg begleitet gewesen. Konformismus war die 'Forderung des Tages', die dem einzelnen für seine Selbstrealisierung keinen Raum ließ. Und doch suchte dieser einzelne gerade unter dem Druck der Verhältnisse nach Möglichkeiten, aus diesem ihn beengenden Raum auszubrechen. Er setzte, mit oder ohne Erfolg, der gegebenen Wirklichkeit sein Ich entgegen. Diese – heute kaum noch erträgliche – Wiederentdeckung des Ich läßt sich zum mindesten bis zum frühen Rilke zurückverfolgen, ebenso aber zu Dehmel und zum Arno Holz des *Phantasus* – also bis in die vorexpressionistische Zeit. Wie schwer es besonders für die Frau war, die man ja nicht für eine solche Selbstrealisierung erzogen hatte, hat Albert Paris Gütersloh, den man deswegen zu Unrecht für den Expressionismus in Anspruch genommen hat (62, 225), schon 1909–1910 in seinem ersten Roman *Die tanzende Törin* beschrieben. Seine Heldin bricht wirklich, allerdings völlig unvorbereitet für eine Eigenexistenz, aus allen Sicherungen der Familie aus, in eine Welt, die nur in ihrer Phantasie existiert, um nun nicht von der Gesellschaft, sondern von deren höchst zweifelhaften Außenseitern ausgenutzt zu werden: eine zum Scheitern verurteilte Gestalt. Sie befreit sich aus der Eintönigkeit des ihr gesellschaftlich vorgeschriebenen Lebens durch die Kunst der Lüge, in die sie sich mit ihrer Phantasie rettet. Wäre sie ein Mann gewesen und noch dazu ein geborener Dichter wie Georg Heym, dann hätte auch sie dessen sich so leichtfertig gebende Worte in ihr Tagebuch schreiben können: *Ach, es ist furchtbar. [. . .] Es ist immer das gleiche, so langweilig, langweilig. Es geschieht nichts, nichts, nichts. Wenn doch einmal etwas geschehen wollte, was nicht diesen faden Geschmack von Alltäglichkeit hinterläßt [. . .]. Würden wieder einmal Barrikaden gebaut, ich wäre der erste, der sich darauf stellte, ich wollte noch mit der Kugel im Herzen den Rausch der Begeisterung spüren. Oder sei es nur, daß man einen Krieg bekäme, er kann ungerecht sein. Dieser Frieden ist so faul ölig und schmierig wie eine Leimpolitur auf alten Möbeln* (68, 138f.). Aber schon 1897 hatte Wassermann in den *Juden von Zirndorf* die Hure Jeannette in einen langen Verzweiflungsschrei ausbrechen lassen, in dem sie dem Helden bekennt: *[. . .] Denn siehst du, ich langweile mich. Ich langweile mich, seit ich auf der Welt bin. [. . .] Ich habe mich in den Betten gewälzt, die Kissen zernagt und jeden Tag verflucht; ich habe um Krieg gebetet und ein grauenhaftes Kanonenmodell konstruiert.* Die Beispiele ließen sich häufen: Walter Falk hat deren eine stattliche Reihe zusammengestellt (47). Heyms 'ungerechter Krieg' sollte ja tatsächlich auch nicht mehr lange auf sich warten lassen, aber es war dem 'aufsässigen' – 'aufsässig' ist vielleicht nicht einmal das richtige Wort, man hört vielmehr das französische fin-de-siècle 'ennui' heraus – aber sagen wir ruhig: Es war dem 'aufsässigen' jungen Dichter erspart, dessen weniger ennuyöse Seite am eigenen Leibe zu erfahren. Es geht hier ohne jede Frage um kollektive Erlebnisse, wie Walter Falk sie herausgearbeitet hat, die mit der Vorstellung vom Expressionismus nicht hinreichend zu erfassen sind. In diesen weiteren, zeitgeschichtlichen Rahmen, der nicht unbedingt ein expressionistischer sein muß, gehört dann aber doch auch selbst der Roman Güterslohs – wie so manches andere.

Werner Kohlschmidt hat daran erinnert, daß Alfred Walter Heymel, der wirklich nichts mit dem Expressionismus zu tun hatte, um dieselbe Zeit in einem Gedicht schrieb: «Wir schreien nach dem Kriege» (13, 434). Eine Zeit war offenbar mit sich selbst in Widerspruch geraten. Man kann es daher, was den Expressionismus betrifft, so formulieren: Diese kollektiven Erfahrungen, die wahrscheinlich vor allem die geistige Oberschicht betrafen, gründeten auf der viele Formen annehmenden Auseinandersetzung mit der gesellschaftlichen Wirklichkeit und mündeten in vielen Fällen und mit sich wandelnden Ausdrucksmitteln im Expressionismus. Hier war man bereit, mit der Gesellschaft, wie man sie vorfand, tabula rasa zu machen. Um mit Falk zu reden: Der Kreativismus der voraufgehenden Generation führte in den Destruktionismus, der in seiner reinsten Form völlig unproduktiv ist und nach Mitteln und Möglichkeiten verlangt, das Negative in ein Positives zu verwandeln – und diese Mittel bot ihm die Kunst. Man zerschlug nicht die einem unerreichbare Wirklichkeit, sondern hielt sich an ihr primäres Ausdrucksmittel.

Man kann also von einer Emanzipation des Bürgertums sprechen, andererseits aber auch von einer Emanzipation vom Bürgertum. Von Emanzipation wäre daher auch noch in einer anderen Hinsicht zu sprechen, über die man sich bisher kaum Rechenschaft abgelegt hat oder der man immer wieder aus an sich verständlicher Scheu in der Kritik aus dem Wege gegangen ist. Betrachtet man nämlich den Expressionismus mit all seinen Gruppen und Grüppchen als Gesamterscheinung, kann keine Frage darüber bestehen, daß ein ungewöhnlich hoher Prozentsatz seiner Autoren jüdischer Abkunft war. «Etwa die Hälfte der maßgeblichen Autoren des expressionistischen Jahrzehnts waren Juden», schätzt Thomas Anz im Zusammenhang mit seiner Betrachtung Kafkas (3, 163). Niemals vorher hatte sich die geistige Oberschicht des deutschen Judentums in solchen Ausmaßen an der Ausübung von Kunst und Literatur beteiligt wie in der Zeit des Expressionismus. Vereinzelte, zum Teil sogar sehr erfolgreiche jüdische Dichter und Schriftsteller von Heinrich Heine über Berthold Auerbach bis zu Fanny Lewald hat es natürlich spätestens seit der Aufklärung (Moses Mendelssohn in der Philosophie) immer schon gegeben, aber sie waren doch Ausnahmen geblieben, Ausnahmen oft mit ihrer eigenen Problematik. Die Zeiten gelebter Toleranzidee, in denen ein Achim von Arnim und andere preußische Junker in Rahel Varnhagens Salon ein- und ausgingen, waren nur von kurzer Dauer gewesen. Es bereitete Arnim keine großen Schwierigkeiten, seine antisemitischen Gefühle wiederzuentdecken, als der Wind sich gedreht hatte. Immerhin aber hatten sich seitdem – besonders in Berlin, aber auch in Wien und anderwärts – ein jüdischer Mittelstand und eine jüdische Oberschicht herausgebildet, die sich nicht nur den Lebensformen der eingesessenen Bürgerschaft anzupassen, sondern sich auch deren Bildungsgut anzueignen vermocht hatten, und das mit einer Hingabe (man denke an Rahels Goethe-Verehrung), deren ihre nicht-jüdischen Mitbürger nur noch selten fähig waren. Sogar ein im Alter so eingefleischter Antisemit wie Theodor Fontane konnte sich dieser Einsicht nicht verschließen. «Judengesellschaften sind nicht mein Ideal», schrieb er 1890 an seine Tochter, «und eine feine, glücklich componierte Christengesellschaft ist mir viel lieber. Aber solche glücklich zusammengesetzte Christengesellschaft ist sehr selten zu finden», und er muß «mit Trauer gestehen, daß das alles», was sich in ‘Christengesellschaften’ antreffen ließ, «hinter solcher Judengesellschaft» zurückblieb. Zu welchen Konflikten es in diesem Zusammenhang bei den deutschen Juden kommen konnte, belegt die Lebensgeschichte Rahel Varnhagens, wie man sie in Hannah Arendts Biographie (4) nachlesen kann.

Wir können die verschiedenen Etappen dieser jüdischen Emanzipation in Deutschland im Rahmen unserer Darstellung nicht im einzelnen verfolgen und müssen uns daher mit der Feststellung begnügen, daß der historisch zurückgelegte Weg, trotz schließlicher offizieller Gleichstellung um die Mitte des Jahrhunderts, im wesentlichen eine Einbahnstraße geblieben ist. Man arbeitete zusammen, weil die gemeinsamen Interessen es nahelegten, aber man lebte getrennt. Die Widerstände gegen eine wahre Assimilation wurden besonders durch die Agrarkrise in den siebziger und achtziger Jahren verstärkt und führten zu immer neuen antisemitischen Ausbrüchen. Wenn man daher auch nicht von einer Integration des jüdischen Bevölkerungsanteils in den nicht-jüdischen sprechen kann, so blieb eine solche doch Wunsch und Ziel weiter Kreise des jüdischen Mittelstandes, und so manches im wirtschaftlichen wie im kulturellen Bereich kam dem auch entgegen. Man war in diesen jüdischen Kreisen natürlicherweise auch offener für liberale Denkformen und gab sie seinen Söhnen sozusagen mit auf den Weg.

Die vielleicht entscheidende Entsprechung zwischen den jüdischen und nicht-jüdischen Lebensformen findet sich, will mir scheinen, in der Struktur der Familie, nämlich dem hier wie da – wenn auch aus verschiedenen Gründen – im großen und ganzen noch ungebrochenen patriarchalischen System, das für die jüdische auf alter biblischer Tradition beruhte, für die christliche auf dem nie wirklich überwundenen feudalistischen Gesellschaftsgefüge, mit dem man im Laufe der Generationen in einer vom Adel beherrschten Welt gut gefahren war. Die Rolle der Frau war in beiden Kreisen sicher nicht dieselbe, die des Mannes aber unterschied sich kaum. Der jüdische Vater hat offensichtlich auf seiner Position in der Familie als Herr des Hauses eher noch energischer bestanden als der christliche. Um die Jahrhundertwende mußte das natürlich in vielen jüdischen Familien zu besonders schweren Konflikten führen, da religiöse Bindungen fester zementiert sind als politische. Das war der Preis, den man für die Emanzipation zu zahlen hatte, als die Söhne nun außerhalb ihrer Elternhäuser, vor allem an den Universitäten, die ihnen jetzt ganz anders offenstanden als noch der Generation ihrer Väter, mit geistigen Strömungen in Berührung kamen, die einen Bruch mit der Tradition, der jüdischen wie der nicht-jüdischen, zur Folge hatte.

Für die Entwicklung der expressionistischen Bewegung war das von kaum zu übertreibender Bedeutung. Man spricht oft sehr leichtfertig von einer 'jüdischen Intelligenz', die sich – wenn man das Wort beim Wort nimmt – natürlich in den verschiedensten Formen manifestieren kann. Nichts wäre falscher als die Annahme, der Zug ins Rationale, ins Philosophisch-Theoretische, der im Expressionismus so oft mit seinem Gegenteil, dem Schwelgen im Irrationalen, Religiösen und Mystischen, zusammengeht, ließe sich auf den jüdischen Beitrag zu den geistesgeschichtlichen Transformationen im zweiten Jahrzehnt unseres Jahrhunderts zurückführen: Die zentrale Auseinandersetzung zwischen den expressionistischen und aktivistischen Tendenzen wurde von zwei jüdischen Autoren ausgetragen: von Franz Werfel und Kurt Hiller (s. S. 113). Vertreten läßt sich höchstens der Standpunkt, daß die jüdische Komponente der Bewegung einen wesentlichen Anteil an der theoretischen und organisatorischen Arbeit geleistet habe. Hätte die 'Bewegung' ohne sie überhaupt eine Kohärenz erreicht? Schon der erste, protoexpressionistische 'Neue Club' war eine Gründung von Kurt Hiller und Jakob van Hoddis (Anagramm für Hans Davidsohn), welch letzterer später von den Nazis vergast werden sollte. Auch Erwin Loewenson, der Freund Georg Heyms und später auch sein Biograph (111), scheint an dieser Gründung mitbeteiligt gewesen zu sein. Als es dann, schon sehr bald, im 'Neuen Club' zu Divergenzen kam, machte Hiller das 'Cabaret Gnu' auf, in dem «nach und nach alle bedeutenderen Autoren des Frühexpressionismus» – ob jüdisch oder nicht – «Ernst Blass und Johannes R. Becher, Alfred Lichtenstein und Ludwig Rubiner» gelesen haben, stellt Paul Raabe fest, und er hätte noch manchen anderen Namen speziell hervorheben können: Franz Werfel an erster Stelle (141, 3). Hiller war es wiederum – und nicht etwa René Schickele mit seinen *Weißen Blättern*, in denen es eigentlich nur um den Pazifismus in europäischer Breite ging –, der mitten im Kriege den Aktivismus als Gegenbewegung gegen den im Artistischen steckengebliebenen Expressionismus proklamierte. Und was wäre aus der expressionistischen Bewegung ohne ihre großen Zeitschriften-Herausgeber Herwarth Walden und Franz Pfemfert geworden – um nur diese zu nennen –, was ohne ihren Verleger Kurt Wolff und seinen Lektor Kurt Pinthus, später der Herausgeber der *Menschheitsdämmerung?* Trotzdem ist es keineswegs selbstverständlich, daß diese Kreise entweder völlig integriert waren oder doch den ernsthaften Willen aufbrachten, den aus der deutschen Tradition natürlich auch ihnen überkommenen Antisemitismus auf der Ebene des Persönlichen zu überwinden – vielleicht mit Trakl, der

diesen Kreisen fernstand, als einziger Ausnahme (11, 75). Eine Tagebuch-
eintragung Heyms aus dem November 1911 wirft darauf ein besonderes
Licht: *Meine Stellung zum Judentum ist folgende. Ich stehe ihm auf Grund
des Rasseinstinktes a priori feindlich gegenüber: Dafür kann ich nicht. Ich
habe aber soviel nette, einzelne geradezu reizende Exemplare der semiti-
schen Rasse kennen gelernt, (Guttmann, Baumgardt, Wolfsohn)* – er nennt
sonderbarerweise nicht Loewenson – *daß ich rein verstandesmäßig mein
Urteil einer Kritik unterzogen habe, und daß ich den Semiten, den ich in
Zukunft kennen lernen werde, nicht von vornherein, als antipathisch ansehen werde* (68, 150). Man geht wohl nicht zu weit, wenn man den Schluß
zieht, daß die schon so lange und bisher immer wieder vergeblich angestreb-
te Assimilation des Judentums zum mindesten auf geistigem Boden im Expressionismus vorübergehend Wirklichkeit geworden ist. Das allein räumt
ihm in der deutschen Geschichte eine besondere Stellung ein.

4. Die Rolle der Frau im Expressionismus

«Das neue Bewußtsein» dieser Generation, schreibt Russell E. Brown in
seinem Wolfenstein-Essay, werde «in erster Linie von Männern miterlebt»
(21, 266), wie es in einer patriarchalisch geordneten Gesellschaft nicht anders zu erwarten ist. Gewisse Konsequenzen ergeben sich daraus mit
schlichter Notwendigkeit, wie etwa das Verhältnis zur Frau und zur Frauenemanzipation. Daß dagegen die Knabenliebe in der Männergesellschaft
der Antike, aber auch noch im George-Kreis florierte, während das Christentum sie mit einem Tabu belegte, ist eine nicht weiter zu erörternde Tatsache. Männergesellschaften aber haben sich über dieses Tabu hinweggesetzt, wobei es ihnen nicht nur um die Fixierung der Liebe auf das eigene
Geschlecht, sondern auch – wie schließlich nicht weniger in der heterosexuellen Liebe – um die Unterjochung des Schwächeren durch den Stärke-
ren ging. In solchen Vorgängen bewährt sich nicht nur der Mann als Mann,
sondern er befriedigt gleichzeitig sein Lust-Bedürfnis. Genau das hat Musil
in seinem *Zögling Törless* aufgrund eigener Erlebnisse gestaltet. Schon
Karl Friedrich Bahrdt hatte darüber in seinen Jugenderinnerungen an die
Jahre in Schulpforta Grausliches zu berichten, und ähnliches kennen wir
nicht nur aus Musils Roman, sondern so manches auch aus Hermann Hesses früher Prosa bis hin zu Max René Hesses *Parthenau* (1929), in dem es
nun nicht um die Schule, sondern um die damals noch junge Reichswehr
ging. In der preußischen Armee durfte der gemeine Soldat bekanntlich
nicht verheiratet sein, und die deutschen Schulen waren bis zum Zweiten
Weltkrieg fast ausschließlich nach Geschlechtern geschieden. All das und
vieles mehr verwies die jungen Männer auf sich selbst, führte bei ihnen zu
Hemmungen und Überkompensationen dem Weiblichen, aber auch sich
selbst gegenüber, aus denen wohl auch der sonderbare Ekel vor dem eigenen Körper zu erklären ist, von dem Brown im Falle Wolfensteins spricht

(21, 225), der sich aber auch bei anderen Autoren der Generation (wie etwa bei Lichtenstein und Trakl) beobachten läßt.

Aus diesen Zusammenhängen heraus ist auch das Verhalten der Expressionisten der von der Gesellschaft ostrazierten Dirne gegenüber zu sehen. Daß schon der Naturalismus, vor allem der Vulgär-Naturalismus etwa eines Max Kretzer, in der Nachfolge Zolas und seiner *Nana,* begonnen hatte, sie als gesellschaftliches Phänomen ernst zu nehmen, ist ein unabdingbarer Teil des von ihm entworfenen Weltbildes. *Nana* war 1880 erschienen, aber schon zwölf Jahre vorher hatte Dostojewski aus einer eher religiösen Sicht in seiner Sonja (in *Schuld und Sühne*) den 'reinen' Menschen entdeckt. Die eigentliche 'Umwertung' dieses aus der Gesellschaft ausgestoßenen Wesens nahmen dann die Expressionisten vor, mehr in der Nachfolge des Russen als des Franzosen. Es ist in dieser Hinsicht nicht gleichgültig, daß schon Nietzsche ihnen den großen Psychologen Dostojewski angepriesen hatte als den einzigen, der auch ihm noch etwas zu sagen habe. Den Expressionisten aber ging es schon nicht mehr um das Moment der Psychologie, sondern um das rein Menschliche. Wenn sie die Hure in den Stand einer Heiligen erhoben, weil sie die Frau in ihr sahen, die ganz – bezahlt oder unbezahlt – der Liebe lebte, geschah das also keineswegs, um den unliebsamen Bürger zu schockieren, denn der war durch derartiges längst nicht mehr schockierbar. Eine gesellschaftliche Rehabilitierung war auf diesem Wege auch nicht zu erreichen. Gewiß, man wollte aus der weiblichen 'Ware' im Zuge der allgemeinen Vermenschlichung des Lebens einen 'Menschen' machen, geriet damit aber nur von einem Extrem in ein anderes, nicht zuletzt dadurch, daß man ein soziales Problem in ein religiöses umbog. Natürlich spielt dabei die pubertäre Sicht des jungen Mannes – und darum handelt es sich bei diesem ganzen Komplex in hohem Maße – eine entscheidende Rolle. Wenn er in seiner Bedrängnis zur Feder greift, ist das Ergebnis voraussehbar. Zu keiner Zeit wird so viel und peinlich gedichtet wie während der Pubertät. Da wird dann die ersehnte, aber noch nicht erreichbare Frau je nach Stimmung und Temperament entweder als Madonna verehrt oder, weil man seine eigene Triebhaftigkeit in sie hineinprojiziert, gerade in ihrer Eigenschaft als Hure gefeiert – wahrscheinlich auch, weil man mit ihr mehr Erfahrung hatte als mit der Madonna. Sie wird sentimentalisiert, aber auch brutalisiert. Vieles in der Dichtung des Expressionismus gehört in diese Kategorie der Pubertätsdichtung und ist uns heute, da die auf solchen Themen liegenden Tabus weitgehend gefallen sind, unerträglich geworden. Es ist in dieser Hinsicht zu wahrhaft grotesken literarischen Produktionen gekommen, wie etwa dem dramatischen Jugendwerk Hans Henny Jahnns, den beiden Roman-Fragmenten Gustav Sacks, dem Jugendroman Reinhold Goerings, aber auch zu dem expressionistischen Paradestück, Hasenclevers *Sohn,* in dem die weiblichen Figuren, 'das Fräulein' und die Hure Adrienne, die Merkmale der Gehemmtheit ihres Autors offen zur Schau stellen und daher bloße menschliche Schemen bleiben. Nicht viel anders verhält es sich mit den Frauen in Sorges *Bettler.* Wedekind hatte gewiß alles getan, dieser jungen Generation in Dingen des Geschlechtlichen reinen Wein einzuschenken und ihr die Zunge zu lösen, aber die ihr wirklich gemäße Sprache hatte er ihr, von einigen dramaturgischen Neuerungen abgesehen, in seiner eigenen Besessenheit noch nicht mit auf den Weg geben können.

Wie man die Dinge auch dreht und wendet, man wird nicht sagen können, daß die Expressionisten die Vorstellung von der Frau als bloßem Geschlechtsobjekt überwunden hätten: Sie haben ihr Bild nur radikalisiert, sozusagen das Letzte aus ihm herausgeholt. Furchtbare Formen hat dies bei Jahnn angenommen, besonders in seinem *Pastor Ephraim Magnus*. Der Sadismus findet dort immer wieder neue Ausdrucksformen. Die gelegentlich so ans Groteske rührende Heiligsprechung der Hure dagegen ist in psychologischer Hinsicht ein männlicher Schutz-Mechanismus. Setzte man sie auf einen Altar, dann hatte man sie in die gehörige Distanz zu sich selbst gerückt, dann war sie nicht mehr in der Lage, ihm vor ihrer eigenen Geschlechtigkeit Angst einzuflößen. In einem höchst aufschlußreichen Kapitel hat Thomas Anz auf dieses Moment der Angst, zu der auch die «Angst vor dem eigenen Inneren» (3, Kap. IV) gehört, aufmerksam gemacht. Ein typisches Beispiel für die Hilflosigkeit des (jungen) Mannes gegenüber der Frau möge für viele stehen: Schon das vierte Heft der Sammlung *Der jüngste Tag* brachte 1913 Ferdinand Hardekopfs *Der Abend, Ein kleines Gespräch*. In dieser Schnitzler gar nicht so fernstehenden Szene hat ein nicht mehr ganz junger Maler sich in eine Dirne verliebt und sie sich in ihn. Er hat sie aus ihrem Bordell in ein piekfeines Hotel gebracht, um sich hier mit ihr niederzulassen, sie auf ihren ausdrücklichen Wunsch hin auch zu heiraten, während sie gleichzeitig auf der ihr von ihm zugesicherten Freiheit besteht, weiterhin ihrem alten Gewerbe nachzugehen, in dem sie ihre «Ehre» sieht – eine etwas sonderbare Form der Frauenemanzipation, nicht ohne ihre unfreiwillige Komik. Anstatt sich also, wie erwartet, auszuziehen, zieht sie sich zu der üblichen Stunde an. Er will sie mit Gewalt zurückhalten, aber sie entschlüpft ihm, worauf er mit seinem Browning noch ein paar Löcher in die Treppenwände schießt und sie ihm verächtlich das Wort «Feigling» nachschleudert. Der Schlußsatz, offensichtlich an das Publikum gerichtet, lautet: *Hätte die im Mittelalter gelebt, so hätte man sie heilig gesprochen.* Der Autor muß eigentümliche Vorstellungen über das Mittelalter gehabt haben. Ein Theatercoup also, mehr nicht, und dazu noch ein recht kitschiger. Hardekopfs Rechnung geht nicht auf, aber er erlaubt seinem Helden auf diese Weise, sich, nachdem er sich noch einmal heldenhaft (sprich: männlich) aufgeführt hat, mit Anstand aus der Affäre zu ziehen und die Dinge beim Alten zu belassen. Das Stück liest sich heute wie eine Parodie auf die Frauenbewegung, was es ganz sicher nicht hat sein sollen. Was hier und anderwärts im Expressionismus, dem Hardekopf ja nur bedingt zuzurechnen ist – er war schon 1876 geboren –, zum Ausdruck kommt, ist der Wunsch zu verstehen, ohne wirklich verstehen zu können, oder doch der Zwang, innerhalb vorgebildeter literarischer Patterns zu denken. Die Dirne ist immer noch die Frau für den Augenblick, die keine weitere Bindung erwartet und so das mit sich selbst beschäftigte Ich des Mannes nicht stört.

Wenn sich diese derart betont männliche Gesellschaft der expressionistischen Boheme in den Cafés traf, geschah das oft genug unter solcher weiblicher Begleitung, in der die wirklich emanzipierten Frauen die Ausnahme bildeten: Else Lasker-Schüler etwa oder Emmy Hennings und ganz sicher auch noch einige andere, von denen wir wenig wissen. Kein Wunder, daß der Anteil der Frauen an der Bewegung so gering war.

Dies gibt noch einiges Weitere zu bedenken, wenn man sich nämlich vergegenwärtigt, daß dies gleichzeitig die Jahre waren, in denen die deutsche Frauendichtung den Niederungen der bloßen Unterhaltungsliteratur entstieg und eine Ricarda Huch, eine Ina Seidel und viele andere Frauen sich als Autorinnen von Rang durchzusetzen vermochten. Offenbar aber schöpften diese Frauen aus sehr viel konservativeren Quellen und unterhielten im ganzen noch ein ungestörtes Verhältnis nicht nur zur Tradition, sondern auch zu ihrer bürgerlichen Umwelt, was sich erst sehr viel später geändert hat (s. Marieluise Fleißer oder Ingeborg Bachmann). Es waren zunächst nur die jungen Männer, die 'aufsässig' geworden waren, doch die individualistische Auffächerung ihrer Front gegen das Bürgertum verhinderte von Anfang an die Herausbildung einer hinreichend breiten Operationsbasis. Andererseits aber darf man das von ihnen so enthusiastisch eingesetzte Vokabular nicht zu wörtlich nehmen, denn da wir es hier weitgehend mit emotionalen Reaktionen zu tun haben, liegt die Neigung zur Überspitzung immer nahe. Formulierungen wie die Adolf D. Klarmanns, der das von den Expressionisten Bekämpfte gleich als das «Chaos einer in Auflösung begriffenen Welt» (94, 403) ausgibt, greifen entschieden zu hoch, denn gerade von einem Chaos kann im Falle der so rigoros reglementierten Bürgerwelt nicht gut die Rede sein, und was deren imminente Auflösung betrifft, so läßt sie immer noch auf sich warten.

II. Der Expressionismus innerhalb der Stilgeschichte

1. Sprache und Form

Benns Frage, ob es einen Expressionismus überhaupt gegeben habe, dürfen wir mit gutem Gewissen bejahen, was er mit der Publikation seiner bekannten Anthologie ja auch selbst getan hat. Problematisch bleibt nur die von ihm suggerierte Festlegung der 'Bewegung' auf ein einziges Jahrzehnt, da wir es im Falle des Expressionismus zweifellos mit einer sehr viel größeren Zeitspanne zu tun haben: mit An- und Ablauf sogar um rund gerechnet zwei Jahrzehnte, wobei nicht einmal in Betracht gezogen werden soll, was ihm in späteren Jahren noch in der Form einer Wirkungsgeschichte zuzugehören scheint.

Wie bereits angedeutet, ist dabei zweierlei nicht aus den Augen zu verlieren: einmal, daß der Expressionismus als 'Bewegung', wie wir sie zu bestimmen versucht haben, trotz seiner nicht zu leugnenden Verankerung im Ästhetischen mit rein formalen und sprachlichen Kategorien nicht zu erfassen ist; zum mindesten spielt sich die Geschichte des Expressionismus vor einem Hintergrund ab, der zeitgeschichtlicher Natur ist. Darüber hinaus kommen wir um die Feststellung nicht herum, daß er nur eine Teilerscheinung der ihm zugesprochenen Jahre war und daher als Epochenbezeichnung völlig unbrauchbar ist. Auf diesen Einsichten bauen wir unsere weiteren Überlegungen auf.

Schon Arnold hat im Vorwort zu seinem ersten Expressionismus-Buch erklärt, «daß es zwischen Stadlers Langzeilen und Stramms Wortkolonnen, zwischen Barlachs und Sternheims Dramensprache nichts Gemeinsames» gäbe «als den Willen zum Bruch mit dem Bestehenden» (6, 7). Und etwas weiter: «Noch nie in der Geschichte der deutschen Literatur war gleichzeitig in einer solchen Menge verschiedener Stile geschrieben worden» (ebda, 16). Seine kurze Charakterisierung der divergierenden Stil-Möglichkeiten im Expressionismus ließe sich noch um ein Vielfaches erweitern und das Bild sich noch wesentlich bunter ausmalen, vor allem wenn man sich vergegenwärtigt, wie viele Expressionisten sich sogar noch recht konventioneller Stilmittel bedient haben, und das manchmal auf so betonte Weise, daß man den Eindruck gewinnt, die Betreffenden hätten sich damit zum mindesten in sprachlicher Hinsicht bewußt vom Expressionismus – oder genauer: von den Expressionisten – absetzen wollen. Das könnte zwei Gründe haben: Entweder hatte man hier mit der Tradition doch noch nicht so radikal gebrochen, so daß die Vorstellung von einem genau datierbaren 'Traditionsbruch' zu relativieren wäre, oder aber ihnen wäre das, was ihnen auf den Fingern brannte – also etwa ihr persönlicher Einsatz für den Pazifismus –, wichtiger gewesen als die Erstellung einer neuen Aussageform. Dieser Umstand trägt wesentlich dazu bei, die Zuordnung einzelner Autoren zum Expressionismus zu erschweren.

Nehmen wir, um uns an einen konkreten Fall zu halten, das Werk René Schickeles, der uns in vielen Literaturgeschichten immer ganz selbstverständlich als Expressionist vorgestellt wird. Weltanschaulich und politisch – man würde heute sagen: ideologisch – ging er zweifellos dieselben, am Pazifismus orientierten Wege wie die meisten Expressionisten, die er denn auch in den von ihm redigierten *Weißen Blättern* (erst in Berlin, dann in der Schweiz) vorurteilsfrei zu Worte kommen ließ, als Dichter und Schriftsteller aber nicht. Seine Themen und – mit wenigen Ausnahmen, in denen er sich expressionistischer Sprachmittel bediente, die damals aktuell waren – seine erzählerischen Bauprinzipien sind noch denen der Kunst-Periode und insbesondere des Jugendstils tief verpflichtet. Das zeigt sich auch schon an der Aufmachung seiner frühen Publikationen. Das konservative Moment, das sich wohl (wie bei Stadler und Flake) auf die elsässische Herkunft zurückführen läßt, ist bei ihnen nicht zu verkennen.

Damit aber stellt sich erneut die Frage, inwieweit es eine spezifisch expressionistische Sprachform und damit überhaupt einen expressionistischen 'Stil' gegeben hat. Von expressionistischen Sprach- und Ausdrucksformen – im Plural und damit eben nicht im Sinne eines genau bestimmbaren 'Stils' – ließe sich schon eher reden. Man könnte sich sogar auf eine Reihe von besonderen Stil-Merkmalen einigen, wie sehr sie auch voneinander divergieren mögen, um sie als spezifisch expressionistisch zu bezeichnen. Dazu würden ganz sicher die Verzerrungen des 'Wirklichen' ins Groteske gehören, wie wir sie bei van Hoddis und Lichtenstein vor uns haben, ferner die auf den krassesten Realismus zurückgreifenden Sprachbrutalisierungen des frühen Benn, der alles Reale überschwemmende dynamische Prosastil Döblins wie auch die Sprachverknappungen Sternheims – kurz, jede Art von sprachlicher Freiheit, die sich ein Autor mit der traditionellen Syntax erlaubt hat. Walter Sokel hat in seinem Expressionismus-Buch (167) zwei Grundtendenzen expressionitischer Prosa herauszuarbeiten gesucht und sie folgendermaßen bestimmt: «Der grundlegende Unterschied dieser beiden Haupttendenzen in der epischen Prosa des Expressionismus zeigt sich in der Sprache» – was Erich von Kahler geleugnet hat – und «im Aufbau der Sätze. Beide Tendenzen neigen zur Kürze, Wucht, Prägnanz des Ausdrucks. In der Vorliebe für dramatisch wirkende Knappheit der Sprache kann man eine dem Großteil der expressionistischen Erzählprosa eigene stilistische Gemeinsamkeit sehen und damit eine gewisse sehr wichtige Definition dessen erhalten, was in jener Epoche expressionistisch genannt werden kann» (ebda, 157). Wie vorsichtig er sich ausdrückt! Es würde nicht schwerfallen, Texte zu finden, die sich dieser Charakterisierung entziehen und dennoch gemeinhin als expressionistisch empfunden werden – wie etwa manches bei Leonhard Frank –, und wie sich andererseits die von Sokel namhaft gemachten Merkmale noch ergänzen, zum mindesten aber verfeinern ließen. Prägnanz zum Beispiel läßt sich mit Kafkaschen wie auch mit Sternheimschen Mitteln erreichen, während andererseits nicht alles so prägnant ist, wie es sich gibt. Der Prägnanz steht schon das Prinzip der Häufung entgegen, obgleich in ihr jede in die Häufung eingegangene Satzpartikel sich gedrängt präzise – oder eben: prägnant – gibt. Überhaupt steht es im Expressionismus mit der «Neigung zur Kürze» nicht zum besten: Ihr entspricht wohl gegenläufig die zur Anschwellung eines Textes gleichsam von innen her (Werfel, Becher, aber auch Döblin). Der all dem zugrunde liegenden Emotionalität entspricht eben eine bis ins Abstrakte vorstoßende Intellektualisierung, wie in der Prosa Einsteins oder Benns, aber auch wieder Döblins. Die Möglichkeiten der Sprachmanipulation im Expressionismus sind nicht auf eine einfache Formel zu bringen. Es genügt nicht, sich an die notorischen Extremfälle zu halten, um den sprachlichen Intentionen der Expressionisten gerecht zu werden.

Wie verhält es sich etwa mit einem aus einer so ganz anderen Welt, nämlich der der Neuromantik, herkommenden Autor wie Hermann Hesse, dessen Name in der Expressionismus-Forschung neuerdings so erstaunlich oft fällt? Arnold hat darauf hingewiesen, daß Hesse zeitweilig selbst «in seinem Schaffen eine expressionistische Komponente» erkannt habe (6, 15). Aber was ist eine 'expressionistische Komponente'? Und worin würde sie bestehen? So ganz bedeutungslos kann eine solche Bemerkung ja nicht sein. Um darauf eine Antwort zu finden, müßte man sich wohl schon an das kollektivistische Moment halten und die Beziehung Hesses zum Expressionismus im gemeinsamen zeitgenössischen Erleben suchen. Auch Hesse war ja schließlich als Pazifist in die Schweiz gegangen, wenn auch nicht alle dort ansässigen Pazifisten deswegen als Expressionisten zu gelten haben – auch Stefan Zweig lebte aus ähnlichen Gründen dort. Was Hesse in den weiteren Bannkreis des Expressionismus rückt, ist schon eher seine Ich-Bezogenheit. Auch sein Werk erwuchs auf dem Boden dessen, was Walter Falk als Kreativismus bezeichnet hat, eines Kreativismus, dem es allerdings immer noch näher lag, die Welt zu fliehen als sie zerstören zu wollen: Den Zug ins Destruktive aber hat Hesse auch gekannt, ihm aber – wohl aus psychologischen Gründen – erst sehr spät Ausdruck zu verleihen vermocht, wie etwa im *Steppenwolf* von 1927. Der Ausweg in die Neuromantik lag ihm sicher näher.

Die Dinge komplizieren sich weiter, wenn man versucht, die Neuromantik, deren Erbe ja auch die Expressionisten mitangetreten haben, von dem zur selben Zeit in vollster Blüte stehenden Impressionismus abzuheben. Literarisch hat es ihn in Deutschland freilich, von einigen skurrilen Erscheinungen wie Peter Hille und – in Österreich – Peter Altenberg abgesehen, kaum gegeben. Das mag zum Teil seine rein technischen Gründe haben: Der Maler kann 'Impressionen' geben, indem er sie auf der Leinwand festhält, während der Schriftsteller gezwungen ist, ein Moment der Entwicklung, ein Geschehen in sie hineinzulegen – was bekanntlich schon Lessing gewußt hat. Literarischer Impressionismus läßt sich wohl nur in Verbindung mit Neuromantik oder Symbolismus realisieren. Einen solchen Symbolismus hatten die Franzosen schon im 19. Jahrhundert voll ausgebildet, und seine Bedeutung besonders auch für den deutschen Frühexpressionismus (Stadler) kann nicht hoch genug veranschlagt werden.

Impressionen aber hat schließlich jeder, der sehen kann. Es fragt sich nur, was er damit macht. Genügt ihm der Anblick einer besonderen Erscheinung (zusammen mit dem, was er dabei fühlt oder zu fühlen gelernt hat), oder setzt er das Gefühlte an die Stelle des Gesehenen, in dem Sinne, daß er auf dieses Gesehene kreativ reagiert? Der der Tradition noch vertrauende Dichter wird diesen Konflikten mit den ihm von der Tradition zur Verfügung gestellten Mitteln im Kunstwerk begegnen; wenn dieses Vertrauen aber untergraben ist, kommt es zu einer Gleichgewichtsstörung, die fast notwendig das, was wir Expressionismus nennen, in irgendeiner seiner Spielarten zur Folge hat. Dieser Prozeß setzt beinahe unmerklich ein und ist außerordentlich modulationsfähig. Unter 'Tradition' verstehen wir dabei den ganzen kulturell-psychologischen Komplex, den der einzelne vorfindet und der seinen unmittelbarsten Ausdruck in dessen Verhältnis zur Gesellschaft hat, das soziale Moment also beinahe in den Vordergrund rückt. So hat schon Hans W. Rosenhaupt 1937 in seiner Berner Dissertation von der 'Abgelöstheit' des deutschen Dichters von der Gesellschaft «um die Jahrhundertwende» sprechen können (147), während mehr als dreißig Jahre später Dominik Jost in seinem Essay «Jugendstil und Expressionismus» vermutete, daß es «zwingende Gründe» gebe, «in den Jahrzehnten von etwa 1895 bis 1925 eine durchgehende geistesgeschichtliche Einheit zu erblicken» (78, 91). Auf ähnliche Gedankengänge stößt man in der jüngsten Forschung immer wieder.

In all diesen Fällen hat man sich an das gehalten, was Walter Falk als das 'Vordergründige' eines Dichtwerks bezeichnet, an die Analyse also dessen, was der Betrachter an einem Kunstwerk sozusagen 'vor Augen' hat, im wesentlichen seine formalen Aspekte. An sich ist das, wie auch Falk betont, eine kritisch durchaus gerechtfertigte und durch die Geschichte der Literaturkritik sanktionierte Verhaltensweise, nur daß sich aus dieser Sicht die Epochen-Zusammenhänge nicht befriedigend erfassen lassen. Nun kann man natürlich epochen-geschichtliche Argumente grundsätzlich ablehnen und wird das in dem Augenblick tun, in dem es klar wird, daß sich vom Formal-Ästhetischen zum Epochengeschichtlichen keine tragenden Brücken schlagen lassen. So mögen die Epochenbezeichnungen nichts als Hilfskonstruktionen sein, als ein der Geschichte unterworfenes Wesen aber muß sich der Mensch über die inneren Zusammenhänge dieser Geschichte immer wieder Klarheit zu verschaffen suchen. Das ist deswegen so schwierig, weil wir über ein mechanistisches und damit simplizistisches Geschichtsverständnis in der Literaturkritik nicht hinausgekommen sind. Dem hat Walter Falk in langjähriger und weitausgreifender Erforschung der strukturellen Zusammenhänge in der Literaturgeschichte abzuhelfen gesucht, zuerst in seinem Essay «Impressionismus und Expressionismus» (48), dann in seiner auf einer großen Anzahl von Einzeluntersuchungen aufgebauten Darstellung *Der kollektive Traum vom Krieg* (47), auf die bereits zu verweisen war – sein mit denselben Kategorien arbeitendes Buch über Kafka steht noch aus. Hinter der 'Realgeschichte' deckte er die Denkstrukturen einer (wie er sich ausdrückt und was vielleicht mißverstanden werden könnte)

'Potentialgeschichte' als einen kollektiven Erfahrungsbereich auf. Um von vornherein allen Mißverständnissen aus dem Wege zu gehen, hat er die landläufigen kritischen Terminologien durch seine eigenen ersetzt und die Vielfalt der dichterischen Manifestationen seit dem ausgehenden Realismus unter dem Sammelbegriff 'Kreativismus' zusammengefaßt.

Auf den ersten Blick scheint es unnötig, die Vorgeschichte des Expressionismus bis zu einem so frühen Zeitpunkt, nämlich dem ausgehenden Realismus, zurückverfolgen zu wollen. Es liegt aber auf der Hand, daß jeder später liegende Zeitpunkt selbst Teil eines größeren Ganzen ist und daher der genaueren Bestimmung bedarf. Das erhellt zum Beispiel aus Dominik Josts Argument, daß dem Jugendstil für den Expressionismus «in erster Linie die Stellung des Befreiers» zukomme, da dessen «vergleichsweise gebundene Dynamik» so etwas wie den Übergang «zur entfesselten Dynamik des Expressionismus» bilde (78, 93). Das ist an sich leicht genug einsichtig, wenn man sich nur unter der Charakterisierung des Jugendstils als 'Übergang' etwas vorstellen könnte. 'Übergang' von was zu was? Schon die Vorstellung von einem 'Übergang' impliziert letzten Endes weitere Zusammenhänge.

Der natürliche Einsatzpunkt für Walter Falk und seine Untersuchungen war daher der Realismus als eine Periode in der Geschichte der Literatur, in der der Dichter sich noch damit begnügte, die Wirklichkeit – wenn auch keineswegs notwendigerweise kritiklos – zu 'reproduzieren': Er bezeichnet diese Verhaltensweise als 'Reproduktionismus'. Wenn er auf diese Periode die des sich in drei deutlich voneinander abhebenden Phasen herausbildenden 'Kreativismus' folgen läßt, so ist er dabei von der Einsicht geleitet, daß es den Dichtern dieser Folgezeit in zunehmendem Maße darum zu tun war, ihr 'Ich' der Wirklichkeit gegenüber durchzusetzen. Zur Debatte steht also – und das ist ja an sich nichts Neues – der sich immer schärfer profilierende Subjektivismus der Epoche. Der Durchbruch geschah in der ersten Phase ('Signativismus'), in der der Dichter Zeichen schuf, sehr oft Symbole, die er gegen das 'Zeichenlose' der Wirklichkeit einsetzte. Uns interessiert an dieser Frühphase vor allem, daß Falk ihr Nietzsches *Zarathustra,* mit dem 'Übermenschen' als dem 'Signativen', neben manchem anderen Werk aus der Feder Georges, Hofmannsthals, Hauptmanns und Wedekinds zuordnet. Diese erste der drei Phasen des 'Kreativismus' ist dessen längste, denn sie erstreckt sich über rund zehn Jahre. Ihr folgt zwischen 1893 und 1900 der 'Visionismus', in dem der Dichter sich seine Welt 'erträumt', während er erleben muß, daß die Wirklichkeit ihm und seinem Traum störend begegnet, so daß ihm nur das 'Visionale' an sich in den Händen bleibt. Die dritte Phase versteht Falk als 'Transformismus', in dem der Dichter die Verwandlung der Wirklichkeit nach seinem Bilde anstrebt, aber immer noch auf nicht zu überwindende Widerstände in ihr stößt, vor denen er in seine eigene transformierte Wirklichkeit ausweicht. Als Beispiel dafür verweist Falk auf Rose Bernd, die zwar selbst an der ungewandelten Wirklichkeit zerbricht, ihre Hoffnung aber, ganz ähnlich bereits wie so manche expressionistische Dramenfigur, auf ihr Kind setzt, wie er auch an Else Lasker-Schülers schönes Gedicht «Ein alter Tibetteppich» erinnert, auf dem die Dichterin mit dem von ihr berufenen Geliebten in das Land ihrer Sehnsucht zu entschweben hofft.

Dieser 'Transformismus' umfaßt eine Zeitspanne von etwa zwölf Jahren, von 1900 bis 1912, so daß gegen dessen Ende hin die Erlebnisebene des Expressionismus erreicht ist, und zwar zunächst durch eine weitere Steigerung des kreativistischen Impetus. Er endet damit, daß er sich in seiner Hybris überschlägt und dann auseinanderbricht. Stellt man die von Falk analysierten Dichtungen aus diesen verschiedenen Phasen nebeneinander, erkennt man zwar im ganzen eine erstaunliche, nur kollektivistisch zu erklärende Einmütigkeit der Dichter innerhalb einer jeden, hat aber durchaus damit zu rechnen, daß der eine oder andere Vertreter einer Generationsstufe im Rahmen einer bereits überlebten Verhaltensweise stehengeblieben ist. Das wären dann Retardierungen, wie wir sie ja auch aus der Psychologie kennen.

Die unglaubliche, kaum faßbare Diversität des nun einsetzenden Expressionismus scheint wesentlich durch dieses Zerbrechen der 'visionalen' Möglichkeiten bedingt zu sein, bei einem gleichzeitigen oft krampfhaften Festhalten an ihnen, das die Formen eines Utopismus annehmen konnte, dem schließlich dasselbe Ende beschieden war. Feststellen läßt sich jedenfalls eine rapide um sich greifende Verunsicherung des einzelnen innerhalb einer hoffnungslos gewordenen Lebenssituation: Die desillusionierten Utopisten politisieren sich und steigen schließlich auf die Barrikaden.

Mit diesem Zeitpunkt läßt Walter Falk die mit der Renaissance als Ausgangspunkt einsetzende 'Neuzeit' enden und sieht eine 'neuere' heraufkommen. Er hat damit zum mindesten Gottfried Benn auf seiner Seite, der schon 1933 in seinem «[Bekenntnis zum] Expressionismus» erklärte: *Es wird nie wieder Kunst geben im Sinne der jüngsten fünfhundert Jahre, die* [des Expressionismus] *war die letzte, man kann sich unsere innere Lage gar nicht final und kritisch genug vorstellen, es geht hier um Verwandlung, ein neues Geschlecht steht Europa bevor* (14, I, 254). Das waren im Zeichen der damaligen Zeit große Worte, denn zum mindesten seine Vorstellungen von dem neuen Geschlecht, das Europa bevorstehe, erwiesen sich schon bald als höchst revisionsbedürftig. Tatsächlich hat keiner der einstigen Expressionisten in späteren Jahren mit solch innerer Sicherheit seinen Weg in die Kulturtradition der letzten fünfhundert Jahre zurückgefunden wie er, durchaus im Sinne einer Rückkehr in die 'Kunst-Periode'. Jedenfalls erwies sich die damalige Lage als weniger 'final', als er sie in der Rückschau gesehen zu haben glaubte, wobei er natürlich seine eigene der allgemeinen unterstellt hatte. Als Beweis dafür mag der Umstand gelten, daß er, der politisch so völlig Ahnungslose und Uninteressierte, in demselben Essay den Expressionisten in Bausch und Bogen jeden politischen Instinkt abgesprochen hatte.

Die Geschichte des Expressionismus ist damit im großen und ganzen umrissen. Sie führt von der eigenmächtigen Thronbesteigung des Dichters bei gleichzeitiger rigoroser Lust an der Destruktion der ihm entgegenstehenden Wirklichkeit – Falk spricht hier von 'Destruktionismus' – zu einer graduellen Ernüchterung, wie sie angesichts der sich immer dringlicher anmeldenden Wirklichkeit während des Krieges und der Revolution kaum anders zu erwarten war. Die Verabsolutierung des Ich mußte für den Dichter immer fragwürdiger werden, und so zeigte er sich schließlich bemüht, auf seine Weise einen neuen Anschluß an die verachtete Wirklichkeit zu finden – und das bringt uns bis zur 'Neuen Sachlichkeit' der zwanziger Jahre. Dieses Ich hatte sich, als sich die Möglichkeit bot, die Welt zu transformieren – jedenfalls hatte es damals so ausgesehen –, gegen sie aufgebäumt, sich über sie hinwegsetzen zu können geglaubt, um sich am Ende in einer existentialistisch zu bewältigenden Vereinsamung – Heidegger war 1915 Privatdozent in Freiburg geworden – wiederzufinden. Es ist durchaus möglich, den Expressionismus aus dem Gesamtzusammenhang des Existentialismus heraus zu deuten, gleichsam als dessen Vorgeschichte, wie das Thomas Anz (3) unternommen hat.

Gestützt werden Walter Falks Befunde durch die Forschungsergebnisse anderer, die im expressionistischen 'Aufbruch' ebenfalls alle Anzeichen einer Wende erkannten und von einem 'Traditionsbruch' im Zusammenhang mit der durch ihn bedingten 'Romankrise' sprachen, wie etwa Dietrich Scheunemann (151, bes. 19). Das Stichdatum für diesen 'Bruch' wäre das Jahr 1913, markiert unter anderem durch Döblins auf seiner Auseinandersetzung mit Marinetti beruhenden Programmschriften und der Veröffentlichung seiner Erzählung «Die Ermordung einer Butterblume» (entst. schon 1905!), mit ersten Ansätzen seit 1910. Wieder andere haben den epochalen Umbruch später angesetzt, in den Krieg und die ihm folgende Revolutionszeit, die den Expressionismus ja, dessen Frühphase damit der Vergangenheit überantwortet wird, wirklich auf eine nicht voraussehbare Weise von dem Weg abbringen sollten, den er ursprünglich eingeschlagen hatte. Bedeutete aber selbst dieser Krieg, auch wenn er zum Zusammenbruch eines ganzen politischen Systems führen sollte, wirklich einen so vollkommenen 'Bruch' mit der 'alten Ordnung'? In der Rückschau sieht da manches sehr anders aus. Vor allem hat das Bürgertum, mit dem man doch Tabula rasa zu machen gedachte, eine außerordentliche Resistenz bewiesen.

Trotzdem: Die Welt hat sich in den Jahren des Expressionismus entscheidend gewandelt, aber doch auch wieder nicht so sehr, daß das Alte sich im Neuen plötzlich nicht wiedererkennen ließe. Im Gegenteil, dieses Neue zehrte immer noch sehr auffällig vom Alten. Das wird sich bei der Betrachtung expressionistischer Werke öfter als erwartet zeigen. Daß damals etwas Neues im Anzug war und sich gelegentlich recht revolutionär gebärden konnte, ist unverkennbar. Wahrscheinlich geht der Bruch, von dem die Rede war, mitten durch die 'Bewegung', als eine Wunde, die sich nicht schließen wollte. Das ist einer der Gründe, warum viele Phänomene expressionistischer Dichtung so widersprüchliche Deutungen zulassen. Die Proklamation einer 'Anti-Kunst' etwa, wie die Berliner Dadaisten sie erlassen haben, muß nicht unbedingt auch das Ende einer 'Kunst-Periode' signalisieren: Dafür wäre das Werk eines George Grosz ein Beispiel, dem es, wie er in seinen Briefen so oft beteuert hat (58), bei all seinem politischen Nihilismus während seiner Dada-Zeit doch zuerst um die Realisierung seiner persönlichen Bedürfnisse ging, und die standen für ihn ganz unter dem Zeichen eines ausgesprochenen Bekenntnisses zur Kunst.

Die Bestimmung einer wesentlichen Seite des Expressionismus als 'Destruktionismus' leuchtet trotzdem ein. Er läßt sich an den Bemühungen um eine 'Destruktion' der Sprache und der Formen am leichtesten nachweisen. Ohne Frage aber stecken hinter den so demonstrativ zur Schau gestellten Voreingenommenheiten mit Fragen der Ästhetik sehr viel schwerer wiegende, im ganzen aber doch noch nicht genau artikulierbare Ressentiments. Die Geschichte der deutschen Ästhetik ist weitgehend eine Geschichte von Versuchen, vor der politischen und sozialen Wirklichkeit auszuweichen. Die jugendlichen Intellektuellen der expressionistischen Generation hatten die Brüchigkeit ihrer Welt, also des bürgerlichen Spätkapitalismus, daher zunächst vor allem an deren Kunstverständnis und damit auch an ihrer dichterischen Sprache dingfest gemacht. Bis zu den wahren Ursachen dieser Brüchigkeit aber drang man noch nicht vor. Man kommt der Wahrheit wohl näher, wenn man in ihrem 'Protest' das Moment schwerer Spannungen nicht übersieht, die durch persönliche Erfahrungen noch verschärft wurden, mit denen jeder so oder so fertig zu werden hatte.

Aber auch dieser Destruktionismus geht engstens zusammen mit einem triebhaften Verlangen nach Selbst-Bestätigung. Man könnte zu Zeiten geradezu von einem invertierten Destruktionismus sprechen. Es ist sicher nicht zufällig, daß dahingehende Äußerungen im Expressionismus meist in einem rauschhaften Zustand gemacht wurden, nicht nur von Werfel und Becher, sondern auch von einem sich so intellektuell gebenden Autor wie Georg Kaiser. Dieser Rausch wird geradezu kultiviert, und da mußten manchmal auch die Drogen noch nachhelfen. Gäbe es ohne sie überhaupt eine nennenswerte Lyrik von Georg Trakl? Der Rausch, in welcher Form auch immer, ist wohl die äußerste Zuspitzung des Subjektivismus, in der auch das Expansive noch auf das Ich des Dichters zurückverweist.

Das expressionistische Pathos, über das sich die nachexpressionistische, ernüchterte Zeit so erbarmungslos lustig machen konnte, vermochte auch ganz andere, selbst kalt auskalkulierte Formen anzunehmen wie bei Carl Einstein oder Georg Kaiser, diente aber offenbar vornehmlich dem Zweck, diese ungelösten Spannungen zu überspielen. Die Sprachlage der Kaiserschen *Bürger von Calais,* diese pièce de résistance des dramatischen Expressionismus, ist für unser Ohr kaum erträglicher als die ganze Werfelsche 'O-Mensch-Pathetik', nur daß das Theater die Möglichkeit hat, das sprachliche Volumen auf eine Theatersprache hin zu reduzieren. Geöffnet wurden diese sprachlichen Schleusen – man lese sich den Kaiserschen Text nur einmal selbst laut vor! – durch Nietzsche, dem die Sprache ebenfalls schon als Waffe im Kampf um seinen geistigen Herrschaftsanspruch gedient hatte. Helmut Gruber hat das richtig gesehen und ausgezeichnet formuliert, wenn er schreibt: «Die Fähigkeit und Privilegien eines Zarathustra, die Georg Kaiser für den Schriftsteller beanspruchte, beleuchten, welch übertriebene Vorstellungen einige Expressionisten von Führerschaft hatten» (13, 409).

Karlheinz Daniels hat in seinem Beitrag zu Wolfgang Rothes Sammelband von einem «frühexpressionistischen Ichgefühl» gesprochen, das sich zum «hochexpressionistischen Wirgefühl» gewandelt habe (26, 173). Das klingt überzeugend, weil nichts natürlicher ist, als daß existentiell Vereinsamte – Iwan Goll hat sich zeit seines Lebens als einen solchen gefühlt – unter dem Druck der Verhältnisse (Familie, Großstadtexistenz, Krieg, Revolution oder privates Schicksal) zueinander drängen und gerne ein Gemeinschaftsgefühl kultivieren, das alle persönlichen Divergenzen zu transzendieren vermag. Hinter dem Gemeinschaftsgefühl verbirgt sich dann viel Einsamkeit, Verlorenheit und oft unsägliche Verzweiflung, wie etwa im Falle des sich so leichtfertig gebenden Alfred Lichtenstein, der sich in seinen Erzählungen einen Kuno Kohn erfinden mußte, um seinem hoffnungslosen Ausgesetztsein Ausdruck verleihen zu können. Wenn diese Gemeinschaftsvorstellungen sich dann auch noch als weltumfassendes utopisches Ereignis ausgaben, mißtrauen wir heute wohl mit Recht der Echtheit solcher Ansprüche. Diesem Ich–Wir-Komplex in der expressionistischen Literatur gegenüber ist daher einige Vorsicht geboten. Um die Verwandlung des 'frühexpressionistischen Ichgefühls' in ein 'hochexpressionistisches Wirgefühl' unter Beweis zu stellen, vergleicht Karlheinz Daniels Stadlers Gedichte «Bahnhöfe» und «Fahrt über die Kölner Rheinbrücke bei Nacht» mit Wolfensteins «Fahrt». Es war ihm wie fast der ganzen Expressionismus-Literatur entgangen (den Marbacher Katalog nicht ausgenommen), daß beide Dichter tatsächlich genau gleichaltrig waren, beide 1883 geboren, der eine nur eben im Elsaß und der andere in Halle, von wo er dann bis zu seiner Emigration in der Hitler-Zeit (Daniels läßt ihn bereits 1915 sterben!) nach Berlin abgewandert war. Verschiedene Entwicklungsstufen expressionistischer Dichtung werden also nicht durch sie zum Ausdruck gebracht, und es zeigt sich, wieviel Vorsicht den Termini 'Früh-' und 'Hochexpressionismus' gegenüber angebracht ist. Was aus den Werken dieser beiden Dichter zu uns spricht, sind vielmehr sehr verschiedene kulturelle Erbschaften.

Das 'Ich-Gefühl' der Expressionisten mit seiner Ausweitung ins 'Wir-Gefühl' fand seinen unmittelbarsten Ausdruck natürlich in der Lyrik. Wo es sich der Prosa zu bedienen suchte, kam es bestenfalls zu bekennerhaften, oft skurrilen Erzählungen – wir erinnern uns an Ehrensteins bekannten *Tubutsch* und die Kuno-Kohn-Skizzen Lichtensteins –, kaum je aber zu einem breitangelegten Roman. Die Ausnahmen wären die so ausgeprochen autobiographisch fundierten Romane expressionistischer Außenseiter wie die Gustav Sacks, Reinhold Goerings und Ernst Barlachs (*Seespeck*). Selbst Gottfried Benns Rönne-Roman ist autobiographischer Natur und im Episodischen steckengeblieben. Anders sollten die Dinge eigentlich im Drama liegen, das ja schon aus strukturellen Gründen für den Helden des Gegenspielers bedarf, damit überhaupt ein Dialog zustande kommen kann. Da ergibt sich nun in der Frühzeit des expressionistischen Theaters eine eigentümliche Situation: Immer wieder kann dieser Gegenspieler sich, wie in Sorges *Bettler* und Hasenclevers *Sohn,* in verschiedene Gestalten aufspalten, so daß man sagen kann, diese Gegenspieler seien nur Emanationen des Helden selbst. Dieser Vorgang bedarf natürlich noch einer genaueren Darstellung, für die hier nicht der Ort ist. Es sei nur darauf hingewiesen, daß dieses Prinzip der gesamten Dramatik Paul Kornfelds zugrunde liegt. Die Folge ist, daß auch das Drama sich – um Denklers Formulierung heranzuziehen – ins 'einpolig' Episodische auflöst und der Dichter zum sogenannten 'Stationen-Drama' greifen muß; dem ist vom Theatergeschichtlichen her Horst Denkler in seinem gewichtigen Buch *Drama des Expressionismus* (28) systematisch nachgegangen, wobei er das 'Stationen-Drama' den verschiedenen Möglichkeiten des 'Wandlungsdramas' untergeordnet hat. Der dramatische Konflikt jedenfalls wird auf diese Weise in das Innere des Helden verlegt, und das Bühnengeschehen besteht im wesentlichen aus Projektionen dieses Inneren in ein Äußeres und damit Anschaubares. Das auf die Bühne gebrachte reine 'Ich-Drama', dessen charakteristisches Ausdrucksmittel der vielverlästerte 'Schrei' ist, letztlich unter Verzicht auf jeden dramatischen Dialog, lebt daher ebenfalls aus dem Geiste der Lyrik und strebt zu ihr zurück. Der Einakter ist folgerichtig die ihm gemäßeste dramatische Form. Es versteht sich, daß das 'Ich-Drama', um sich voll realisieren zu können, alle möglichen Anleihen beim traditionellen und avantgardistischen Theater machen mußte.

Wie zu erwarten, kam der erste Widerspruch gegen eine solche letztlich hilflose Ich-Bezogenheit der Dichtung schon aus den Kreisen der Expressionisten selbst. Einerseits suchte man schon sehr bald nach objektiveren Formen (Sternheim, Kaiser), andererseits enthielt der Roman, wenn er als Gattung ernst genommen wurde, alle Keime der Auflösung solcher Ichhaftigkeit in sich. Das wird deutlich an dem Roman des frühen Döblin mit seinem «eisernen Stil» – um seine eigene Bezeichnung zu verwenden –, aber auch an all den epischen Versuchen derer, die vom Standpunkt ihres eigenen Ich aus die Gegebenheiten der Wirklichkeit rational zu erfassen (und zu zerstören) suchten – wie etwa Carl Einstein im *Bebuquin,* Benn in *Gehirne* oder Flake in seiner Expressionismus-Imitation *Die Stadt des Hirns* (1919). Es ist dabei freilich nicht zu übersehen, daß der Versuch einer Ich-Überwindung innerhalb des Expressionismus gezwungen war, die rationale Position zu einer neuen Irrationalität vorzutreiben: Dem wird unsere Darstellung der Dichter und ihrer Werke noch weiter nachzugehen haben.

2. Von Nietzsche zu Marinetti und Dada

Walter Falk bedient sich des Nietzscheschen Vokabulars, wenn er die beiden den Kreativisten offenstehenden Möglichkeiten einer Selbstrealisierung als 'apollinisch' und 'dionysisch' bestimmt, von denen die erstere sich aber nach 1910 nicht mehr als realisierbar erwiesen habe. Sehr überzeugend läßt sich das an dem 1913 erschienenen *Tod in Venedig* Thomas Manns nachweisen, der kollektivistisch genommen ja aus ähnlichen Quellen schöpft wie das Gros der expressionistischen Dichtungen der Zeit. In der Geschichte des auf das apollinische Prinzip eingeschworenen Dichters Gustav Aschenbach mit seinem so eindeutig als dionysisch dargestellten Untergang wird der Umbruch aus dem Kreativismus in den Destruktionismus geradezu thematisiert.

Während Thomas Mann in seiner Novelle das Weltbild Nietzsches reflektiert – und Nietzsche sollte ja einer der Fixpunkte seiner Dichtung bis hin zum *Doktor Faustus* bleiben –, handelt es sich im Expressionismus immer wieder nur um einen Teil-Nietzsche, um einen auf eine bestimmte vitalistische Linie festgelegten, popularisierten Nietzsche. Heinrich Henel hat in einem unveröffentlichten Essay über Sorges *Bettler* darauf aufmerksam gemacht, daß Sorge der einzige Expressionist gewesen sei, der Nietzsches Metaphysik ernst genommen habe und dem die Begegnung mit ihm deswegen zum Schicksal werden mußte. Für die meisten blieb er ein Nervenkitzel, eine Hülle, in die man schlüpfen, die man zur gegebenen Zeit aber auch wieder abstreifen konnte – vielleicht nicht ohne inneren Schaden, von dem sich schwer ausmachen läßt, ob Nietzsche ihn verursacht oder nur ausgelöst hat. Es besteht wohl auch ein ursächlicher Zusammenhang zwischen dem Antichristen Nietzschescher Observanz und den vielen Konvertiten und in die Kirche Zurückgekehrten: Hugo Ball, Franz Werfel, Alfred Döblin und, wenigstens zeitweise und unter dem Einfluß Emmy Hennings', Balls späterer Frau, auch Jakob van Hoddis, um von Sorge gar nicht erst zu reden. Fühlt man sich nicht an ähnliche Lebensläufe deutscher Romantiker erinnert?

Um welchen Nietzsche aber ging es bei diesen sonderbaren Himmelfahrten? Keineswegs – wie es doch eigentlich hätte naheliegen sollen – um den großen Gesellschafts- und Kulturkritiker, denn dessen diesbezügliche Verdikte haben die Expressionisten auch von mancher anderen Seite her erreicht. Sie lagen damals bereits in der Luft, wenn auch vielleicht in einem weniger prophetischen Tonfall verhängt. Bedeutsamer war für sie wie schon für die ihnen vorausgehende Generation der geniale Sprachschöpfer, der Rhetor großen Stils, der Sprachgewaltige mit seinem Schwelgen im Metaphorischen und in grandios entworfenen Parabeln. Es war die große sprachliche Geste des seine Einzigartigkeit zelebrierenden Mystikers vom Übermenschen, des Richard Wagners der Worte. Daß auch Wagners Einfluß auf die Expressionisten (Kaiser zum Beispiel) nicht zu unterschätzen ist, soll dabei nur am Rande vermerkt werden. Wagner hatte freilich den nach Lösungen – und Erlösungen – Lechzenden nur germanische Helden und Götter zu bieten (auch sie sollten eines Tages wieder aktuell werden!), Nietzsche aber den Übermenschen, mit dem sich jeder auf seine Weise identifizieren konnte: Er war keimhaft schon in jedem Kreativisten angelegt. Während aber die Kreativisten um die Jahrhundertwende – vielleicht mit Ausnahme Stefan Georges – das Bild vom Übermenschen noch symbolisch oder visionistisch nahmen, identifizierten die Expressionisten sich mit ihm auf eine unmittelbarere Weise. Ihnen wurde der Übermensch zum Überbürger (wie bei Sternheim) und damit zum Paradigma ihrer eigenen Existenz. Sternheims Maske, Vater, Sohn und alle seine Nachkommenschaften (wie auch ihr Dichter selbst) gehören samt und sonders in Zarathustras Gefolgschaft. Sehr ähnlich verhält es sich mit Georg Kaiser. Auch er schuf immer wieder Übermenschen nach seinem Bilde und sah sich selbst als einen solchen. Man lese daraufhin nur einmal seine Briefe, wie sie uns Gesa M. Valk vorgelegt hat (88). Welcher junge Mensch hätte jemals so zarathustrahafte Briefe an seine Braut geschrieben, ohne sich lächerlich zu machen? Aber Margarete Habenicht war leidenschaftliche Wagnerianerin! Jeder konnte sich plötzlich als etwas Besonderes empfinden, niemand so wie der sonst mit schwachen Nerven Begabte – und es ist erstaunlich, wie schlecht es um den Nervenzustand der jungen Leute der Zeit bestellt war. Wie ein Sturm sei Nietzsche dahergekommen, erinnerte sich Döblin später, und dieser Sturm konvergierte mit allen möglichen anderen Stürmen in dieser an Stürmen so reichen Zeit. Mit seinem so seismographischen Feingefühl für das Stürmische in der damaligen Kunstwelt hätte Herwarth Walden im März 1910 für seine neuzugründende Zeitschrift, den ersten publizistischen Sammelpunkt für die von diesen Stürmen erfaßten Expressionisten, keinen besseren Namen finden können als den, den seine Frau Else Lasker-Schüler ihm vorschlug: *Der Sturm.*

Stürmisch war denn auch, ziemlich genau zwei Jahre nach dem Erscheinen der ersten Nummer des *Sturm,* der sich natürlicherweise aus vollem Herzen für ihn einsetzte, das Auftreten des italienischen Futuristen Emilio Filippo Tommaso Marinetti in Berlin im April 1912 – um mit Rudolf Leonhard zu reden: «mit seinem Lärm um des Lärmes willen» (109, 124). Schon im folgenden Jahr wiederholte er seinen Besuch, bereits sehr viel kritischer aufgenommen, mit Vorlesungen aus seinen eigenen Werken, die Döblin veranlaßten, ebenfalls im *Sturm* seine dokumentarisch so bedeutsame Abrechnung mit ihm zu halten. Das erste Mal hatte Marinetti die jungen Leute noch mit seinem Tempo elektrisiert. Erstaunlich lesen sich heute die Berichte der Zeitgenossen und der sich in späteren Jahren noch an die damaligen Ereignisse erinnernden Augenzeugen, wie sie Paul Raabe zusammengestellt hat (41). Man konnte einem sich an den Kopf greifenden bürgerlichen Publikum auf den Straßen Berlins demonstrieren, wie unglaublich jung und nonkonformistisch man noch war, ein Bedürfnis, das wohl periodisch ziemlich massiv in Erscheinung zu treten pflegt.

Wir können uns über Marinetti kurz fassen, weil Armin Arnold über ihn und seinen Einfluß auf den deutschen Expressionismus bereits das Entscheidende herausgearbeitet hat (6). Die jungen Leute in Berlin fesselte an ihm besonders das große Schauspiel eines realisierten Dynamismus, der Nietzsche redivivus mit italienischem Temperament, ein Übermensch sui generis. Einig wußte man sich mit ihm vor allem in der Ablehnung der unmittelbaren Vergangenheit und damit der Gegenwart, auch wenn beide in Deutschland und Italien sehr verschieden aussahen. Marinetti wollte gleich die ganze europäische Tradition liquidieren und alle Museen und Bibliotheken dem Erdboden gleichmachen – von hier bis zu den später erfolgten Bücherverbrennungen war es nur ein Schritt, den man noch nicht zu tun gewillt war. Dazu war auch das Nietzschesche europäische Kulturbewußtsein noch zu sehr Teil ihres eigenen Denkens. Der aus Italien angereiste Revoluzzer wollte an die Stelle der überalterten Zivilisation eine neue setzen, ohne zu begreifen, daß diese neue am Ende doch wieder notwendig nur eine Fortsetzung der alten sein konnte, zumal in Deutschland, wo die Technik bereits festen Fuß gefaßt hatte. Und so forderte er einen mit der Präzision der Maschine arbeitenden menschlichen Geist und berührte sich darin mit dem, was ganz ähnlich auch dem Hiller-Einsteinschen Flügel des Expressionismus im 'Neuen Club' schon vorgeschwebt hatte. Nicht von ungefähr war vor noch nicht so langer Zeit das Automobil auf der Bildfläche erschienen, waren die ersten Flugzeuge in die Luft und den Futuristen in die Köpfe gestiegen. Marinettis Rechnung ging für die Deutschen nicht auf. Die Maschine zu verherrlichen, gab es für sie keinen Grund. «Es muß heute offen bekannt werden», schrieb Alfred Richard Meyer später in seinen Erinnerungen, «die meisten von uns haben damals den destruktiven Charakter der futuristischen Manifeste [. . .] nicht erkannt oder als überkandidelte Furore belächelt und verspottet» (125, 72). Man hatte ihn nicht erkannt, weil es dem kollektiven Zeiterleben in Deutschland weitgehend entgegenkam. Einer der ersten, die auf die im *Sturm* veröffentlichten Manifeste Marinettis kritisch reagierten, war der bis dahin noch kaum bekannte Alfred Döblin, der in derselben Zeitschrift einen «öffentlichen Brief an Marinetti» unter dem Titel «Futuristische Worttechnik» richtete, der auf eine Generalabrechnung mit dem Dilettantischen in dessen Unternehmungen hinauslief. Döblins Polemik ließ kaum vermuten, daß der über Berlin dahingehende italienische Sturm trotzdem auch ihn nicht unberührt gelassen hatte und ihm schon sehr bald in seinen frühen Romanen zu seinem eigenen Epik-Verständnis verhelfen sollte. August Stramm dagegen, der Hausdichter Herwarth Waldens, ließ sich von Marinetti vollkommen mitreißen und hat nach seiner Begegnung mit ihm und seinem Werk fast alle seine früheren Arbeiten vernichtet. War er der konsequenteste Adept des Futuristen, also selber ein Futurist? Richtiger ist ohne Frage, daß er durch ihn auf den eigenen Weg gebracht wurde, auf dem er Marinettis Anregungen weit hinter sich ließ. Wie Stramm, aber auch Döblin, verstand Benn den Futurismus ausschließlich als eine neue Formkunst. Bei seiner ersten Begegnung mit Marinetti hatte Benn das Gefühl einer *Art ästhetischen Urerlebnisses,* bald aber erkannt, daß die *Haltungen und Motive,* die der Italiener zu bieten hatte, *der deutsche Expressionismus unabhängig* von ihm *spontan und authochthon in seinen Produktionen zelebrierte* (14, IV, 379). Ähnlich hatte Rudolf Leonhard schon damals empfunden, als er in der *Bücherei Maiandros* über Marinettis Vortrag vom Mai 1913 urteilte: *Die Theorie ist richtig – für die Dichtung Marinettis selbst [. . .], wir andern aber, nenne man uns dekadent neben diesem neuen Barbaren, müssen rhythmisieren, gliedern, wollen Melos und Steigerung.* Der ganze Betrieb dieses *Unternehmers* sei *eben nicht neu und nicht zukünftig* (41, 334).

Was wäre aber der Dadaismus in seiner Züricher Phase ohne die Futuristen gewesen? Das Erstaunliche an den engen Beziehungen der beiden Gruppen (s. dazu Richard Sheppard in 162) ist doch wohl der typisch deutsche Umstand, daß diese in der Schweiz gelandeten politischen Flüchtlinge die politischen Ansichten Marinettis überhaupt nicht ernsthaft zur Kenntnis genommen haben, obgleich ihnen sein diesbezügliches Manifest nicht entgangen sein kann – mitten im Kriege! So sehr ging es auch hier noch primär um Ästhetik. Hugo Ball, das Haupt dieser Dadaisten, brach mit Marinetti nicht über ihre politischen Divergenzen, sondern als ihm, nachdem Marinetti ihm seine *Parole in libertá* geschickt hatte, aufging, daß eine solche Zertrümmerung der Sprache – und man hatte in dieser Zertrümmerung in Zürich ja auch einiges geleistet! – notwendig das Ende der Literatur und der Kunst überhaupt bedeuten müsse.

Es hat also in der deutschen Literatur während ihrer expressionistischen Phase höchst bedeutsame Anregungen durch den Futurismus, niemals aber einen deutschen Futurismus gegeben, ebenso wenig wie in der Malerei, die statt dessen längst ihren aus Frankreich bezogenen Kubismus entwickelt hatte. In Zürich setzte man in der bildenden Kunst wie in der Literatur die

54

futuristischen Impulse in den Konstruktivismus um, der seine volle Fruchtbarkeit erst in unseren Tagen ganz erwiesen hat. Man ließ sich vor allem von der durch nichts zu hemmenden Freude der Futuristen am artistischen und provokativen Experiment inspirieren und trieb Kunst auch hier wieder einmal um der Kunst willen, angestachelt höchstens durch das provokative Element, eine Aggression aus dem Geist der Defensive. Man provozierte den guten Züricher Bürger, um den Saal des 'Cabaret Voltaire', in dem man seine Vorführungen gab, zu füllen und sich damit seinen Lebensunterhalt zu verdienen. Die Provokation hat ja schließlich immer wieder auch die Folge, daß sie dem Provozierenden wie dem Provozierten den Rücken steift. Der Provozierte hat sich ihr gegenüber zu behaupten und tut das im harmlosen Gelächter, als Abreaktion. Den Collagen und Montagen der Futuristen und Dadaisten – ob nun John Heartfield, der Bruder Wieland Herzfeldes, der Begründer des auf den Kommunismus festgelegten Malik-Verlages, ihr Erfinder war oder nicht – entsprachen auf dem Gebiet der Dichtung einerseits das im 'Cabaret Voltaire' ausgearbeitete und vor versammeltem Publikum vorgetragene Simultangedicht, andererseits in konsequenter Fortführung der Marinettischen Sprachzertrümmerung das 'absurde' Gedicht aus der Manufaktur Hans Arps (8), das aus beliebigen Wörtern zusammengesetzt wurde, die aus irgendwelchen Druckvorlagen willkürlich herausgezogen worden waren. Der nächste Schritt über dieses Verfahren hinaus war dann das 'Lautgedicht', wie es der von den zu seiner Zeit schon politisierten Berliner Dadaisten abgelehnte Kurt Schwitters in seiner 'Merz'-Dichtung pflegte, mit ihren Höhepunkten in der «Ursonate» und dem notorischen Gedicht an «Anna Blume», deren Vorname sich vorwärts wie rückwärts lesen läßt. Wohl nie ist dichterische Sprache der Musik so nahe gekommen wie in manchen Kompositionen dieses auf seine Weise so genialen Hannoveraners.

Ob es dagegen in der deutschen Literatur einen Kubismus gegeben hat, bleibt letztlich eine Frage der Nomenklatur. Das ihm zugrundeliegende Prinzip ist jedoch ein so rein visuelles und daher malerisches, wie etwa bei Braque, daß ich nicht sehe, wie es dafür Äquivalente in der Dichtung geben könnte. Die einzig sinnvolle Möglichkeit, von einem Kubismus in der Dichtung zu sprechen, scheint mir in der Verbindung von Drama und Bühnenbild gegeben. Das Bühnenbild aber wird schließlich auch wieder von Malern und nicht von Dichtern entworfen. Der Dichter kann höchstens den Bühnenbildner inspirieren, ihm in die Hände spielen, sich seinen Forderungen kreativ anpassen. Trotzdem hat schon Bernhard Diebold in seiner *Anarchie im Drama* (33, 345) Georg Kaiser seinen Lesern als Kubisten vorgestellt, das aber nicht zuletzt deswegen, weil er ihn aufgrund seiner eigenen Selbstdefinition nicht mehr unter die Expressionisten einordnen zu können glaubte, worin er im Grunde recht hatte. Ihm folgt man in der Forschung gelegentlich auch heute noch, besonders bei Interpretationen von *Gas I* und *Gas II*. Wir haben es aber in diesen Kaiserschen Stücken gar nicht mehr mit irgendwelchen der Malerei entlehnten Konzepten zu tun, sondern mit dem Versuch, den Geist des technologischen Zeitalters dramaturgisch in seiner Abstraktion zu erfassen.

Kubistisch hat man gelegentlich auch Hasenclevers eigenwillige *Menschen* genannt: auch das interpretatorisch eine Verlegenheitslösung. Hasenclevers dramatisches Experiment geht wohl eher auf filmische Anregungen zurück. Es war ja nicht nur das Zeitalter der ersten Automobile und Flugzeuge, sondern auch das der ersten Filme. 1914 hatte Kurt Pinthus, unter Mitarbeit u.a. von Hasenclever, sein für die Geschichte des Films so bedeutsames *Kinobuch* herausgebracht. Die damit verbundene 'Kino-Debatte' ist uns jetzt durch Anton Kaes wieder zugänglich gemacht worden (216). Hasenclever hat sich also schon früh mit der Filmproblematik befaßt und noch 1919 einen Film-Text (wenn auch nicht ein Drehbuch) *Die Pest* veröffentlicht, der in der Grundkonzeption den frühen Romanen Döblins nahesteht. Gerade der Film aber konnte sich auch das Absurde dienstbar machen: Es liegt nicht nur Hasenclevers *Menschen* zugrunde, sondern sollte dann auch von Hans Richter aus dem Geiste Dadas heraus systematisch entwickelt werden. Bei Richter mag man von Kubismus sprechen, bei Hasenclever nicht. Die Verwirrung geht wohl auf ihn selbst zurück, denn Russell E. Brown hat bemerkt (21,270), er habe das Wolfensteinsche Gedicht «Bestienhaus» (124, 46) als kubistisch empfunden, es habe ihn an Picasso erinnert. Das sind natürlich rein persönliche Reaktionen, die man am besten auf sich beruhen läßt, um die in so vielen Köpfen herrschende Verwirrung nicht noch zu vergrößern. Auch Walter Sokel hat gewisse Aspekte des Expressionismus dem Kubismus zuordnen wollen, wobei er sich sonderbarerweise an der Musik orientierte (167, 29). Um mit der Vorstellung 'Kubismus' in der Literaturkritik ernsthaft operieren zu können, bedürfte es erst noch einer gründlicheren Klärung der Begriffe.

Expressionismus, Aktivismus, Futurismus, Konstruktivismus, Dadaismus und, wenn es denn sein muß, auch Kubismus – man denkt an die von John Donne schon zu Anfang des 17. Jahrhunderts geprägten Worte: «all coherence gone». Die Beunruhigung des Menschen in seiner Welt ist bereits sehr alten Datums. Man kann sich mit ihr abfinden und sich utopischen Träumen hingeben, aber man kann sich auch revolutionär gebärden, ohne daß es deswegen gleich zu Revolutionen kommen muß – ein seltener Fall. Die deutsche Revolutionsbewegung am Ende des Ersten Weltkrieges läßt sich sicher nicht auf den Expressionismus zurückführen, wie zeitsymptomatisch man ihn auch nimmt. Revolutionär ist ja schon jeder, der den gesellschaftlichen Status quo wie auch immer angreift oder in Frage stellt, ihn überwunden sehen möchte. Und das trifft natürlich auch auf den Expressionismus zu. Sein Dilemma bestand darin, daß dem sich im Destruktionismus überschlagenden dionysischen Kreativismus nur die Alternative zwischen einem privaten Utopismus und der politischen 'Tat' blieb, wie die Aktivisten sie immer eindringlicher gefordert haben. War aber nicht auch dieser Aufruf zur Tat letzten Endes noch utopischer Natur? *Tätiger Geist!* lautet der Titel des zweiten der von Kurt Hiller 1917/18 herausgegebenen *Ziel*-Jahrbücher, dem Alfred Wolfenstein 1919 das eigene unter dem sich nicht weniger resolut gebenden Titel *Die Erhebung* folgen ließ. 'Tätiger Geist' aber ist noch nicht 'Tat', sondern immer noch 'Geist' mit einem schmückenden Beiwort, und die 'Erhebung' vollzog sich am Schreibtisch und nicht auf den Barrikaden. Alles utopisch, in der an Utopien so reichen deutschen Literatur! Und doch hat auch die noch so abwegige Utopie einen konkreten und damit wieder politischen Sinn, denn sie erinnert den Menschen an das, was er sein sollte, sie konfrontiert ihn, den Deformierten, mit dem Menschen schlechthin. Das aber ist die Aufgabe aller Literatur, die den Anspruch erhebt, Dichtung zu sein.

3. Zur Frage der Aufgliederung des Expressionismus

Es hat nahegelegen, zum Zwecke seiner kritischen Erfassung den Expressionismus als etwas in seinem Verlaufe sich offensichtlich erheblich Wandelndes in zwei Phasen aufzugliedern: eine erste, im wesentlichen der Herausbildung neuer ästhetischer Konzepte gewidmete der Vorkriegszeit, den sogenannten 'Frühexpressionismus', der mit der Gründung des 'Neuen Clubs' durch Kurt Hiller und seine Freunde im Jahre 1909 seine erste Gestalt fand, und eine zweite, die im großen und ganzen mit den Kriegs- und Nachkriegsjahren zusammenfällt und gewöhnlich als 'Hochexpressionismus' angesprochen wird.

Wie in allen solchen historisierenden Hilfskonstruktionen steckt auch in dieser ein gutes Stück Wahrheit, solange man ihren nur relativen Wert nicht übersieht und sich durch Einzelheiten, die nicht in einen solchen Rahmen passen wollen, nicht beirren läßt. Wenn man aber schon eine solche Aufteilung vornimmt, empfiehlt sich statt der Zweiteilung eine Dreiteilung, in der dem 'Hochexpressionismus' auch noch ein 'Spätexpressionismus' folgt. Man hätte dann mit Gestalten wie Ernst Toller und Alfred Brust, für die der Expressionismus nur noch ein Jugenderlebnis war, ein leichteres Spiel, während man gleichzeitig die Erstlinge Zuckmayers (*Kreuzwege,* 1921), Brechts (*Baal,* 1922) und anderer Autoren, deren Hauptwerk eindeutig der Folgezeit angehört – und dazu wäre auch Hans Henny Jahnns erst 1929 erschienener, von ihm selbst aber noch ausdrücklich als expressionistisch bezeichneter Roman *Perrudja* zu rechnen – einigermaßen sinnvoll in die Geschichte des Expressionismus einzuordnen vermöchte.

Wie aber steht es nun zunächst um den Frühexpressionismus? Seit Karl Ludwig Schneiders Pionier-Arbeit (155) hat man sich daran gewöhnt, ihn auf die drei Dichter Georg Heym, Georg Trakl und Ernst Stadler festzulegen. Sonderbar ist dabei die auffällige Inkohärenz dieser 'Bewegung'. Die drei Dichter kamen nicht nur aus weit auseinanderliegenden Teilen des deutschen Sprachgebiets: Stadler aus dem Elsaß, Trakl aus Österreich und Heym aus Berlin, der einzige also, der dem Zentrum der 'Bewegung' nahestand und sogar Mitglied des 'Neuen Clubs' war. Stadlers und Trakls Kontakt mit diesem Zentrum war bestenfalls ephemerer Natur. Drei derart auf ihre eigene Weise ihre Wege gehende Dichter aber machen noch keine 'Bewegung' aus: Wenn sie den 'Frühexpressionismus' repräsentieren sollen, hat es einen solchen offenbar gar nicht gegeben. Das Bild aber täuscht schon deswegen, weil es sich lediglich an lyrischen Leistungen orientiert. Horst Denklers Untersuchungen (28) lassen jedoch keinen Zweifel darüber, daß auch die von ihm noch als 'Vorläuferdramen' gekennzeichneten frühen dramatischen Experimente zum mindesten Kandinskys und Kokoschkas – über Döblins könnte man anderer Meinung sein – als frühexpressionistisch zu bezeichnen sind.

Damit erweitert sich der Rahmen um ein Beträchtliches, auch der Einsatzpunkt für den Frühexpressionismus ließe sich noch um einige Jahre vorverlegen – Kokoschkas *Mörder [,] Hoffnung der Frauen* ist bereits 1907 entstanden, Döblins *Lydia und Mäxchen* sogar schon 1903/5 (erschienen 1906 [253, 69]). Dafür aber geraten wir nun in ganz andere Schwierigkeiten der Datierung. Heyms erster Gedichtband, *Der ewige Tag,* erschien erst 1911, Stadlers *Der Aufbruch* sogar noch drei Jahre später (1914), Trakls *Gedichte* 1913 und sein *Sebastian im Traum* 1915 – also eigentlich schon zur Zeit des Hochexpressionismus. Andererseits konnte Werfel seinen *Weltfreund* (nach einjähriger, durch den Verleger verschuldeter Verspätung) schon 1911 vorlegen, so daß er also fraglos in die Zeit des Frühexpressionismus fällt. Benns Morgue-Gedichte dagegen, die wohl niemand dem Frühexpressionismus zurechnen würde, gelangten schon 1912 an die Öffentlichkeit, ein Jahr später gefolgt von Döblins bahnbrechender Sammlung von Erzählungen *Die Ermordung einer Butterblume,* von denen die meisten schon seit 1910 im *Sturm* erschienen waren, darunter auch die Titelerzählung (253, 21).

Die Probleme beginnen sich zu mehren. Sternheim hat seine sicher nicht mehr als frühexpressionistisch zu nehmende *Hose* bereits 1909 konzipiert, und das Gedicht «Weltende» von Jakob van Hoddis erschien im selben Jahr wie Sternheims erste Komödie, am 11. Januar 1911 in der Zeitschrift *Der Demokrat* (66, 73), Lichtensteins «Die Dämmerung» wenige Monate später im *Sturm.* Der sogenannte Hochexpressionismus setzte demnach mitten in den Jahren ein, die gemeinhin dem Frühexpressionismus zugeschrieben werden, und in manchen Fällen liegt allem Anschein nach Frühexpressionistisches später als ausgesprochen Hochexpressionistisches, während sich in anderen nicht so ohne weiteres ausmachen läßt, in welche Periode ein Werk – wie etwa das Barlachs – einzuordnen wäre.

Mit einer rein chronologischen Aufteilung also kommen wir offensichtlich nicht weiter. Die Werke selbst werden uns sinnvollere Aufschlüsse zu geben haben. Trotzdem aber wären die Termini doch schon im voraus ein wenig genauer zu spezifizieren, denn daß da Unterschiede bestehen, läßt sich ja nicht leugnen. Auch hier werden uns Falks Kategorien die verläßlichsten Aufschlüsse geben. Halten wir uns nur an die zentralen Merkmale, gehört der Frühexpressionismus fraglos einer früheren Phase des Kreativismus an als der Hochexpressionismus. Um die Dinge zu vereinfachen und auf eine akzeptable Formel zu bringen, ließe sich feststellen, daß im Frühexpressionismus eine exzessive Ich-Bezogenheit vorherrscht, während im Hochexpressionismus der Wille zur Destruktion zum entscheidenden

Kennzeichen wird. Bei näherem Zusehen ergibt sich, daß Heyms Groß-stadt-Visionen keinen destruktiven Charakter haben, sondern lediglich das Entsetzen des den Boden unter den Füßen verlierenden Egotisten spiegeln, während das Weltende-Gedicht das Ich des Dichters vollkommen ausspart und hinter dem Anblick einer grotesk verzerrten Welt zurücktreten läßt. Der Dichter ist zur Attacke gegen seine Zeit übergegangen.

Es handelt sich also um einen graduellen Entwicklungsprozeß, um eine aus tiefsten Quellen gespeiste Wandlung oder Ver-Wandlung, die mit den Bestimmungen 'Egotismus' und 'Destruktion' nur sehr generell charakte-risiert ist. Das individuelle Moment wird da jeweils mitzuberücksichtigen sein. Auch die Destruktion kann sich der verschiedensten Mittel bedienen, von der Groteske bis zur völligen Sprachzerstörung. Grotesk sind ja nicht nur die Gedichte van Hoddis' und Lichtensteins, sondern auch auf ganz an-dere Weise die Morgue-Gedichte Benns wie die Komödien Sternheims.

Der Krieg brachte dann viele der aufgeregten Köpfe zur Besinnung. Die neu gewonnenen dichterischen Mittel ließen sich in einen Dienst stellen, während die Isoliertheit des einzelnen entweder ins Äußerste getrieben wurde (Trakl) oder im allgemeinen Zeitgeschehen untergehen konnte (die Aktivisten).

Eine besondere Rolle spielte in diesen Zusammenhängen der Dadais-mus. Auch er war zunächst noch eine Fortsetzung der ästhetischen Bemü-hungen der Vorkriegsjahre gewesen, auch wenn er in seiner Züricher Früh-phase bald nach Ausbruch des Krieges weltanschaulich durch den Pazifis-mus getragen wurde. Die Möglichkeiten, zum Zwecke des Broterwerbs den Bürgerschreck zu spielen, waren aber begrenzt und mußten sich sehr bald erschöpfen. Der erste, der absprang, war sein Begründer und spiritus rector, Hugo Ball, wenige Jahre später der erste Biograph Hesses – ihm folgte seine Frau Emmy Hennings nach Bern. Was anderen ein Spiel mit experimen-tellen, durch den Futurismus angeregten Formen war, hatte für ihn von An-fang an mystische Aspekte gehabt; den Mythos selbst sollte er dann in der katholischen Kirche finden. Auch nihilistische Tendenzen grenzen offen-bar irgendwo ans Mystische, bedürfen eines verläßlichen Bodens, auf dem sich stehen läßt. So lesen wir mit einigem Erstaunen, daß selbst ein so mi-litanter Dadaist aus dem späteren Berliner Kreis wie George Grosz noch in den letzten Jahren seines Lebens erklären konnte, er sei *mehr oder weniger vom schwedischen Philosophen Swedenborg und vom schwedischen Dichter Strindberg beeinflußt* gewesen (58, 300).

1917 erschien Richard Huelsenbeck, von dem Züricher Treiben abgesto-ßen, in Berlin, während die nicht-deutschen Mitglieder des Kreises (Tristan Tzara und Marcel Janco) nach Paris übersiedelten und zu den Wegberei-tern des französischen Surrealismus wurden – einem Enkelkind also des deutschen Expressionismus.

Huelsenbeck stieß in Berlin mit George Grosz, Raoul Hausmann, einem gebürtigen Wiener, Franz Jung – der eine solche Assoziation mit dem Da-daismus später nicht mehr wahrhaben wollte –, den Brüdern Wieland und Helmut Herzfelde und dem 'Oberdada' Johannes Baader, den sie sich als eine Art komische Figur auf den Straßen Berlins aufgelesen hatten, zusammen. Er brachte die in Zürich gesammelten Kunsterfahrungen mit nach Berlin und erwies sich als geschickter, wenn auch wenig beliebter Organisator – später emigrierte er vor den Nazis nach New York, wo er sich als Psychiater betätigte. Berlin war ein anderes Pflaster als Zürich: Die Aktivisten hatten sich bereits durchgesetzt und die Kriegsmüdigkeit weite Schichten der Bevölkerung erfaßt. Lukács würde das Ergebnis noch als «romantischen Antikapitalismus» bezeichnet haben (115, 39), aber es war doch eine recht zweifelhafte Romantik, eine Caféhaus-Romantik, reine Emotionalität, und mit dem Antikapitalismus war es bestimmt nicht weit her. Grosz hat das Programm des Berliner Dada-Kreises später als nihilistisch charakterisiert, obgleich auch er zunächst mit den meisten seiner Freunde 1919 (bis 1923) zum Kommunismus abgeschwenkt und in die Partei eingetreten war. Aber sein Kommunismus war doch von recht ambivalenter Natur, denn noch in demselben Jahr 1919 sprach er von «diesen Verbrechern des Spartakusbundes» und erklärte, sein «bürgerliches Herz [!]» könne diesem konsequenten Sozialismus nicht «zustimmen» (58, 80). Später empfand er diese Dada-Jahre als eine «Art Sturm- und Drangzeit» seines Lebens (ebda, 268) – und das waren sie wohl auch für die meisten von ihnen gewesen: Pubertätserlebnis. Aus jugendlicher Opposition gegen die deutschen Verhältnisse war man betont anglophil: So wurde schon in vordadaistischen Zeiten aus einem Georg Grosz ein George Grosz und aus einem Helmut Herzfelde ein John Heartfield. *Ich kann eben nicht 'gehorchen' [. . .] und darin bin ich stets Dadaist geblieben*, ließ Grosz sich noch 1937 vernehmen (ebda, 264), und damit traf er wohl für die ganze, letztlich doch eben sehr deutsche Bewegung seit der Jahrhundertwende den Nagel auf den Kopf.

Überrascht es, daß man in diesen Kreisen wieder einmal Amerika idealisierte? Grosz bekennt in seinen Briefen seine *romantische Amerikaliebe* (ebda, 138), die ihn 1932 angesichts des heraufkommenden Hitlerismus in das Land seiner romantischen Liebe lockte – einer Liebe, um die auch Brecht und Zuckmayer wußten, obgleich sie sich, jeder auf seine Weise, ihrer lange zu erwehren suchten. Sie alle hatten in jungen Jahren ihren *Lederstrumpf* und die Romane Karl Mays gelesen.

Die Politisierung der 'Bewegung', die dadurch immer weitere Kreise zu ziehen begann, richtete sich nun aber auch gegen den Expressionismus selbst, wieviel man in technischer Hinsicht auch von ihm gelernt hatte. Man kämpfte «gegen einen verschrobenen Expressionismus und gegen eine unwahre Pathetik», um mit Raoul Hausmann zu sprechen (41, 233). Das klingt bereits wie die Losung der 'Neuen Sachlichkeit' der zwanziger Jahre: Das «Neue Pathos» – so hatte noch der Titel einer 1913 von Hans Ehrenbaum-Degele, Paul Zech und anderen (141, 44) gegründeten Zeitschrift gelautet – hatte sich nun als «unwahre Pathetik» entlarvt.

Wir haben die Geschichte der expressionistischen 'Bewegung' in ihren verschiedenen Stadien in groben Umrissen verfolgt, damit aber eine – und vielleicht die entscheidende – Frage unberücksichtigt gelassen: wer denn nun die Autoren sind, mit denen man hier im einzelnen zu rechnen hat. Da der Expressionismus sich uns als Teil eines viel umfassenderen kulturhistorischen Phänomens erwiesen hat, kann man vielleicht von einem festen Nucleus von Autoren sprechen, über deren Zugehörigkeit zum Expressionismus in der Forschung weitgehend kaum Meinungsverschiedenheiten bestehen, während dieser Nucleus aber von Erscheinungen umgeben ist, die in einem sehr viel loseren Verhältnis zu ihm gestanden haben. So hat man namentlich den Kreis des Frühexpressionismus dadurch zu erweitern gesucht, daß man ihnen Autoren zuordnete, in deren Werken man bereits expressionistische Züge erkennen zu können glaubte. Einige dieser Bemühungen haben unsere Kenntnis der 'Bewegung' zweifellos bereichert, andere sich dagegen als unhaltbar erwiesen, insbesondere viele der Spekulationen Karl Ottens, wie sie sich in den Einleitungen zu seinen an sich höchst verdienstvollen Anthologien (1 und 157) finden. Otten, der selber noch zu den Kreisen des späteren Expressionismus gehörte – er stand der *Aktion* nahe –, mangelte ganz augenscheinlich die nötige kritische Distanz zu seinem Gegenstand, so daß er am Ende den Wald vor lauter Bäumen nicht mehr sah. Trotzdem lassen sich zweifellos literarische Dokumente finden – wir werden uns selbst mit einigen zu befassen haben –, aus denen hervorgeht, daß es für den Expressionismus keine genau fixierbaren Grenzen gibt. Die von Walter Falk herausgearbeiteten Kategorien für die Bestimmung der verschiedenen Phasen des Kreativismus, bei denen es nicht um formalästhetische, sondern um kollektivistisch determinierte Strukturen geht, nehmen solchen 'Entdeckungen' alles Überraschende.

4. Die Wegbereiter

Ein erster Überblick über den Expressionismus in seiner Gesamterscheinung wäre unvollständig, ohne einen Blick auf die zu werfen, die gleichsam hinter der Szene gewirkt haben, von denen aber wesentliche Anregungen ausgegangen sind. Es handelt sich dabei durchweg um Männer, die selbst von Natur künstlerisch unproduktiv waren, diese ihre Unproduktivität aber intellektuell zu überspielen wußten, sie gelegentlich sogar, wie etwa Herwarth Walden, vom Intellektuellen her zu überwinden suchten. Was sie vor allem auszeichnete, war ihr hochentwickelter Spürsinn für das sich allerorts Regende, für die noch ihre Gestalt suchenden neuen Tendenzen in der Kunst wie im Leben. Die beste Bezeichnung für sie ist wohl die des Publizisten. Die Namen der bedeutendsten unter ihnen sind bereits verschiedentlich gefallen: Herwarth Walden, Franz Pfemfert, Kurt Hiller und Kurt Pinthus.

Herwarth Walden

Herwarth Walden (1878–1941) hatte ursprünglich Musik studiert, als angehender Pianist ein Liszt-Stipendium erhalten und auch komponiert, ehe er zunächst zu den bildenden Künsten und dann auch zur Literatur fand. Seinen bürgerlichen Namen Georg Levin hatte die elf Jahre ältere Else Lasker-Schüler, die von 1903 (nicht 1901, wie man immer wieder lesen kann) bis 1911 seine Frau war, in den uns heute geläufigen verwandelt: Sie liebte es bekanntlich, ihre Freunde mit phantasievollen Namen zu bedenken. Die Ehe der beiden war reine Boheme, ohne ein eigentliches 'Heim'. Als Walden 1910 seine Zeitschrift *Der Sturm* gründete, dessen erste Nummer am 3. März ausgeliefert wurde, hatte sie ihm den Namen gegeben. Diese und die darauffolgenden Nummern wurden von Walden und Döblin unter verschiedenen Pseudonymen gemeinsam redigiert (253, 28). Der Plan war, ein Publikationsorgan und darüber hinaus überhaupt einen Sammelpunkt für die neue Kunst in all ihren Aspekten zu schaffen. Aus dem Unternehmen ging dann ein eigener Verlag und später sogar eine eigene Schaubühne unter der Leitung Lothar Schreyers hervor, dem Walden in späteren Jahren auch die Redaktion der Zeitschrift überließ. Den Mittelpunkt aber bildete der 1912 eröffnete Kunstsalon, in dem Walden bis 1921 hundert Ausstellungen organisierte (43, 142). Walden war ein ausgesprochener, aber feinnerviger und hochgebildeter – um nicht zu sagen: genialer Dilettant. Wer weiß heute noch, daß er sogar einmal einen Roman *Das Buch der Menschenliebe* (1916) und für sein Theater in der Folge eine Reihe von 'Spielen' verfaßt hat. Sigrid Bauschinger hat in ihrer umfassenden und wohl definitiven Darstellung Else Lasker-Schülers darauf aufmerksam gemacht, daß das 'Spiel' eines ihrer Lieblingsworte war (12, 94f.). Sie trennten sich, als Walden sich Marinettis Futurismus verschrieb, dessen Geist dem ihren im Innersten fremd gewesen sein muß. Ehen aber scheitern gewöhnlich an anderen Klippen, und in diesem Falle hieß sie Nell Roslund und kam aus Schweden angereist, nachdem Walden dort Vorträge gehalten hatte: Von 1912 bis 1921 war sie seine zweite Frau. Lange nach ihrer Scheidung von ihm und nach seinem Tod hat sie ihre Erinnerungen an die mit ihm verbrachten Jahre zu einem Buch verarbeitet (182), das ein wenig den Charakter einer Hagiographie hat und das man deswegen wohl nicht zu wörtlich nehmen darf. Wenn nicht alles täuscht, trennten sie sich über Waldens Hinwendung zur Politik. Sein besonderes Verdienst in literarischer Hinsicht besteht zweifellos in seiner Entdeckung und Förderung August Stramms wie überhaupt der modernen Kunst.

Franz Pfemfert

Franz Pfemfert (1870–1954) – mit Walter Mehrings Worten: «Ein bißchen sozialistischer Wandervogel, ein pfiffiger, rüder Plebejer, aber im Grunde doch auch ein so exaltierter Schwärmer [wie Walden], wenn es um 'Kunst, Kultur und Politik' ging» (41, 119) – hatte ziemlich genau ein Jahr nach dem Erscheinen des *Sturm* seine eigene Zeitschrift, *Die Aktion,* als Konkurrenzunternehmen gegründet. Ihm war der für den *Sturm* abgesteckte, primär ästhetisch gehaltene Rahmen von Waldens Zeitschrift zu eng und nicht zeitgemäß genug gewesen. Sonderbar, daß in politischer Hinsicht

die beiden ihre Rollen später geradezu vertauschen sollten, denn während
der Ästhet Walden Kommunist wurde, mit allen daraus zu ziehenden Konsequenzen – er ging 1931 nach Rußland, wo er 1941 verhaftet wurde und
seitdem verschollen ist –, hatte Pfemfert sich schon während der Revolution dem Kommunismus genähert und sich dem Spartakus-Bund angeschlossen, ihm aber schon nach einigen Jahren den Rücken gekehrt, war
Fotograf geworden, mußte 1933 auswandern und ist – als Fotograf – in Me-
xiko-City gestorben (43, 118). Pfemfert war, historisch und politisch gesehen, dem um ein Jahr älteren Walden mit der sehr viel breiter angelegten
Aktion um einen guten Schritt voraus, aber seine Zeitschrift, in der über die
Jahre hin so ziemlich die ganze Avantgarde vertreten war, erreichte nie die
innere Kohärenz, die den *Sturm* auszeichnete.

Kurt Hiller

Auch Kurt Hiller (1885–1972), der auf beide, Walden wie Pfemfert, verach-
tungsvoll herabsah, war als Herausgeber von Jahrbüchern, darunter der
fünf *Ziel*-Jahrbücher (1916–1923; 141, 125f.), und der Anthologie *Der
Kondor* (1912) erfolgreicher denn als Schriftsteller, dessen Hauptwerk, die
zweibändige «Zeit- und Streitschrift» *Die Weisheit der Langenweile*
(1913), auch heute noch alles hält, was der Titel in seinem zweiten Teil verspricht. Als einen «Weisen» dagegen hat ihn der junge Armin T. Wegner
empfunden. «Mit seinen klugen, durchdringenden, doch nicht ungütigen
Augen und durch die Trefflichkeit der Worte» habe er «mehr einem Ge-
lehrten» geglichen (41, 20). Er war ohne Frage ein Mann von messerschar-
fer Intelligenz, mit dem nicht leicht Kirschen essen war, wie seine vielen
Gegner, deren Zahl mit der Zeit immer mehr anwuchs, weidlich haben erfahren können. Das Zeugnis dafür hat er noch kurz vor seinem Tode selbst
in der Sammlung von seit 1914 gehaltenen Reden unter dem Titel *Ratioaktiv. Ein Buch der Rechenschaft* (211) zusammengestellt. In den Band sind
außerdem Stücke aus seinem frühen publizistischen Hauptwerk *Geist werde Herr. Kundgebungen eines Aktivisten vor, in und nach dem Kriege
(1920)*, das Edschmid in seiner damals sehr prominenten Reihe *Tribüne der
Kunst und Zeit* (1919–1923) veröffentlichte, miteingegangen. Der polemi-
sche Essay war die ihm angemessene Form. Hinter all dem steht freilich
auch bei ihm der Schatten Nietzsches: Ihn hatten er und seine Freunde
schon auf der Universität mit allen Poren eingesogen, durch ihn ließen sie
sich beschwingen. Seitdem träumte Hiller sein Leben lang von einer Oli-
garchie des Geistes, die auch dem von ihm später ins Leben gerufenen Aktivismus noch zugrunde lag. Die Ironie des Schicksals wollte es, daß er sich
zu Beginn der Weimarer Republik darin mit dem Oberdada Johannes Baader treffen sollte.
  Im November 1909 hatte er mit seinen Freunden Erwin Loewenson und
Jakob van Hoddis – mit dem er sich freilich schon bald entzweite – den
'Neuen Club' gegründet. Eine Ausgabe der durch Richard Sheppard besorgten *Schriften des Neuen Clubs* in zwei Bänden, von denen bisher der

erste vorliegt (235), wird vieles, was an dieser Episode des Frühexpressionismus bisher noch im Dunkel geblieben ist, erhellen. Die aus der Rückschau bedeutendsten Mitglieder des Clubs waren, neben Hiller und van Hoddis, Georg Heym und Ernst Blass, schon sie sehr gegensätzliche Naturen. Man nannte sich 'Neopathetiker' und trat ein Jahr später mit dem ihrem Club angeschlossenen 'Neopathetischen Cabaret' an die Öffentlichkeit. Bereits 1911 aber hatten die Differenzen im Club sich derart verschärft, daß Hiller mit seinen engeren Freunden absprang und als Konkurrenzunternehmen das 'Cabaret Gnu' aufmachte. Paul Raabe betont, wie hier und in allen ähnlichen Unternehmungen alle darauf brannten, «bekannt und berühmt» zu werden (141, 5) – auch das wohl ein sehr menschlicher Zug, dem die kreativistischen Impulse der Zeit Vorschub leisteten. Wir haben in den Erinnerungen der damals an diesen Vorgängen Beteiligten lebhafte Beschreibungen der Abende, die sich in ihrer Wirkung auf das Publikum nicht wesentlich von denen unterschieden haben dürften, die Jahre später von den Dadaisten veranstaltet wurden. 'Epater le bourgeois' war hier wie da das Leitmotiv, und Alfred Richard Meyer erinnert sich, daß man dabei auch vor «Tätlichkeiten» nicht zurückschreckte (125, 7). Das Destillat aus diesen Veranstaltungen war die Anthologie *Der Kondor*.

Der Krieg machte aus Hiller, wie aus so vielen anderen, einen militanten Pazifisten, als der er im Jahre 1917 den Aktivismus ins Leben rief. Vom Dichter wurde nun der persönliche Einsatz gefordert – was immer das heißen mag. Als Organ der Bewegung begründete Hiller die *Ziel*-Jahrbücher, von denen zwischen 1916 und 1923 fünf Bände unter verschiedenen Titeln erschienen sind. Man sollte meinen, daß er und sein alter Rivale Pfemfert sich hier auf gemeinsamem Boden hätten treffen können, aber für beide bedeuteten 'Tat' und 'Aktivismus' doch etwas sehr Verschiedenes. Außerdem sind wir in Deutschland, wo das Gemeinsame auch im Angesicht von Katastrophen die Tendenz hat, in theoretisch-dogmatischen oder persönlichen Zwistigkeiten unterzugehen.

Kurt Pinthus

Kurt Pinthus (1889–1975) war – vielleicht neben Kasimir Edschmid – der bedeutendste Wortführer des literarischen Expressionismus, nur daß er nicht wie dieser unentwegt die Trommel für ihn gerührt, sondern sich eher im Hintergrund gehalten hat. Er wäre heute wohl wie so viele andere vergessen, wenn er nicht 1919 die (auf 1920 vordatierte) immer noch repräsentative Lyrik-Anthologie *Menschheitsdämmerung* herausgegeben hätte. Daß so vieles von der «Glut einer inneren und äußeren Bewegung» damals schon «fast wieder erloschen» sei, hatte er bereits im «Nachklang» zur Neuauflage 1922 (124, 34) festzustellen. Er begann seine Tätigkeit 1912 als erster Lektor des Kurt Wolff-Verlages, wenn nicht sogar schon früher, bevor die Verleger Rowohlt und Wolff, die seit 1908 zusammengearbeitet hatten, sich trennten, und war mit Hasenclever und Werfel der Begründer der so wichtigen Schriftenreihe *Der jüngste Tag* (1913–1921, insgesamt 86

Nummern), die allerdings keineswegs ausschließlich expressionistische Veröffentlichungen brachte, wie immer stillschweigend angenommen wird. Pinthus war der geborene 'manager', im besten Sinne des Wortes, der «als einer, der mitten unter ihnen stand» (ebda, 31), mit so gut wie allen diesen jungen (und auch älteren) Dichtern befreundet oder doch bekannt war und seine intime Kenntnis der jeweiligen Verhältnisse der Neuausgabe seiner Anthologie (1959), wie sie auch heute noch auf dem Markt ist, als letztes Fazit einem umfassenden Anhang hat zugute kommen lassen können.

Einige Worte über diese Anthologie sind hier am Platze. Sie trägt den Untertitel *Symphonie jüngster Dichtung* und besteht, worauf Pinthus in seinem Vorwort selbst hingewiesen hat, in der Tradition der klassischen Symphonie aus vier Sätzen, betitelt: «Sturz und Schrei», «Erweckung des Herzens», «Aufruf und Empörung» und «Liebe den Menschen» – jeder Titel eine Kombination von zwei Substantiven, mit denen die Hauptelemente dieser Dichtung, acht an der Zahl, bestimmt werden sollten. Das Arrangement ist also thematisch-musikalisch getroffen, ohne jeden Versuch, die Masse des da Gebotenen nach anderen möglichen, sich an den Motiven orientierenden Gesichtspunkten zu scheiden. Der rote Faden aber, der sich durch das Ganze hindurchzieht, ist der Mensch. «Der Mensch schlechthin, nicht seine privaten Angelegenheiten und Gefühle, sondern die Menschheit, ist das eigentliche unendliche Thema» (ebda, 25). Die Vorstellung von einer 'Menschheitsdämmerung' in ihrer Zwiegesichtigkeit käme also der von der 'Verwandlung' sehr nahe, die als das Ziel anzusprechen wäre, das allen diesen Dichtern, Pinthus zufolge, vorschwebte – bei Kafka, könnten wir hinzufügen, aber auch bei einigen anderen gleichsam mit umgekehrtem Vorzeichen.

Der Dichter wende sich bewußt «aus der Dämmerung der ihm aufgedrängten, ihn umschlingenden Vergangenheit» – sprich: Tradition – «und Gegenwart in die erlösende Dämmerung einer Zukunft» – sprich: Utopie –, «die er sich selbst schafft», heißt es weiter an der schon herangezogenen Stelle im «Zuvor» des Herausgebers (ebda). Wenn es dem so definierten expressionistischen Dichter um den «Menschen» geht, so ist dieser Mensch doch zuallererst er selbst, der Dichter. Betrachtet man die acht Substantive, auf denen die Anthologie aufgebaut ist, könnte man vielleicht zunächst den alles bestimmenden subjektivistischen Charakter des da Gebotenen übersehen, wenn auch die Dichter nur noch selten ihre «privaten Angelegenheiten und Gefühle», wie Pinthus die Dinge formuliert (ebda, 25), neuromantisch verbrämten. Es versteht sich, daß der 'Schrei', der gleich im ersten Begriffspaar – zusammen mit dem 'Sturz', wie er sich bereits im Eingangsgedicht, dem «Weltende» von Jakob van Hoddis, gestaltet findet – auftritt, immer schon als speziell expressionistisches Ausdrucksmittel gegolten hat: sehr zu Unrecht, meine ich, und in grober Überspitzung der wahren Zusammenhänge, denn der gequälte und sich selbst quälende Mensch (schwer zu sagen, wo zwischen beiden die Grenze verläuft) wird nicht gleich in Schreie ausbrechen. Man könnte geradezu vermuten, daß er, wenn es bei ihm zum Schrei kommt, das Schlimmste bereits hinter sich, das Innere sich ihm veräußerlicht hat – vorausgesetzt, daß er den Schrei nicht einfach als einen modischen Gestus verwendet. So wäre er denn im Grunde eine Spätform expressionistischer Lyrik, was er ja, wenn uns die Evidenz nicht täuscht, auch ist. Wolfgang Minaty weist darauf hin, daß auch Paul Boldt in seinen Gedichten «den Schrei für sich in Anspruch» nehme (203, 23), während Pinthus diesen expressionistischen Einzelgänger nicht einmal in seine Anthologie mitaufgenommen hat. Nun aber scheint sich Boldt erst 1912 der Dichtung zugewandt zu haben, um sich 1918 wieder von ihr abzuwenden: Er setzte also da ein, wo Heyms Werk abbrach. Wir können seinen Fall damit als weiteren Beleg für unsere Vermutung nehmen. Den Anfang der expressionistischen Lyrik bildet dagegen die Groteske mit all ihren Möglichkeiten: verspielt wie bei Lichtenstein, «varietéhaft» wie bei van Hoddis, aber auch dämonisiert wie bei Heym oder aus tiefster Verzweiflung aufsteigend wie bei Trakl, während sie sich bei Boldt, wo er gelegentlich noch von ihr Gebrauch macht, bitter-böse gibt, beinahe als Sarkasmus. Wie dem auch sei: Niemals geht es in all diesen Fällen direkt um die 'Wirklichkeit', die diese Dichter umgibt, wie Wolfgang Rothe es in seinem *Expressionismus* (148) behauptet hat, sondern um ihn selbst, den Dichter, innerhalb dieser Wirklichkeit. Man sollte sich daher lieber an die Psychologie und nicht, wie Rothe, an die Theologie, die Soziologie und die Anthropologie zu Interpretationszwecken halten. Wahrhaft Erschreckendes liegt da oft hinter der Oberfläche der Worte – jedenfalls sehr viel Angst.

Natürlich fühlten diese jungen Leute sich auch durch die Verhältnisse bedrängt und bedrückt – aber tun wir das nicht auch heute noch? Sie haben unter ihnen fraglos gelitten, gegen sie protestiert, aber das Leiden ist auch infektiös und lädt zur entsprechenden Geste ein. Pinthus hat sich alle Mühe gegeben, die bloßen Imitatoren, «alle epigonischen und eklektischen Dichter», aus seinem Band auszuschließen (ebda, 23), aber das ist leichter gesagt als getan. Das sich so allgemein gebende 'Leiden' war doch, wo es ein wirkliches war, immer noch ein persönliches, das «Leiden eines Knaben» und Mannes, dem die Verhältnisse nur Vorschub leisteten, die man dafür aber auch verantwortlich machen konnte.

66

III. Die expressionistischen Dichter und ihr Werk

1. Vorbemerkungen zur Anlage der Darstellung

Wie läßt sich dieser um 1910 einsetzende, so vielstimmige Chor expressionistischer Dichter nun literarhistorisch erfassen? Es ist durchaus möglich, sich über die größeren Zusammenhänge, das heißt den historisch-politisch-ökonomischen Hintergrund, zu einigen, aber jeder Versuch, verläßliche Kategorien für die Erfassung und Einordnung der verschiedenen dichterischen Manifestationen zu gewinnen, stößt aus mancherlei Gründen auf letztlich wohl unüberwindliche Schwierigkeiten – und das schon deswegen, weil in jedem Falle mit zu vielen variablen Größen zu rechnen ist. Die größte besteht darin, daß es einen expressionistischen 'Stil' als solchen gar nicht gegeben hat, einer rein stilgeschichtlichen Untersuchung daher die engsten, von Fall zu Fall sich wandelnden Grenzen gesetzt sind. Wenn wir beim Expressionismus von einer 'Bewegung' gesprochen haben, so fühlten wir uns dazu schon aus dem Grund berechtigt, weil hier wirklich etwas 'in Bewegung' geraten war, dem zunächst noch jede Ausdrucksmöglichkeit – und damit auch ein so oder so zu bestimmender 'Stil' – gefehlt hat, so daß den Formen, die man sich schuf, mit wenigen Ausnahmen etwas Eklektisches anhaftet.

Wenn ein approbiertes Ordnungsgefüge aber nicht zur Verfügung steht – und zu welcher Zeit wäre das im Grunde anders gewesen? –, dann muß man sich eins schaffen, und zwar eins, das die Möglichkeit bietet, einen sinnvollen Bezug zwischen dem Allgemeinen und dem Einzelnen herzustellen. Zu diesem Zweck ist erfahrungsgemäß das einfachste Verfahren auch das brauchbarste, wobei in Kauf zu nehmen ist, daß dabei Entscheidungen nötig werden, über die man durchaus verschiedener Meinung sein kann. Eine falsche Entscheidung aber böte immer noch den Vorteil, zu weiteren Überlegungen und Diskussionen anzuregen.

Es wird uns also nicht erspart bleiben, auch unsererseits die Dichtung zu 'handhaben' – aber wie? Die Antwort lautet einfach genug: indem wir sie zunächst nach ihren Gattungen aufteilen und innerhalb dieser Gattungen dann so 'historisch' – will sagen: chronologisch – vorgehen wie möglich. Wie möglich – denn die Dichter haben uns ja nicht den Gefallen getan, sich jeweils nur einer Gattung zu bedienen, und was die Chronologie betrifft, so kann sie nicht mehr sein als der 'rote Faden', der sich durch das ganze Gewebe hindurchzieht. Sehr verschiedenartige Werke sind jeweils im selben Jahr entstanden, so daß ihre chronologische Erfassung nur ungefähre Anhaltspunkte bietet – und das nicht nur in Hinsicht auf den Gesamtkomplex 'Expressionismus', sondern auch auf die Entwicklungsgeschichte eines gegebenen Dichters. Wir werden also der Chronologie nicht etwas zumuten wollen, was sie nicht zu leisten vermag.

Nichts wäre an sich einfacher, aber auch mechanischer, als die Chronologie, deren wir bedürfen, auf den Geburtsdaten der Dichter aufzubauen, obgleich auch sie natürlich, was deren Generationszugehörigkeit betrifft, eine gewisse Rolle spielen und daher nicht außer acht gelassen werden können. Sehr viel aufschlußreicher sind die jeweiligen Entstehungsdaten ihrer Dichtungen, weil sich in ihnen das kollektivistische Moment am unmittelbarsten spiegelt, nur daß sie in allzu vielen Fällen schwer zu eruieren sind, die Veröffentlichungsdaten aber, da sie oft Jahre später liegen, uns nicht dieselben Aufschlüsse zu vermitteln vermögen. Wir werden uns im folgenden dieser Problematik bewußt bleiben und sie an gegebener Stelle mit in Rechnung setzen.

Da es uns in erster Linie darauf ankommt, das Werk wenigstens der prominentesten Autoren so scharf zu umreißen wie möglich, damit sich uns überhaupt so etwas wie ein 'Bild' ergibt, das in Frage stehende Werk also nicht nach Gattungen aufgespalten werden kann, wird von Fall zu Fall zu entscheiden sein, welche Gattung bei welchem Dichter dominiert, um das Gesamtwerk dann – mit wenigen markanten Ausnahmen – aus der Perspektive der dominierenden Gattung heraus anzuvisieren. Wir werden also zum Beispiel Sternheim nicht erst als Dramatiker und an anderer Stelle als Erzähler vorstellen (von seiner frühen Lyrik ganz zu schweigen), sondern den Dramatiker in den Vordergrund rücken, auf das erzählerische Werk dann bei gegebener Gelegenheit kurz zu sprechen kommen. Ein solches Vorgehen impliziert natürlich Werturteile, um die der kritische Beobachter schließlich doch nicht herumkommt. Es wird sogar Fälle geben, in denen ein solches 'Nebenwerk' stillschweigend übergangen werden kann, da eine wie auch immer bemessene Vollständigkeit für eine gedrängte Darstellung ohnehin nichts Erstrebenswertes ist.

Wir werden der Chronologie also in doppelter Hinsicht folgen: einmal, indem wir sie als eine zeitgeschichtliche Größe nehmen, gleichzeitig aber auch als die innere Entwicklungslinie der biographisch erfaßbaren Wachstumsprozesse verstehen. Die Forschung, über die Richard Brinkmann jetzt in seinem umfassenden Literaturbericht (191) den besten – und lesbarsten! – Überblick gibt, hat in den letzten zwanzig oder dreißig Jahren auf viele Aspekte des Expressionismus ein neues Licht geworfen, gestützt vor allem auf die bibliographischen Pionierarbeiten Paul Raabes, während andere immer noch in Dunkel gehüllt sind oder dringend der Korrektur bedürfen. So ist man zum Beispiel erst kürzlich dahinter gekommen, daß nicht nur Else Lasker-Schüler, die wir schon generationsmäßig nicht unter die Expressionisten rechnen, sondern auch Alfred Wolfenstein sich, diesem angeblich weiblichen Usus folgend, für jünger ausgegeben hat, als er war. Was wissen wir andererseits bis zum heutigen Tag über den Lyriker Paul Boldt? Heinz Schöffler konnte in seinem Kommentar zu Boldts eindrucksvoller Gedicht-Sammlung *Junge Pferde! Junge Pferde!* (1914) im Neudruck der Reihe *Der jüngste Tag* (81) nicht einmal das genaue Todesdatum angeben, ja, er hat sogar die Möglichkeit offen lassen müssen, daß er zur Zeit des Neudrucks noch gar nicht gestorben war (ebda, II, 1585; jetzt auch 203 u. 269). Besonders die Kriegsjahre mit ihrer Zensur und die Katastrophen der Hitler-Zeit haben Leerstellen gelassen, die sich wohl nie wieder werden füllen lassen. Nur wenige der dem Expressionismus zuzuordnenden Dichter leben heute noch, während manche von denen, die den Expressionismus als solchen überleben durften, Erinnerungen hinterlassen haben, in denen ihnen ihre jungen, im Umkreis des Expressionismus verbrachten Jahre noch einmal wieder mit einer unverkennbaren Nostalgie lebendig geworden sind – Dokumente, deren auch wir uns bedienen werden, wenn auch mit der in solchen Fällen gebotenen Vorsicht.

Wer aber waren die Expressionisten im einzelnen? Über diese Frage herrscht in der Forschung immer noch wenig Einmütigkeit. So werden auch in dieser Hinsicht Entscheidungen zu fällen sein, die sicher, ebenso wie die wenigstens zu implizierende Rangordnung, vielerorts auf Widerspruch stoßen werden. Das ist nicht zu vermeiden und wird sich auch in Zukunft nicht vermeiden lassen. Ich mußte mich, schon aus Raummangel, entschließen, Dichter, die den Expressionismus nur tangiert haben, auch wenn sie mit seinen Vertretern dieselben Kneipen frequentierten, aus meiner Darstellung auszuschließen – also nicht nur Else Lasker-Schüler, sondern auch Theodor Däubler, Klabund, Schickele und viele andere. Sie haben sich gewiß gelegentlich des expressionistischen Idioms bedient (so etwa Schickele in *Benkal, der Frauentröster* [1913]), weil es 'in der Luft lag', und zu ihnen rechne ich auch die Gruppe der 'Arbeiterdichter' wie Gerrit Engelke und Paul Zech. Für Soergel (164) standen sie noch alle 'im Banne des Expressionismus', aber dieser Bann ist doch nun weitgehend gebrochen.

2. Die Rolle der Lyrik

Wir beginnen mit der expressionistischen Lyrik, und zwar deswegen, weil sie für die 'Bewegung' – im Sinne von 'Strömung' – von zentraler Bedeutung gewesen ist. Sie kam dem primär subjektivistisch-kreativistischen Charakter des Expressionismus, diesem neuen Siegeszug des Ich durch die deutsche Literatur, am unmittelbarsten entgegen. Was immer sie geleistet haben mag, im einzelnen wie im ganzen, ihre Ausstrahlungen reichen bis tief in die Dramatik und Epik hinein, von der Lyrik unserer eigenen Tage ganz zu schweigen. Quantität und Qualität decken sich da natürlich nur selten, und je mehr die Quantität die Qualität überwiegt und zur Massenproduktion führt, kann man sagen, die expressionistische Lyrik sei 'in ihrem eigenen Fett erstickt'. Es hat sogar den Anschein, als ob das Produzieren von Lyrik seit dem Expressionismus immer leichter geworden sei, weil der Zertrümmerung der alten Formen nie wieder – oder doch nur in Einzelfällen wie beim späten Benn – eine Wiederherstellung entsprochen hat. Edgar Lohner beruft sich mit Recht auf Hans Schwertes Urteil: «Eine schmale Ernte im Vergleich zu dem öffentlichen Getöse dieses Jahrzehnts», um ihm dann die trostvollen Worte nachzuschicken: «Die wenigen Früchte aber, die eingebracht wurden, wachsen auf dem Boden der Weltliteratur» (112, 83).

Wir sprachen, wie das üblich ist, von der 'Zertrümmerung der Formen' – tatsächlich aber war die Welt der überkommenen Formen doch allem Anschein nach sehr viel stabiler, ihrem Wesen nach konservativer und von der Tradition weniger ablösbar, weil enger mit ihr verwachsen, als das Material, durch das sie sich in der Dichtung erst realisieren läßt, nämlich die Sprache. Der gegen die Tradition aufbegehrende expressionistische Dichter scheint seine destruktionistischen Impulse daher zunächst auch und vornehmlich an der Sprache ausgelassen zu haben. Es überrascht immerhin, wie reich die das Fazit aus der Geschichte der expressionistischen Lyrik ziehende Anthologie der *Menschheitsdämmerung* noch an Sonetten ist, wie man auch lesen kann, daß Rilke in seinen «Sonetten an Orpheus» dem Expressionismus am nächsten gekommen sei. Daß das expressionistische Sonett sich allerdings Freiheiten erlaubt, die das Essentielle der Form, an der man offensichtlich festzuhalten bestrebt war, doch wieder sprengt, so daß es vom klassischen Sonett durch eine ganze Welt getrennt ist, darf freilich nicht übersehen werden. Die Form scheint hier mit sich selbst im Widerstreit zu liegen: Das Gefühl des Dichters ihr gegenüber bleibt aus existentiellen Gründen ambivalent. Dasselbe ließe sich von der Hymne sagen, die in der expressionistischen Lyrik so oft direkt auf Hölderlin zurückverweist (Trakl!), aber auch von anderen Formen wie etwa dem Strophenbau Georgescher Gedichte (Heym).

Damit aber stehen wir unmittelbar vor dem großen Paradox expressionistischer Dichtung überhaupt, denn das, was man gemeinhin unter 'Zertrümmerung' der Sprache versteht, ist so komplexer Natur, daß wir in unserem Zusammenhang lediglich auf das Phänomen als solches verweisen können. Schon die Tatsache, daß der Expressionist ihr so viel Aufmerksamkeit geschenkt hat, legt den Verdacht nahe, daß er die Sprache zum Prügelknaben für etwas gemacht hat, was die Sprache recht eigentlich beinhaltet, sich von ihm aber nicht dingfest machen ließ. So geriet man, indem man sich in seinem (revolutionären) Aufbegehren an die tradierte Sprache hielt, in eine Sackgasse, die letztlich nichts anderes zuwege brachte als eine neue Kunstsprache, ein expressionistisches 'L'art pour l'art'. Die Sprache wird wieder einmal autonom. Am leichtesten läßt sich dieser Vorgang an den sprachlichen Extravaganzen Sternheims und Stramms nachweisen. In diesen Zusammenhang gehört auch der angeblich so unartikulierte 'Schrei' so mancher Expressionisten. Er unterscheidet sich von den konsequenten Sprach-Experimenten nur dadurch, daß man die Ohnmacht der tradierten Sprache gegenüber noch nicht zu überwinden vermochte und das Moment der emotionellen Aussage in Worte faßte, die noch nicht zu einer neuen 'Sprache' hingefunden hatten. Je mehr der Expressionismus sich im Krieg und in der Nachkriegszeit politisierte, die Dichtung sich also in den Dienst einer nicht weniger emotionalisierten Ideologie stellte, verhärtete sich der unartikulierte 'Schrei' zum Jargon. Dichtung, in den Dienst außerdichterischer Intentionen gestellt, bleibt aber an den durch diese Intentionen charakterisierten Augenblick gebunden und verliert mit ihm ihre Gültigkeit.

Gunter Martens hat sicher recht, wenn er die «Ursache» für die so häufige «Fehleinschätzung» des Expressionismus in der Forschung «in der Überbewertung der letzten Phase der expressionistischen Bewegung» sieht (118, 18), und das gilt für die Lyrik im selben Maße wie für die anderen Gattungen. In der Lyrik liegen die großen Leistungen, chronologisch gesehen, im ganzen sicher sehr früh und decken sich mit dem, was man gemeinhin meint, wenn man vom 'Frühexpressionismus' spricht. Sie sind aber oft schwerer zugänglich als die trivialisierte Lyrik späterer Jahre, weil persönliche Erfahrungen und Schicksale schwer auf ihr lasten. Was uns an der spätexpressionistischen Lyrik mit ihrem fraglos gesunkenen Sprachniveau auch heute noch gegebenenfalls faszinieren kann, ist gerade das in ihr unbewältigt Gebliebene: Sie rührt an unverheilt gebliebene Wunden und eine nicht gelöste Problematik. So gibt es sicher, wie Gerhard Knapp meint (97), gerade in der späten Phase des Expressionismus noch manches zu entdekken und zu klären, aber ob die dazu erforderlichen kritischen Expeditionen mehr als recht interessante Architrave zutage fördern werden, dichtungsgeschichtliche Skelette, ist recht unwahrscheinlich.

3. Die Rolle der Dramatik

Blicken wir aus dem letzten Viertel unseres Jahrhunderts auf dessen erstes zurück, wird sich unsere Aufmerksamkeit zunächst nicht auf die Lyrik, sondern auf die Dramatik des Expressionismus richten – nicht auf Jakob van Hoddis, Alfred Lichtenstein oder Franz Werfel, sondern auf Georg Kaiser und Carl Sternheim, auf Ernst Barlach und allenfalls noch auf Walter Hasenclever, selbst wenn sie uns auch nicht mehr so unmittelbar ansprechen, wie sie einst ihre Zeitgenossen angesprochen haben. Daß dem so ist, ist keineswegs selbstverständlich, denn das Moment des Dramatischen, wie sehr es auch auf Ich-besessene Helden zugespitzt wird, untersteht doch immer noch aristotelischen oder nicht-aristotelischen Gesetzen, die sich nicht ungestraft übertreten lassen. Dem ungehemmten Ausbruch der Ichhaftigkeit sind hier jedenfalls Grenzen gesetzt, die es für den Lyriker offenbar nicht gibt. Man könnte aus diesem Umstand den Schluß ziehen, daß das Ich sich erst im bewußten Gegensatz zum Nicht-Ich – sei es nun die der dramatischen Polarität zugrundeliegende menschliche Ursituation oder der Konflikt mit einer nicht mehr akzeptierbaren Wirklichkeit – voll zu entwickeln vermag. Das Weiße seiner Denkweise bedarf offenbar der Umrahmung durch das Schwarze, um die Konturen zu gewinnen, deren es zur Gestaltung bedarf.

Der heute nur noch historisch begreifbare Erfolg des expressionistischen Dramas wäre aber ohne das beispiellose Aufblühen des deutschen Theaters seit dem Naturalismus undenkbar gewesen. Auf diese Theatergeschichte des näheren einzugehen, verbietet sich in unserem Zusammenhang. Zu einem guten Teil läßt sich dieser Aufschwung auf das Erscheinen einer neuen Generation von Regisseuren und Schauspielern zurückführen, die selbst die expressionistische 'Bewegung' miterlebt hatte. Drama und Theater haben sich wechselseitig befruchtet.

Läßt man die lange Reihe expressionistischer Dramatiker Revue passieren, scheinen sie alle eines gemeinsam zu haben: ihre oft bis ans Pathologische grenzende Egozentrik, die der ihrer lyrischen Weggenossen in nichts nachsteht. Die Gefahr, der dieses Drama von Anfang an ausgesetzt war, bestand daher in der Auflösung des Dramatischen ins Lyrische. So kam es zu jener notorischen 'Ich-Dramatik', die in der Geschichte des Expressionismus ihre besondere Rolle gespielt hat, heute aber nur noch ein historisches Interesse besitzt. Sorges *Bettler* ist so wohlverdient der Vergessenheit anheimgefallen wie Jahnns *Pastor Ephraim Magnus:* Den Anspruch, den er in den Namen 'Magnus' gelegt hat, vermochte Jahnn nicht einzulösen. Daß er ihn dennoch erhob, ist nur aus den expressionistischen Denkformen jener Zeit heraus zu verstehen.

Im großen und ganzen aber haben die expressionistischen Dramatiker versucht, die tradierten Formen ihren eigenen Zwecken nutzbar zu machen. Es gibt kaum strenger komponierte Bühnenstücke als Sternheims *Hose* und Kaisers *Bürger von Calais.* Dabei geht es vornehmlich um zwei sehr verschiedene Erbschaften, die man angetreten hat: einmal um die alte

Theatertradition des 'well-made play', wie es die Bühnen des 19. Jahrhunderts beherrschte und das Andrzej Wirth sogar noch als das der Kaiserschen *Gas*-Trilogie zugrundeliegende Theatermaterial hat nachweisen können (188), dann um die Stationen-Technik Strindbergs (insbesondere von *Nach Damaskus*), die dem sich in seiner Welt allein findenden expressionistischen Dichter auch vom Formalen her entsprach wie keine andere. Eine wirklich eigene Form aber haben die expressionistischen Dramatiker nicht entwickelt, jedenfalls keine, die sich auf die Dauer als tragbar erwiesen hätte. Ihr Verdienst lag vielmehr in der radikalen Transformation des Vorgefundenen: Das aber ist andererseits doch auch wieder eine Leistung, die nicht unterschätzt werden sollte, denn sie hat (über Brecht) dem Theater der Folgezeit ganz neue Wege gewiesen. Also auch hier eher Evolution als Revolution – oder genauer: eine aus revolutionären Impulsen hervorgegangene Evolution.

Dem Fortleben der expressionistischen Dramatik aber hat auch in ihren Höchstleistungen nichts so im Wege gestanden wie die von ihren Dichtern entwickelte Sprache: Sie läßt sich ja nicht lebendig erhalten, da sie an den geistigen Zustand gebunden bleibt, der sie hervorgebracht hat. Sie ist in einem ständigen Wandlungsprozeß begriffen. Die Lyrik wird davon vielleicht unmittelbarer betroffen als die Dramatik, da Bühnensprache eigentlich immer eine 'gehobene' ist, deren Einzelheiten dem Zuschauer im Theater auch unter konventionellen Bedingungen leicht entgehen.

Aber es war eben doch nicht nur die Sprache, an der die expressionistische Dramatik letzten Endes gescheitert ist, sondern es waren vor allem auch die Inhalte. Wenn sich die Dramen Kaisers nach ihrer Unterdrückung durch das Hitler-Regime trotz immer wieder vorgenommener Versuche nicht wirklich haben wiederbeleben lassen, was er selbst seinen Briefen zufolge (88) als Selbstverständlichkeit bis in seine letzten Tage hinein erwartet hatte, liegt das einerseits an den von ihm verarbeiteten Stoffen und der sie beinhaltenden Weltsicht wie an ihrer sprachlichen Realisierung. Dasselbe Schicksal wäre Sternheim beschieden gewesen, wenn seine zügige Bürger-Satire, die er gar nicht hat wahrhaben wollen, es nicht vermocht hätte, diese Widerstände zu überwinden. Der von ihm attackierte Bürger lacht heute so gerne wie gestern über sich selbst, denn er fühlt sich als Person über den satirisch-verzerrten Bürgertyp erhaben – und wenn er das nicht tut, ruft er nach der Polizei. Hinzu kommt allerdings, daß Sternheim die Bühnensprache doch auch anders gehandhabt hat als Kaiser: Sie kam ohne dessen pseudo-metaphysischen Apparat und sein Pathos aus. Sternheims Sprache beweist ihre Anfälligkeit am eindeutigsten in seinen Prosaarbeiten, in denen sie nicht leistet, was ihr zugemutet wird. Am furchtbarsten hat sich das in seinen eine einzige Peinlichkeit bedeutenden Essays ausgewirkt, in denen er sich nicht hinter irgendwelchen fiktiven Gestalten verstecken konnte, sondern sich seinem Leser höchstselbst zu präsentieren hatte. Man reduziere aber seine Erzählungen auf ein 'normales Sprachniveau', und man wird nichts als die größten Banalitäten in der Hand behalten. Sternheim war als Dichter ein Architekt, aber kein Erzähler. Wendler, der den undankbaren Versuch unternahm, Sternheims Erzählungen als Kunstwerke zu retten, mußte doch zugeben, daß seine «eigenwillige Sprache [. . .] den Blick vom erzählten Vorgang selbst» ablenke (186, 87). Tatsächlich wird die Sprache hier zum Selbstzweck.

4. Die Rolle der Epik: Roman und Erzählung

Die Entwicklung der expressionistischen Erzählkunst von ihren Anfängen, wo immer diese liegen mögen – und da hat so mancher seinen eigenen Kandidaten in Vorschlag gebracht –, bis zu ihrem nicht weniger leicht zu erfassenden Ausklingen ist ungleich schwerer zu erfassen als die der Lyrik und der Dramatik. Das spiegelt sich ziemlich eindeutig im Verhalten der Kritik ihr gegenüber, der zeitgenössischen wie der späteren. Zu einem guten Teil liegt das sicher daran, daß die Expressionisten die Prosa weitgehend in den Dienst der unmittelbaren Aussage, also der Essayistik im weitesten Sinne des Wortes, gestellt haben. Hinzu kommt, daß die Sprache als Kommunikationsmittel einem ständigen Wandel unterworfen ist, dem die Prosa sich nicht so leicht entzieht wie Lyrik und Drama: Sie ist ungleich mehr an den Sprach-Habitus der Zeit gebunden, in der sie zu Papier gebracht wurde. «Seit Soergel», meint Arnold, hätten «fast alle 'Kenner' der Periode verkündet, die Expressionisten hätten auf dem Gebiet der Prosa wenig geleistet – Lyrik und Dramatik seien ihre adäquaten Medien gewesen», was er schlankweg für «Unsinn» erklärt (7, 6 f.). So ganz unsinnig aber scheint ein solches Pauschalurteil doch nicht zu sein, denn selbst wenn man die an sich zwar interessanten, aber letztlich doch zweit- und drittrangigen Erzähler der Zeit – wie etwa Franz Jung – so ernst nimmt, wie Arnold das bei all seiner Kritik an ihnen tut, hat die expressionistische Epik rein zahlenmäßig ungleich weniger Sterne erster Größe zu verzeichnen als die beiden anderen Gattungen. Als solche wären wirklich nur Döblin, Kafka und allenfalls der Jahnn des *Perrudja* zu bezeichnen, wobei die Meinung immer noch sehr geteilt ist, ob Kafka unter die Expressionisten zu zählen sei. Walter Falk sieht in ihm den «Repräsentanten der Zeit» – der Zeit, wohlgemerkt, aber nicht unbedingt des Expressionismus –, während für Sokel über seine Zugehörigkeit zur Bewegung kein Zweifel besteht. Erich von Kahler dagegen hielt es vor noch gar nicht so langer Zeit für einen Irrtum, Arno Holz, Robert Musil «und gar Kafka zum Expressionismus zu zählen» (31, 165). Wir wundern uns vielleicht über die Kompanie, in der der vielumstrittene Prager da auftritt, aber tatsächlich hatte schon Otten Musils *Zögling Törleß* (1906) als ersten expressionistischen Roman ausgegeben (1, 12).

Arnold war ehrlich genug zuzugeben, daß er zur Zeit der Abfassung seines Buches über die Prosa des Expressionismus «das Phänomen der expressionistischen Prosa als ganzes noch nicht» überblicke (7, 7). Er half sich in seinem Buch damit, ihm ein «vorläufiges Inventar» der für den Expressionismus allenfalls in Frage kommenden Werke in chronologischer Reihenfolge mit auf den Weg zu geben (ebda, 66–188), das sich auf die Verlagskataloge und anderes bibliographisches Material stützt. Das Inventar setzt in der Zeit vor 1900 ein und erfaßt bis 1925 und sogar noch darüber hinaus alles, was sich erzählerisch irgendwie im Umkreis des Expressionismus bewegt. Das Ergebnis ist nicht sehr erhellend, und zwar aus dem einfachen Grund, weil dem Verfasser offensichtlich die kritischen Kategorien fehlten, mit denen hier vorzugehen gewesen wäre. Der Gewinn seines Buches liegt in einer anderen Richtung.

Rudolf Majut, der in jungen Jahren den expressionistischen Kreisen nahegestanden hatte, meinte, daß sich «zusammenfassend» sagen ließe, «der Sprache des expressionistischen Romans» sei «nichts gemeinsam [. . .] als die Angst, 'bürgerlich' zu erzählen», ein Urteil, das Arnold offenbar voll akzeptiert (ebda, 14). Das Quantum Antibürgerlichkeit, das im ganzen Expressionismus steckt, soll nicht geleugnet werden, aber aus der bloßen Negation ist noch nie etwas Positives entstanden, und um dieses Positiven willen lohnt sich ja überhaupt erst eine Beschäftigung mit dem Expressionismus – und so auch seiner Prosa. Ex negativo sind weder Kafka noch Döblin zu erfassen – schon eher ein Franz Jung, der deswegen aber nur noch ein historisches Interesse für uns haben kann. 'Zusammenfassend' und die Schlüsse aus unseren nachfolgenden Überlegungen vorwegnehmend läßt sich unsererseits sagen, daß überall, wo die Expressionisten sich episch auf nichts als sprachliche Experimente einließen – und das scheint mir zum Beispiel bei Carl Einstein im *Bebuquin* der Fall zu sein, aber auch in Sternheims Erzählungen –, diese Sprache ihnen zum Verhängnis geworden ist. Der Roman wie die Erzählung scheinen, bei aller nur möglichen Eigenwilligkeit ihrer Autoren, einer gewissen Nähe zur Wirklichkeit – wenn man will: zum Realismus – nicht entbehren zu können. Was an Kafkas Romanen auch heute noch fasziniert, ist gerade dieses sein Festhalten an den Gegebenheiten der Wirklichkeit bei ihrer gleichzeitigen Transponierung ins nicht mehr vom Wirklichen her Kontrollierbare. Ähnlich verhält es sich, wenn auch auf sehr andere Weise und mit ihm eigenen erzählerischen Mitteln, mit Döblins Romanen. Der Realität wird auch von ihm durchaus Rechnung getragen, aber die Perspektive, aus der heraus sie anvisiert wird, transzendiert auch bei ihm den Bereich des objektiv Gegebenen auf eine mythische Weltsicht hin. Wenn daher die expressionistische Erzählkunst – wir sehen im Augenblick ab von so kleinen Juwelen wie Benns Erzählungen um Rönne und ähnliches – es rein quantitativ mit den Leistungen auf dem Gebiet der Lyrik und des Dramas nicht aufnehmen kann, zählt das wenige doch zu den großen Errungenschaften des Expressionismus.

Arnold gibt sich in seinem Buch «vorderhand mit der Feststellung zufrieden», daß «die Zeitgenossen von der expressionistischen Prosa mehr erwarteten als von der Lyrik und vom Drama» (7, 18). Ich gestehe, nicht einzusehen, worauf sich ein solcher Eindruck stützen ließe. Wenn er damit die Leserschaft im allgemeinen im Auge hatte, dürfte das zu anderen Zeiten dasselbe gewesen sein, während die zeitgenössischen, wenig avantgardistisch eingestimmten Leser ihr Bedürfnis an Unterhaltungslektüre wahrscheinlich ganz woanders befriedigt haben – wie zu allen Zeiten. Döblins

74

Romane haben sich notorisch schlecht verkauft, und Arnold selbst ist im *Literarischen Echo* vom Dezember 1919 auf eine Besprechung von Otto Flakes pseudo-expressionistischem Roman *Die Stadt des Hirns* auf die Bemerkung des Rezensenten gestoßen, «daß der expressionistische Roman als Kunstform kaum» existiere (ebda, 134). Das stimmt insofern – Kafkas Romane waren ja noch nicht veröffentlicht –, als die expressionistischen Erzähler nur in wenigen Fällen den langen epischen Atem hatten, ohne den es zu einem Roman überhaupt nicht kommen kann. Wir werden deswegen damit zu rechnen haben, im Expressionismus auf dem Gebiet des Erzählerischen eher Erzählungen (keine Novellen mehr!) als Romanen zu begegnen – und eine ganze Reihe von expressionistischen Romanen sind nichts als ausgewalzte Erzählungen (Edschmids *Die achatenen Kugeln,* Sternheims *Europa*). Symptomatisch dafür sind die als 'Kurzromane' konzipierten – meist der nachexpressionistischen Zeit angehörenden – Romane des dem Expressionismus wenigstens zeitweise nahestehenden Klabund (Pseud. für Alfred Henschke, 1890–1928). Sein *Pjotre* (1923), ein Roman über Peter den Großen, wirkt wie die einzig mögliche Konsequenz aus den erzählerischen Tendenzen des Expressionismus – genauer: der von Kasimir Edschmid propagierten Variante der expressionistischen Erzählkunst. Daß Klabund seine Romane derart komprimierte, hat natürlich seinen letzten Grund in der Hast, mit der er, der früh wußte, wie kurz ihm das Leben bemessen war, sein Werk noch rechtzeitig unter Dach und Fach zu bringen suchte.

Welcher sehr verschiedenen sprachlichen Mittel sich die expressionistischen Erzähler bedienten, wird nur an ihren jeweiligen Werken selbst zu erkennen sein. Einen expressionistischen Prosa-Stil, der sich auf einen gemeinsamen Nenner bringen ließe, gibt es so wenig, wie es einen bestimmten lyrischen oder dramatischen Stil des Expressionismus gibt. Was allen so weit divergierenden dichterischen Mitteln der Bewegung zugrunde liegt, ist die Suche nach einem Ausweg aus dem Dilemma der Zeit. Das Sonderbare dabei ist, daß die expressionistische Prosa sich als zukunftsträchtiger erwiesen hat als das meiste der expressionistischen Lyrik oder Dramatik, auch wenn – oder gerade weil – diese das Urerlebnis der expressionistischen Generation unmittelbarer zur Anschauung haben bringen können. Das liegt vielleicht nicht so sehr am Expressionismus wie an der ihr folgenden Zeit, die der Prosa zugänglicher war als anderen Gattungen. Es mag auch der Grund sein, warum innerhalb der expressionistischen Lyrik bis heute nichts eine so internationale Wirkung erzielt hat wie deren Aufhebung im Dadaismus.

IV. Das lyrische Werk des Expressionismus

1. Die Lyrik in der Frühzeit des Expressionismus

Die Lyrik des Expressionismus in all ihren Aspekten erschöpfend erfassen zu wollen, wäre nicht nur praktisch eine Unmöglichkeit, sondern müßte von einem bestimmten Punkt in ihrer Geschichte an – um Gerhard P. Knapp zu zitieren – unweigerlich in «eine der bemerkenswerteren Sackgassen in der Rezeptionsgeschichte der Epoche» – er hält beim Expressionismus noch am Epochenbegriff fest – «führen» (97, 168). Seine Feststellung ist um so bemerkenswerter, als er sich mit Händen und Füßen dagegen wehrt, den Expressionismus als ein im wesentlichen ästhetisches Phänomen zu sehen. Man habe den «notwendigen Mut zur Lücke bzw. die Beschränkung auf Exemplarisches» zu haben (ebda, 164), und diesen Mut werden auch wir aufbringen müssen, freilich aus einer sehr anderen Sicht. Kunst ist nun einmal zunächst Kunst, und erst in zweiter Linie hat man sich zu fragen, welche sozialen, politischen, psychologischen oder auch kollektivistischen Bedingungen ihr zugrunde liegen. Diese Selbstverständlichkeit scheint heute nicht mehr so selbstverständlich zu sein und muß deswegen allen weiteren Überlegungen vorausgeschickt werden.

Kunstwerke sind das Produkt von Menschen, und da gleicht kein 'Exemplar' dem anderen. Während sich in der Frühzeit des Expressionismus einige Dichtergestalten noch sehr deutlich profilieren, scheinen die ihnen folgenden mehr und mehr an Gesicht zu verlieren. Der Expressionismus nähert sich bedenklich dem Niveau eines Männergesangvereins. Das hat natürlich seine Gründe, die keineswegs nur etwas mit den jeweiligen Talenten zu tun haben: Er selbst verlor seine Stoßkraft. Die ihm zugrunde liegenden primären Tendenzen: der Destruktionismus auf der einen Seite, der Utopismus und das, was Walter Falk den 'Absurdismus' genannt hat, auf der anderen lassen sich nicht mehr in Einklang bringen, und die jeweilige Gewichtigkeit, die einer jeden ursprünglich zugekommen war, hat sich verschoben. Insbesondere der Destruktionismus scheint sich im Kriege verflüchtigt zu haben; der Absurdismus (Dada etwa) beginnt, sich ernst zu nehmen, und wird zur abstrakten Kunst.

Kurt Pinthus hat seiner unübertroffenen Anthologie expressionistischer Lyrik den Titel *Menschheitsdämmerung* (124) gegeben. Trotz ihrer historischen Bedeutung ist es eine sehr persönliche, wenn auch repräsentativ gemeinte Veröffentlichung, die unser Bild vom Expressionismus entscheidend mitbestimmt hat. Wenn er dort das «Weltende»-Gedicht von van Hoddis an den Anfang stellte, faßte er damit zunächst das Ende der Welt ins Auge, gleichzeitig aber auch das, was dem Expressionismus seine besondere Intensität verlieh – immer wieder müsse gesagt werden, heißt es im «Zuvor», «daß die Qualität dieser Dichtung in ihrer Intensität beruht» (124, 30) –, nämlich das Entschlossensein zu einem 'Aufbruch', wie er in

76

so manchen Titeln, so der Gedichtsammlung Stadlers, zum Ausdruck gebracht wurde. Das Destruktionistische stand damit schon für Pinthus am Anfang der Bewegung, was sich freilich in dieser apodiktischen Form nicht halten ließ, da ja der *Weltfreund* Werfels in dieselben Jahre fällt, um nur auf ihn zu verweisen. Man habe zunächst versucht, «mit ironischer Überlegenheit sich der Umwelt zu erwehren, ihre Erscheinungen grotesk durcheinander zu würfeln, leicht durch das schwerflüssige Labyrinth hindurchzuschweben (Lichtenstein, Blass) – oder mit varietéhaftem Zynismus ins Visionäre zu steigern (van Hoddis)» (ebda, 126).

Jakob van Hoddis und Alfred Lichtenstein

Wie es mit diesem Visionären bei van Hoddis bestellt ist, ist demnach die Hauptfrage, nicht die nach dem «varietéhaften Zynismus». Wenn bei van Hoddis – Anagramm für [Hans] Davidsohn (1887–1942[?], durch die Nazis ermordet) – wirklich etwas unterging, so war es zweifellos die alte Welt, und auch das 'Visionäre' bezog sich ausschließlich auf die Berufung des Untergangs. Das geschieht in der Form einer Reihendichtung, die allerdings keineswegs so offen ist, wie sie sich gibt. Man könnte zwar meinen, die Reihung der Bilder ließe sich beliebig fortsetzen – wie etwa in einer Hymne des ungleich formloseren Johannes R. Becher –, das Gesetz aber, unter dem das Gedicht steht, würde das nicht erlauben. Der Destruktionismus äußert sich also mehr in den die Form ausmachenden lyrischen Bestandteilen als in der Form selbst. Da das Gedicht wie wenige andere einzelne des Expressionismus Schule gemacht hat, sei es zunächst im Wortlaut zitiert:

Weltende

Dem Bürger fliegt vom spitzen Kopf der Hut.
In allen Lüften hallt es wie Geschrei.
Dachdecker stürzen ab und gehn entzwei,
Und an den Küsten – liest man – steigt die Flut.

Der Sturm ist da, die wilden Meere hupfen
An Land, um dicke Dämme zu zerdrücken.
Die meisten Menschen haben einen Schnupfen.
Die Eisenbahnen fallen von den Brücken. (124, 39)

Es soll dahingestellt bleiben, wie viele von den hier eingesetzten Bildern durch den Reim bedingt sind. Van Hoddis kamen die Reime fraglos nicht so leicht in die Feder wie anderen Dichtern. Besonders die dritte Zeile der ersten Strophe hat doch etwas recht Gezwungenes.

Zu den amüsanteren Zufällen in der Expressionismus-Forschung gehört es, daß zwei gründliche Kenner der Bewegung gleichzeitig und unabhängig voneinander auf den konkreten Anlaß für das Gedicht gestoßen sind. Schon 1962 hatte Clemens Heselhaus auf die 'Kometenerscheinung' in diesem Gedicht hingewiesen, von der er aber meinte, daß sie «durch kein Wort» im Gedicht selbst «angedeutet» sei (67, 179); daß es etwas mit dem

Halleyschen Kometen, der im Mai 1910 wiedererschienen war, zu tun haben könnte, ist ihm noch entgangen. Erst Helmut G. Hermanns Analyse in dem Sammelband von Interpretationen bedeutsamer Gedichte der *Menschheitsdämmerung* (52) und Armin Arnolds Aufsatz in der *Neuen Zürcher Zeitung* (5) haben das belegen können und damit dem Gedicht ein völlig anderes Aussehen gegeben. Als Arnolds Aufsatz erschien, war Hermanns Beitrag bereits im Druck, aber ihre Thesen stützen sich ja auch auf ganz andere Belege, deren Spuren Arnold sehr viel weiter hat verfolgen können. Hermann verlegt die Entstehungszeit auf den Sommer 1910, während Arnold sie noch etwas früher ansetzt, nämlich auf den Mai des Jahres, und zwar aus dem einfachen Grund, weil es offensichtlich schon bei der ersten Veranstaltung des 'Neopathetischen Cabarets' am 1. Juni 1910 von seinem Dichter vorgetragen wurde. Wir werden auf dieses 'Neopathetische Cabaret' an anderer Stelle noch etwas genauer eingehen. Es scheint jedenfalls, daß van Hoddis als Mitbegründer des 'Neuen Clubs' und des ihm angeschlossenen Cabarets bei jeder der öffentlichen Vorführungen aus seinen Gedichten vorgetragen hat. Da van Hoddis nicht zu den Vielschreibern unter den expressionistischen Lyrikern gehörte, war sein Repertoire von recht bescheidenen Ausmaßen, so daß er sich bei diesen Gelegenheiten oft wiederholt haben dürfte. Als Vortragender aber muß er mit seiner ganzen, ans Groteske grenzenden Persönlichkeit immer wieder ein voller Erfolg gewesen sein. So scheint Franz Pfemfert das Gedicht von ihm noch im November gehört zu haben und so davon angetan gewesen zu sein, daß er es schon am 11. Januar in der von ihm damals noch redigierten Zeitschrift *Der Demokrat* (die Paul Raabe nicht unter die expressionistischen rechnet [141]) zum Abdruck brachte, um es dann, nachdem er wenige Monate später seine eigene *Aktion* gegründet hatte, noch einmal abzudrucken – allerdings erst zwei Jahre später, am 8. Januar 1913. Im *Demokraten* brachte er ferner sein bekanntes Gedicht «Tristitia ante», dem man an dieser Stelle in der Forschung so wenig Beachtung schenkte wie die Zeitgenossen. Wir können auf die von Arnold erarbeiteten weiteren Einzelheiten aus der Geschichte dieses Gedichtes nicht näher eingehen und beschränken uns darauf, mit Hermann und Arnold darauf hinzuweisen, daß das für den Mai 1910 in Aussicht gestellte Wiederauftauchen des Halleyschen Kometen in weiten Kreisen des Bürgertums so etwas wie eine Panik auslöste, die nicht nur von der Presse, sondern auch von wissenschaftlicher Seite her weidlich ausgenutzt wurde. Derartige Hysterien haben ihre auf Jahrhunderte zurückgehende Geschichte. Man fürchtete vor allem die das Erscheinen des Kometen begleitenden Sturmfluten, den Ausbruch von Krankheiten, in früheren Zeiten der Pest, aus der bei van Hoddis noch ein Schnupfen geblieben ist. Fraglos hat van Hoddis, für jeden damals verständlich, sich mit seinem «liest man» ausdrücklich auf die Zeitungsnachrichten berufen. Begreift man das Gedicht aus der Einsicht in diese natürlich schon bald wieder – sicher 1913 – in Vergessenheit geratenen Zusammenhänge heraus, muß man zu dem Schluß kommen, daß es als Parodie bürgerlicher Unvernünftigkeit konzipiert worden ist. Für eine wirkliche 'Weltuntergangs'-Stimmung und deren Beschwörung wäre der auf das Geistreiche eingeschworene 'Neue Club' auch kaum der geeignete Vortragsort gewesen, jedenfalls nicht zur Zeit seiner Begründung: Das aber hatte sich doch wohl schon im Laufe der nächsten Monate so weit gewandelt, daß Georg Heym dort bereits im Herbst mit seinen als solchen konzipierten Weltuntergangs-Gedichten auftreten und eine ganz andere Art von Erfolg ernten konnte.

Also nichts von ernsthafter Weltuntergangs-Stimmung! «Das Gedicht», schreibt Arnold, sei «eine großartige Zusammenfassung (und Verulkung) der stillen Befürchtungen, welche die Spießer im Mai 1910 hegten» (5), und Hermann schließt daraus, «das 'Weltende'» sei «nicht in 'magischer Erfahrung'» – wie Werner Weber (185, 200) und ähnlich auch andere noch gemeint hatten – «des bevorstehenden Gesellschaftszerfalls entstanden, sondern schlicht von der Panikstimmung beim Herannahen des Halleyschen Kometen inspiriert», mit der an sich ganz logischen Folgerung: «Mit Expressionismus, mit Krisengefühl und Untergangsbereitschaft» habe «das gar nichts zu tun» (66, 68). Mit Untergangsbereitschaft ganz gewiß nicht, mit Krisengefühl freilich schon eher, wenn auch vielleicht nur ex negativo, denn der seelisch und geistig so schwer belastete junge van Hoddis war an sich schon ein Mann der Krise in Permanenz – ein Jahr später versuchte seine Mutter, mit der er persönlich in bestem Einvernehmen lebte, ihn gewaltsam in ein Sanatorium einzuliefern, aus dem er dann entkam und für kurze Zeit unter dem Einfluß der Dichterin Emmy Hennings zum Katholizismus konvertierte. Mit Expressionismus aber hat das Gedicht schon in formaler Hinsicht sehr viel zu tun, was immer sein Anlaß gewesen sein mag. Außerdem kann Weltuntergangsstimmung ja sehr Verschiedenartiges implizieren: Der Mensch neigt aus uralter Angst zu ihr entsprechenden Reaktionen. Man kann die Spießer 'verulken' und doch ein Bild berufen, das hinter deren Ängste zurückgreift, wie man auch ihre Ängste benutzen kann, um seine eigenen zu überspielen. So könnte hinter dem Gedicht doch mehr stecken, als der Philologe festzustellen imstande ist. Sicher aber hat Kurt Pinthus zehn Jahre später von den zeitgeschichtlichen Hintergründen nichts mehr gewußt: So weit reicht das historische Gedächtnis des Menschen, das auf 'Vergessen' angelegt ist, nicht. «Als er das Gedicht 1920 las», meinte er «natürlich, es beschreibe den Untergang der bürgerlichen Welt», vermutet Arnold sicher zu Recht (5). Sie aber ist bis heute alles andere als untergegangen.

Armin Arnold hat aus seinen Untersuchungen den Schluß gezogen, das Gedicht habe zu seiner Zeit keinen besonderen Eindruck hervorgerufen. Dem aber scheinen doch einige Tatsachen zu widersprechen – nicht nur Pfemferts Reaktion auf die Vorlesung im 'Neopathetischen Cabaret' und der Nachdruck des Gedichts in der *Aktion*, sondern auch die etwas dramatisch gebotene Darstellung seiner Rezeption durch Johannes R. Becher in seinen Erinnerungen unter dem Titel *Das poetische Prinzip* (1957). Seine *poetische Kraft* reiche nicht aus, lesen wir hier, *die Wirkung jenes Gedichtes wiederherzustellen [. . .]. Diese zwei Strophen, o diese acht Zeilen schienen uns in andere Menschen verwandelt zu haben;* und er berichtet dann, wie er und seine Freunde *immer neue Schönheiten [. . .] in diesen acht Zeilen* entdeckt hätten. Die Möglichkeiten solcher Entdeckungen sollten eigentlich doch bei acht Zeilen ziemlich begrenzt gewesen sein. Aber Becher besteht darauf und behauptet: *Wir sangen sie, wir summten sie, wir murmelten sie, wir pfiffen sie vor uns hin, wir gingen mit diesen acht Zeilen auf den Lippen in die Kirchen, und wir saßen, sie vor uns hinflüsternd, mit ihnen beim Radrennen. Wir riefen sie uns gegenseitig über die Straße hinweg zu wie Losungen* – und was immer man noch mit ihnen anzustellen vermochte. Becher schließt seinen Panegyrikus aus nachexpressionistischen Zeiten dann freilich mit der ernüchterten Feststellung: *Nun, mir selber ist diese seine damalige, wir hätten gesagt epochale Wirkung nicht mehr wiederherstellbar,* es sei *eine seltsame Jahrhundertstimmung* gewesen, *die in dieser brüchigen, bruchstückhaften, ein wenig närrisch lallenden Stimme sich kundgetan hätte* (41, 51ff.). Tatsächlich hat ja auch van Hoddis nie wieder ein Gedicht geschrieben, das eine ähnliche Rolle auch nur annähernd hätte spielen können.

Was aber hat Becher überhaupt zu diesen Äußerungen veranlaßt? Armin Arnold hat feststellen können, daß Becher 1912 in Berlin studierte, also zwei Jahre nach der Erstveröffentlichung des Gedichtes und ein Jahr vor dessen Wiederabdruck in der *Aktion*. 1913 war er wieder in München, wo man in den dafür in Frage kommenden Kreisen sicher die *Aktion* las, in der er selbst ja auch gelegentlich seine Gedichte veröffentlichte. Seine Schilderung kann sich also nur auf diese Schwabinger und nicht auf die Berliner Kreise beziehen.

Man hat sich eine Zeitlang gestritten, ob Jakob van Hoddis mit diesem und einigen anderen Gedichten (etwa «Varieté») der Initiator der expressionistischen Grotesk-Lyrik gewesen sei oder Alfred Lichtenstein (1889–1914), der seinem Namen gerne den seines Geburtsortes Wilmersdorf anhängte, wohl, wie Klaus Kanzog vermutet, um sich von dem Autor gleichen Namens, der bereits 1908 ein Buch über den Kriminalroman veröffentlicht hatte, abzuheben (217, 112).

Von den beiden Dichtern war Lichtenstein sicher das bedeutendere, wenn auch sehr ähnlich veranlagte Talent, denn Kurt Hiller hatte so unrecht nicht, wenn er 1960, rückblickend auf *Begegnung mit Expressionisten,* meinte, daß *die Ausführlichkeit, mit der* (van Hoddis) *heute gewürdigt* werde, grundlos sei, *ganz einfach deshalb, weil er nur ganz weniges halbwegs Vollkommenes geschaffen* habe (211, 254). Auch Lichtensteins Œuvre ist von nur geringem Umfang, obgleich er «bereits auf dem Gymnasium Verse [. . .] zu schreiben» begann (217, 101), in dem Zusammenhang sogar von einer offenbar nicht erhaltenen Gedichtfolge *Mulias* die Rede ist. Wir wissen wenig über ihn und sein Leben, außer daß er schon bald nach Ausbruch des Krieges gefallen ist und nicht erst in den Berliner Künstlerkreisen, sondern auch schon in der Schule als Außenseiter galt – ein Außenseiter also im Außenseitertum: Ohne Frage ein junger Mann voll ungelöster, vielleicht weitgehend pubertärer innerer Spannungen, ein Intellektueller aus der geistigen Nachbarschaft Carl Einsteins und Kurt Hillers, der

80

seine verdrängten Emotionalitäten dichterisch in der Groteske zu überspielen suchte. Man kann bei seinen Gedichten und Prosa-Skizzen, für die er sich seinen 'Spiegelmenschen' Kuno Kohn schuf, sicher von 'schwarzem Humor' sprechen, den Karl S. Guthke im Expressionismus auch anderwärts dingfest gemacht hat (132). Berühmt gemacht hat ihn sein Gedicht «Die Dämmerung», das ohne Frage auf eine Anregung durch van Hoddis' «Weltuntergang» zurückgeht. Auch er reiht Bildfragmente, die auf den ersten Blick nichts miteinander zu tun haben, aneinander, um den Eindruck einer 'Stimmung' wiederzugeben – also ein sich im Expressionismus auflösender Impressionismus. Lichtenstein aber geht insofern über van Hoddis hinaus, als seine Intentionen keineswegs primär auf eine satirische Darstellung von Gegebenheiten ausgehen. Er hat solche Intentionen geradezu geleugnet. So urteilt denn auch Heinrich Küntzel richtig: «das Parodistische» sei «hier nicht Zerstörung, sondern Element der Poesie» (44, 400), während Kanzog geradezu einen Vergleich mit Heine nahelegt (217, 102), was allerdings in einem Mißverhältnis zu Lichtensteins intensivem Interesse an Rilke steht. Es ist durchaus möglich, daß das Erlebnis des Krieges ihm die Wege in einen neuen Realismus gewiesen hätte, wie Kanzog vermutet: Er spricht geradezu von den «Anzeichen eines neuen Realismus», der aus den wenigen, auf Feldpostkarten erhaltenen letzten Gedichten spräche (217, 103). Ich habe «Die Dämmerung» an anderer Stelle genauer zu interpretieren gesucht (130, 70–80). Das Gedicht ist für die Geschichte des deutschen Expressionismus von besonderer Bedeutsamkeit:

> Die Dämmerung
>
> Ein dicker Junge spielt mit einem Teich.
> Der Wind hat sich in einem Baum gefangen.
> Der Himmel sieht verbummelt aus und bleich,
> Als wäre ihm die Schminke ausgegangen.
>
> Auf lange Krücken schief heraubgedrückt
> Und schwatzend kriechen auf dem Feld zwei Lahme.
> Ein blonder Dichter wird vielleicht verrückt.
> Ein Pferdchen stolpert über eine Dame.
>
> An einem Fenster klebt ein fetter Mann.
> Ein Jüngling will ein weiches Weib besuchen.
> Ein grauer Clown zieht sich die Stiefel an.
> Ein Kinderwagen schreit und Hunde fluchen.

Wie leicht sich die expressionistische Groteske andererseits ins Verspielt-Literarische auswalzen ließ, belegen die *Kriminalsonette* von Ludwig Rubiner, Friedrich Eisenlohr und dem Amerikaner Livingstone Hahn (1913), von denen Klaus Petersen in seiner Monographie ein gutes Beispiel gibt (138, 11f.), obwohl er natürlich nicht sicher sein kann, daß gerade dieses Sonett auch von Rubiner stammt. Karl Otten hat Rubiner in seine Auswahl nicht mitaufgenommen: Er hatte ihn 1962 wohl schon vergessen. Es geht hier keineswegs um eine Morgenstern-Nachfolge, wie immer wieder behauptet wird, sondern um die Fortführung der Anregungen, die von van Hoddis und Lichtenstein ausgingen.

Georg Heym / Ernst Blass / Ernst Wilhelm Lotz / Paul Boldt

Entscheidend für Georg Heym (1887–1912) und seine dichterische wie menschliche Entwicklung war seine wohl erst im März 1910 erfolgte Einführung in Hillers 'Neuen Club' (6, 173). Irmgard Roebling unterscheidet nicht sehr genau zwischen diesem recht exklusiven Club und dem von ihm veranstalteten 'Neopathetischen Cabaret', wenn sie meint, daß «die ganze Atmosphäre des Neopathetischen Clubs nur zu sehr die Nähe zum Geniekult» verrate (145, 116). Im Prinzip ist das sicher richtig, solange man dabei nicht an den 'Sturm und Drang' und ähnliches in der deutschen Literatur-Tradition denkt, sondern sich an Nietzsche und dessen Konzeption vom 'Übermenschen' hält, für die allerdings der Boden in Deutschland seit langem vorbereitet war. Die Genies des 'Neuen Clubs' waren reine Intellektuelle und keine Proto-Romantiker und ergingen sich vornehmlich in den Entwürfen ästhetischer Programme und allumfassender, sehr deutscher Theorien. Das war im Grunde Heyms Sache nicht, aber er fand hier doch, was er so dringend brauchte: den Anschluß an Gleichgesinnte, Verständnis und vor allem – Bewunderung. Loewenson mußte später zugeben: «Gekannt hat ihn keiner; den Vertrautesten erschien er als ein wandelndes Paradox» (111, 5). Wie hätten sie auch seine «vor Gegenwart» explodierende Vitalität mit dem Dichter der «Saturnalien des Todes» (ebda, 18) in Einklang bringen können, wenn der, «der sich als Dichter fast wie ein Monomane des Todes ausnahm, [. . .] in seiner Person das sich selbst genießende Leben» repräsentierte (ebda, 8)? Wer von ihnen wußte etwas von seinem «dauernd mit sich selbst Im-Kampfliegen» (ebda, 26), diesem «sich selbst zerreißenden Leben» (ebda, 77), was von diesem jungen Menschen, der an der «Last unaufschließbarer Einsamkeit trug», was von seiner «grimmigen Lebensbejahung» (ebda)? Hatte auch er Nietzsche in zu jungen Jahren gelesen und, wie so manche seiner Zeitgenossen, schlecht verdaut? Sein Ideal war der Mensch der Tat – allerdings nicht der von den Aktivisten wenig später geforderte. Sein Idol war Napoleon. Das aber impliziert bereits, daß er, um noch einmal mit Loewenson zu reden, doch nur der «verhinderte Tattypus» (ebda, 14) war.

Noch im selben Jahr, am 6. Juli 1910 (43, 30), las er im 'Neopathetischen Cabaret' zum ersten und auch – soviel wir wissen – einzigen Male öffentlich aus seinen Gedichten vor. Wir Heutigen, für die seine düsteren, Vision-beladenen Gebilde immer noch zum Eindrucksvollsten gehören, was an Lyrik aus dem Expressionismus auf uns gekommen ist, fragen uns unwillkürlich, wie Heym bei seinem Vortrag auf seine doch wohl noch weitgehend ahnungslosen Zuhörer gewirkt haben mag. Der in seinen Angaben oft sehr unzuverlässige Alfred Richard Meyer scheint dem Abend beigewohnt zu haben und ließ sich darüber im Alter noch und aus sehr ferner Erinnerung folgendermaßen vernehmen: «Wenn der Dichter diese Verse» – gemeint ist «Der Krieg»: *Aufgestanden ist er, welcher lange schlief [. . .]* – «im neopathetischen 'Cabaret Gnu' sprach, jagte es uns eiskalt über den Rücken. Das war ein Besessener!» (125, 29). Wir glauben ihm gern den eiskalt berieselten Rücken, auch wenn er ihn an den falschen Ort verlegt, denn das 'Cabaret Gnu' gab es damals noch nicht. Ungenau ist es auch, wenn er aus dem einmaligen 'als' ein mehrmaliges 'wenn' macht, ganz abgesehen davon, daß gerade das von ihm in diesem Zusammenhang berufene Gedicht damals wohl nicht zu den vorgetragenen gehört haben dürfte, denn Heym hat es noch nicht in seinen ersten Gedichtband, *Der ewige Tag* (1911), mitaufgenommen. Wir haben es wieder einmal mit einem Fall von 'Dichtung und Wahrheit' zu tun. Heinrich Eduard Jacob erinnerte sich später sogar, daß Heym «ein schlechter Vorleser war (er las hart-eckig und dabei schüchtern)» – sonderbar, wie oft dieses Wort 'schüchtern' auf die Kraftgenies der Zeit angewendet wird! –, und fand, daß «kein größerer Gegensatz [. . .] zwischen dieser Klub-Geistigkeit und Heyms körperlichem Wesen denkbar gewesen wäre», wobei er sich noch 1965 der dubiosen Bestimmung dieses 'körperlichen Wesens' als «rassenmäßig schön» zu bedienen vermochte, ohne daß ihm die Tinte rot angelaufen wäre. «Sein braunes Gesicht, seine blauen Augen hätten ihn in der Hitler-Zeit zum 'germanischen Idol' gestempelt», meinte er, aber «das Schicksal» habe es «ihm erspart». Wieso: erspart? Sollte Jacob damit etwas impliziert haben wollen, was man sich heute noch auszusprechen zögert (41, 8)? Sonderbar ist immerhin, daß der später in Israel verstorbene Loewenson ähnlich ambivalente Gefühle gehabt zu haben scheint, als er den rätselhaften Satz hinschrieb: «Man sah in ihm eine mögliche Brutstätte von Europas Verhängnissen» (111, 13) – ein Satz, von dem man annehmen darf, daß er zu den «kurzen Hinzufügungen» gehört, die der alte Text von 1922 vierzig Jahre später, ein Jahr vor Loewensons eigenem Tod, in Israel erfuhr. Man hört gelegentlich die Vermutung, daß sowohl ein Proto-Nazi wie ein echter Revolutionär in ihm gesteckt hätte.

Als Armin T. Wegner, dem unsere Darstellung nicht die von ihm verdiente Aufmerksamkeit schenken kann, die recht umfangreiche Gedichtauswahl in der *Aktion* vom Februar 1911 in die Hände bekam – auch der *Pan* und der damals noch von Pfemfert redigierte *Demokrat* hatten in ihren November-Nummern bereits einige Gedichte Heyms gebracht, die ihm nicht entgangen sein dürften –, war er sich darüber im klaren, daß «mancher in unseren Reihen [. . .] zunächst diese Gedichte» ablehnte. Ihn selbst gemahnten sie in «Sprache und Gestalt [. . .] bald an Baudelaire, bald an George» und «ergriffen» ihn «mit Bewunderung und Schauder» (41, 21). Daß er gleich den George-Ton, den Kurt Mautz in seiner Studie bis ins einzelne herausgearbeitet hat (120), heraushörte oder doch dem Strophenbau absah, darf man ihm ohne weiteres glauben, gab sich doch der 'Neopathetische Club' ein wenig wie eine Zweigniederlassung des George-Kreises 'mit beschränkter Haftung' – sogar einer sehr beschränkten, da man sich zwar an seiner sprachlichen Leistung begeisterte, das Messianische seiner Dichtung aber ablehnte. Loewenson zufolge machte man sich gerade damals über den Maximin-Kult lustig. Er erinnerte sich sogar, daß Heym «sich davon abgestoßen» fühlte (111,65). Trotzdem nannte Loewenson George den «Monumental-Lyriker unserer Jugendzeit» (ebda), ohne den es «im deutschen Sprachbereich auch keine expressionistische Lyrik gegeben» hätte. Ähnlich hat sich ja auch Benn später vernehmen lassen. Das mag, hier wie da, wie eine von persönlicher Begeisterung getragene Übertreibung wirken, denn wir haben längst gelernt, George anders zu lesen. Unserem George-Verständnis steht heute vielleicht nichts mehr so sehr im Wege wie gerade diese seine artifizielle Sprache, seine 'Kunst-Sprache'. Wenn wir in den ersten lyrischen Versuchen fast aller Expressionisten neben Hofmannsthal immer wieder auf George stoßen, war es mit wenigen Ausnahmen – wie etwa Reinhard Goering – dessen Sprache, nicht aber die durch sie vermittelten Inhalte, die 'gezündet' hatten. Die Inhalte hatte man bereits in reiner Form und aus erster Hand als Vitalismus unmittelbar aus Nietzsche bezogen. Wieviel entscheidender für Heyms Entwicklung seine frühe Begegnung mit Hölderlin, Schopenhauer – einem mit Schopenhauerschen Augen gesehenen Hölderlin – und eben auch Nietzsche war, hat erst die neuere Forschung, vor allem die Arbeit Irmgard Roeblings (145) über jeden Zweifel erhoben.

Nichts aber gibt uns, scheint mir, einen unmittelbareren Einblick in das Wesen – und darum auch das Werk – Heyms wie der aus so vollem Herzen geschriebene Essay Erwin Loewensons. Zusammen mit Kurt Pinthus hatte er schon – offenbar von Heym selbt dazu bestimmt (obgleich ich nicht sehe, wie das hätte möglich sein sollen, da man ja nicht weiß, wann man ertrinkt) – die Veröffentlichung des postumen Bandes *Umbra vitae* (1912) und zehn Jahre später die der ersten Sammlung seiner *Dichtungen* (1922) betreut; der kurz nach Heyms Tod erschienene kleine Novellenband *Der Dieb* (1912) war noch von ihm selbst besorgt worden. Loewensons Essay ist eine über ein halbes Jahrhundert hin ausgereifte Studie, die allem bloß Anekdotischen taktvoll aus dem Wege geht, verständnisvoll und doch keine Hagiographie. Es ist, als ob die Erscheinung des Jugendfreundes, das Rätselhafte und zutiefst Widersprüchliche seiner Natur, dieser im Destruktionismus endende Kreativismus, den er vertrat, ihn auch im Alter nicht losgelassen hätte.

Wieweit Heyms Dichtungen dichterische Transformationen der Wirklichkeit oder rein visionärer Natur sind, hat die Forschung lange beschäftigt. Karl Ludwig Schneider, einer der besten Kenner des deutschen 'Frühexpressionismus', besteht darauf, daß «auch dort, wo seine Aussage sich ins Visionäre wendet», doch «meist die Ausgangspunkte in der Realität klar erkennbar» blieben. Heym sei «kein pathetischer Visionär», und seine Visionen seien «keineswegs ohne Anschauung» [. . .], sondern beruhten «vielmehr auf einer sehr scharfen und klaren Wirklichkeitserfassung». Als Frühexpressionist beschränke er sich «zunächst auf die Verfremdung der Realität» (31, 49). Dagegen spricht Heselhaus von einer «Halluzinations-Rhetorik» und kommt zu dem Schluß, daß «die Mythisierung», die manche annähmen, nichts anderes sei «als eine hyperbolische Metapher» (67, 184). Irmgard Roebling, auf der anderen Seite, meint, daß in Heyms Dichtungen «gar keine Wirklichkeit» gemeint sei, so daß sich «auch kein Bild konkret auf sie beziehen» könne (145, 81), Während Heinz Rölleke kategorisch erklärt, man dürfe «in der Zeitsituation nur eine mittelbare Vorbedingung der Heymschen Dichtung sehen» (146, 355). Dem würde Loewenson sicher zugestimmt haben, denn er war fest überzeugt, daß die im Zuge soziologischer Literaturkritik überbetonte Zeitproblematik in Wirklichkeit Heyms eigene Problematik war, die Problematik eines jungen Menschen, der mit sich und seinem Triebleben nicht ins Reine kommen konnte, wovon ja auch die Tagebücher (68, III) ein beredtes Zeugnis ablegen. Sicher engte die bürgerliche Gesellschaft auch ihn ein, war ihm ein «Kerker», aber «das Leitmotiv seiner Selbstreflexionen» war, nach Loewenson, «eigentlich nicht sein Eingesperrt-, sondern sein Ausgesperrtsein» (111, 56f.). Er erklärt die sich in seinen Tagebüchern so anstößig ausnehmende Sehnsucht nach einem Krieg mit dem Verlangen nach einer Anteilnahme am Leben im Sinne Nietzsches, nach dem Heldischen, dem Übermenschlichen, dem Ruhm – und damit auch seine Napoleon-Verehrung. «Meine Krankheit heißt Ruhmsucht», heißt es in entwaffnender Selbsterkenntnis im Tagebuch. Er hatte lange gezögert, sich nach einem knapp bestandenen juristischen Examen aber schließlich doch zu einer Militärkarriere entschieden, wie ja auch Ernst Wilhelm Lotz, ein weiterer enger Freund Hillers. Lotz besann sich dann zu spät doch noch eines Besseren. Heym hatte angeblich die Einberufungspapiere schon in der Tasche, als er am 16. Januar 1912 beim Schlittschuhlaufen auf dem Wannsee einbrach und ertrank. Vieles an dem von ihm gelebten Vitalismus war ohne Frage zeitbedingt, so daß es bei ihm nicht ohne innere Spannungen abging: Er liebte das Leben, aber er fürchtete es auch. Deswegen konnte Egbert Krispyn in ihm einen «reluctant rebel» sehen (262) und Loewenson ihn als «verhinderten Tattypus» hinstellen, in der Überzeugung, daß er sich die Dämonen und Giganten nur ausphantasierte, um seine eigene Ich-Passivität zu überwinden» (111, 74), daß diese Dämonen aber «Repräsentanten des Todesprinzips» seien (ebda, 23). Die Sehnsucht nach dem vollen Leben – «er explodierte vor Gegenwart» (ebda, 4) – hielt seiner Todessehnsucht die Waage. Sätze wie: «Ich will nicht leben, ich will untergehn» tauchen in seinen Tagebüchern in vielen Variationen auf. Dem Leben, das er suchte, begegnete er mit unüberwindlichen Angstgefühlen, die ihn – ganz ähnlich wie Kafka und Trakl - bis in die Träume verfolgten, aus denen dann die Dämonen aufstiegen. Einen Mythos hat er sich daraus nicht zurechtgemacht, wie mythossüchtig die Zeit um die Jahrhundertwende auch war (man denke an Däubler, Holz, Mombert, George). Irmgard Roebling spricht von einem «negativen Mythos» (145, 77), und das mag hingehen, solange man sich darunter etwas vorzustellen vermag. Aus seinem Unbewußten stiegen die ihn plagenden und deswegen letzten Endes doch wieder auf mythischen – oder archetypischen – Vorstellungen beruhenden Geister auf, primitiv in ihrer Entsetzlichkeit, eben deswegen aber auch wieder so leicht rezipierbar, «dem auf-

geweckten Leser eine Geheimsprache von Unterbewußtsein zu Unterbewußtsein [...] ein stieres Dantehaftes Hinsehen-Müssen in die Kreise der
Hölle, der diesseitigen und nicht bloß heutigen» (ebda, 17). Das Leben, das
gesuchte, selbst also als Hölle.

Wohin aber hätte das alles geführt, wenn der Tod diesen gedichteten To-
tentanz nicht so jäh unterbrochen hätte? Zu Heyms schlimmsten Ängsten
gehörte die vor dem drohenden Wahnsinn, eine Angst, der wir unter den
Expressionisten erstaunlich oft begegnen. Nicht zufällig ist ihnen die Gestalt des Irren geradezu zum Topos geworden.

Was war mit diesem jungen Menschen, der schon im Alter von 25 Jahren
den Tod fand, in seiner frühen Jugend geschehen? Sein Wort vom «schweinernen Vater» klingt uns noch immer erschreckend im Ohr. Aber selbst der
in diesen Dingen so zurückhaltende Loewenson läßt gelegentlich Bemerkungen fallen, die uns diesen Vater im Lichte der Phantasievorstellungen
des Sohnes sehen lassen. So bestrafte er einen wahrscheinlich typischen Ju-
gendstreich seines Sohnes damit, daß er ihn, den zwar nicht gebürtigen,
aber doch 'geborenen' Großstädter für seine drei letzten Schuljahre in die
düsterste Provinz, auf das Gymnasium in Neuruppin, verbannte, dasselbe
wahrscheinlich, in dem schon der junge Fontane sehr unfrohe Tage verlebt
hatte. Diese Jahre aber sind entscheidend im Leben eines jungen Menschen, besonders eines von Heyms Sensitivität, ganz dazu angetan, ihm seine Einsamkeit zu einem Abgrund werden zu lassen, in dem die Geister und
Dämonen umgehen und die Menschen als Deformierte (Blinde, Irre, Lah-
me oder sonstwie Behinderte) ihre wahre Natur offenbaren.

Die von seinen Freunden so bewunderte Vitalität reichte aber auch dem
anderen Geschlecht gegenüber nicht aus. Im Umgang mit jungen Frauen
war er schüchtern, obgleich er einen wahren Überschuß an Freundinnen
gehabt zu haben scheint. Seine Beziehungen zu ihnen blieben – vielleicht
mit einer Ausnahme, auf die Loewenson dunkel anspielt – platonischer Natur, also gehemmt. Pubertätsproblematik, ohne Frage, erschwert durch die
widernatürlichen Zwänge des deutschen Schulsystems. Es überrascht uns
daher nicht zu hören, wie früh bei diesem jungen Vitalisten Selbstmordge-
danken auftauchen. Und all das hatte der Dichter in ihm zu bewältigen.
Vieles wird da sublimiert. Ersatz muß geschaffen werden, und der findet
sich – beinahe primitiv – in dem Gedanken an die eigene Auserwähltheit:
Heym hielt sich offenbar für «göttlichen Ursprungs» (111, 11). Von geradezu zentraler Bedeutung war für ihn deswegen die Vorstellung des zu er-
werbenden Ruhms und sein Bedürfnis nach Bewunderung. Der erreichte
Ruhm wäre die benötigte Selbstbestätigung. Gefragt, warum er denn so
furchtbar viel Ruhm brauche, soll er geantwortet haben: «Das will ich Ihnen offen sagen, das brauch ich wegen viel Frauenliebe» (ebda, 13). Der
Kreis hat sich geschlossen.

In seinem Heym-Essay vertritt Heinz Rölleke die Meinung, «die metri-
sche, strophische und sprachliche Form seiner Gedichte» sei «fast entwick-
lungslos» geblieben (146, 364). Dem würde Schneider in dem Sinne zustimmen, daß «die spätere Entwicklung des Dichters keimhaft in seiner Lyrik

der Frühzeit schon vorgebildet war» (31, 46), wie er auch darauf hinweist, daß es selbst «in der späteren Lyrik Heyms einige Landschaftsbilder gibt, die noch idyllische Züge aufweisen» (ebda, 54). Das widerspricht nicht Irmgard Roeblings Befund, daß, was die «'späten' Gedichte von einem großen Teil der früheren» abhebe, «ein erstaunlich reduziertes Vokabular» sei (145, 80). Also doch Entwicklung, freilich keine von den so unmittelbar in die Augen fallenden, die sich wie von selbst in sich eindeutig voneinander abhebende Phasen auflösen lassen. Das Albdruckhafte und Gewaltsame, das Erschreckende seiner lyrischen Visionen scheint aber doch erst in den Gedichten der letzten beiden Jahre seine ganze Dichte gefunden zu haben. Ob es für ihn – wie ähnlich und doch ganz anders auch für Stadler – über den erreichten Grad der Entwicklung bei längerem Leben noch einen weiteren Weg gegeben hätte – sein Ausweichen ins Militär könnte Ausdruck seines eigenen Zweifels gewesen, sein Verlangen nach Ruhm andere Möglichkeiten als die der Dichtung abgetastet haben –, muß natürlich reine Spekulation bleiben.

War Heym nun aber überhaupt ein Expressionist und noch dazu der «größte expressionistische Lyriker», als den Loewenson ihn gesehen hat? In der neueren Literatur scheint sich an einem solchen Urteil doch mancher Zweifel angemeldet zu haben. Expressionist war er sicher, insofern seine dichterischen Projektionen Ausgeburten seines Inneren waren, auch wo sie sich an anscheinend reale Vorgänge gehalten haben («Robespierre»). Aber 'der größte'? Ohne Frage erfüllen uns die «Götter der Städte», die «Siechen» und «Blinden» nicht mehr mit dem «Schrecken» und auch nicht mit der «Bewunderung», die Armin T. Wegner in seiner Jugend so hingerissen hatten. Das Monotone seiner groß-gezeichneten Bilder entspricht nicht mehr unserem lyrischen Empfinden. Heyms Großstädte sind nicht mehr die unseren. Es scheint, daß er jedesmal mit seiner Geste zu weit ausgeholt hat, um seine gewaltigen Schläge gegen sie zu führen. Wenn seiner Dichtung das Wissen zugrunde liegt, «daß Dasein ein Sein zum Tode ist und damit wesenhaft Angst» (145, 371), so teilt er dieses Wissen mit vielen Dichtern und mit vielen seiner Leser – vor allem mit Trakl, dem so ganz anders Veranlagten. Was den Expressionisten Heym betrifft, so findet Rölleke, daß man im Vergleich mit den überkommenen Mitteln der Dichtkunst berechtigt wäre, «Heym einen Expressionisten zu nennen, was er seiner Sprach-, Vers- und Gedichtform nach nicht» sei (146, 360), während Helmut Uhlig der Ansicht ist, «daß man Heym nicht gerecht» werde, «wenn man ihn nur als Expressionisten» einordne (177, 105). Rölleke sieht in ihm den «großen Einsamen» (146, 365) und spricht im Hinblick auf sein Werk von einem «ins Ungeheure übersteigerten Subjektivismus» (ebda, 355). Gewiß und mit Recht, aber es ist letzten Endes doch, vielleicht nur eben ans Pathologische grenzend, derselbe Subjektivismus, dem wir bei den expressionistischen Dichtern immer wieder begegnen, derselbe Vorstoß bis an die Grenzen des subjektiv noch Aussagbaren. Sie alle haben teil an der Bewegung, die um die Jahrhundertwende einsetzte, um dann fast von Jahr zu Jahr – wie Walter Falk es hat nachweisen können – immer mehr an Intensität, bei sich verschiebender Zielrichtung, zu gewinnen. In welchen Formen auch immer: Das Ich des Dichters sucht sich angesichts einer als entwertet erlebten Wirklichkeit durchzusetzen und zu behaupten. Der Kreativismus in all seiner kollektiven Bedingtheit kennt so viele Äußerungsformen, wie es Dichter gibt. Das aber sollte uns auch zu denken geben, ob dem erlebten Wirklichkeitsverfall im Innern des Dichters nicht auch Widerstände begegnet wären, sein so auffallendes Betonen formaler Elemente dem Bedürfnis entsprochen hätte, dem sich wandelnden Kollektivbewußtsein auf seine Weise zu begegnen. Der Status quo bot immerhin Sicherheiten, die der Mensch braucht, um existieren zu können. Ein eigentümliches Spannungsverhältnis scheint mir bei ihm und der Sprachzerstörung zu bestehen, das sich philologisch nicht genauer diagnostizieren läßt. Auch Heyms so überraschendes Abschwenken in eine militärische Laufbahn mit ihrer notorischen Disziplin als Lebensform scheint mir auf denselben Zusammenhang hinzuweisen.

Noch deutlicher wird dieses Moment einer allerdings dann gelösten Spannung im Werk des dritten der bedeutenderen Autoren aus dem 'Neuen Club', Ernst Blass (1890–1939), aber auch bei Ernst Wilhelm Lotz (1890–1914) – also zwei Gleichaltrigen. Lotz hatte dem 'Neuen Club' nicht angehört, aber seit 1913 Kurt Hiller und seinem Kreis nahegestanden (235, 454), was auch aus der als Gedenktafel gemeinten Widmung von dessen bereits erwähnter Sammlung *Ratioaktiv* hervorgeht.

Wenn es anginge, beim 'Neuen Club' von einem rechten und einem linken 'Flügel' zu sprechen, so wäre Blass mit seinem vielgepriesenen Gedichtband *Die Straßen komme ich entlang geweht* (1912) ein Platz auf dem äußersten rechten zuzuweisen, trotz seiner Mitarbeit an der *Aktion,* aber auch am *Sturm* und an anderen, dem Expressionismus nahestehenden Organen, und obwohl Hiller einige seiner Gedichte in seine Anthologie *Der Kondor* mitaufgenommen hat. Während Heyms Verhältnis zu Georges Dichtung zwiespältig blieb, war das seine durchaus eindeutig: Er ist in der George-Nachfolge, trotz der Auflockerung seiner Lyrik, nie sehr weit vom 'rechten Weg' abgewichen. Es hielt ihn denn auch nicht lange in den expressionistischen Kreisen Berlins; schon 1913 siedelte er nach Heidelberg und in dessen George-Kreis über, wo er Herausgeber der sehr viel weiteren Kreisen offenstehenden *Argonauten* (1914–1921) wurde (141, 50f.).

Lotz dagegen stammte wie Fritz von Unruh aus einer Offiziersfamilie, deren Tradition für ihn noch nicht, wie für von Unruh, problematisch geworden war. Wenn er trotzdem kurz vor Ausbruch des Krieges, zu dessen ersten Opfern er mitgehörte, den Dienst quittierte, so tat er das lediglich, um sich ganz seiner Dichtung widmen zu können, während er natürlich auch wußte, daß preußische Offiziere nun einmal nicht 'dichteten'. Bekannt wurde er vor allem, lange nachdem Alfred Richard Meyer schon 1912 einige seiner Gedichte unter dem Titel *Und schöne Raubtierflekken[. . .]* in seinen *Lyrischen Flugblättern* veröffentlicht hatte, durch den auf 1917 vordatierten Band *Wolkenüberflaggt* im *Jüngsten Tag* (Heft 36),

dessen Drucklegung er selbst noch hatte überwachen können. (Eine Auswahl aus seinem Nachlaß erschien 1955). Der Verleger will von der Nummer zwanzigtausend Exemplare abgesetzt haben, so daß sie zu den 'best-sel-
lern' expressionistischer Literatur gehört. Lotz' Gedichte stehen denen
Stadlers näher als Heyms, was schon auf den ersten Seiten deutlich wird,
noch ehe man zur Bestätigung des Eindrucks auf das den zweiten Teil ab-
schließende Widmungsgedicht «An Ernst Stadler» gestoßen ist. Lotz über-
nahm nicht nur, wenn auch in gemäßigter Form, den Stadlerschen Langvers, auch dieselbe Vornehmheit der Gesinnung spricht aus seinen Versen.

Völlig anders der fünf Jahre ältere Paul Boldt (1885–1921 [nicht 1919, wie
bisher angenommen]), über dessen Leben wir wenig wissen, außer daß er der
Sohn eines kleinen Gutsbesitzers an der Weichsel war – Wolfgang Minaty,
der wenigstens die gröbsten Umrisse seines Lebensweges ein wenig hat erhellen können (203), nennt ihn gelegentlich einen «Bauernsohn» – daß er
ferner an verschiedenen Universitäten, zuletzt in Berlin, alles mögliche, vor
allem Kunst- und Literaturgeschichte studiert, sein Studium aber 1912 ab-
gebrochen hat, um es 1918 als Medizinstudent wiederaufzunehmen, und
als solcher ist er wohl auch noch gestorben (ebda, 81). Kurt Hiller, der ihn
nachweislich gut gekannt hat (ebda, 96), erinnerte sich seiner 1960 mit den
Worten: «Paul Boldt ist eine Legende. Er war lang und etwas plump, sah
wie ein Pferd aus, stammte aus einem Nest in Westpreußen, war scheu und
liebenswürdig, schuf nur Formvollendetes, übrigens rein sensuelle Sachen,
hatte kaum enge Freunde, aber bestimmt keinen Feind, eines Tages (wohl
noch im Ersten Weltkrieg) verschwand er, man hörte nie von seinem Tode
etwas, theoretisch möglich wäre, daß er noch lebt. Es ist nicht wahrscheinlich» (41,31f.). Heinz Schöffler meint im Anhang zu dem von ihm veranstalteten Neudruck des *Jüngsten Tages,* er habe die «kühnsten erotischen
Gedichte des Expressionismus» geschrieben (81, II, 1585), während Alfred
Wolfenstein in seiner Rezension von *Junge Pferde! Junge Pferde!* in der
Neuen Rundschau in ihnen «eine landhafte vollyrische Ursprünglichkeit»
zu erkennen glaubte und von einer «sonderbaren Mischung von Kraft und
Abstraktheit» sprach (ebda, 1587). Das Gedicht, das dem ganzen Band den
Titel gegeben hat, ist – darüber kann wohl kein Zweifel bestehen – eines der
kleinen Glanzstücke expressionistischer Lyrik, obgleich es da gerade seiner
'Landhaftigkeit' wegen überrascht. Es erschien erstmalig zusammen mit
zwanzig anderen in der *Aktion* vom Februar 1912, also zwei Jahre vor der
Buchveröffentlichung. Andere dieser einundzwanzig Gedichte sind fraglos
typischer für Boldt, aber kaum eins ist so in sich geschlossen, obgleich er
gerade hier nicht nach der von ihm sonst offensichtlich bevorzugten strengen Sonett-Form gegriffen hat. Ganz so 'ursprünglich', wie Wolfenstein
meinte, sind die Gedichte freilich nicht: Viel Heym klingt da an, aber auch
van Hoddis (etwa in «Der Turmsteiger»). Trotzdem hat dieses Gedicht seinerzeit eine ganz unerwartete Wirkung getan, so daß wir guttun, einen Augenblick bei ihm zu verweilen. Der allerdings immer sehr leicht zu begei-
sternde Alfred Richard Meyer erinnerte sich in seiner *maer von der musa*

expressionistica lebhaft an den ersten Eindruck, den es auf ihn und seine Freunde getan hatte:

> Eines Tages, mittags, war der Ruf da, über Jahrzehnte hinaus hell geblieben, zuerst in mein Ohr scharf durch Wolfgang Goetz gestoßen [. . .] vor der kleinen Gerold-Stube an der Gedächtniskirche war's, daß der Schrei [!] auf mich losperschte: *Junge Pferde! Junge Pferde!* Was war geschehen? Lediglich das eine, fast alltägliche: daß ein Gedicht erschien, betitelt «Junge Pferde», von einem neuen Mann, der sich Paul Boldt nannte. Er hatte uns einen herrlichen Morgen- und Abendgruß geschenkt, den wir leidenschaftlich propagierten:

> Wer die blühenden Wiesen kennt
> Und die hingetragene Herde,
> Die, das Maul am Winde, rennt:
> Junge Pferde! Junge Pferde!

> Über Gräben, Gräserstoppel
> Und entlang den Rotdornhecken
> Weht der Trab der scheuen Koppel,
> Füchse, Braune, Schimmel, Schecken!

> Junge Sommermorgen zogen
> Weiß davon, sie wieherten.
> Wolke warf den Blitz, sie flogen
> Voll von Angst hin, galoppierten.

> Selten graue Nüstern wittern,
> Und dann nähern sie und nicken,
> Ihre Augensterne zittern
> In den engen Menschenblicken. (124, 68)

Das ist nicht gerade das Gedicht eines Großstädters – aber einundzwanzig Gedichte mit dem ersten Wurf: nichts verständlicher, als daß der so an die Öffentlichkeit katapultierte Dichter nach elf Semestern (oder dreizehn, so viele zählt Minaty im Anhang zu seiner Werkausgabe) sein Studium plötzlich abbrach. Er scheint in den verschiedensten expressionistischen Kreisen verkehrt, aber keinem angehört zu haben. Pfemfert hat ihn gefördert, mit Hiller und wohl auch mit Blass stand er im Kontakt: das geht aus den wenigen erhaltenen Postkarten von ihm hervor (203, 96) – und doch haben sie ihn alle nach 1918 aus den Augen verloren. Warum? Wir wissen nur, daß er in dem Jahr sein Studium wiederaufgenommen hat und daß nach einem ständigen Nachlassen seiner Produktion 1918 sein letztes Gedicht in der *Aktion* erschienen ist. Sechs Jahre also des Schaffens – dafür ist die Ausbeute recht mager, auch wenn man die eine Erzählung «Der Versuch zu lieben» (1, 480 ff.) mitrechnet. Gelebt hat er wohl in der Gegend um die Friedrichstraße mit ihren Bordellen, und wenn man seine Gedichte als die 'kühnsten erotischen' des Expressionismus und als 'rein sensuelle Sachen' bezeichnet hat, sind das Euphemismen für 'Dirnengedichte'. Als solche aber sind sie erstaunliche Lebensdokumente – um mit Lautensack zu sprechen: 'Dokumente der Liebesraserei', von der man aber wohl, wenn man,

wie Boldt, 1918 das dreißigste Lebensjahr überschritten hat, endlich geheilt
sein sollte. Die 'Gier' läßt mit reiferen Jahren nach, und die Verherrlichung
der Frau in nichts als ihrer käuflichen Nacktheit verliert ihren Reiz, jedenfalls für das Bedichten. Aber in diesen wild daherrasenden Gedichten
schwingt auch noch etwas anderes mit: Angst und innere Unruhe. Minaty
vermutet, Boldt könne Syphilitiker gewesen sein, «depressive Züge» seien
bei ihm «offenkundig» (203, 78 f.), neigt aber doch eher zu der Annahme,
er habe unter einer progressiven Schizophrenie gelitten. Woraus schließt er
das? Ich jedenfalls kann mir nicht vorstellen, wie jemand in diesem Zustand
noch sechs Semester – mit offenbar erfolgreich bestandenem Zwischenexa-
men nach dem dritten – Medizin studieren kann. Aber es gibt tatsächlich
Gedichte von ihm, die auch mit expressionistischen Maßen gemessen nicht
mehr als kohärent bezeichnet werden können – und zu diesen gehört gerade
auch das letzte Gedicht, «Der Leib», das 1918 in der *Aktion* erschien:

> Blut trägt die Antlitze wie Wasser trägt.
> Das Antlitz hat die Ohren an dem Hals.
> Das Antlitz-Rad hat von dem Schwung des Alls
> Die Ohren rauschend, die das Blut aufschlägt.
>
> Ein Kopf voll Glieder bin ich nicht entmischt:
> Den Nasenteil der Form und den Teilarm
> Im Schädelsack bei dem Subjektenschwarm.
> Zum Arm hinaus im Hirne hängt die Hand. (203, 76 f.)

So wenigstens die beiden ersten Strophen: Boldt hatte inzwischen auch seinen Benn gelesen, aber aus den Wortbrocken will sich kein Ganzes mehr
fügen. Auffallend, mit welcher Persistenz er immer wieder zum Sonett zurückgekehrt ist, als ob er sich an dessen feste Form angeklammert hätte. Eine sonderbare Erscheinung, dieser Paul Boldt: sechs Jahre lang Dichter, ein
Komet am Himmel des Expressionismus. Die «Jungen Pferde» waren für
ihn ein einziger großer Glücksfall gewesen.

Ernst Stadler

Nur wenig später als Heym – und auch Werfel – erlebte der Elsässer Ernst
Stadler (1883–1914) ebenfalls seinen Durchbruch in die Welt des Expressionismus, seinen 'Aufbruch', ein Wort aus dem Vokabelschatz der Bewegung, das er dem für sie so bedeutsamen Gedichtband als Titel mit auf den
Weg gab: *Der Aufbruch* (1914), obgleich er genauer 'mein Aufbruch' gelautet hätte. Aufgrund sehr persönlicher dichterischer Aussagen wird mit
dieser Formulierung dann doch auch eine Vorstellung konkretisiert, die
seiner Generation im ganzen entsprach. Auf der persönlichen Ebene besagt
sie, daß er als Dichter mit dieser sorgfältig durchgeformten Veröffentlichung einen Schlußstrich unter seine bisherigen Versuche gemacht hatte.
Als der älteste der frühen expressionistischen Lyriker hatte er bis zu diesem
Wendepunkt in seinem Schaffen einen ungleich längeren Anlauf gebraucht, denn seine ersten Versuche fallen noch in die Zeit vor seiner Ein-

kehr in die 'Kunst-Welt' des Ästhetizismus vornehmlich Hofmannsthalscher Observanz, unter deren Zeichen Heym, Werfel und viele andere unter den jungen Dichtern angetreten waren. Er tat seine ersten Schritte in die Literatur in ihrer Heimat-Kunst-Phase, einem verprovinzialisierten Naturalismus, «was», wie Werner Kohlschmidt sehr richtig bemerkt, «für keinen der anderen Expressionisten deutscher Zunge gilt» (98, 277). Eine solche Betonung des Sonderfalls Stadler hat zweifellos ihre Berechtigung, solange man wirklich nur an die 'Heimatkunst' in ihrem engeren Sinne denkt und nicht auch an den Naturalismus, als dessen «legitimes Kind» (ebda, 278) sie in der Tat zu gelten hat. 'Heimatkunst' aber ist letztlich eine lokalpatriotische Angelegenheit von oft ausgesprochen nationalistischer Färbung, in die Literatur eingegangener deutscher Partikularismus. Das war besonders im Elsaß mit seiner Sondergeschichte im deutschen Sprachraum der Fall. Rückt man dieses Moment in den Vordergrund, können einem mit Karl Ludwig Schneider berechtigte Zweifel an ihrer 'legitimen' naturalistischen 'Kindschaft' kommen.

Als Schüler hatte Stadler noch für Lienhard geschwärmt, der gar nicht so viel später seine *Wege nach Weimar* (1906 ff.) gehen sollte, und sich zu dessen deutschtümelnder Zeitschrift *Heimat* gehalten. Die dem Elsaß historisch zugefallene Rolle, eine Brücke zwischen deutscher und französischer Kultur zu bilden, ging ihm wohl erst in seiner Straßburger Studentenzeit auf, im Kreise gleichaltriger und gleichgesinnter Freunde wie René Schickele und Oskar Loerke. Schickele hatte bereits 1902 einen Band durchaus vitalistischer Gedichte unter dem Titel *Pan* herausgebracht, dem ein anderer *(Sommernächte)* ein Jahr früher vorausgegangen war – all das in der Aufmachung reinsten Jugendstils, und die *Pan*-Gedichte noch dazu eindeutige Nietzsche-Nachfolge: Wir wissen heute, wie sehr beides auf derselben Linie lag. Stadler muß diesen Gedichten aus vollstem Herzen zugestimmt haben, denn in dem ersten Stück Prosa, das von ihm erhalten ist, einem Beitrag zu Schickeles kurzlebiger Zeitschrift *Der Stürmer* – habeant sua fata libelli! – eignete er sich selbst den Wortschwall Zarathustras an: *Zerschmettert die alten Tafeln,* rief er seinen guten Elsässern zu, *und schreibt euch euer eigen Gesetz aus euerem Ein-Willen [. . .]. Der Zukunft dient alle wahre Kunst* (169, II, 9). Das klingt vitalistischer als es wirklich war, denn die 'wahre Kunst' war für ihn jetzt zunächst die Georges und des jungen Hofmannsthal, ein Symbolismus der gewählten Worte, dem damals schon nicht mehr die 'Zukunft' gehörte. Dafür legt seine erste Buch-Publikation, die Gedichtsammlung *Praeludien* (1905), ein beredtes Zeugnis ab, zumal sie auch noch mit einem Hofmannsthal gewidmeten Versdramolett, «Freundinnen», schließt. Er war, mit den Worten Karl Ludwig Schneiders, «unter den Expressionisten eigentlich der gelehrigste Nachahmer dieser beiden, die Literatur um 1900 beherrschenden Autoren» (155, 176), was Werner Kohlschmidt pointierter in die Worte vom «Charakter des Epigonenhaften» (100, 29) faßt.

Schickele und Stadler sind also bei aller freundschaftlichen Verbundenheit sehr verschiedene Wege gegangen, die Schickele immer knapp am Expressionismus vorbei, Stadler selbst aber in dessen innerste Bereiche führen sollten. Daran hat sich auch später nichts geändert, denn Stadler hat ja bei Kriegsausbruch nichts ferner gelegen als der konsequent gelebte Pazifismus Schickeles.

Für den Dichter Stadler aber kam nach der Veröffentlichung der *Praeludien* zunächst eine Zeit des Verstummens, die er offenbar seinen germanistischen Studien widmete: 1906 promovierte er, 1908 habilitierte er sich, und ab 1910 finden wir ihn an seiner ersten Lehrstelle in Brüssel, die er, bei gleichzeitiger Lehrverpflichtung in Straßburg, bis zum Krieg innehatte. Brüssel – das war für ihn die französische Welt, die ihn seit langem gefesselt hatte, zuletzt besonders deren junge Dichter-Generation der Antisymbolisten (Péguy, Rolland, Jammes). Helmut Gier ist dem in seiner gründlichen Studie bis ins einzelne nachgegangen (54). Während dieser Zeit verbrachte er außerdem zwei Jahre als Rhodes Scholar in England, das ihm zu einem großen Erlebnis wurde. Hier arbeitete er, wie es scheint, nicht nur an seiner Habilitationsschrift *Wielands Shakespeare* (1910), sondern beteiligte sich auch an der kritischen Akademie-Ausgabe der Werke Wielands, für die er die drei Bände der Shakespeare-Übersetzungen besorgte. Aus all dem geht deutlich hervor, daß er sich fest zu einer akademischen Laufbahn entschlossen hatte, die ihn, wenn es nicht zum Kriege gekommen wäre, nach Kanada an die University of Toronto geführt hätte. Wie sich das auf die Dauer mit seinem Dichtertum vertragen hätte, ist eine Frage, auf die uns die Geschichte die Antwort erspart hat. Es würde sich sicher an Heselhaus' Charakterisierung seiner bisherigen Dichtung als «bürgerlichem Expressionismus» (67, 205) nicht viel geändert haben.

Was Stadler sich als Dichter in der Schule Georges und Hofmannsthals angeeignet hatte, sollte ihm, auch wenn er Ende 1910 nach seiner Rückkehr zur Dichtung mit der Formkunst an sich gebrochen hatte, nicht verloren gehen. Seine dichterische Entwicklung vollzog sich in Schüben, die sich aber eher überlagerten, als daß sie einander ausschlossen. Gewiß stand er den antisymbolistischen Neuerern in Frankreich nun näher als den deutschen und österreichischen Symbolisten und Neuromantikern – im letzten Jahr seines Lebens beschäftigte er sich mit einer Jammes-Übertragung –, aber sein tief erlebtes Wissen um die Form, die 'Wollust' ist, das äußere Gewand also gleichsam des Symbolismus, hat er sich doch bewahrt. Werner Kohlschmidt kann daher zu Recht von seiner für den Expressionismus «eher konservativen Übergangsfunktion» (100, 27) sprechen.

Wie aber geriet dieser Dichter unter solchen Voraussetzungen überhaupt in die Welt des Expressionismus? Sicherlich zunächst wiederum auf dem Weg über die Bücher, die ihm schon in jüngeren Jahren im entlegenen Elsaß die Welt eröffnet hatten. Bemerkenswert sind seine Besprechungen einiger früher expressionistischer Veröffentlichungen (Heyms, Benns und anderer): sie zeugen nicht nur für den geschulten Germanisten, sondern belegen noch unmittelbarer sein Einfühlungsvermögen in die neue Dichtung, auch wo sie seinem eigenen Wesen eigentlich fremd sein mußte – wie etwa im Falle Benns. Möglich war das aber doch wohl nur, weil er hinter all den

Verschiedenheiten das kollektive Zeiterlebnis erspürte – und teilte. Mit den Expressionisten selbst scheint er mit Ausnahme Sternheims, dessen Bekanntschaft er in Brüssel gemacht hatte, keinen persönlichen Kontakt gehabt zu haben. Daß sein Hauptbeitrag zum Expressionismus, *Der Aufbruch* (1914), bei Kurt Wolff, der einige seiner Gedichte in der *Aktion* gelesen haben muß, erscheinen konnte, dürfte auf dessen Initiative zurückgehen.

Bis zu diesem Punkt hatte sich Stadlers Entwicklung zwar in gerader Linie, aber ohne Überstürzung vollzogen. So ließ er seine ersten lyrischen Produkte nach seinem dichterischen Neueinsatz bis zum März 1911 doch erst wieder in elsässischen Zeitschriften erscheinen, zuerst in der *Erminia,* dann im *Neuen Elsaß.* Damit griff er den Faden dort wieder auf, wo er ihn fünf Jahre vorher hatte fallen lassen. In Karl Ludwig Schneiders Worten: Er «hat Jahre gebraucht, um sich der Faszinationskraft der ästhetischen Wortkunst zu entziehen» (156, 178). Aber hat er sich ihr wirklich je ganz entzogen? Gewiß hat er schon in den fünf, in zwei Nummern des *Neuen Elsaß* veröffentlichten Gedichten mit dem Langvers experimentiert, der im *Aufbruch* drei Jahre später dann eine so entscheidende Rolle spielen sollte, und auch in anderer Hinsicht hat sich der Bau seiner Gedichte hier schon wesentlich gelockert. Heselhaus sieht in der 'gereimten Langzeile [. . .] nur eine Wiederaufnahme der [. . .] Dauthendeys» und kann sich dabei auf eine Dauthendey-Besprechung Stadlers stützen (67, 193f.). Aber derartige, «einer rhythmisierten Prosa» angenäherte Langzeilen ließen sich damals schon vielerorts finden, nicht nur bei Walt Whitman, sondern auch in Werfels *Weltfreund* – und haben natürlich auch Schule gemacht, wie im Falle Yvan Golls, dessen *Dithyramben* aus dem Jahre 1918 (*Der jüngste Tag,* 54) sich eines reimlosen Langverses bedienen, der von gehobener Prosa kaum zu unterscheiden ist. Dichtungsgeschichtlich gesehen fiele damit die entscheidende Wende Stadlers in Richtung auf den Expressionismus in die ersten Monate des Jahres 1911, ein Jahr also nach dem Auftreten Heyms im 'Neopathetischen Cabaret', nachdem Trakl den «endgültigen Durchbruch zur reifen Form» (11, 160) fand und Werfel ungeduldig auf die verzögerte Drucklegung seines *Weltfreundes* gewartet hatte; erst im Sommer 1913 sollte er mit den Vorbereitungen zum Druck des *Aufbruchs* seinen Standort finden – er fiel bereits in die ersten Kriegswochen. Seinen Weg hatte er offenbar in dem Augenblick gefunden, als er – wohl im Sommer – seine weiteren Gedichte der *Aktion* zum Vorabdruck anbot. Seit dem Oktober dieses Jahres ist von den 57 Gedichten des Bandes ziemlich genau die Hälfte von Pfemfert in seine erst kürzlich gegründete Zeitschrift aufgenommen worden. Dabei dürfte überraschen, daß sich unter diesen in der *Aktion* erschienenen Gedichten sogar ein Wiederabdruck aus den *Praeludien* findet, von dem man annehmen muß, daß der Dichter dazu zum mindesten seine Einwilligung hat geben müssen, was auf seinen 'Bruch' mit der eigenen Vergangenheit doch ein eigentümliches Licht wirft. Man darf freilich aus seiner nun bis zu seinem Tode nicht mehr unterbrochenen Mitarbeit an der *Aktion* auch nicht den falschen Schluß ziehen, daß er im Verlaufe des Sommers 1913 zu einem 'Aktivisten' im wörtlichsten Sinne geworden wäre.

94

Aber das war ja auch Pfemfert selbst damals noch nicht, da er, wie bereits festgestellt, seine Zeitschrift vielmehr bewußt als Konkurrenzunternehmen zu Waldens *Sturm* gegründet hatte, breiter angelegt gewiß, aber im wesentlichen doch mit der generellen Ausrichtung gegen den künstlerischen – dabei dann aber auch schon politischen – Status quo. «Mit dem Neuen als Selbstzweck hat» denn auch Stadler sich «nicht eingelassen», wie Werner Kohlschmidt betont (100, 26).

Worin besteht nun der Expressionismus der Gedichte in Stadlers *Aufbruch?* Wer den Band heute zur Hand nimmt, wird darin nichts von den wilden, den Leser in die tiefsten Abgründe des Heymschen Seelenlebens hinabziehenden Rhythmen und nichts von dem chaotischen Wühlen der frühen Verse Werfels, ebenso wenig wie von dem hermetisch in sich geschlossenen und letztlich unzugänglichen Weltbild Trakls finden. Statt dessen geht ein stiller, aber steter Sog durch viele seiner Gedichte. Man spürt die innere Dynamik, die eins seiner Gedichte plötzlich zu erfassen scheint und wohl etwas mit der 'Sehnsucht' zu tun hat, von der Arno Schirokauer bereits in seiner frühen Studie «Expressionismus der Lyrik» (1924) gesprochen hat: «Stadler und Lotz sind die ziellos Sehnsüchtigen», hatte er damals gemeint und in seinem späten Stadler-Essay (1954) festgestellt, daß «für die Sprache des Dichters» gelte, «daß nichts mehr stille steht». Schon «der Titel der Gedichtsammlung 'Der Aufbruch' und seine vier Teiltitel» bestätigten, meinte er, «daß dem Ganzen *Bewegung* das Gesetz diktiert» (152, 32 und 431). Wenn er aber nun dieses 'Gesetz der Bewegung' anhand der 'Teiltitel' belegen will, gerät er in erhebliche Schwierigkeiten und muß die Dinge ein wenig in seinem Sinne zurechtbiegen. «'Die Flucht'» – der einzige Teiltitel, über dessen Tendenz zur Bewegung sich nicht streiten läßt – ist die Überschrift des ersten Teils, 'Stationen' die des zweiten, «womit bedeutet» sei, «daß seine Aufenthalte nur kurz bemessen sind, ein Aus- und Atemholen zu neuem Aufbruch. Und vielleicht [!] ist der Titel des dritten Teils, 'Die Spiegel', so zu verstehen, daß darin der Zug der Bilder nicht als Objekt gegeben wird, sondern im Reflex, so daß zwischen Objekt und Abbild eine Entfernung gelegt ist, ein Raum, der gefüllt und gesättigt werden muß von Atmosphäre, d.h. von Seele [. . .] in gedoppelter Bewegung. Und endlich verweist der Titel 'Die Rast' des letzten Teils wohl auf Ruhe und Halt, dabei aber auf das Temporäre dieser Ruhe» (ebda).

Gegen eine solche Argumentierung wäre manches einzuwenden, nicht zuletzt, daß 'Spiegel' und 'Reflex' eindeutig Requisiten aus der Welt des zu überwindenden, aber eben noch nicht überwundenen Ästhetizismus sind, wie übrigens auch die auffallend vielen, ganz unexpressionistischen Wie-Vergleiche im *Aufbruch.* Verfehlt wäre es auch, den Titel «Stationen» mit dem expressionistischen 'Stationen-Drama' in irgendwelche Verbindung zu bringen – was Schirokauer auch nicht tut –, denn das lag noch in einiger Ferne; und daß Stadler Strindberg gekannt hätte, ist nicht erwiesen. Karl Ludwig Schneider hat auf den sehr formbewußten Aufbau der Aufbruch-Sammlung in seinem immer noch grundlegenden Vorwort zu der von ihm besorgten Stadler-Ausgabe hingewiesen und bei dieser Gelegenheit auch auf das 'Gegensatzgefühl' aufmerksam gemacht, das «die konstituierenden Elemente des Expressionismus bereits» enthalte (169, I, 67). Bei Stadler «[...] ist alles noch taufrische Entdeckung, was später zu Programm-Formeln dieser Bewegung verkümmert. So wird auch in diesem Gedicht» – gemeint ist «Form und Wollust», das «der weitverbreiteten Meinung» gegenüber kein «Programm-Gedicht des Expressionismus» sei – «der Formkunst noch keineswegs der Expressionismus gegenübergestellt, sondern erst ein Gegensatzgefühl ausgesprochen, das seine Bindung an das Abgelehnte» – man möchte hinzufügen 'theoretisch' Abgelehnte – «deutlich durch die adversativen Wendungen *'Doch mich reißt es', 'Doch ich will'* und *'Doch mich treibt es'* zu erkennen gibt» (ebda, 66). Das ist vorzüglich beobachtet und formuliert, geht aber vielleicht doch nicht ganz weit genug, indem es das 'Gegensatzgefühl' nicht als Ausdruck einer tiefen, ungelösten Ambivalenz begreift, eines inneren Bruches, der das ganze Gedicht, das noch dazu relativ spät entstanden sein dürfte, da es in der *Aktion* keinen Vorabdruck mehr erfuhr, durchzieht. Wir müssen es uns etwas genauer ansehen, um die von Stadler noch nicht überwundene, vielleicht in ihm angelegte Zwiespältigkeit zu begreifen:

Form ist Wollust

Form und Riegel mußten erst zerspringen,
Welt durch aufgeschlossne Röhren dringen:
Form ist Wollust, Friede, himmlisches Genügen,
Doch mich reißt es, Ackerschollen umzupflügen.
Form will mich verschnüren und verengen,
Doch ich will mein Sein in alle Weiten drängen –
Form ist klare Härte ohn' Erbarmen,
Doch mich treibt es zu den Dumpfen, zu den Armen,
Und in grenzenlosem Michverschenken
Will mich Leben mit Erfüllung tränken. (Ebda, 127)

Schon der Titel könnte zu Mißverständnissen verleiten – und hat es getan –, indem man ihn als plakative Absage an George nimmt. Dazu würde dann das Wort 'Wollust' verführen, in der Annahme, daß es als höchste Form eines – auch in bürgerlicher Sicht anrüchigen – Selbstgenusses einen von Stadler abgelehnten Wert darstelle. Das ist aber keineswegs der Fall. Der Dichter, der diese Worte zu Papier brachte, wird uns zum mindesten seit seiner England-Zeit immer als der perfekte, auch auf äußerliche Formen sehr bedachte Gentleman geschildert – und so hat ihn auch Sternheim als Friedrich Stadler in *1913* porträtiert –, aber ein Puritaner war er deswegen doch nicht. Schon der Straßburger Freundeskreis war alles andere als puritanisch gewesen. Stadlers Liebesgedichte im *Aufbruch* unterscheiden sich von denen früherer Generationen dadurch, daß sie das geschlechtliche Moment nicht überspielen oder ins Symbolische abbiegen, wie das etwa in Hofmannsthals «Die Beiden» auf geradezu exemplarische Weise geschieht. Bei Stadler gehört sozusagen das Bett gleich mit ins Bild, selbstverständlicher und 'natürlicher' sogar noch als bei vielen seiner expressionistischen

Zeitgenossen. Was das Wort 'Wollust' betrifft, so läuft das nicht weniger berühmte Gedicht Stadlers «Fahrt über die Kölner Rheinbrücke bei Nacht» in die folgenden Verse aus: *[. . .] Und Glut und Drang / Zum Letzten. Segnenden. Zum Zeugungsfest. Zur Wollust. Zum Gebet. / Zum Meer. Zum Untergang,* und in dem Gedicht «Meer» finden sich die Worte: *Die Böschung abwärts [. . .] durch den Sand [. . .] zu dir, du Flut und Wollust schwemmende Musik.* Man beachte, wie das Wort «Wollust» in dem Rheinbrücken-Gedicht geradezu die Brücke zwischen dem Sexuellen («Zeugungsfest») und dem Religiösen («Gebet») schlägt. Wenn aber Form Wollust ist, ist sie von solchen Erlebnisbereichen nicht ausgeschlossen. Sie ist aber auch in demselben Gedicht schon mit *«Friede»* und *«himmlischem Genügen»* identifiziert, auch wenn sie den, der sich ihr hingibt, *verschnürt* und *verengt,* ihre *klare Härte* – auch das an sich noch ein Positivum – *ohn' Erbarmen* ist. Die Erbarmungslosigkeit wäre wohl von all den der Form zugeschriebenen Qualitäten die negativste, wie das sicher bei Werfel und in der christlichen Vorstellungswelt der Fall wäre. Wir wollen an dem Bedürfnis nach 'Erbarmen' bei Stadler gar keine Abstriche vornehmen: es ist ein Motiv, das den ganzen Expressionismus durchzieht, gleichsam als Gegenpol zu seiner Ich-Besessenheit, Inbegriff seiner Menschheits-Erlösungs-Ideen, seines Verlangens, das Ich, das er feiert, bis ihn die Ichhaftigkeit zu erdrücken droht, im weniger begünstigten anderen Ich aufgehen zu lassen. Der subjektivistische Kreativismus bedient sich in diesem Augenblick des Visionistischen, versucht, über die ihm gesetzten Grenzen auszubrechen. Für Stadler aber vollzieht sich all das im Rahmen einer letztlich nicht realisierten und vielleicht auch nicht realisierbaren 'Sehnsucht', einer unerfüllten Forderung. So hat er in seinen Band zum Beispiel ein Gedicht über das «Judenviertel in London» mitaufgenommen, in dem eine reale Situation mit der Akribie eines genau Beobachtenden beschrieben wird, aber von einem 'Erbarmen' oder sonstwie gefärbten 'Mit-Leiden' kann da nicht die Rede sein. Interessant ist in diesem Zusammenhang auch das Gedicht «Die Befreiung» (ebda, 148 f.): Darin wird wirklich geschildert, wie *seine Gnade* ihm *die Binde von den Augen schloß,* so daß das Land plötzlich vor ihm dalag und blühte. *Ich schritt so wie im Tanz,* lautet der Vers, der seine erste Reaktion auf das Erlebnis wiedergibt, indem, *was davor mich wie mit Knebeln mühte,* von ihm abfiel. *Jedes Ding war neu und gieng/in tiefer Herzenswallung mir entgegen.* Die Welt also kam auf ihn zu, er ging nicht in ihr auf – und doch brach jetzt *die Liebe alle Türen auf,/die Hochmut mir gesperrt:/In Not Gescharte, Bettler, Säufer, Dirnen und Verbannte/wurden mein lieb Geschwister.* Er selbst *war dunkel ihrem Leid und ihrer Lust vermengt,* wurde zu einer kleinen Glocke und verlor sich *selig läutend in dem Überschwang der Stimmen,* ging unter, *ausgeschüttet in dem Tausendfachen.* Wir werden hier wohl mit Walter Falk von Visionismus sprechen müssen, in dem das Ich sich behauptet, denn nun *flammte vor mir die Welt und ward nun ganz erst mein.* Der Weg in die Welt führt zurück zur tieferen Erkenntnis des Ich. Die Form, die das Ich umschließt und 'Wollust' ist, ist nicht zerbrochen.

Aber werfen wir noch einen Blick zurück auf «Form ist Wollust». Wir stellen fest, daß es in seiner Dichte und Geschlossenheit, aber auch in der gewählten Ausdrucksweise noch tief der Kunstwelt Hofmannsthals und Georges verpflichtet ist, wie so viele frühe Gedichte anderer Expressionisten, Walter Hasenclevers unter ihnen, auf dessen lyrisches Werk wir hier nicht näher eingehen können: Ich habe das an anderer Stelle etwas weiter ausgeführt (133). Was an Stadlers Gedicht sofort in die Augen springt, ist die Glätte der Diktion in den Versen, in denen die Welt der Formen beschworen wird, während die Sprache etwas forciert werden muß, die Bilder etwas Gesuchtes bekommen, wo dem, was er ersehnt, Ausdruck verliehen werden soll. So legt schon die Formulierung, daß die Welt *durch aufge-schlossne Röhren* zu ihm *dringen* mußte, dem Leser die Frage nahe, warum es denn ausgerechnet 'Röhren' sein mußten. Natürlicher wären doch 'Fenster'. Wenn mit ihnen das Beengende der Formenwelt gekennzeichnet werden soll, dann hat es auch die von außen her eindringende Wirklichkeit entsprechend schwer mit einem solchen Dichter-Menschen. Wie aber paßt unser Stadler-Bild auf jemanden, den es *reizt, [. . .] Ackerschollen umzu-pflügen?* Sollen wir uns den Dichter als verhinderten Bauern vorstellen, oder fand er für seine Sehnsucht nur keine weniger gedrechselte Ausdrucksweise? Und weiter: Wer sind die 'Dumpfen', die mit den spätestens seit dem Naturalismus in der Dichtung heimisch gewordenen 'Armen' in einem Atem genannt werden? Etwas 'Dumpfes' haftet dem Wort selbst an. Die Sehnsucht, von der Schirokauer sprach, ist sicher in dieses Gedicht eingegangen, aber es scheinen ihr noch die Worte zu fehlen, mit denen sie sich ausdrücken ließe. Ohne Frage, es ist eine ziellose Sehnsucht, wie so oft im Expressionismus, es ist letztlich der Wunsch, die eigene Haut abstreifen zu können, sich zu verwandeln, der gehemmte Versuch, sein Unbefriedigtsein mit der Welt wie mit sich selbst zu formulieren.

Hans-Georg Kemper, der unsere Skepsis den gängigen Interpretationen gegenüber zu teilen scheint, möchte die in dem Gedicht berufene Form nicht als Signum der Kunstwelt, also historisch, verstehen, sondern im Sinne der Philosophie Simmels als generelles Lebensprinzip, das zu dem ersehnten Inhalt des Gedichtes in einem dialektischen Verhältnis stünde. Die Form wäre demzufolge «als das Traditionelle, zur erstarrten Konvention Geronnene im Bereich der Sozietät» zu begreifen, «das es zu überwinden» gelte. Damit sei aber «der Tätigkeit des Formbruchs noch Formcharakter immanent», denn Form «sei ohne Leben und Leben ohne Form nicht denkbar» (179, 273). Durchaus! Ist aber eine solche Dialektik nicht eben doch der von dem Dichter erreichte Punkt in seiner Entwicklung, etwas Gewordenes? Das eine scheint das andere nicht auszuschließen.

Die Form, die für den Expressionisten zum mindesten in dieser Frühphase noch ein «Leiden an der Form» (99, 34) miteinschließt, beherrscht Stadlers Gedichtband wie kaum einen der anderen expressionistischen Lyriker. Jedenfalls scheint es Stadler, Werner Kohlschmidt zufolge, «schwerer als Werfel» gefallen zu sein, «den Übergang zur Formzersprengung zu vollziehen» (ebda, 35). Natürlich verlangen alle Gedichtsammlungen eine Formung. Wir wissen von Werfel und von Trakl, daß ihnen die Anordnung ihrer Gedichte nicht gleichgültig gewesen ist, und sie war es ebenso wenig für Stadler, auch wenn der innere Aufbau und die Beziehungen der verschiedenen Gedichte aufeinander, wie schon Schneider hervorgehoben hat, undurchsichtig bleiben.

Aber noch ein weiteres Moment in seiner Lyrik weist eher zurück auf die vorexpressionistische Zeit als voraus auf die eigentlich expressionistische, die er in ihren letzten Konsequenzen ja auch nicht mehr erleben sollte. Schon in Schirokauers spätem Stadler-Essay fällt sehr hellsichtig das Wort vom 'Impressionismus' (152, 430), und zwar in dem Sinne, daß er die lyrischen Mittel (die «Vorliebe für extreme Richtungspräfixe» zum Beispiel) hervorhebt, die Stadlers Gedichte von denen des Expressionismus unterschieden. Gewiß, rein philologisch gesehen! Sind aber nicht viele der Stadlerschen Gedichte trotzdem auf Impressionen aufgebaut, die sich ihm erst im Gestaltungsprozeß ins Expressive verwandeln? «Die Fahrt über die Kölner Rheinbrücke bei Nacht» ist dafür vielleicht das beste Beispiel, ebenso das schon fast ans Naturalistische grenzende «Judenviertel in London»: Es besteht aus derselben impressionistischen Substanz. Freilich, in dem Rheinbrücken-Gedicht wird eine Fahrt beschrieben und schon durch die damit vorgegebene Bewegung etwas die reine Impression Transzendierendes zum Ausdruck gebracht. Aber es gibt keinen Grund, das Impressionistische als etwas rein Statisches auszugeben. Im Gegenteil, das Essentielle der Impression ist doch wohl das nur für den einen Augenblick Gültige und dann wieder Untergetauchte. Das Moment der Bewegung läßt sich deswegen für den einen Stil wie für den anderen reklamieren. Stadler reiht in seinem Gedicht jedenfalls Impressionen aneinander, die Lichter, die ihn vorüberfließend durch das Fenster erreichen, um dann zu einer Lichterkette am anderen Rheinufer zu verschwimmen, die wiederum den unter der Brücke ins Unendliche, ins Meer fließenden Rhein begleiten, *stumme Wacht* halten – unüberhörbar die patriotische 'Wacht am Rhein' – *vor deren blitzender Parade [,] schwer die Wasser rollen. Endloses Spalier, zum Gruß bestellt bei Nacht* – 'zum Gruß' doch wohl wieder dem das Bild in sich aufnehmenden Reisenden im Zug. Man glaubt, die Verwandlung der Impressionen in das nicht mehr Aussagbare des Expressiven in der immer gedrängter werdenden Sprache nachfühlen zu können: *Und dann die langen Einsamkeiten* der Natur jenseits der letzten Außenbezirke der Stadt, die in ein Gedicht-Ende auslaufen, in dem Inneres und Äußeres, Reales und Irreales nicht mehr zu trennen sind, sich selbst syntaktisch nicht mehr verbinden lassen: *Nackte Ufer. Stille. Nacht. Besinnung. Einkehr. Kommunion. Und Glut und Drang / Zum Letzten, Segnenden. Zum Zeugungsfest. Zur Wollust. Zum Gebet. Zum Meer. Zum Untergang.* «Grammatisch ist damit die Form, die bei Stramm oder Becher begegnet, erreicht», meint Kohlschmidt (99, 40). Trotzdem weist auch dieses Gedicht das «klassische Strukturelement» (ebda, 35) auf.

Das ist Dichtung großen Stils, ob nun impressionistisch oder expressionistisch oder beides. Stadler hat sich nie zum Expressionismus bekannt, das

Wort nur einmal in seiner Heym-Besprechung benutzt. Das beweist erneut, wie sehr wir es hier mit einer Bewegung zu tun haben, die eine ganze Generation erfaßte – nicht aber mit einer 'Schule' oder Gruppe und schon gar nicht mit einer 'Epoche'. Stadler war keiner der Frühreifen; er brauchte seine Zeit, um sich selbst zu finden, und er war sicher als Dichter noch nicht am Ende seines Weges angelangt, als er ihm durch den Krieg abgeschnitten wurde. Freilich besteht die Möglichkeit, daß der Literaturwissenschaftler in ihm auf die Dauer den Dichter hätte zum Schweigen bringen können. Wenn man gelegentlich gezögert hat, ihn überhaupt dem Expressionismus zuzurechnen, was ja auch bei anderen Expressionisten der Fall war, hatte das insofern einige Berechtigung, als er seinen ihm eigenen Stil, seine spezielle dichterische Sprache, erst nach langen Übergängen fand. Er hat sich alle Mühe gegeben, aus der Sackgasse der George-Hofmannsthalschen 'Kunstwelt' auszubrechen, den 'Traditionsbruch' aber, wie wir ihn heute verstehen, hat er noch nicht vollzogen.

Hat Stadlers Werk eine Wirkung ausgeübt, die die Weiterentwicklung des Expressionismus entscheidend mitbestimmt hätte? Wenn wir von Ernst Wilhelm Lotz absehen – die beiden haben sich persönlich nie getroffen –, kann die Antwort nur lauten: kaum. Die vier oder fünf großen Lyriker der 'Bewegung' waren Höhe-, aber auch Endpunkte, und das hat viel mit ihrer Einzigartigkeit und ihrer 'Größe' zu tun. Dieser Eindruck verstärkt sich noch um ein Vielfaches, wenn wir uns nun dem vielleicht am schwersten zugänglichen Lyriker der Zeit, nämlich Trakl, zuwenden.

Georg Trakl / Albert Ehrenstein

Bei Georg Trakl (1887–1914) – er fiel zwar nicht im Kriege, aber er zerbrach doch an ihm – haben wir es, wie im Falle Werfels, mit einem Österreicher zu tun, aber diesmal nicht mit einem gebürtigen Wiener, sondern einem Salzburger: mit einem Salzburger freilich in erster Generation, dessen Eltern – väterlicherseits protestantisch, so daß auch die Kinder protestantisch erzogen wurden, mütterlicherseits katholisch – sich in der Stadt niedergelassen hatten, dieser Stadt mit ihrer alten Pracht, ihrer Tradition und ihrem schon nicht mehr so neuen 'Verfall'. Der Vater war ein tüchtiger Geschäftsmann, der sich aus niederen Verhältnissen heraufgearbeitet hatte, jovial und lebenslustig, so 'österreichisch' eben, wie man sich außerhalb Österreichs einen Österreicher vorzustellen pflegt. Abgesehen davon, daß der Vater früh starb und seine Familie in prekären Verhältnissen zurückließ, war er nicht von der Art, daß ein Sohn mit ihm in Konflikt hätte kommen können. Die ihn noch gekannt haben, beschreiben ihn als «die Güte selbst» (11, 23). Die Mutter dagegen kam aus dem gehobenen Bürgertum und brachte dementsprechende 'geistige Ansprüche' mit in ihre Ehe, für die es in dem bei aller Largesse der Lebensführung noch durchaus patriarchalisch geleiteten Haushalt keine Möglichkeit der freien Entfaltung gab. Zwischen den Eheleuten muß ein unüberbrückbarer Abgrund bestanden haben. «Die Mutter kümmerte sich mehr um ihre Antiquitätensammlungen als um uns», erinnerte sich der jüngere Bruder Fritz noch in späteren Jahren. Sie hatte sechs Kinder, zu denen noch ein weiterer, erheblich älterer Sohn aus ihres Mannes erster Ehe kam, der nach dem Tode des Vaters auch dessen Geschäft weiterführte und die Familie über Wasser hielt. «Ganz glücklich war sie nur, wenn sie allein mit ihren Sammlungen blieb – sie schloß sich dann tagelang in ihr Zimmer ein» (ebda, 17). Eine solche Disposition ist natürlich nicht vererbbar, aber sie kann Kindern mit einer entsprechenden Veranlagung doch vorgelebt werden. Ein Schatten fällt dann auf ihre Kindheit, auf den die Kinder sehr verschieden reagieren. Kein Wunder, daß sich das Kind Georg dem Vater mehr verbunden fühlte als der Mutter, so daß der 'greise Vater' in seinen späteren Dichtungen – so unexpressionistisch wie nur möglich! – immer als ein guter Geist erscheint. Es könnte einleuchten, daß das Verhältnis zur Mutter dagegen wirklich die Formen einer «Haß-Liebe» annahm (ebda, 280): Liebe aber eben doch, wenn auch schwer belastete. Für ein sensitives Kind sind das tiefe Verunsicherungen, und man konnte daher auch von seiner späteren Dichtung sagen: «Über alldem aber» tönte «dunkel die Klage» der Gestalt des Knaben: «'Niemand liebte ihn'» (ebda, 18).

Die Mutter ist für das Kind nicht so ohne weiteres ersetzbar, jedenfalls nicht für jedes Kind, wie sie für den jungen Werfel durch seine Barbara ersetzbar war. Auch im Traklschen Haus verschrieb man sich eine Gouvernante für die Kinder, was an sich bei Familien der bürgerlichen Oberschicht schon eine bloße Prestige-Frage sein, aber auch einer speziellen Notwendigkeit entsprechen konnte: Die Soziologie hat diese Dinge meines Wissens noch nicht durchleuchtet. Die Traklsche Gouvernante kam aus dem Elsaß, war katholisch wie die Mutter und setzte, bei all ihrer aufrichtigen Liebe zu den Kindern, offenbar alles daran, diese, wie Werfels Barbara das ihr anvertraute, in den Schoß der alleinseligmachenden Kirche zurückzuführen. Hier liegt wohl die Quelle auch für Trakls «mehr ästhetischen Katholizismus», wobei dann «literarische Einflüsse» noch das ihre getan haben (55, 62). «Damit» solle jedoch, meint Goldmann, «eine zweifellos noch tiefer wirkende Anziehung des Katholizismus keineswegs abgesprochen werden» (ebda). So muß es wohl gewesen sein, denn zu einer besonders intimen Beziehung zu seiner Gouvernante ist es, anders als bei Werfel, nicht gekommen. Die Fäden lassen sich nicht mehr entwirren, aber nachträglich einen gutgläubigen Katholiken aus ihm machen zu wollen, wie das durch die von Otto Basil mit berechtigter Entrüstung als 'Trakl-Kirche' bezeichneten Kreise um den Nachkriegs-*Brenner* und Autoren wie Eduard Lachmann (105) geschehen ist, vereinfacht die Dinge auf eine unerlaubte Weise.

Die weltanschauliche Position Trakls ist von großer Komplexität und steht in der Geschichte des Expressionismus ziemlich einzigartig da. Das gilt nicht nur für sein Verhältnis zur Religion, sondern auch für das zu der ihm vorgegebenen Wirklichkeit, zur Gesellschaft seiner Zeit, von der man geradezu sagen könnte, daß er an ihr vorbeigelebt habe. Nirgends würden bei ihm «Aussagen gemacht, die eine konkrete zeitverhaftete Wirklichkeit

101

wiedergeben», lautete bereits Klaus Simons Urteil (163, 57), und das wirft auf Trakls in zunehmendem Maße pauschale Züge annehmende Verurteilung des 'verfluchten Geschlechts', nämlich, mit Heidegger zu reden: des ganzen Abendlandes, ein besonderes Licht. Von einer revolutionären Verhaltensweise seiner Zeit gegenüber kann bei diesem Dichter jedenfalls nicht die Rede sein, denn die Ablehnung als solche war bei ihm völlig passiv. Sein Denken und Dichten wurde, bei aller Offenheit für religiöse Perspektiven, für Mythisches und Transzendentales, vielmehr durch persönliche Schuldgefühle bestimmt, die tief in Pubertätserfahrungen verankert liegen und für die die Theologie nicht zuständig ist. Wenn dieser ganze Komplex auf einen gemeinsamen Nenner gebracht werden soll, wirkt Walther Killys Formulierung von einer «negativen Religiosität» (91, 10) noch am überzeugendsten, vorausgesetzt daß man darunter nicht einfach einen kommunen Atheismus versteht, sondern so etwas wie eine invertierte und introvertierte Religiosität, in der Gott nicht mehr be-greifbar und nicht mehr vorstellbar in einem verfremdeten Himmel angesiedelt ist – in einem Himmel, der nur noch seine Kehrseite, die Hölle, erfahrbar werden läßt. «Das Verhältnis zwischen Gott und Mensch hat Trakl, wenn er nicht von vergangenen Zeiten sprach, fast ausnahmslos als ein unglückliches dargestellt», formuliert Walter Falk (49, 349) und fügt hinzu, daß «in der Hingabe des Ich in den Tod [. . .] sich die Rückkehr des Menschen in seine ursprüngliche Heimat, in die Gemeinschaft mit Gott» vollziehe (ebda, 379). Also doch: Gott! Aber ein Gott, der nicht von dieser Welt ist, der Gott eines Todessüchtigen mit dem Drang zur Selbstzerstörung. Schon Klaus Simon sprach von «orphisch-dionysischen Todesvorstellungen» bei Trakl, womit er wohl die Perspektiven auf Nietzsche hin bloßlegen wollte. Auf freilich sehr verschiedener Ebene, in dichterisch kaum vergleichbarer Konsistenz, steht Trakl auch in der Nähe Kafkas, wie Falk es in *Leid und Verwandlung* herausgearbeitet hat (49) – sicherlich ein Beweis dafür, daß auch die anscheinend verschiedenartigsten dichterischen Äußerungen noch auf dem Boden kollektiver Erfahrungen stehen. Killys 'negative Religiosität', eine Formulierung, die ja schon an sich problematisch ist, wird durchaus fragwürdig, wenn er die Dinge von Trakl her verallgemeinert und von einer ganzen Generation spricht, womit wohl die expressionistische gemeint ist, die «in einer von den Elementen des Glaubens bestimmten Welt» lebe, «ohne zu glauben» (91, 10). Es ist also eine Welt, die glaubt, ohne zu glauben, die nur den äußeren Anschein des Glaubens noch aufrechterhält. Es geht ihm dabei darum, herauszuarbeiten, daß es nicht genüge, in diesem Zusammenhang von Säkularisation zu sprechen, was sicher zutrifft, aber doch die Möglichkeit nicht ausschließt, daß auch sie hier ihre Rolle noch mitgespielt habe, hintergründig und als Voraussetzung für den Zerfall des Glaubens, als ein längst historisch gewordener Vorgang ohne weitere Aktualität. So kommt denn auch Ludwig W. Kahn in seinem diesem Thema gewidmeten Buch auf Trakl nicht mehr zu sprechen (86). Das 'Nicht-Glauben' kann ja sehr verschiedene Formen annehmen, ebenso wie der Gott, um den es dabei geht. In der Nachfolge Nietzsches, in der auch zum mindesten der frühe

Trakl – obgleich sicher nicht ausschließlich – steht, könnte dieser Gott, wie Falk dargestellt hat (49, 221 ff.), nur den Namen Dionysos tragen, als welcher er auch um dieselbe Zeit Gustav Aschenbach und vielen anderen wirklichen und fiktiven Dichtern erschienen ist, unter den Expressionisten am unmittelbarsten Georg Heym. Der Gott aber verweigert seinen Namen wie schon im Alten Testament, und auch Trakl hat für den seinen keinen mehr. Er kann ihn nicht identifizieren, so daß er in seinen Gedichten selbst die Gestalt des 'Kristus', auch schon in orthographischer Verfremdung, annehmen kann. Vergegenwärtigt man sich das in seiner ganzen Ausweglosigkeit und hoffnungslosen Unerlöstheit, ist es wirklich merkwürdig, daß der greise Ludwig von Ficker, der spiritus rector des *Brenner* und in Trakls letzten Lebensjahren der irdische Schutzengel des völlig haltlos gewordenen Dichters, Walter Falk gegenüber noch 1961 die Äußerung hat tun können: «Was ich vom Christentum weiß, das verdanke ich Trakl» (94, 384). Also kann die 'negative Religiosität' auch in eine 'positive' umschlagen oder vielleicht eine solche hervorrufen? Fickers Ausspruch muß wohl als ein sehr persönlicher genommen werden, in dem Sinne, daß er sich, als Oberhaupt der 'Trakl-Kirche', die Dinge so zurechtgelegt hatte, wie er sie brauchte, um sich selbst vor den Abgründen zu schützen, in denen er den Dichter sich verlieren sah – gesehen haben muß! Der Mensch glaubt, was er glauben muß, um existieren zu können. Trotzdem aber stehen wir hier vor einem Paradox, das wir als solches hinnehmen müssen, ohne es auflösen zu wollen: In Trakls Dichtung ist der Ja-Sager nicht so einfach vom Nein-Sager zu unterscheiden wie bei seinem berühmten Nachfahren eine Generation später. Es wird eben alles immer einfacher, wenn man die Lösungen geliefert bekommt.

Je mehr man Killys so leicht eingehende Formulierung von allen Seiten zu beleuchten sucht, um so problematischer scheint sie zu werden. Wenn er bei einer ganzen Generation den Glaubensverlust registriert, übersieht er bereits die vielen Möglichkeiten des Glaubensersatzes – wie etwa im Expressionismus den an den 'guten Menschen' in seinen verschiedenen Steigerungsformen bis hin zum 'Übermenschen', der freilich mit dem 'guten Menschen' nichts mehr gemeinsam hat. Er schenkt ferner den vielen, zum Teil recht merkwürdigen (van Hoddis) oder verspäteten (Döblin) sowie den nur durch die Verhältnisse verhinderten (Werfel) Konversionen keine Beachtung, von den normal verlaufenen (Hugo Ball) gar nicht zu reden. Schon 1920 verspottete Werfel im *Spiegelmensch* diese um sich greifende neue Katholizität, wenn er einem der 'Bewunderer' Thamals die Worte in den Mund legt: *Vornehm läßt man gern sich blicken / Heut als Neokatholiken.* Das Schicksal der Romantiker scheint sich bei den Expressionisten wiederholt zu haben.

Wie aber steht es da um den Nihilismus, von dem Gottfried Benn, als er die Atmosphäre, *in der wir alle lebten,* zu bestimmen suchte, behauptete, daß sie von ihr *alle bis zur Bitterkeit und bis zur Neige* getrunken hätten (14, I, 156) – was er dann rund zwanzig Jahre später nicht mehr wahrhaben wollte und Ulrich Weisstein zu seiner genaueren Untersuchung der Umstände unter dem Titel «Vor Tische las man's anders» (13, 106 ff.) veranlaßte? Auch Gerhard Loose ist diesen Dingen in seiner *Ästhetik Gottfried Benns* (114, 7 f.) nachgegangen, so daß wir die Frage nach Benns Verhältnis zum Nihilismus auf sich beruhen lassen können. Uns aber drängt sich die Frage auf, ob diese Welt des Nihilismus Trakl vielleicht auch *einmal mit einem Blick* getroffen habe – um uns Benns raffinierter Formulierung zu bedienen. Wir wissen zum Beispiel von seiner frühen Bekanntschaft mit Dostojewski. Diesen Blick hat er sicher getan, er liegt vielleicht allen seinen Ängsten zugrunde, denn auch dieses Paradox gilt für ihn und sein Werk: Er, der Todessüchtige, lebte in ständiger, unbeschreiblicher Angst vor dem Tod. Denn dieser Tod ist ja das letzte Nichts. Aber er hat sein 'Leid' verwandelt ins Kunstwerk, in die Musik und die abstrakte Malerei seiner Gedichte, die zu dem Bedeutendsten gehören, was an Lyrik aus dem Expressionismus auf uns gekommen ist.

Wir dürfen uns im übrigen kurz fassen. Der Biograph bedauert natürlich, daß es über die Kinderzeit Trakls keine «den weiteren Lebensweg erhellenden Auskünfte gibt» (11, 36). Die wenigen aber, die uns dennoch zur Verfügung stehen, vor allem die Erinnerungen der Geschwister und der Freunde, reichen aus, seine Kinderzeit so weit zu 'erhellen', daß uns 'der weitere Lebensweg', insofern er seine Dichtung betrifft (und alles andere geht uns ja auch nichts an), einsichtig gemacht wird. Da wäre vor allem die Beteuerung des jüngeren Bruders und der älteren Schwester, die Otto Basil zufolge, darin übereinstimmten, daß «Georg [. . .] ein Kind» war, «wie wir andern auch, fröhlich, wild und gesund» (11, 36), «daß er dann» – und darin sind sich «alle Biographen des Dichters [. . .] einig» – «in der Reifezeit eine tiefgreifende Wandlung durchmachte, die auch sein Außenbild ungünstig beeinflußte». Basil hat dieses sich bis auf das Innere erstreckende 'Außenbild' so eindringlich beschrieben, daß wir ihn nicht im einzelnen zu wiederholen brauchen und uns seinen Schlußfolgerungen anschließen können: «Es kann kein Zweifel sein, daß [. . .] in dieser pubertären und postpubertären Frustration der Keim zu jenen furchtbaren Depressionen liegt, denen Trakl wenige Jahre später – sein Bruder sagte, sie hätten nach Georgs Einjährigenjahr begonnen – anheimgefallen ist» (ebda, 56).

In diese Jahre fällt ganz sicher auch das erschütterndste Erlebnis seiner Jugend: das inzestuöse Verhältnis zu seiner jüngeren Schwester Grete, begabt wie er, Künstlernatur auch sie mit dem Wunsch, Konzertpianistin zu werden, selbst in der äußeren Erscheinung offenbar von großer Ähnlichkeit mit dem Bruder. Um diese fünf Jahre jüngere Schwester, die in ihrem erotischen Verhältnis möglicherweise sogar die aggressivere war – der Tiefenpsychologe Goldmann ist zu dem Schluß gekommen, «daß Trakl über den Durchschnitt hinausgehende weibliche, seine Schwester Grete männliche Züge aufwies» (55, 83) –, kreist das innere Leben des heranwachsenden, die Möglichkeit einer Kommunikation mit der Außenwelt in zunehmendem Maße verlierenden Dichters. Die Gestalt der Schwester steht als leuchtendes, aber auch schreckliches Gesicht in oder über all seinen Gedichten, bis hin zu den großen Schlußversen von «Grodek», geschrieben kurz vor seinem letzten Zusammenbruch. «Trakls Verhältnis zur Schwester und zum Tod: Das sind die Angelpunkte für das tiefere Verständnis seines Werkes», heißt es bei Heinrich Goldmann (ebda, 21). Das Bild dieser Schwester aber hat viele Gesichter, friedliche und glückliche, aber auch bedrohliche und erschreckende. Je älter er wird, um so mehr verfremdet sich ihr Bild, wie seine ganze Dichtung, bis sie schließlich als 'Jüngling' oder 'Jünglingin' in ihn selbst eingeht. Auf dem Inzest liegt ein uraltes Tabu, für den religiösen Menschen, ob von 'positiver' oder 'negativer' Religiosität, eine unauslöschliche Sünde, Ursache eines vielleicht nie zu verwindenden Schuldgefühls. Mit den Worten Goldmanns: «Es ist eine fruchtlose Liebe, welche den Tod gebiert, die Liebe zur Schwester, das Verhängnis des Dichters. Aber das ist nicht nur der Fluch des Inzests; es ist die Verkettung in sich selbst, die hoffnungslose Introversion des Schizoiden, welche in Leben und Gedicht ausgedrückt und manifestiert wird durch die Bindung an das gleiche, eigene Blut, an die Schwester» (ebda, 117). Der Satz ist nicht so präzis formuliert, wie man ihn sich wünschte, aber er will doch wohl besagen, daß das Begehen des Inzests nicht nur Schuldgefühle verursacht, sondern selbst auch – wie es an anderer Stelle heißt – «pathologisches Symptom» war (ebda, 94). Was aber wohl am schwersten auf Trakl lastete, war die Schuld, die er dadurch auf sich geladen hatte, daß er, der schon früh den Drogen Verfallene, auch die Schwester zu ihnen 'verführt' hatte, eine doppelte 'Verführung' also, die das Leben des von ihm so geliebten Menschen zerstören mußte. Tatsächlich hat sie sich nach kurzer unglücklicher Ehe als Fünfundzwanzigjährige, drei Jahre nach des Bruders Freitod, in Berlin erschossen. Als Apotheker, der einzige Beruf, der dem in der Schule Gescheiterten – man darf vermuten: durch ständige Geistesabwesenheit – noch als ein bürgerlich akzeptabler offengestanden hatte, lagen die Drogen für ihn immer in Reichweite. Zu der Drogensüchtigkeit kam noch ein schwerer Alkoholismus, und all das diente ihm als Mittel zur Flucht vor der Wirklichkeit in eine Traum-Welt, eben die Traum-Welt, in der seine besten Gedichte beheimatet sind, eine Welt aus Bausteinen des Wirklichen in einem schöpferischen Spiel mit für den Leser kaum noch zu entschlüsselnden Assoziationen und Kombinationen aufgebaut.

Wir haben vorgegriffen, aber bei dem Versuch, die Anfänge dieses Dichters in den Blick zu bekommen, ist schon das Ende mit im Auge zu behalten. Wichtig für Trakls dichterische Entwicklung war neben seiner frühen Bekanntschaft mit Hölderlin, dessen Bedeutung für den Expressionismus gemeinhin nicht hoch genug veranschlagt wird, die Dichtung Rilkes und der Wiener 'Kunstwelt': An ihr erlernte er sozusagen sein Handwerk, sie vermittelte ihm das lyrische Fluidum, das seiner eigenen Form und Sprache zugrunde liegt. Es sei sicher richtig, meint Karl Ludwig Schneider in seinem Essay «Das Bild der Landschaft bei Georg Heym und Georg Trakl», daß Trakl in manchen Gedichten «Techniken des Impressionismus benutzt», nur habe «alles Impressionistische – so paradox das klingen mag – expressionistische Funktion erhalten» (31, 57f.). Etwas Ähnliches hatten wir selbst ja schon bei Stadlers Gedichten vermutet. Für Trakl ist der Vorgang in seiner frühen Lyrik noch am ehesten nachweisbar, so daß der Leser mit seinen Jugendgedichten, wie sie sein Jugendfreund Buschbeck später unter dem Titel *Aus goldenem Kelch* (1939) zusammenstellen sollte, keine besonderen Schwierigkeiten hat. Diese stellen sich erst in dem Augenblick ein, wo die «expressionistische Funktion» das «Impressionistische» mehr und mehr absorbiert: «Immer seltener nämlich tauchen in seiner Reifezeit Bilder aus der ihn umgebenden Realität in seinen Gedichten auf. Vielmehr scheint seine Bilderwelt in einen mythisch-archaischen Raum zu führen», stellt Hans-Georg Kemper in seiner aufschlußreichen Analyse des Gedichtes «Geburt» fest (179, 247). Klaus Simon hatte seinerzeit den Unterschied zwischen den frühen und den späten Gedichten auf die Formel gebracht, daß sich das «Träumen» des Dichters später in eine Dichtung des Traums verwandle (163, 29).

Die 'expressionistische Funktion' aber läßt sich vielleicht noch etwas näher bestimmen als einen der Musik analogen Vorgang des Komponierens, den Kemper ebenfalls sehr überzeugend herausgearbeitet hat (179, 214 ff.). Ein solches Komponieren aber bedurfte des Reihungsstils. Damit radikalisiere er allerdings, meint Kemper, «wie übrigens auch Kafka – die Verunsicherung und Erschütterung der traditionellen Sehweisen und der geläufigen Kategorien» (ebda, 244).

Walter Falk hat in seiner Trakl-Studie eine Früh-, eine Mittel- und eine Spätphase seiner Dichtung unterschieden, und eine solche Dreiteilung hat sich in der Kritik wohl ziemlich allgemein durchgesetzt. Falk aber beansprucht nur die mittlere Periode Trakls für den Expressionismus, was insofern sonderbar anmuten könnte, als Goldmann gerade auf das Moment der 'Ruhe' und der «stillen Sammlung mancher dieser mittleren Dichtungen» aufmerksam machte und meinte, sie seien als solche «hinlänglich bekannt»; umrahmt seien sie «von den diffusen, gärenden Bildern der Frühzeit und den schizophren-starren der letzten Werke, in welchen alles ins Kosmische gesteigert werde» (Kempers 'mythisch-archaischer Raum') (55, 129); 'Ruhe' und 'stille Sammlung' aber ist gerade nicht das, was man mit dem Expressionismus so ohne weiteres verbinden würde: Hier scheint ein Widerspruch zu bestehen, der wohl nur dadurch zu lösen ist, daß man auch die nicht zu diesen 'manchen Dichtungen' zu rechnenden mit in Betracht zieht und diese Gedichte der 'mittleren Periode' nicht in ihrer Vereinzelung, sondern in ihrer Ganzheit nimmt. Dann erinnert man sich, daß ja auch Stadler das Moment der 'Ruhe', dieses vielumrätselte, mit in die Komposition seines *Aufbruch* aufgenommen hat. Eine gewisse Eigenwilligkeit in der Diktion, die man als schon früh einsetzenden Versuch ansprechen könnte, aus der Bindung an die Tradition auszubrechen, läßt sich ja auch schon in der ersten Phase nachweisen, während die Spätdichtung – und hier gehen Goldmann und Falk wohl konform – offensichtlich die expressionistischen Stilmittel und Vorstellungsformen in einen sehr privaten, aber doch auch wieder archetypisch unterbauten Bereich überführt, der gelegentlich Vergleiche mit der Spätdichtung Hölderlins nahegelegt hat. Sicher stimmt es nur sehr bedingt, daß Trakl den Expressionismus gar nicht gekannt habe; es trifft schon eher zu, daß die Expressionisten ihn nicht zur Kenntnis genommen haben, wie Paul Pörtner meint, in einer zweiten Fassung seines Essays der letzteren Feststellung aber bereits ein vorsichtigeres «wahrscheinlich» hinzugefügt hat (139, 202 u. 214). Doch ja: Trakl kannte zweifellos den Expressionismus, er lernte ihn jedenfalls in seinen letzten Lebensjahren durch Oskar Kokoschka kennen, dem er stundenlang in seinem Atelier beim Malen zusah. Und da sollte er, dieser notorische Vielleser, dessen bereits 1911 erschienene frühe dichterische Arbeiten nicht gekannt haben? Aber vielleicht hat ihn der Maler Kokoschka mehr angesprochen als der Dichter in ihm, dessen sexuelle Grausamkeiten ihn um so mehr erschreckt haben müssen, als er selbst das Potential dafür besaß. Manchmal meint man, Kokoschkas Farben in seinen Gedichten erahnen zu können. Gekannt hat er auch den Wiener Expressionisten Robert Müller, den freilich die meisten Expressionismus-Experten nicht kennen oder nur dem Namen nach. Persönlich bekannt war Trakl auch mit Else Lasker-Schüler, die den Berliner Expressionisten-Kreisen nahestand: Er hat sie im März 1914 während seines zehntägigen Aufenthalts bei seiner schwerkranken Schwester in Berlin mehrmals getroffen – ganz abgesehen davon, daß die Schwester mit ihrem Mann im Kreise Herwarth Waldens verkehrte. Sicher hat Trakl im ganzen von seiner Umwelt wenig Notiz genommen: Er ist mit nach innen gekehrten Augen durch die Welt gegangen – ein wenig wie der Komponist Daniel Nothafft in Wassermanns *Gänsemännchen* (1915) – aber blind war er deswegen doch nicht. Die Expressionisten, besonders in Berlin, dagegen kannten ihn wirklich kaum, denn als sein erster, von Werfel redigierter Lyrikband *Gedichte* (1913, im Mai gedruckt) in der Reihe *Der jüngste Tag* erschien, war sein letztes Lebensjahr bereits angebrochen, und wieweit der in Innsbruck erscheinende *Brenner,* in dem seit 1912 regelmäßig Gedichte von ihm erschienen waren, in Norddeutschland gelesen wurde, ist schwer auszumachen: Kurt Wolff in Leipzig kannte ihn fraglos, denn aufgrund der da veröffentlichten Gedichte hatte er sich an den Dichter gewandt und ihn gebeten, ihm seine Gedichte für ein Buch zu überlassen. Wenn Trakls Rolle als Außenseiter der expressionistischen Bewegung auch eine wesentlich andere war als die des Außenseiters Stadler, die beide gleichsam in entgegengesetzten Richtungen aus ihrem Mittelpunkt fortstrebten, eine Entsprechung besteht zwischen ihnen in dieser Hinsicht doch.

Was Trakl von allen anderen Expressionisten fundamental unterscheidet, auch wenn er wie andere von sich aus zum 'Reihungsgedicht' hingefunden hat, sind neben seiner Welthaltung die dichterischen Mittel, deren er sich beim Bau seiner Gedichte bediente. Mehr als bei irgendeinem anderen seiner Zeitgenossen sind sie auf die Farbe hin orientiert, und zwar so sehr, daß man immer wieder versucht hat, ein ganzes, in sich stimmiges System von Farben-Symbolik aus ihnen herauszuextrapolieren. Gewiß, bestimmte Farben haben bei ihm immer wieder ihren eigenen Themenbezug, aber eine absolute Verbindlichkeit kommt ihnen nicht zu. Ebenso verhält es sich mit der Natur in seinen Gedichten: Es gibt sie darin eigentlich nicht

– oder genauer: Es gibt sie nur in festliegenden, immer wiederkehrenden Bildern, wie die Steine in einem Mosaik. Diese Steine aber scheinen noch zu einem guten Teil der Wiener 'Kunstwelt' zu entstammen. Der Reiz der Gedichte liegt in der geheimnisvollen Verschmelzung ihrer Teile, ihrer Formenstrenge und der ihnen inhärenten Musikalität. Nur wenige – und meist die frühen – Gedichte erschließen sich dem Leser unmittelbar in ihrem ganzen Umfang. Es bleibt meist ein Rest, der ins Geheimnis gehüllt scheint – aber das hat Trakls Gedicht ja mit vielen anderen, auch aus älteren Zeiten, gemeinsam.

Es ist schwer, nicht der Versuchung zu erliegen, den Wiener Albert Ehrenstein (1886–1950) – seinen sechs Jahre jüngeren Bruder Carl hat die Literaturgeschichte längst vergessen – in die Nachbarschaft Trakls zu rücken, mit dem ihn nicht nur die Geographie verbindet, sondern – bei aller sonstigen fundamentalen Andersartigkeit – die auch auf ihm lastende Schwermut. «Ich bin des Lebens und des Sterbens müde», lautet der Titel eines seiner Gedichte in der *Menschheitsdämmerung,* und er könnte als Motto über allem stehen, was er geschrieben hat. Ehrenstein kam aus kleinsten Verhältnissen, unter denen er sehr gelitten hat, aber der Zugang zur Universität wurde ihm doch ermöglicht. Schwerer als unter diesen äußeren Verhältnissen hat er wohl unter sich selbst gelitten, und dazu gehörten nicht zuletzt auch seine «erotischen Enttäuschungen», die so oft das Thema seiner Dichtungen bilden, «daß man schon von einem Trauma sprechen kann», wie Günther Erkens es formuliert hat (62, 173). Dafür würde auch seine Neigung zur Groteske sprechen, mit der er die ihm entgegenstehende Wirklichkeit attackiert. Aus der Groteske lebt vor allem sein bekanntester Beitrag zum Expressionismus, der oft und immer wieder aufgelegte *Tubutsch* (1911), aber auch die gerade als Groteske nicht durchgehaltene Erzählung vom «Selbstmord eines Katers». Ehrenstein ging bald nach Berlin, beteiligte sich an den Veranstaltungen der Expressionisten, verstummte als Dichter aber mit dem Abklingen der Bewegung und betätigte sich später vor allem als Übersetzer. Was ihn von Trakl und allen bedeutenderen expressionistischen Lyrikern unterscheidet, ist die Gesichtslosigkeit seiner Sprache, der Umstand, daß er unfähig war, sich ein ihm eigenes sprachliches Medium zu schaffen. Es gibt von ihm durchaus 'gekonnte' und als solche auch überzeugende Gedichte, aber die Mehrzahl geht doch unter im undifferenzierten Wortschwall des späteren, manieristisch-imitativen Expressionismus.

Franz Werfel

Wie aber stellen wir uns nun zu Franz Werfel (1890–1945, im Exil in Kalifornien gestorben), gleichaltrig mit Blass und Lotz, dem neben Trakl und Kafka sicher bedeutendsten Expressionisten aus Österreich? Ein größerer Gegensatz zu Heym, mit dem er gleichzeitig an die Öffentlichkeit trat, läßt sich wohl schwerlich denken. Wenn man nach Jahren und Monaten rechnet, war der drei Jahre jüngere Werfel, relativ gesprochen, dem älteren Heym sogar um einen Schritt voraus, aber die uns zur Verfügung stehenden Dokumente, besonders die Erinnerungen der Zeitgenossen aus späteren Jahren, erlauben keine genauere Datierung, auf die es ja auch nicht ankommt. Schon 1908 oder 1909, um dieselbe Zeit also, als Heym in den 'Neuen Club' eintrat, hat Willy Haas, in den zwanziger Jahren der angesehene Herausgeber der *Literarischen Welt,* seinen damals «knapp vor dem Durchfallen stehenden» Freund und Klassenkameraden zu Max Brod gebracht, nachdem er ihn schon vorher mit einigen ihm ins Haus gebrachten Gedichten Werfels auf das Wunderkind aufmerksam gemacht hatte. Brod hat diese erste Begegnung in seiner Autobiographie *Streitbares Leben* (1960) selbst so eindrucksvoll beschrieben, daß es sich lohnt, sie im Wortlaut wiederzugeben:

> Werfel kam, mittelgroß, blond, hochstirnig, ziemlich dick, zerwühlt-kindliche Miene und sehr gedrückt, ja schüchtern. Sein Habitus aber änderte sich sofort, als er zu deklamieren anfing. Er wußte alle seine Gedichte auswendig. Er sagte sie, ohne zu stocken, fehlerlos aus dem Kopf, feurig, mit dröhnender Stimme oder, je nachdem, inniger aber jauchzender Stimme her, bald in lauten, bald in stillen, stets aber sehr reichen, vielfältigen Modulationen. Und er fand gar kein Ende. (S. 12f.; 41, 60)

Die «dröhnende Stimme», das Feurige und Jauchzende können auch wir noch mit dem Vortrag Werfelscher Gedichte verbinden, freilich nicht ohne ein gewisses Unbehagen, etwas uns peinlich Berührendes, denn das 'Feurige' und das 'Jauchzende' haben ihre Zeit, und es ist nicht mehr die unsrige. Aber alle die, die damals ein Ohr für das Neue in Kunst und Literatur hatten, muß das hingerissen haben. So wird es uns jedenfalls von dem Vortrag Brods in Berlin berichtet, als er, offenbar eine Lesung aus eigenen Werken unterbrechend, den mit Werfel noch nicht bekannten Berlinern dessen Gedichte vorlas. Fast über Nacht rückte damit Franz Werfel aus Prag in den Mittelpunkt der expressionistischen Bewegung. Noch 1961 erwähnte Jakob Picard in seinem Blass-Essay, einem «biographischen Fragment» (41, 137–145), nicht ohne eine leichte, die eher zum Klassizistischen neigende Heidelberger Haltung reflektierende Ironie, daß auch Werfel selbst einmal nach Heidelberg herübergekommen sei «und uns aus seinem *Weltfreund* vortrug, was sage ich, vorbrüllte» (ebda, 135).

In einem sonderbaren Gegensatz zu solchen Aussagen steht die Feststellung von der Schüchternheit des jungen Dichters, die sich Brod in seinen Erinnerungen als erstes aufdrängte – ein Eindruck, der uns übrigens auch von Heym und dem Gymnasiasten Trakl überliefert ist. Uns überrascht vielleicht mehr noch, von der 'Gedrücktheit' und der dann so plötzlich sich vollziehenden 'Wandlung' zu hören, als ob der, der da seine so explosiv-dynamischen und doch auch wieder auswendig gelernten Gedichte vortrug, plötzlich ein anderer geworden wäre, bemüht, diesen ihn tief erfüllenden Zustand so lange wie möglich dauern zu lassen, so daß er «kein Ende» finden konnte. Wenn im Expressionismus von 'Verwandlung' die Rede ist, verbirgt sich dahinter wohl immer der Wunsch nach einer auch die anderen mitreißenden Selbst-Verwandlung: Ein emotioneller Zustand wird geschaffen, der für den Augenblick den Nimbus des Revolutionären haben kann. Werfel jedenfalls erweckt den Eindruck eines Menschen, der sich in seiner existentiellen Gefährdung hinter seinen Gebilden verbirgt und mit seiner Vortragsweise intuitiv jeden möglichen Widerstand seitens der Außenwelt zu überrumpeln sucht. Das Ich hat sich dann mit Hilfe seiner Worte durchgesetzt. Eine solche Deutung der von Brod geschilderten Situation, die sich offenbar oft wiederholt hat, deckt sich mit dem Befund der Analyse, die Walter Falk in seiner noch ungedruckten Vorlesung «Kafka als Repräsentant seiner Zeit» (1974/75) an dem Gedicht «An den Leser» im *Weltfreund* vorgenommen hat. Die Worte in den letzten Versen *Wolle mir, bitte, nicht wiederstehn!* geben sich ja schon durch das ihnen nachgeschickte Ausrufungszeichen als einen beschwörend vorgebrachten Befehl zu erkennen, der seine Berechtigung durch eine sich überstürzende Reihe von weitergeholten Selbstidentifikationen mit aller Welt, insbesondere den 'Erniedrigten und Beleidigten', zu gewinnen sucht. Die einem solchen Appell vorausgeschickten Gedichte mit ihrer entwaffnenden Kindlichkeit und ihrem utopischen Bilderkreis blenden den Leser mit der Aussicht auf eine mögliche Rückkehr in das verlorene Paradies der Kindheit, das hier als bloßer Topos noch einmal wieder, gegen alle Erfahrungen, eingesetzt wird – eine Boy-scout-Kindheit, in der der Ruf noch gilt: *Ich habe eine gute Tat getan!*, die 'gute Tat' des 'guten Menschen', auf der sich, säkularisiert-christlich, eine bessere Zukunft aufbauen läßt.

Wenn dann auf den *Weltfreund* (1911) der nächste Lyrikband unter dem wenig durchsichtigen Titel *Wir sind* (1913) folgt – denn was 'sind' wir eigentlich? Oder sind wir einfach nur so, wie wir 'sind', im Sinne eines bloßen Da-Seins? – ist doch dieses 'wir' nur der Plural des sich der ganzen Welt liebend anbietenden, aber auch um ihre Liebe werbenden 'ich'. Völlig abwegig ist Hans Naumanns Vermutung, es handle sich hier nur um einen Gegentitel zu Victor Hadwigers *Ich bin* aus dem Jahre 1903 (127, 368), das Werfel kaum bekannt gewesen sein, ihn jedenfalls zehn Jahre später sicher zu keinem Widerspruch gereizt haben dürfte. Hinter all seinen lyrischen Überschwenglichkeiten verbirgt sich ein im Grunde sehr einsamer, seiner selbst wenig sicherer Mensch, den die von ihm so kindlich umworbene Welt am Ende tief enttäuschen und auf eine jenseitige verweisen mußte. Aus dem 'Weltfreund' sollte daher schon bald ein ihr skeptisch gegenüberstehender, mystische Denkformen aller Art durchspielender Gottsucher werden, dem die im Expressionismus gesammelten Lebens- und Kunsterfahrungen nicht mehr genügen konnten, auch wenn er sich dessen Mittel, nicht immer zu seinem Vorteil, gelegentlich noch weiterhin bediente.

Max Brod war fraglos von dem jungen Mann, der sich ihm da mit seinen Gedichten präsentierte, tief beeindruckt. Er setzte sich von nun an für ihn ein, machte ihn, wo er nur konnte, bekannt, in Prag natürlich auch mit seinem Freunde Franz Kafka. Es scheint aber, daß diese beiden prominentesten Prager seit Rilke nicht viel miteinander anzufangen wußten. Entweder war es Max Brod oder der unermüdliche Willy Haas – beide haben sich in ihren Autobiographien später das Verdienst zugeschrieben (61, 191 resp. 41, 62) –, der die erste Veröffentlichung eines Werfelschen Gedichts «Die Gärten der Stadt [Prag]», noch ganz im Geiste Hofmannsthalscher Diktion gehalten, am 23. Februar 1908 in der Wiener *Zeit* durchgesetzt hat: Das so frühe Datum scheint eher für Haas als für Brod zu sprechen, hat Brod sich doch auch sonst gerne Verdienste um andere zugeschrieben, die sich später als völlig unbegründet herausgestellt haben. So hat Karl S. Guthke anhand von noch unveröffentlichten Korrespondenzen nachweisen können, daß die erste Veröffentlichung des *Weltfreundes* bei Brods eigenem Verleger Axel Juncker nicht von ihm unter den von ihm reichlich dramatisierten Umständen durchgesetzt worden ist, sondern von Werfel selbst, der als Dichter gar nicht so weltfremd war, um mit Verlegern nicht umgehen zu können. Selbst Rilke war ja nicht so 'weltfremd', wie er sich gerne gab! Werfel hielt sich damals als kaufmännischer Lehrling in Hamburg auf, worauf sein Vater, selber ein angesehener und alles andere als amusischer Kaufmann, bestanden hatte. Mit der Veröffentlichung des Buches gedachte er, dem Vater gegenüber seinen wahren Beruf unter Beweis zu stellen und damit seine Freiheit von allen ihm widerstrebenden beruflichen Verpflichtungen zu erreichen (60, 71–89). Das gelang ihm denn auch mit dem durchschlagenden Erfolg seines Buches, und der Vater hat den Sohn in der Folge nach Kräften unterstützt, wie etwa im Falle seiner Anstellung als Lektor im Kurt Wolff-Verlag. Daß es zu einer solchen Anstellung überhaupt kam, verdankte er freilich – wenigstens indirekt – doch wieder Max Brod, der ihn in dem kleinen Leipziger Zirkel um die zunächst noch liierten Verleger Rowohlt und Wolff eingeführt hatte, deren eigene Götter, wie Wolff später selbst bekannte, damals noch Scheerbart, Dauthendey und Eulenberg hießen, also Autoren der vorexpressionistischen Generation und nicht gerade Avantgardisten. Als Wolff sich selbständig machte, wurden Kurt Pinthus und Walter Hasenclever seine Berater und Lektoren, zu denen dann – sicher nicht schon 1911, wie Klarmann meint, sondern erst im Oktober 1912 (93, 11; 41, 77) – Werfel als Dritter im Bunde stieß. Wolff hatte bereits 1911 den *Weltfreund* mit allen Restbeständen der ersten Auflage vom Juncker-Verlag erworben und war in dem Kreis wohl der begeistertste Anhänger seines neuen Autors: «Wer Ohren hatte zu hören», äußerte er sich im Alter in seinen Erinnerungen «konnte doch dem Zauberton der frühen Werfel-Verse nicht widerstehen» (41, 284). Der 'frühen' Werfel-Verse! Den späteren zu widerstehen, fiel ihm – und vielen anderen – offenbar schon leichter: Den Erfolg des *Weltfreundes* hat Werfel in seiner expressionistischen Zeit nicht wieder erreicht. Er war aber keineswegs nur pro forma angestellt worden, um ihm Zeit und Muße zu eigenen Arbeiten zu geben, wie Pinthus es sonderbarerweise später hingestellt hat. Ein solches Arrangement hätte sich der verlegerische Neuling Wolff wohl auch kaum leisten können. Werfel waren, wie Guthke hat nachweisen können (60), ganz bestimmte Verpflichtungen zugefallen, insbesondere die Mitarbeit an der Herausgabe der für den ganzen Expressionismus so entscheidenden Schriftenreihe *Der jüngste Tag:* Sie wurde sicher nicht zufällig 1913 mit seinem eigenen dialogisierten Prosastück *Die Versuchung, Ein Gespräch mit dem Erzengel und Luzifer* eröffnet. Auf sonderbare Weise nimmt diese kleine Szene schon manches von der Thematik auch des nachexpressionistischen Werfel vorweg und ist außerdem ein Zeichen dafür, wie sehr es ihn bereits zur Prosa, die sich erst in seinem späteren Romanwerk ganz realisieren sollte, und zum Drama hindrängte. Aber das war für ihn wohl gar nichts Neues, denn Willy Haas berichtet schon von dem Gymnasiasten Werfel, daß er «Gedichte, Dramen und Erzählungen» schrieb, von denen ihm sogar noch einige Titel im Gedächtnis geblieben waren (61, 17).

So war im Sommer 1913, demselben Jahr, in dem neben der *Versuchung* sein zweiter Gedicht-Band *Wir sind* erschien, auch seine freie Bearbeitung der *Troerinnen* des Euripides entstanden, die ihrer den Krieg antizipierenden pazifistischen Tendenz wegen erst zwei Jahre später, nun aber mitten im Krieg, veröffentlicht werden konnte. Auch hier war das Lyrische noch das tragende Moment der Dramatik, während die Lyrik-Bände *Wir sind, Einander* (1915) und der *Gerichtstag* (1919) – inzwischen war 1917, um den zweijährigen Veröffentlichungs-Rhythmus nicht zu unterbrechen, auch noch ein Auswahlband aus seinen früheren Gedichten unter dem Titel *Gesänge aus drei Reichen* erschienen – zum mindesten auch kurze szenische Einlagen enthalten. In die erste Auflage des *Gerichtstags* war sogar ein ganzes drei-aktiges, allem Anschein nach schon 1917 entstandenes «Zauberspiel» *Die Mittagsgöttin* – im Druck einfach als «Schauspiel» bezeichnet – mitaufgenommen, sicher aber aus triftigen Gründen aus der zweiten Auflage 1923 wieder entfernt worden. Es mag dahingestellt bleiben, wieweit und auf welche Weise die Wiener Theatertradition zusammen mit den Versdramen des jungen Hofmannsthal hier das Vorbild abgegeben, geradezu wie ein Magnet gewirkt haben: Die *Mittagsgöttin* ist ohne Anleihe bei Raimund gar nicht zu denken. Die letzte Entscheidung über den Weg, den Werfel als Dichter in Zukunft und über den Expressionismus hinaus einzuschlagen haben würde, war offenbar noch nicht gefallen. Dem Expressionismus, wie er ihn in jungen Jahren in jauchzender Lebensbejahung aus sich selbst heraus erlebt hatte, war wohl die Lyrik schon aufgrund seiner eminent musikalischen Veranlagung das gegebene Ausdrucksmittel: Seine ganze Liebe gehörte Verdi, und sein Verdi-Roman (1923) ist sicher eins seiner Meisterwerke, obgleich er in dem Werfel-Artikel Anneliese Bachs (62, 619–623) nicht einmal erwähnt wird. Musikalität ist an sich natürlich nicht unbedingt die beste Voraussetzung für lyrisches Schaffen, mit dem er seine inneren Konflikte auch eher überspielt zu haben scheint. Seine späteren Lyrik-Bände verdüsterten sich daher auch mehr und mehr: Die Konflikte drängten nach dramatischen Lösungen, die ihm erst in dem in den zwanziger Jahren und später realisierten Dramenwerk, nicht aber schon in den frühen Experimenten bis hin zum *Spiegelmenschen* (1920) gelangen, mit dem er, wie Adolf D. Klarmann in der von ihm herausgegebenen Anthologie *Das Reich der Mitte* (1961) meint, «eigentlich die Ich-Dichtung» hinter sich gelassen hat. Daß er damit auch dem Expressionismus überhaupt den Rücken kehrte, hat er anläßlich der Uraufführung des *Spiegelmenschen* in einem der Wiener *Mittagspost* gegebenen Interview ausdrücklich bestätigt; aber auch der Text selbst läßt mit seinen den Expressionismus parodierenden Szenen darüber keinen Zweifel.

Wir müssen es uns versagen, die neben dieser an sich schon beachtlichen Leistung während des 'expressionistischen Jahrzehnts' – und auf Werfel trifft diese Formulierung ja genau zu – noch entstandenen kleineren Arbeiten vor allem essayistischer Natur auch nur namhaft zu machen. Hingewiesen sei lediglich auf die Auseinandersetzung mit Hiller über den Aktivismus im zweiten der *Ziel*-Jahrbücher (*Tätiger Geist,* 1918). Werfels gekürzter «Offener Brief» an Hiller war schon das Jahr vorher in der *Neuen Rundschau* erschienen. Diese Texte gehören zu den bedeutsamsten Dokumenten in der Geschichte des deutschen Expressionismus. Hier schieden sich nicht nur die Geister, hier wurde der jetzt auch von Seiten des Dadaismus her attackierte Expressionismus brüchig, gleichgültig ob Werfel oder Hiller im Recht war.

Um den Expressionismus Werfels in seinem ganzen Umfang richtig zu verstehen, müssen wir noch einmal auf seine frühe Jugend, speziell auf das Verhältnis zu seinem Vater zurückgreifen. Natürlich hat es in seinen jungen Jahren gewisse, durch die Umstände bedingte Spannungen gegeben. Väter sehen nun einmal die Zukunft ihrer Kinder anders als sie selbst, und das schafft Konflikte. Es hängt dabei nicht allein von den Söhnen oder den Töchtern ab, wie sie gelöst werden. Leopold Zahn mag recht haben, wenn er meint, «das Verhältnis Werfels zu den Eltern, besonders zum Vater» sei «konfliktreich» gewesen und daß er «zeitweise [. . .] geradezu an 'Familienphobie'» gelitten habe (190, 6). Solche Phobien gehören zum Wachstumsprozeß eines Menschen, in dem das Kind sich vom Elternhaus freimacht, und werden später absorbiert. Schwieriger als das zu Zeiten sicher gespannte Verhältnis zum Vater war fraglos das zur Mutter, wovon bei unseren grundlegenden Erwähnungen bereits kurz die Rede war. Zahn stellt ihr das Zeugnis aus, sie scheine «als Mutter [. . .] versagt zu haben» (ebda). Tatsächlich taucht sie in den Gedichten ihres Sohnes, die so tief aus seinen Kindheitserlebnissen aufgestiegen sind, eigentlich immer nur als «die schöne Frau» auf, was sich mit den Worten des Freundes Willy Haas deckt, der sich an sie als eine «liebenswürdige, feine Gesellschaftsdame» erinnert (61, 18). So fehlt denn auch jeder wärmere Ausdruck für sie – wenn auch nicht für 'die Mutter' an sich. Nicht sie, sondern seine Kinderfrau Barbara hat als Frau über seine Kindheit gewacht, und er hat ihr dafür in seinem späteren Roman *Barbara oder Die Frömmigkeit* (1929) so etwas wie ein Denkmal gesetzt – ein Roman übrigens, der auch sein früheres Verhältnis zum Expressionismus thematisiert. Barbara hat ihm mit ihrem einfachen, bäurisch-natürlichen Katholizismus eine Welt erschlossen, der die jüdische Familie gerade in ihrer Emanzipiertheit nichts entgegenzusetzen hatte.

Wie wir den Vater Werfels zu kennen glauben, kann er kaum den Stoff für den immer als 'typisch expressionistisch' hingestellten Roman *Nicht der*

Mörder, der Ermordete ist schuldig (1920) abgegeben haben, obgleich der darin behandelte Vater-Sohn-Konflikt noch dadurch an Gewicht gewinnt, daß er auch in dem dreiteiligen *Spiegelmenschen* aus denselben Jahren seine Rolle spielt. Sind alte Wunden doch wieder aufgebrochen, vergröbert im Zerrspiegel der Zeit? Entscheidend für den Roman aber war sicher viel mehr die turbulente Zeit selbst, aus der er wie der *Spiegelmensch* mit seiner so ganz anderen, auf den *Faust* zurückgreifenden Problematik hervorgegangen ist, dem revolutionären Umbruch, in den der so emotionell veranlagte Werfel sich – wir wissen nicht, wie weit – hatte hineinziehen lassen. Was er hier auf den Straßen Wiens erlebte, verhalf ihm zu einer tiefgreifenden Ernüchterung und trug sicher zu seiner graduellen Loslösung von allen expressionistisch-utopistischen Extravaganzen bei. Der Destruktionismus seiner Generation ist diesem Expressionisten ja immer fremd geblieben. Für einen Augenblick aber schien er nun vergessen zu haben, was er noch vor wenigen Jahren Hiller in seinem «Offenen Brief» auseinandergesetzt hatte. Sicher erlebte er damals die Revolution als einen Aufstand der jungen gegen die alte Generation, der Söhne gegen die Väter, und so hat er denn auch in seinem Roman den Vater zum Vertreter der Staatsautorität gemacht. Bezahlt hat er dafür mit der Zwiegesichtigkeit seiner Erzählung, denn während dieser Vater wie eine Karikatur à la George Grosz dasteht, ebenso wie die zum Opfer eines solchen Mannes und Vaters gewordene Mutter – so ganz das Gegenteil von der «schönen Frau» der Gedichte – völlig im Typischen befangen bleibt, geht es in der Erzählung selbst recht realistisch zu, mit allen möglichen literarischen Reminiszenzen, wie etwa der russischen Anarchistengesellschaft. Aber schon der Titel ist doch recht sonderbar, denn im Roman gibt es, streng genommen, weder einen Mörder noch einen Ermordeten, wenn auch dem von Jugend auf in die Zwangsjakke gesteckten Sohn der Mordgedanke als solcher mit epischer Notwendigkeit kommen muß. Sicher hat das expressionistische Weltbild auf die Problemstellung noch einmal entscheidend eingewirkt: 1920 war auch der *Vatermord* Arnolt Bronnens, Wiener wie Werfel zum Wiener geworden war, erschienen, in dem das nun schon etwas veraltete Thema aus der Frühzeit des Expressionismus hemmungslos ausgeschlachtet wurde. Für Werfels Roman ist aber der Umstand bedeutsamer, daß sein Todeskandidat ein aus kleinsten Verhältnissen aufgestiegener Offizier ist, Typus des verbissenen Strebers, der seinen Aufstieg in die obersten Gesellschaftsschichten mit seinem Menschen- und Vatertum erkauft hat. Gesellschaftskritik also, wenn man will, aber eine Gesellschaftskritik aus sehr verkürzter Perspektive, wie sie ja schon Werfels Jugendlyrik charakterisiert. Um den Menschen als solchen, als 'Weltfreund' und Gottesgeschöpf, war es ihm schon immer gegangen, mit einem sich breit verströmenden, dem naturalistischen Mitleidsethos gar nicht so fernstehenden Gefühl für die Armen und Unterdrückten, die Opfer der Gesellschaft, diese *Heizer [. . .] vor Kesseln, das Antlitz grell überflammt,* wie sie sich ein mit den 'Antlitzen' solcher Heizer wenig vertrauter Dichter eben vorstellt, von den *Kulis* gar nicht zu reden, die bei ihm *Abfall aus Küchenresten* essen müssen.

Um all das aber geht es nun in Werfels Roman nicht mehr. Der Mörder nimmt die ihn doch als Last bedrückende Schuld auf sich und wandert nach Amerika aus, wo er sich mit vielen deutschen Romanhelden treffen könnte, die Ermordung des Vaters 'findet nicht statt' und wird thematisch auf eine Nebenhandlung abgeschoben: In einer letzten Konfrontation wird der so unväterliche Vater aber doch noch in seiner ganzen Miserabilität bloßgestellt und gebührend gedemütigt. *Ob er heute noch lebt, wo, und nachdem Macht und Einfluß seiner Gesellschaftsschicht zerschmolzen sind [. . .], das weiß ich nicht,* erklärt der Sohn im Rückblick. *Ich wende mein Haupt nicht mehr rückwärts. Ich bin mit ihm und [. . .] auch mit meiner alten Heimat fertig.* Das sind für den Menschen Werfel prophetische Worte (187, 226).

Und er hat auch als Expressionist seinen Blick nicht rückwärts gewandt. Seit dem *Spiegelmenschen* bediente er sich aller möglichen, ihm durch die Tradition zur Verfügung gestellten Formen und wußte sie mit künstlerischem Takt einzuschmelzen. Da läuft wohl auch noch ein an den Expressionismus erinnerndes Motiv mit unter, aber Dramen wie *Bocksgesang* und vor allem *Schweiger* aus den zwanziger Jahren noch auf das expressionistische Prokrustesbett zwängen zu wollen, wie Gerhard P. Knapp (97, 79) es tut – und ich es auch selbst einst getan habe -, geht an den wahren Zusammenhängen vorbei. Knapps Schwierigkeiten gehen darauf zurück, daß er noch immer darauf besteht, den Expressionismus als eine 'Epoche' zu begreifen, so daß sich ihm das Bild vor allem des Spät- und des Nachexpressionismus verzerrt. Der *Spiegelmensch* hat nicht nur *Faust,* sondern auch Hofmannsthals Claudio als Gewährsmann zur Seite, und die späteren Romane sind nicht ein Rückfall in die 'Unterhaltungsliteratur', sondern eine Rückkehr in die alte deutsche Romantradition, die durch den Expressionismus ja nie – seiner eigenen Leistungen auf diesem Gebiet zum Trotz – unterbrochen wurde. Die Vorstellung von einer 'Bewegung' des Expressionismus hat sicher ihr Unbefriedigendes, wie Knapp meint, aber sie trifft doch genau das, was wir im Auge haben, wenn wir vom Expressionismus reden, der zwar einer so und so beschaffenen 'Epoche' angehört, wie jede andere auch, letzten Endes darin aber doch nur einen Durchgang bildet. Auch für Werfel war der Expressionismus innerhalb seines Gesamtwerkes nicht mehr als ein solcher Durchgang.

2. Die Lyrik des 'Hochexpressionismus'

Lyrik ist ohne Frage die Gattung, in der ein Gott dem Dichter am unmittelbarsten zu sagen gibt, was er leidet. Sie ist für alles Emotionale offener als die anderen. In ihr kann er leisten, was ihm im Roman nur gelegentlich – etwa bei Kafka, aber auch schon im *Werther* –, im Drama nur in Ausnahmefällen, die sich allerdings gerade im Expressionismus häufen, wo sie gleichsam aus dem Geiste der Lyrik aufgestiegen sind, gegeben ist. Der Grad des emotionalen Gehalts in der Lyrik ist außerordentlich variabel und auf den ersten Blick oft kaum auszumachen: Er hält sich in den meisten

Fällen innerhalb von Grenzen, die das Moment der Reflexion nie völlig ausschließen. Eine absolute und auf keine Weise gezügelte Emotionalität ergibt noch kein Gedicht: Sie würde wohl im unartikulierten Schrei enden. Nun spielt natürlich gerade der 'Schrei' im Hoch- und Spätexpressionismus eine schon notorische Rolle, aber man übersieht da allzu leicht, daß auch diese 'Schreie' immer noch in bestimmte Formen gebettet sind. Sie mögen der erste Impuls zu einem Gedicht gewesen sein und auch dessen Linienführung bestimmen, oder ein Gedicht mag, wenn das zu Sagende im Unsagbaren mündet, in einen 'Schrei' auslaufen, der dann seinen Weg auch schon in den Titel finden kann; aber für sich ist er noch nichts, jedenfalls nicht in der Dichtung und auch in der expressionistischen nicht. Im Expressionismus aber läßt er sich manipulieren und wurde tatsächlich in dessen Spätphasen weidlich manipuliert.

Es ist aber durchaus denkbar und gerade im Expressionismus nicht so selten, daß der Impuls, aus dem heraus ein Gedicht entstanden ist, primär reflektiver oder rationaler Natur war. Es geht dabei nicht um 'Gedankenlyrik', eine Lyrik also, in der die Reflexion zum Stoff des Gedichtes gemacht wurde, sondern um eine Lyrik, in der die Reflexion sozusagen das Baumaterial für das Gedicht abgibt und dann die Form des Gedichtes mitbestimmt. Man könnte sagen, sie sauge das emotionale Moment in sich auf. Wir sind diesem Vorgang im Expressionismus schon in dessen Frühzeit begegnet, vor allem in den lyrischen Konstruktionen eines van Hoddis oder eines Lichtenstein. Schon wenige Jahre später wurde er geradezu zum Prinzip erhoben, so etwa im Dadaismus der frühen Züricher Phase, weitgehend unter dem Einfluß Marinettis und seines Futurismus, dann aber vor allem im Sturm-Kreis mit August Stramm als seinem exponiertesten Vertreter, aber keineswegs dem einzigen – auch Kurt Heynicke, der als Dichter im selben Kreis begann, sowie Otto Nebel, Adolf Knoblauch und natürlich der spiritus rector der Sprechkunst des Sturm Rudolf Blümner wären zu nennen –, um seinen Höhepunkt im Berliner Dadaismus zu feiern, wo man aus seinem wenig definierbaren politischen Engagement den Schluß zog, daß die Kunst zugunsten der direkten Aktion ganz aufzugeben sei. Kunst wurde zur Anti-Kunst (Hans Richter), einer Anti-Kunst allerdings, die sich doch wieder künstlerischer Mittel bedienen mußte. Die Bemühungen der Berliner Dadaisten um die Kunst – die bildende mehr als die Dichtung – ist lediglich ein intensivierter, aus der Zeit hervorgegangener Protest gegen die Tradition, in die aus der Sicht eben dieser Dadaisten inzwischen auch schon der Expressionismus eingemündet war. Aus der ich-haften Bekenntnis-Dichtung wurde eine Kunst des bewußten, ernst und doch wieder nicht ganz ernst genommenen Spiels mit der Kunst, einer Kunst mit außerkünstlerischen Intentionen. Die Kunstwirkung ist damit autonom geworden. In der Dichtung erschöpfte sich der Dadaismus im Augenblick ihrer Produktion – so etwa im Züricher 'Cabaret Voltaire' mit seinen 'Simultangedichten' – und verging mit ihm, weswegen uns davon auch nur wenige Texte erhalten sind. Anders liegt es in den bildenden Künsten, in denen die Freude am Spiel zur Herausbildung ganz neuer Techniken – Montagen, Collagen, Filmexperimenten (vor allem Hans Richters) – führte, die bis in unsere Tage hinein auch über die deutschen Grenzen hinweg ihre Wirkung getan haben. (Das zwölfte 'Amherster Kolloquium zur deutschen Literatur' unter dem Titel *Sinn aus Unsinn, Dada international* (162) hat versucht, dem im einzelnen nachzugehen.) Von der Dichtung läßt sich das nicht in demselben Maße sagen, obgleich gerade die 'Konkrete Poesie' besonders der Grazer Gruppe nach dem Zweiten Weltkrieg bewußt auf den Dadaismus zurückgegriffen hat: Dem aber können wir hier nicht weiter nachgehen. Dasselbe trifft auch auf die monomane Kunst und Dichtung des Hannoveraners Kurt Schwitters (1887–1948) zu, dessen Gesamtwerk zur Zeit von Friedhelm Lach in einer mehrbändigen Monumental-Ausgabe wieder, wenn nicht überhaupt zum ersten Mal, zugänglich gemacht wird (160). Von Lach stammt auch die bisher maßgebliche Darstellung des Mannes und seines Werkes *Der Merz Künstler Kurt Schwitters* (104). Schwitters ist als Dichter vor allem mit seinem intrigierenden Gedicht «Anna Blume» in die dadaistische Unsterblichkeit eingegangen, aber er stand dem Sturm-Kreis im Grunde näher als dem der Berliner Dadaisten, die ihn nur mit größter Zurückhaltung akzeptierten. Seine Lautgedichte, darunter vor allem die «Ursonate» – man lese Hans Richters amüsante Schilderung ihrer ersten Vorführung durch Schwitters selbst in Frau Kiepenheuers hochelegantem Potsdamer Salon in seinem Erinnerungsbuch *Dada Profile* (1961) sowie J. A. Peter Froehlichs aufschlußreichen Bericht über seine Erfahrungen mit Schwitters-Vorführungen in dem Amherster Kolloquien-Band (162, 15–28) – transzendieren die Dichtung auf die Musik hin, wo die Dichtung dann aufhört, Dichtung zu sein.

Gottfried Benn

Aber wir haben vorgegriffen. Noch ehe Marinettis Wirkung sich in Berlin voll entfalten konnte, hatte die Intellektualisierung des deutschen Expressionismus bereits im Kreise des 'Neuen Clubs', also ganz zu Beginn, eingesetzt, zunächst allerdings am eindrücklichsten auf dem Gebiet der Prosa, auf die wir an gegebener Stelle zurückkommen müssen – ganz unabhängig davon aber auch im selben Jahr noch mit dem «ersten Erscheinen» Gottfried Benns (1886–1956) «in der literarischen Öffentlichkeit», das laut Ernst Nef «kaum mehr denn eine avantgardistische Sensation» war (128, 7). Gemeint sind damit die wenigen, unter dem Titel *Morgue* zusammengefaßten Gedichte, die im März 1912 als lyrisches Flugblatt erschienen, eine Publikationsform, die sich damals aus leicht ersichtlichen Gründen einer besonderen Beliebtheit erfreute und so ein breites Publikum erreichte. Ihr Herausgeber und Verleger Alfred Richard Meyer hat in seinen Erinnerungen aus dieser Zeit in der *maer von der musa expressionistica* (125, 14) berichtet, eines Tages sei ihm ein «wirres Manuskript» zugegangen, «dessen Lektüre» ihn «mißmutig» gemacht habe «und schon zu hastigerem Weiterblättern und Zuklappen veranlassen wollte», als er dann «zu einem angehängten Zyklus, der mit den bisherigen Versen schier unvereinbar

117

schien, gelangte und – aufschrie [. . .]. Morgue hieß der Zyklus.» Heute fragen wir uns wohl unwillkürlich, wie die ersten Gedichte, die Meyer so «mißmutig» gemacht hatten, ausgesehen haben mögen und was aus ihnen geworden ist. In wessen Spuren mag der junge Benn sich da bewegt haben? Da Meyer wohl der progressivste Verleger der damaligen Avantgarde war, müssen sie Anfang 1912 noch sehr konventioneller Natur gewesen sein: «wirr» wahrscheinlich in ihren Anklängen an alles mögliche, Nietzsche vielleicht – der Benn nachhaltig beeinflußt hat – und George, möglicherweise untermischt mit Liliencron-Reminiszenzen, wie sie von einem angehenden Militärarzt, dem irgendwelche Zweifel an der herrschenden Staatsordnung nie gekommen waren, zu erwarten gewesen wären. Benn selbst hat das Entstehen der Morgue-Gedichte, neun an der Zahl, in späteren Jahren als einen rauschhaften Durchbruch beschrieben, in dem sich die in ihm aufgespeicherten Erfahrungen des jungen Medizin-Studenten in Krankenhaus und Anatomie ventilartig Luft gemacht hätten, «diesen Geysir von Daseinsekel und Zivilisationshaß», wie sein ihm in der Nachkriegszeit befreundeter Biograph Walter Lennig sich ausgedrückt hat (108, 32). Man könne heute kaum noch übersehen, heißt es bei Ernst Nef, «daß der künstlerische Wert dieser Gedichte nicht groß» sei (128, 12), aber auch er sieht die «bittere Satire» (ebda, 15) darin und spricht von dem «polemischen Charakter solcher Zusammenstellungen, wie sie Gedichte wie 'Schöne Jugend' und 'Kleine Aster'» böten (ebda, 14). Bittere Satire schon, aber nicht im Sinne einer Gesellschaftskritik, sondern in dem einer Empörung gegen eine Wirklichkeit, in der das absolute Grauen an der Tagesordnung ist, der einzelne sich ihrer nur durch eine seine wahren Gefühle verdeckende Herzlosigkeit erwehren kann. Seine Kritik an der der Gesellschaft zugrunde liegenden geistigen – wissenschaftlichen wie philosophischen – Tradition wird noch um einige Jahre ausstehen. War aber der «künstlerische Wert» dieser Gedichte wirklich so gering? Nef bezeichnet sie bereits als «Anti-Kunst» (ebda, 18), und es hat wirklich ein wenig den Eindruck, als ob der Weg von ihnen zu Dada, den Benn dann allerdings nicht gegangen ist und aus seiner ganzen Konstitution heraus auch nicht hätte gehen können, gar nicht so weit gewesen wäre. Schon in seinem nächsten Gedicht-Band *Söhne* (1913) – auch hier taucht das aktuelle Thema im Titel auf! – hat er nach ganz anderen Möglichkeiten lyrischer Aussage gesucht, die in ihrer Assoziationstechnik den Rönne-Novellen *Gehirne* (1916) schon sehr viel näher stehen, wenn man das eine oder andere, dem medizinischen Bereich noch verhaftete Gedicht ausnimmt. Nicht zu übersehen ist dabei, wie sehr diese aus der Reflexion geborene oder doch von ihr getragene Lyrik von sich weg zu der ihr im Grunde doch gemäßeren Prosa drängte.

Betrachtet man die *Morgue*-Gedichte und ähnliches in den beiden folgenden Gedicht-Bänden *Söhne* und *Fleisch* (1917), auf denen Benns Reputation, einer der führenden Lyriker des 'expressionistischen Jahrzehnts' gewesen zu sein, beruht, liest man mit einiger Verwunderung, was Ernst Stadler in seiner Besprechung des lyrischen Flugblattes dazu zu sagen hatte. Ihm war nämlich vor allem die «unbeteiligte Sachlichkeit» der Gedichte aufgefallen, die «nur Tatsächlichkeiten aufzureihen» scheine und doch «schon durch die gleichsam lautlos mitschwingende Musik der inneren Erschütterung» verrate, «daß hinter dieser schroffen Zugeschlossenheit ein starkes mitleidendes Gefühl» stehe, «eine fast weibliche Empfindsamkeit und eine verzweifelte Auflehnung gegen die Tragik des Lebens und die ungeheure Gefühllosigkeit der Natur» (169, II, 21–22). Es bedurfte wohl eines Dichters von gleichem Format, um aus den neun sich so erbarmungslos gebenden Gedichten «das starke mitleidende Gefühl» herauszuhören wie auch die «gleichsam lautlos mitschwingende Musik der inneren Erschütterung» – Worte, wie sie zutreffender kaum sein könnten. Der heutige Leser, wie vielleicht auch der damalige schon, wird bei einer ersten und vielleicht auch noch bei einer zweiten Lektüre anders reagieren und finden, Stadler habe möglicherweise doch etwas zu viel in Benns Gedichte hineingelesen. Es ist im Grunde ganz natürlich, daß der Leser sich zunächst instinktiv gegen eine so frivole Entlarvung der menschlichen Existenz wehrt, die auch die seine ist, denn hinter diesen Gedichten, gleichgültig was in ihnen 'mitschwingt', steht hoffnungslos das reine Nichts. Benn selber hat später in diesem Zusammenhang vom Nihilismus gesprochen, jenem Nihilismus, dem nach Nietzsche die nächsten zweihundert Jahre gehörten. Dieser Bennsche Nihilismus ist in der Forschung von den verschiedensten Seiten her immer wieder beleuchtet worden, und er ist ja vielleicht auch das zentrale Phänomen, der letzte Kern der 'Bewegung', die wir die expressionistische nennen. Wir können in unserem Zusammenhang nur auf die Arbeit Hans-Dieter Balsers (9) und die diesbezüglichen Ausführungen bei Else Buddeberg (22, 48 ff.) verweisen. Ist aber der erste Schock überwunden, und uns Heutigen fällt das sicher leichter als Benns Zeitgenossen, so erfaßt man den hohen Grad von Artistik, mit dem hier die «ungeheure Gefühllosigkeit der Natur» entromantisiert, die grauenhafte Sinnlosigkeit des menschlichen Lebens gestaltet worden ist – eine Artistik freilich, die selbst vor dem leicht durchschaubaren Trick nicht zurückscheut, neue Werte dadurch zu gewinnen, daß man die alten einfach auf den Kopf stellt. Denn es ist ein 'Trick', wenn der Dichter den *ersoffenen Bierfahrer* auf den *Tisch gestemmt* werden läßt, als wäre er ein Bierfaß, und sich den Anschein gibt, als gehöre seine ganze Anteilnahme der kleinen Aster in seiner Brusthöhle, oder wenn er das «tote Mädchen» aus dem Geschlecht der Heymschen Ophelia in dem Gedicht «Schöne Jugend» zu einem Nest für kleine Ratten macht, die man dann *allesamt ins Wasser* warf, was dem Dichter den Ausruf entlockt: *Ach, wie die kleinen Schnauzen quietschten!* Der «ungeheuren Gefühllosigkeit der Natur» begegnet er, um sich ihrer zu erwehren, mit der eigenen: Es ist eine aus tiefster Erschütterung geborene 'verkehrte Welt'.

Der Titel *Söhne. Neue Gedichte* klingt uns im Rahmen expressionistischer Dichtung natürlich vertraut, aber wer hier nach der Kampfansage eines Sohnes gegen den Vater – oder auch nur die Welt der Väter – sucht, wird enttäuscht werden. Es finden sich zwar hier und da einige Verse, die in eine solche Richtung weisen, aber sie sind doch von so marginaler Natur, daß sie den Titel des Buches kaum rechtfertigen können. Es hat im Pfarrhaus der Eltern Benns mit ihren sieben Kindern und einem auch hier wieder durchaus autokratischen Vater sicher Spannungen gegeben – und sehr wenig Verständnis füreinander –, das aber offenbar erst in späteren Jahren, als der Sohn sich weigerte, wie von ihm erwartet wurde, Theologie zu studieren. Es waren für den inzwischen Arzt gewordenen Sohn natürlich furchtbare Stunden, als der Vater verbot, der an Brustkrebs sterbenden Mutter durch Morphium Linderung zu verschaffen, weil er alle Hoffnungen auf Gott setzte: Auch ein Pastor wird das heute nicht mehr verstehen. Kein Wunder, daß sich da bei dem Sohn dem Vater gegenüber wenig «freundliche Gefühle» – um es milde auszudrücken – eingestellt haben (108, 28), die sich etwa in dem sich in einem schon fast an brutale Verachtung grenzende Respektlosigkeit ergehenden Gedicht «Pastorensohn» (14, II, 400) aus dieser Zeit Luft machten; aber ob er deswegen, der ja auch selbst ein Dickkopf und «extremer Eigenbrötler» (108, 80) war, «damals [...] nur noch Haß gegen den Vater empfunden» hat, der «erst in seinen letzten Lebensjahren» wich, ist vielleicht doch nicht ganz wörtlich zu nehmen. Haß ist etwas, in das man sich hineinsteigern kann, vor allem, wenn er einem überall in seiner deutschen Umgebung vorgelebt wird. Keine Frage aber, daß eine nicht mehr aufhebbare Entfremdung zwischen diesem Vater und seinem Sohn bestanden hat: Der Herr Pastor hat offensichtlich von den Veröffentlichungen seines Sohnes keinerlei Notiz genommen. So etwa sehen die Tatsachen hinter dem Titel des Buches *Söhne* aus.

Benn scheint viel zu sehr mit sich selbst, seiner eigenen Identitätsproblematik, beschäftigt gewesen zu sein, als daß dieser Haß seinen Lebensweg entscheidend zu bestimmen vermocht hätte. Welche nachteiligen psychologischen Wirkungen seine frühe Isolierung vom Elternhaus für ihn gehabt hat, steht auf einem anderen Blatt, über das man sich bestenfalls in Spekulationen ergehen kann. Vielleicht haben sie dazu beigetragen, ihm den Kontakt mit der Außenwelt zu erschweren. Daran mag es auch liegen, daß er an der zunehmenden Aktivierung des späten Expressionismus keinen Anteil genommen hat. Er sah sich früh auf sich selbst angewiesen und hat sich seine ärztliche Ausbildung durch ein Stipendium an der Akademie für das militärische Bildungswesen, der Pépinière in Berlin, selbst ermöglicht. Bei Ausbruch des Krieges meldete er sich daher, wie von ihm erwartet wurde, freiwillig zum Dienst und wurde in Brüssel stationiert. Dieser Dienst kam einem 'Huren-Krankenhaus' zugut und ließ ihm viel freie Zeit, seinen dichterischen Neigungen – und Zwängen – nachzugehen, die sich nun vor allem in seiner expressionistischen Prosa, den Rönne-Novellen, niederschlugen, von denen die ersten 1917 unter dem Titel *Gehirne* erschienen, in den nächsten Jahren gefolgt von einigen weiteren, denselben Erlebnis-Komplex umkreisenden 'Novellen', auch wenn der Held nun nicht mehr Rönne, sondern «Diesterweg» (1918) hieß oder gar keinen Namen mehr trug («Der Garten von Arles», 1920). Natürlich sind das alles keine Novellen mehr im traditionellen Sinne des Wortes, aber die Gattung Novelle hatte sich ja schon seit dem Naturalismus mehr und mehr aufgelöst und der 'Erzählung' genähert; die Bezeichnung lebte noch lange fort, war zu einer akzeptierten Größe geworden, von niemandem ernsthaft angezweifelt. Daß man trotzdem versucht hat, Benns 'Novellen' als solche zu interpretieren, war zu erwarten (25, 36 ff.). Es ist aber gar nicht so einfach, sie gattungsmäßig genauer festzulegen: Es sind im Grunde innere Zustandsschilderungen, die der Tagebuchaufzeichnung noch am nächsten stehen, oft fast impressionistische Reaktionen auf die Außenwelt, Versuche eines mit seinem Autor identischen 'Helden', sich mit Hilfe einer unerhört komplexen Prosa selbst zu orten, Skizzen, deren movens die frei-spielende und vom Leser oft nicht mehr nachvollziehbare Gedankenassoziation ist. Man könnte schon hier von einer 'statischen' Prosa sprechen, deren Lebensnerv eine hochentwickelte, aber auch hoch-stilisierte Sprache ist. Von der Sprache ließ er sich über alle Abgründe menschlicher Existenz hinwegtragen. Die Grenzgebiete des Manierismus werden schon hier unbeschwerten Herzens immer wieder betreten. Alle Assoziationen Benns nachzuvollziehen, ist dem Leser unmöglich, aber ein gewisses Quantum an medizinischen Kenntnissen und eine Vertrautheit mit ihrem Vokabular wird ihm ein gutes Stück weiterhelfen. Das ist festzustellen, auch wenn man sich dessen bewußt bleibt, daß der Dichter Benn letztlich aus sehr viel tieferen Quellen schöpfte. Seine Kulturkritik basiert auf einer umfassenden Einsicht in die europäische Literatur. Sicherlich hat Else Buddeberg recht, wenn sie gelegentlich der Rönne-Novellen von dem «Ausdruck einer schweren Krise im Leben» ihres Dichters spricht (22, 10). Walter Lennig, Freund Benns während seiner letzten Lebensjahre, meint, «der Autor [...] der Brüsseler Jahre» habe «seinen Ich-Zerfall diagnostiziert und dieser Diagnostik» hätten nicht nur die Novellen, sondern auch die 'Szenen' von «Ithaka» (1914) über den «Vermessungsdirigenten» (1916) bis zu «Karandasch» (1917) ihre Entstehung zu verdanken (108, 46). Der hier von Benn auf dem Papier ausgetragene Konflikt ist also in erster Linie sein eigener, dann aber auch symptomatisch für die kollektive Zeitsituation. Sein Fall liegt ähnlich wie der Döblins: Nicht zufällig waren beide Ärzte und beide bewußte Einzelgänger in den expressionistischen Kreisen; sie gehörten dazu und auch wieder nicht. Benns Problematik beruht auf seiner hypertrophierten Intellektualität, die sich mit dem ihm ebenfalls eigenen Zug ins Irrationale, den Else Buddeberg in seiner «psychischen Struktur vorgezeichnet» findet (22, 31), nicht in Einklang bringen ließ, weswegen aber gerade beide zusammen die Kraftzentren ausmachten, aus denen seine Dichtung erwachsen sollte – nicht viel anders als bei Döblin.

Benn, dieser Eigenbrötler, ein Expressionist? Ganz abgesehen davon, daß er sich später, als es sogar noch wenig opportun war, ausdrücklich als solcher bekannt hat («Expressionismus», 1933 [14, I, 240–256]), ist er es sicher in seiner destruktivistischen Verhaltensweise der Wirklichkeit gegenüber, die sich als letzte Konsequenz aus seiner nicht weniger typisch kreativistischen Ich-Bezogenheit mit ihrem Zug ins Utopische, seiner Sehnsucht nach einer 'Urlandschaft', die bei ihm, anders als bei Döblin, südliches Gepräge trägt, zu erkennen gibt.

Liegt ein solcher Konflikt auch dem so schwer zugänglichen Werk des Sturm-Dichters August Stramm (1874–1915) zugrunde, dieses in Richard Brinkmanns Worten «zuweilen ebenso fast genialen wie auch trivialen und banalen Wortbastler[s]»? (19,64). Stramm entstammte einer völlig anders gearteten geistigen Landschaft als der Benns oder Döblins. Wir wissen so gut wie nichts über seine dichterischen Anfänge, denn er hat in einem großen Autodafé alle seine frühen Manuskripte zerstört, als ihm in der Begegnung mit Marinetti und Herwarth Walden die entscheidenden Anregungen kamen – auch veröffentlicht hatte er bis dahin nichts. Aber wir können uns diese Anfänge ungefähr vorstellen: Da wird es um das naturalistische Erbe genau so gegangen sein wie um das neuromantisch-jugendstilhafte. Immerhin verriet er schon in der Jugend eine vielseitige, wenn auch wohl kaum über das Amateurische hinausreichende Begabung: Er schrieb, musizierte und malte. «Meines Vaters Liebhaberei war das Malen», schrieb später die Tochter. «Sonntagvormittags stand er an seiner Staffelei im Herrenzimmer zwischen Schreibtisch und Plüschsofa und pfiff vergnügt vor sich hin» (172, 409). Das beruft schon eher ein Spitzwegbild als die Szenerie des Sturm-Kreises. Das Dichten scheint zunächst wie das Malen für ihn nicht mehr als eine Liebhaberei gewesen zu sein, angefeuert vielleicht sogar ein wenig durch einen heimlichen Wettstreit mit seiner als Journalistin tätigen Frau. Zwei mit Manuskripten angefüllte Schreibtische sozusagen – wenn nicht überhaupt wirklich – dos-à-dos! Es war, als ob Marinetti ihn wie mit einem Zauberstab berührt hätte, denn mit einem Schlage wurde aus der Liebhaberei ein tödlicher Ernst. Schwer zu sagen, wieviel davon überhaupt auf das Konto Waldens geht, denn daß dieser den da plötzlich so Ungewöhnliches betreibenden Autor in die Schule nahm, ist gewiß. Er verwies ihn nicht nur auf Marinetti, sondern auch auf das theoretische Werk von Arno Holz. Wenn irgendwo, so läßt sich bei Stramm auf demonstrative Weise von jenem notorischen 'Traditionsbruch' sprechen, wenn auch er keineswegs alle Fäden zur Vergangenheit so radikal abgeschnitten hat, wie man meinen möchte. So hat schon Armin Arnold darauf aufmerksam gemacht, daß *Rudimentär* (1914) «nichts als eine dramatisierte Version von Schlafs und Holz' *Papa Hamlet*» sei, «im Dialekt geschrieben und sogar mit Holz' vielen Frage- und Ausrufungszeichen versehen». In Stramms Skizze «Der letzte dazu» sieht er «eines der ersten Beispiele des inneren Monologs in der Weltliteratur», die Schnitzlers «Leutnant Gustl» näher stehe als Marinetti (6, 47–48). Auf die dichterischen Möglichkeiten des inneren Monologs war um dieselbe Zeit allerdings auch Benn mit seinen Rönne-Novellen gestoßen. Jedenfalls spricht alles dafür, daß die meisten von Stramms Dramen «in der Konzeption und Ausführung auf seine vor-futuristische Zeit zurückgehen» (ebda, 52). Er gehörte zu den Jüngsten nicht mehr, als auch ihn die 'musa expressionistica' – oder 'futurista' – berührte, aber Expressionismus und Futurismus führten in Waldens Ausstellungsräumen wie in seiner Zeitschrift eine friedliche Koexistenz. Betrachtet man Stramms Dichtung in ihrer Gesamtheit, scheint es zunächst einzuleuchten, daß wir es hier rein formal mit einem Extremfall von Destruktionismus zu tun haben, aber eben doch wahrscheinlich nur mit einem rein literarischen – wenn man will: rein intellektuellen, denn in seiner so völlig normalen bürgerlichen Existenz findet sich alles andere als ein Zug ins Destruktive. Wenn irgendeiner unter den Expressionisten ein mustergültiger deutscher Bürger war, so war es August Stramm. Auch er war protestantisch erzogen – wie Benn und Trakl, Stadler und Heym –, hatte es sich aber nach Abschluß seiner Schulzeit in den Kopf gesetzt, katholische Theologie zu studieren, und zwar, wenn man der Legende glauben darf, weil ihm die katholischen Kirchen mehr zusagten als die protestantischen, woraufhin der Vater ihn kurzerhand im Postdienst unterbrachte, in dem er dann – ohne Vater–Sohn-Komplexe zu entwickeln – in der Folge die Beamtenleiter höchst erfolgreich erkletterte. Ein seine Pflichten pünktlich erfüllender Beamter blieb er bis zum Ende – genauer: bis zum Ausbruch des Krieges, dem auch er nach wenigen Monaten schon zum Opfer fiel. Wenn man ihn, ratlos vor seinen eigenwilligen Dichtungen stehend, abschätzig einen 'wildgewordenen Postbeamten' genannt hat, wurde damit ein Briefträger insinuiert, der er niemals war. Sein Leben und sein Werk sind kaum in Einklang zu bringen, es sei denn, daß sich hinter seiner sich so normal gebenden Oberfläche – psychologisch gesehen – Dinge verbargen, die ihren Ausdruck nur in seiner Dichtung fanden. Zu denen, die diesem seinem Werk völlig verständnislos gegenüberstanden, gehörte allem Anschein nach auch die eigene, selbst schriftstellerisch tätige Frau. Sie 'verstand' den späteren Stramm so wenig wie die meisten seiner Leser bis in unsere Tage. «Beglückend war das Vertrauen, das unser Vater uns» – seinen minderjährigen Kindern – «schenkte, die glühend machende Erhöhung, die wir erfuhren, wenn er uns in sein Arbeitszimmer rief, um uns allen – Mama durfte nicht anwesend sein – aus seinen Werken vorzulesen», erinnerte sich seine Tochter (172, 429). August Stramm also ein Dichter für Kinder?

Ihm waren nur noch die letzten drei Jahre seines Lebens für sein eigentliches Werk vergönnt, in einem ständigen Ringen um die größtmögliche Kondensation seiner Gedichte. Er ist den von Kandinsky und Kokoschka bereits eingeschlagenen Weg in den Expressionismus am konsequentesten zu Ende gegangen, worauf schon Denkler gelegentlich hingewiesen hat (28, 145f.). Andererseits war er das non plus ultra der durch den Futurismus wortwörtlich auf die Beine gebrachten, ihn aber doch nur als Anregung rezipierenden Bewegung. Auch ihm ging es wie seinen Vorläufern, den beiden Maler-Dichtern, so gut wie ausschließlich um die Lösung einer sprachästhetischen Problematik. Von dem Zeitgeschehen, das ja schließlich auch ihn – und zwar tödlich – traf, scheint er kaum Notiz genommen zu haben. Noch aus dem Schützengraben schrieb er Briefe an Herwarth Walden, in denen es nur am Rande um anderes als Fragen der Poetik ging. War es nicht natürlich, daß er auf diese Weise an seiner Zeit vorbeischreiben mußte? Man könnte sagen, er habe die schon von Hofmannsthal signalisierte Sprachkrise mit Mitteln zu umgehen gesucht, die die Kommunikationsmöglichkeiten der Sprache nur noch verschärft haben. Das Moment der Kommunikation selbst spielte für ihn überhaupt keine Rolle mehr: Wir sind, mitten im Expressionismus, bei einem neuen l'art pour l'art angelangt, eine neue 'Kunst-Periode' scheint zu dämmern. Wichtig war für Stramm lediglich, daß jedes Wort in seinen Texten den ihm zugemessenen Wert erhielt, und dafür scheute er weder vor den ungewöhnlichsten Verfugungen noch vor den eigenwilligsten Neuprägungen zurück, während er die Syntax in der Schule Marinettis rücksichtslos zerschlug. Der Klang bestimmte für ihn den Inhalt, und der Inhalt blieb ihm an den Klang gebunden. Wie er dabei vorging, die Worte fast auf der Zunge abschmeckend, läßt sich an manchen Korrekturen verfolgen, die er noch in den Druckfahnen anbrachte, im Krieg unter Kanonendonner. Das gilt für seine Lyrik wie seine Dramatik, die letzten Endes nur eine konsequente Fortführung seiner Lyrik war. So entstand ein in sich selbst seliges Drama, das sich weder für das Theater – wenn wir von den Experimenten auf der Sturm-Bühne absehen – noch als Lesedrama eignet. Um mit Horst Denkler zu sprechen: «Stramm läßt in seinem letzten und formtypischsten Drama *Geschehen* (1915) Wort und Geste in der abstrakt-vieldeutigen Wort-Bild-Synthese erstarren, die vom Leser erst aufzubrechen ist und vom Regisseur lediglich als Basis für ein Bühnenkunstwerk genommen werden kann» (28, 129). Das mit dem 'Aufbrechen' ist allerdings leichter gesagt als getan.

Wenn wir in einem Kapitel über die expressionistische Lyrik Stramms Drama in den Vordergrund geschoben haben, so geschah das, weil Lyrik und Drama bei ihm unter demselben Gesetz stehen, dieses Gesetz aber an den Dramen leichter greifbar wird als in der Lyrik. Ähnlich ist auch schon Arnold vorgegangen (6) und konnte dabei an den in diesen drei letzten Jahren seines Lebens entstandenen Werken noch eine deutliche Entwicklung von seinem naturalistisch-neuromantischen Einsatzpunkt bis zu der von ihm immer bewußter betriebenen Abstraktion feststellen. In der Lyrik ging es ihm zuletzt kaum noch um Inhalte, sondern um das Aufspüren eines möglichen Minimums an Aussage. Ich kenne keine Charakterisierung dieser seiner Lyrik, die besser formuliert wäre als die Döblins in seinem Brief an Walden, als er im *Sturm* von Stramms Tod an der Ostfront gelesen hatte. Es verlohnt sich, sie im vollen Wortlaut wiederzugeben:

Stramm hatte etwas Fermentatives; er regte nicht nur Menschen an, er versetzte, wenn sich so sagen läßt, den Sprachbrei in Gährung [sic]. Er brachte im wörtlichen Sinne alles in Fluß, was er sagte, es verschwand die logische Isolierung von Substantiv, Verb, Adjektiv, so graduierte jedes nach Bewegungsimpulsen. Das Formulierte, Formulierbare scheint seinem Gefühl ein Greuel gewesen zu sein; das Schwimmende des Gefühls und der Vorgänge drängte er so zu bringen, daß es schwimmend blieb; in dem Sinn ein lyrischer Naturalist. Ich weiß keinen, der so, ohne zu spielen und Faxen zu machen, mit der deutschen Sprache gewaltsam umgesprungen wäre, als mit einem Stoff, den *er* bezwang und der nicht *ihn* bezwang. Niemand war von so vorgetriebenem Expressionismus in der Literatur; er drehte hobelte bohrte an der Sprache, bis sie ihm gerecht wurde. Er duldete keinen Gedanken, ließ kein einzelnes vereinzeltes Bild aufkommen in seinen Gedichten; die Welt des Gefühls – ich komme wieder auf das Wassergleichnis, – durfte von nichts aufgehalten werden, und daß es sich nur um die Welle handele, durfte an keinem Punkte des Gedichts fraglich werden, sei es durch einen Reim oder eine selbständige Schönheit des Ausdrucks oder etwas anderes, das vom Thema abbog. Seine Sachen sind darin puritanisch echt und unnachgiebig. (34, Briefe [1970], 75–6)

Das ist Destruktionismus in seiner konsequentesten, auf die Sprache angewandten Form, aber kein verzweifelt blindwütiger, sondern ein zielstrebiger – mit einem vielleicht eben doch nur nicht erreichbaren Ziel, eine rein intellektuelle Verhaltensweise der Sprache wie überhaupt der Dichtung gegenüber, hinter der die ästhetischen Konzepte Waldens und des Sturm-Kreises standen, dem seit 1914 ja auch Schwitters nahestand; und von Stramms Wortblöcken bis zu Schwitters' Lautgedichten ist der Weg nicht sehr weit, nur daß bei ihm dann das 'Spielen' und die 'Faxen' doch wieder zu ihrem Recht kamen.

Die meisten der sogenannten Sturm-Dichter – Lothar Schreyer nicht weniger als Kurt Heynicke, Gerrit Engelke, Arthur Drey, Otto Nebel, Adolf Knoblauch oder der in seiner Art sicher geniale Sprechkünstler Rudolf Blümner – sind heute vergessen. Zu unterscheiden wäre da aber zwischen diesem engeren Kreis und einem sehr viel weiteren, dem die Zeitschrift offenstand – wie etwa Döblin. Und wem stand sie sonst nicht alles offen? Wer kennt die Namen . . .? Paul Raabe, zuverlässig wie immer, kennt sie (141, 20–29).

Johannes R. Becher

Nicht offen stand der *Sturm* offensichtlich dem anderen, durch Marinetti entscheidend beeinflußten Lyriker Johannes R[obert] Becher (1891–1958). Dieser lyrische Chaotiker stand Werfel – der ebensowenig unter den Beiträgern zum *Sturm* zu finden ist – näher als den Kunst-besessenen Herwarth Walden und August Stramm. Auch für diesen Sohn aus gut-bayrischer, aber protestantischer Familie hatte es den notorischen Bruch mit dem Elternhaus gegeben, auf den für ihn schwere Jahre folgten, in denen ihm früher als manchem anderen Expressionisten die Augen für die politischen und sozialen Mißstände in der ihn umgebenden Welt aufgingen, wenn auch sein religiöser, katholisierender Utopismus – war seine Neigung zum Katholizismus eine Protestreaktion auf das protestantische Elternhaus? – «seine sozialistischen und aktivistischen Tendenzen» zunächst noch überlagerte (72, 85). Was ihn in jungen Jahren offensichtlich am unmittelbarsten ergriffen hatte, war, ganz im Sinne der expressionistischen 'Bewegung', die Sehnsucht nach einer neuen Menschlichkeit, nach einer neuen Erde, aber immer noch mit dem alten Gott.

Auch in Bechers Entwicklung hat es eine vor-expressionistische, vor allem an Dehmel, Hölderlin, Whitman und Mombert orientierte Frühphase gegeben. Der Durchgang durch die 'Kunstperiode' aber war ihm erspart geblieben, wahrscheinlich nicht einmal zu seinem Vorteil, denn gerade das, was die jungen Expressionisten aus dieser – ihm sicher zutiefst fremden – Welt mitgebracht hatten, nämlich ein im Grunde unzerstörbares Gefühl für Form, ist ihm nicht mit auf den Weg gegeben worden. Die Ekstase, bis hin zum vielberufenen 'Schrei', stand bei den Expressionisten seit Werfel natürlich hoch im Kurs, aber unter ihnen war Becher sicher «einer der ekstatischsten Lyriker» (6, 137). Jedoch auch der Ekstatiker bedarf der Form und vor allem eines sicheren Gefühls für das Moment des Sprachlichen, damit das Gefühlte in Kunstwerke eingehen kann. Daß ihm gerade eine solche Verschmelzung von Inhalt und Ausdruck nicht gelang, hat Armin Arnold ihm (und uns) an seinem Gedicht «Mein Schrei» aus dem Jahre 1912 nachgewiesen, wobei er zu dem Schluß kam, daß man spüre, «was für ein ekstatisches Gefühl hier nach Ausdruck» verlange, aber es fehle dem Dichter «noch die Sprache, die das Gefühl adäquat ausdrücken könnte» (ebda, 139). 'Noch' mag dabei als Euphemismus dahingehen, denn es hat Becher an dieser Sprache immer gefehlt, selbst im Alter, als er seine expressionistischen Jugendsünden längst als Peinlichkeiten empfand und auszumerzen suchte. Man könnte ihn am ehesten einen Hymniker nennen. Natürlich haben sich Expressionisten auch sonst des hymnischen Tonfalls bedient, aber für Becher blieb er die einzig mögliche Aussageform. Für ihn war der dichterische Vorgang schlechterdings nicht anders denkbar als in einem rauschhaften Zustand, und diesem Zustand hat er in seinen entscheidenden, wesentlich an Marinetti und seinem futuristischen Dynamismus orientierten expressionistischen Jahren von 1914 bis 1918, mit einer Akzentverschiebung ins Katholische sogar bis 1922, mit Drogen nachzuhelfen gesucht, bis er sich von ihnen 'im letzten Augenblick' noch hat kurieren lassen können. Der Rausch aber wird schließlich, mit oder ohne Drogen, beliebig steuerbar, so daß man sich oft des Verdachtes nicht erwehren kann, «die ekstatische Versenkung – oder Erhöhung» sei «nur vorgespielt» (149, 258). In der Nachfolge Marinettis ließ er seine Zerstörungswut zunächst an der Sprache aus, wo sie «ihre Entsprechung in der zerstörten Syntax» (72, 51) fand. Oder um mit R.H. Kramberg zu sprechen: «Sätze werden zertrümmert, aus geballten Substantiven und Sinnfragmenten gruppieren sich volltönende Strophen, leidenschaftliche Rhythmen, die in Mißklang und Wohllaut den Impuls der Rebellion spiegeln» (62, 77). Die in Brocken herausgeschleuderte Lyrik aber war in erster Linie auf Massenwirkung berechnet: Seine dynamischen Wortausbrüche sollten die lethargischen Zeitgenossen mitreißen – wenigstens dazu, sich gegenseitig in die Arme zu werfen. Bei alldem war er insofern höchst unzeitgemäß, als er in der Nachfolge Marinettis den in den Kriegsjahren immer weitere Kreise ziehenden Pazifismus nicht teilte, und damit geriet seine von ihm so laut gefeierte Menschlichkeit schon mit sich selbst in Widerspruch. Zudem ist es mehr als zweifelhaft, daß selbst «das politische Anliegen Bechers in dieser verschlüsselten Form für den Leser» überhaupt verständlich war (72, 51), ganz zu schweigen davon, daß sich wirklich manches bei ihm «mitunter an der Grenze des Kitschigen bewegt» (149, 261). Völlig abwegig scheint mir Norbert Hopsters Vermutung, man habe in Bechers Scheitern an der Sprache

126

nur ein «Symptom der Sprachlosigkeit und des Kommunikationsmangels der Kriegsjahre» zu sehen (72, 59), denn von Sprachlosigkeit kann bei den Expressionisten nicht die Rede sein, und der Kommunikationsmangel ist sicher weniger der Zensur – denn das ist ja wohl mit den «Kriegsjahren» gemeint – anzulasten als der Becherschen Konstitution. Werfel, dem er sich mit seinem 'O-Mensch-Pathos' nahefühlte (ebda, 82) und den er in einem Gedicht als «Bruder» apostrophierte, durchschaute das alles, als er ihn in einem Brief an Kurt Wolff 1919 einen «aufgepluderten Dilettanten» nannte (72, 100), und damit dürfte er den Nagel auf den Kopf getroffen haben.

Max Herrmann-Neiße

Wir können dieses Kapitel über expressionistische Lyrik, das sich noch durch viele Namen ergänzen ließe, nicht schließen, ohne eines Dichters zu gedenken, der zwar nicht unter die Expressionisten zu rechnen ist, ihnen aber immer ein guter Weggenosse war: Max Herrmann-Neiße (1886–1941). Von seinen Gedichtbänden hat man gesagt, daß sie «eine einzige große Autobiographie» seien (62, 269). Wie Paul Boldt stammte auch er aus einer protestantischen Bauernfamilie. Es ist eigentlich sonderbar, in der Geschichte der deutschen Literatur aber nichts Neues, zu sehen, wie überwiegend neben dem jüdischen der protestantische Anteil an der 'Bewegung' war: Katholiken sind da die große Ausnahme, nur als Konvertiten nicht. Lag den Protestanten das Protestieren immer noch im Blut? Mit Boldt, dem sehr viel sinnlicher veranlagten, hatte Max Herrmann (aus Neiße) zum mindesten noch etwas anderes gemein: daß sie nämlich beide zu den Dichtern gehören, die in dieser Dichtung ohne Liebeslyrik Liebesgedichte geschrieben haben, wobei man sich allerdings fragen müßte, wo ein Gedicht über oder an eine Frau als ein Liebesgedicht zu bezeichnen ist. Muß es der Geliebten wirklich so unverblümt mitgeteilt werden, daß sie wie eine Blume ist? Gewiß, es geht in den meisten Gedichten der Expressionisten, die man als Liebesgedichte ansprechen könnte, mehr um das sexuelle Erlebnis des Mannes. Ist aber nicht dennoch ein Gedicht wie Paul Boldts «Meine Jüdin» (81, I, 322) – und es gibt noch zwei weitere Gedichte unter einem ähnlichen Titel in demselben Band –, das mit den Versen beginnt: *Du junge Jüdin, braune Jüdin, köstliche / Frucht der Erkenntnis, weißer Blütenfall,* eine Liebeserklärung und damit ein Liebegedicht? Sehr viel zarter sieht ein solches bei dem so schwer an sich selbst leidenden Max Herrmann (er war verwachsen) in dem Band *Empörung – Andacht – Ewigkeit (Der Jüngste Tag,* 49, 1918) «Schweigen mit dir» aus, dessen erste Strophe lautet:

Schweigen mit dir: das ist ein schönes Schwingen
von Engelsfittichen und Gottes Kleid
und süß, unsagbar sanftes Geigenklingen
verweht von Ewigkeit zu Ewigkeit –

wobei dann jede der folgenden vier Strophen mit denselben Worten *Schweigen mit dir* beginnt. Max Herrmann litt schwer unter seiner physi-

schen Verwachsenheit, die ihn als Dichter immer wieder auf sich selbst zu-
rückverwies. Aber er hat auch sonst seine geistige und dichterische Herkunft – zu ihr gehört sicher Rilke – nicht verleugnet. Das Dynamische des
Expressionismus, das er sich eine Zeitlang anzueignen suchte, wozu ihn
wohl auch sein leidenschaftlicher Pazifismus trieb, war seiner Natur im
Grunde fremd. Man hat in den letzten Jahren verschiedentlich versucht,
diese 'Verschollenen und Vergessenen', deren sich die Darmstädter Akademie auf so großzügige Weise mit ihren ihnen gewidmeten Ausgaben angenommen hat, mit Auswahlbänden wieder in Erinnerung zu bringen, die
wahre Wiederentdeckung aber steht uns noch bevor. Daß Max Herrmann-
Neiße auch Romane geschrieben und sich dramatisch betätigt hat, ist kaum
noch bekannt.

Damit sind wir am Schluß unseres Überblicks über die expressionistische
Lyrik angelangt. Manches ließe sich dem Gesagten noch hinzufügen. Weitere Namen wären zu nennen, aber sie würden unser Bild kaum erweitern.
Alfred Wolfenstein, Paul Zech, Oskar Loerke – jeder hat da seine besondere
Liste von Kandidaten – sind vielleicht zu kurz gekommen, aber ihr Werk
reicht in die zwanziger Jahre hinein und würde unseren Rahmen gesprengt
haben. Wäre nicht auch Rilke während dieser expressionistischen Zeit zu
betrachten gewesen? Wir müssen das der Rilke-Forschung überlassen. Wo
die Grenzen liegen, muß und darf offen bleiben, ohne dem Phänomen Expressionismus Gewalt anzutun. Der Expressionismus signalisierte sicher
etwas Neues in der Literatur, aber er war auch ein ungeheures literarisches
Massengrab. Man sehe sich nur die so respektable Sammlung *Der Jüngste
Tag* an und vergegenwärtige sich, wieviel Makulatur da mitunterlaufen ist.
Schon Pinthus selbst hatte 1922 seine Zweifel, ob vieles, was er in die
Menschheitsdämmerung mitaufgenommen hatte, vor der Kritik bestehen
könne. Das war zu anderen Zeiten nicht anders, es ist auch dem Zeitschriften-Herausgeber Schiller schon begegnet. Niemandem ist jedoch damit ge-
dient, Tote nicht in ihren Gräbern ruhen zu lassen.

V. Das Drama des Expressionismus

1. Die frühen dramatischen Experimente

Fragt man sich nach den Anfängen expressionistischer Dramatik, wird man – worauf schon kurz hinzuweisen war – auf die bildenden Künste verwiesen: auf Wassily Kandinsky (1866–1944), Oskar Kokoschka (1889–1972) und Ernst Barlach (1876–1938), wobei sofort auffällt, daß Kandinsky dem Alter nach schon eher in die Generation der Else Lasker-Schüler als die der Expressionisten gehört. Rechnen wir zu ihren ersten dramatischen Versuchen aus der zweiten Hälfte des ersten Jahrzehnts – im Falle Kandinskys blieb es auch der einzige – noch den Erstling Alfred Döblins, nämlich dessen Einakter *Lydia und Mäxchen* (entst. 1905, veröff. 1906), so haben wir, von Barlach zunächst abgesehen, dessen erstes Drama *Der tote Tag* ebenfalls zwischen 1905 und 1906 entstanden ist, alles beisammen, was Horst Denkler in seiner gründlichen, theaterwissenschaftlich orientierten Darstellung der expressionistischen Dramatik in einem Sonderkapitel unter dem Begriff der 'Vorläuferdramen' zusammengefaßt hat (28, 27 ff.). In einem weiteren Sammelband expressionistischer Einakter, die in dieser Frühphase des Expressionismus die dominierende dramatische Form abgeben, hat er uns außerdem die wichtigsten dieser frühen Texte selbst wieder zugänglich gemacht (36). Ihre Bezeichnung als 'Vorläuferdramen' hat etwas Bestechendes, ist aber doch wohl nur berechtigt, wenn man von der Vorstellung eines 'expressionistischen Jahrzehnts' ausgeht. Daß es auch auf dem Gebiet der Dramatiker erst um 1909/10 zum eigentlichen 'Durchbruch' in den Expressionismus kam, braucht deswegen nicht geleugnet zu werden. Ein 'Durchbruch' aber ist noch kein 'Anfang', sondern ein Vorgang, der zu einem ersten Abschluß bringt, was diesen 'Durchbruch' erst ermöglicht hat. Es ist daher unerläßlich, auf die Vorstellung vom Kreativismus, wie er sich seit der Jahrhundertwende entwickelt und Walter Falk ihn analysiert hat, zurückzugreifen, auch wenn er als solcher zunächst nicht unbedingt expressionistische Merkmale aufweist. Döblins Einakter ist denn auch tatsächlich zunächst nichts als eine Parodie auf das neuromantische Theater mit seiner Sentimentalisierung und Stilisierung pseudo-historischer Stoffe, in diesem Falle einer mittelalterlichen Rittergeschichte, in der die Figuren sich plötzlich vom Text ihres 'Dichters' befreien und ihm sein Manuskript 'verderben'. Es liegt nahe, dabei an Tiecks *Gestiefelten Kater* zu denken, in dem – neben dem *Prinzen Zerbino* – auch Louis Huguet (einschließlich Wagner und Strindberg) die wesentlichen Anregungen für Döblins Stück sieht und die Parallelen überzeugend nachzuweisen vermag (253, 61 und 77). Trotzdem sieht er wie Denkler darin doch «volontiers» etwas «comme la première pièce de théâtre expressioniste» (ebda, 69). Sonderbare Perspektiven tun sich da auf, vor allem wenn man noch hinzunimmt, daß Döblin schon seinen ersten Roman *Jagende Rosse* (1901) «den

Manen Hölderlins in Liebe und Verehrung» gewidmet hatte, das alles, in Huguets Worten, «témoigne à la fois de sa dépendance à l'égard d'une tradition littéraire et de sa volonté iconoclaste de libération» (ebda, 76). Freilich, derartige Satiren waren aber auch zu Döblins Zeiten nicht mehr neu. Gerhard P. Knapp hat daran erinnert, daß Paul Scheerbart schon 1904 in seiner *Revolutionären Theater-Bibliothek* «zweiundzwanzig dramatische Texte» vereinigte, «meist lose Sketchs, die in ihrer Verspieltheit und aller empirischen Kausalität beraubten Phantastik an das revolutionäre Puppenspiel 'Ubu Roi' (1896) des Franzosen Alfred Jarry gemahnen» (97, 23). Döblin schließt in seinem Einakter das eigentliche Spiel, das für sich allein höchstens eine Szene zu füllen vermocht hätte, in einen Rahmen, in dem die Möbelstücke und sonstigen Einrichtungsgegenstände in der Dachstube des als handelnde Figur mitauftretenden Dichters in altem Komödienstil in das Geschehen eingreifen, es gleichsam ornamental umranken. Daß Möbelstücke nachts lebendig werden, hat mehr mit E. T. A. Hoffmann als mit dem Expressionismus zu tun. Zu einem Wegbereiter des Expressionismus wurde Döblin, dessen Einakter in einer Privatvorstellung anonym auch in Szene ging, erst mit seinen frühen, in der Zeit seit der Veröffentlichung des Einakters ausgearbeiteten oder doch überarbeiteten Erzählungen, und im Grunde auch erst mit seinem ersten Band von Erzählungen, der *Ermordung einer Butterblume* (1913).

Nicht weniger problematisch ist die Charakterisierung der frühen Einakter Kandinskys und Kokoschkas als 'Vorläuferdramen'. Nehmen wir der leichteren Einsichtigkeit wegen und weil Kandinsky der bei weitem ältere der beiden Maler-Dramatiker war, dessen Einakter *Der gelbe Klang* vorweg: Er entstand zwar erst 1909, also zwei Jahre nach den beiden ersten Kokoschkas, und wurde 1912 zusammen mit einem theoretischen Vorwort «Über Bühnenkomposition» (jetzt wieder leicht zugänglich in Otto F. Bests Sammlung theoretischer Schriften des Expressionismus [175, 179–206]) im *Blauen Reiter* veröffentlicht. Wenn seine 'Bühnenkomposition', so lautet die Bezeichnung des Einakters im Untertitel, 1912 an die Öffentlichkeit getreten ist, läßt sie sich kaum noch unter die 'Vorläufer' rechnen, denn das Manuskript im Schreibtisch war nur für ihn selbst und seine Biographen von Interesse. Das expressionistische Theater aber lief um 1912 schon auf vollen Touren. Das Vorwort, 1911 datiert, ist dagegen offensichtlich erst für den Druck des Textes verfaßt worden. Was jedoch noch schwerer wiegt, ist der Umstand, daß beide Maler-Dichter als Dramatiker so ausgesprochen eigene Wege gegangen sind, daß sie für die Geschichte der expressionistischen Dramatik nur eine esoterische Rolle haben spielen können. Ihre Einakter sind in Szenenbilder umgesetzte Malereien, gleichsam drei-dimensionale Gemälde. Vor allem Kandinskys 'Bühnenkomposition' erhebt keine anderen Ansprüche als den, eine Komposition zu sein, wie sie in der Malerei, der Musik und im Ballett üblich ist. Auf die Bühne gebracht, ergibt sich damit das Zusammenspiel von vier verschiedenen Künsten, also so etwas wie ein 'Gesamtkunstwerk' – freilich nicht im Sinne Wagners, gegen den Kandinsky in seinem Vorwort ausdrücklich Stellung bezieht. Trotzdem lag Wagner in der Luft; man hatte sein Erbe angetreten, um es auf seine Weise zu verwalten – auch Kaiser war sein Leben lang ein enthusiastischer Wagnerianer und trug sich eine Zeitlang mit der Idee eines eigenen Festspielhauses in Berlin. Bei Sternheim spielt die Wagner-Parodie nicht zufällig eine große Rolle. Zu kurz kommt bei Kandinsky das dichterische Moment, denn abgesehen von einigen durch 'Stimmen' hinter der Bühne ausgestoßenen klangvollen, aber sinnleeren Worten – das Wort solle nicht «durch den Sinn des Wortes» verdunkelt werden, heißt es im Vorwort – besteht der Text aus nichts als Bühnenanweisungen oder, genauer gesagt, aus einer ausgearbeiteten Choreographie. Alles ist ein ästhetisches Spiel von aufeinander abgestimmten Farben, bunter Beleuchtung, an- und abschwellenden Klängen, die, wie schon der Titel andeutet, auch wieder als Farben begriffen werden, sowie einer Musik, die erst noch hätte komponiert werden müssen, aber, wieder laut Vorwort, auch wegfallen könnte, falls sich, so möchte man meinen, ein Komponist dafür nicht finden lassen sollte. Innerhalb dieses Farb- und Klanggewoges bewegen sich Figuren von verschiedener Größe 'expressiv' über die Bühne und geben dem Zuschauer, der nicht in Kandinskys rein visuellen Kategorien denkt, hinsichtlich ihrer Bedeutung ein unlösbares Rätsel auf. Seine Phantasie soll das übrige leisten. Bühnentechnisch ist der Einakter, auch wenn er nie aufgeführt worden ist, für den Theaterfachmann sicher von großem Interesse, kaum aber für den Literarhistoriker. Horst Denkler, der diesem Spezialinteresse weiter nachgegangen ist, möchte darüber hinaus eine nicht so recht überzeugende «Nachwirkung» auf den Dadaisten Hugo Ball sehen. Ball aber hat den berühmten, von ihm hochgeschätzten Maler wohl nur für seine eigenen Unternehmungen gewinnen wollen. Einen ähnlichen Einfluß vermutet Denkler auf Lothar Schreyer (1886–1966), den Leiter der von Herwarth Walden 1918 ins Leben gerufenen Sturm-Bühne, was schon sehr viel wahrscheinlicher klingt, aber doch nicht ganz überzeugt; denn hinter Schreyers Einaktern, die in der Hauptsache zwischen 1917 und 1920 im *Sturm* und im Sturm-Verlag erschienen sind, steht doch ganz eindeutig das – allerdings ekstatisch überhöhte – Sprach-Experiment August Stramms, wie etwa der Anfang des Stückes *Mann* (*Der Sturm*, 8/10, S. 146) zeigt:

TAG
MANN

MANN
    Tiefe rollt Tag
    Bettet in Morgen
        rötet Mein
    Macht!
    Rollen harte Glieder
    Brunstet Raub
    Heben
        Mich
            Haupt
  Griff
    die Welt.

Schreyers dramatische Experimente sind kaum über den Sturm-Kreis hinausgelangt: Selbst der so großzügige Erbverwalter des Expressionismus, Karl Otten, hat keins seiner immerhin sehr kurzen Stücke in seine voluminöse Anthologie (157) aufgenommen. In den meisten Expressionismus-Studien – z.B. bei Knapp – fällt sein Name auch nicht mehr. Viel wichtiger als alle diese möglichen literarischen Beziehungen scheint mir der Umstand, daß Kandinskys 'Bühnenkomposition' die Geschichte des modernen Ballett-Theaters einleitet, wie es dann in unseren Tagen besonders in Amerika seine volle Entfaltung gefunden hat, wo man sich kürzlich auch seines *Gelben Klanges* – wenn auch nicht mit überwältigendem Erfolg – angenommen hat. Daß Kandinsky selbst derartiges vorgeschwebt hat, geht aus seinem Vorwort deutlich genug hervor.

Kokoschkas Bühnendichtungen, auch wenn ihnen keine große Nachwirkung beschieden war, wenn man Stramm, Schreyer und möglicherweise Hasenclevers *Die Menschen* ausnimmt – Hasenclever war zur Zeit der Niederschrift seines Stückes (1918) mit Kokoschka befreundet –, sind sehr viel gewichtigerer Natur. Sein dramatisches Werk ist von nur geringem Umfang und besteht vor allem aus drei Einaktern, von denen zwei auf das Jahr 1907 zurückgehen: *Mörder [,] Hoffnung der Frauen* (veröff. 1910 im *Sturm*, in den folgenden Jahren verschiedentlich bearbeitet, zuletzt für die Neuveröffentlichung 1917 als 41. Band der Reihe *Der Jüngste Tag*) und das «Curiosum» *Sphinx und Strohmann*, das bis zu seiner Umarbeitung von einer bloßen Literatur-Parodie in einen *Hiob* (1917) unveröffentlicht blieb. Zu diesen beiden Einaktern kam dann 1911 noch *Der brennende Dornbusch*, der erst 1917 zusammen mit der Neufassung von *Mörder [,] Hoffnung der Frauen* im selben Band des *Jüngsten Tages* erschien. Es geht hier also um Arbeiten, die ihren Autor rund gerechnet ein Jahrzehnt lang beschäftigt haben, um 1918 mit dem Schauspiel in drei Akten und einem 'Nachspiel' *Orpheus und Euridice,* in dem er sich offensichtlich um eine weniger radikale Dramenform mühte, abgeschlossen zu werden – abgeschlossen auch in dem Sinn, daß er damit der Dichtung überhaupt den Rücken kehrte, sieht man von einem in den dreißiger Jahren entstandenen dramatischen Entwurf *Comenius* ab, der Fragment geblieben ist.

Wenn es in den frühen Einaktern immer wieder um den Kampf der Geschlechter – und erst im *Orpheus* auch um die Liebe – geht, liegt die Annahme nahe, der damals noch in seinen frühen Zwanzigern stehende junge Maler habe unter dem Druck pubertärer oder nachpubertärer Phantasien die Dichtung als Ventil benutzt. Tatsächlich sind die Einakter gar nicht so radikal, wie sie sich geben: In ihrer Thematik schwingt der von dem Maler Kokoschka eben überwundene Jugendstil mit seinen lasziven Ausdrucksformen noch unüberhörbar nach, geht aber in der neuen 'expressiven' Sprachform unter. Die Jugendstil-Sentimentalität wurde gleichsam stilisiert und damit auch entsentimentalisiert und brutalisiert. Das aber heißt, daß wir es hier mit einem Übergang von einem alten in einen neuen 'Stil' zu tun haben. Der Fall Kokoschka zeigt, wie schwer, wenn nicht überhaupt unmöglich es ist, rein vom Thematischen her bei den Maler-Dichtern den

ihrer Dichtung und ihrem Werk in der bildenden Kunst jeweils zugrunde-
liegenden gemeinsamen Nenner auch nur mit einiger Sicherheit zu bestimmen. Das ist bei Kokoschka nicht anders als bei Barlach oder Gütersloh (etwa in dessen *Tanzender Törin* aus dem Jahre 1910). Die Darstellung von
Erlebnis-Vorgängen entzieht sich laut Lessing der bildenden Kunst, und
um solche Vorgänge geht es schließlich, wenn der Mann gegen die Frau und
die Frau gegen den Mann steht. In *Sphinx und Strohmann* hatte Kokoschka sich noch wie Döblin in *Lydia und Mäxchen* auf das parodistische Moment beschränkt, aber in dem zur gleichen Zeit entworfenen *Mörder [,]
Hoffnung der Frauen* ging es dann, wie schon der Titel andeutet, wirklich
recht mörderisch zu. Die sehr männliche Vorstellung – der wir auch schon
in Döblins Jugendroman *Der schwarze Vorhang* begegnen –, im Vergehen
ihrer Sinne richte sich die Hoffnung der Frau auf den Mord, also die vollkommene Selbstaufgabe, verkehrt den seit Wagner sprichwörtlich gewordenen 'Liebestod' in den baren Lustmord, für den nicht der Literarhistoriker, sondern der Psychiater zuständig ist. Man fragt sich unwillkürlich,
nicht zuletzt im Hinblick auf die entstehungsgeschichtliche Nachbarschaft
des Einakters zu *Sphinx und Strohmann,* ob das doch reichlich groteske
Geschehen in dem Stück nicht am Ende seine Wurzel in einer Wagner-Parodie habe. Es geschieht da auf der Bühne nämlich alles mögliche, was erst
im *Brennenden Dornbusch* zu einem sicher gehandhabten Stilmittel werden sollte, aber man weiß eigentlich nie genau, was. Nur daß es, alles in allem genommen, um den Geschlechtsakt geht, bleibt nicht lange ein Geheimnis. Die Dinge werden enthüllt, indem sie sprachlich verhüllt werden,
so daß schon hier etwas von der Angst Kandinskys mitschwingt, daß der
«Sinn der Worte» die Worte verdunkeln könnte. Vor einigen Jahren haben
amerikanische Studenten *Mörder [,] Hoffnung der Frauen* in einer wortge-
treuen Übersetzung aufgeführt, und die jungen Schauspieler, die eigentlich
seit Henry Miller an ganz anderes gewöhnt sein sollten, haben hinterher gestanden, daß sie von dem, was sie da gespielt hätten, keine Ahnung gehabt
hätten. Die dichterischen Qualitäten von Kokoschkas Einaktern lassen
sich, schon ihrer Novität wegen, sehr leicht überschätzen. Kokoschka war
kein Dramatiker, und es könnte wie eine höhere Gerechtigkeit anmuten,
daß die Züricher Dadaisten den Mörder-Einakter in ihrem 'Cabaret Voltaire' auf dem Programm hatten.

Ernst Barlach

Nichts fordert einen Vergleich mit Kokoschkas Dramatik so unmittelbar
heraus wie die des Bildhauers Ernst Barlach (1870–1938). Auch zu seinen
Dramen findet der heutige Leser nicht leicht einen Zugang, und das Theater versagt sich ihm seit langem, hat sich überhaupt immer schon nur zö-
gernd mit ihm eingelassen. Woran liegt das? An den rein dichterischen
Qualitäten seines Werkes hat wohl noch niemand ernsthaft gezweifelt,
auch wenn man ihnen persönlich noch so fremd gegenübergestanden haben
sollte. Der Grund liegt fraglos darin, daß der Dichter seinen Leser, erst recht

aber den Theaterbesucher, in eine märchen- und mythendurchsetzte Welt führt, die ihm als 'modernem Menschen' nicht mehr behagt. Er stellt an ihn Anforderungen, denen er seiner ganzen Konstitution nach nicht mehr entsprechen kann: die Brüder Grimm für Erwachsene unseres Jahrhunderts. Ein weiteres Hindernis ist für uns Barlachs verrätselte Sprache, so reizvoll sie gerade für den sein kann, der auf sie eingestimmt ist.

Haben wir es hier überhaupt mit Expressionismus oder bestenfalls noch mit einer weiteren Form von Vor-Expressionismus zu tun? Man hat sich in der Fachliteratur lange darüber gestritten. Bei dem Bildhauer, der seine eigene Form um dieselbe Zeit fand wie der Dichter, hat man sich diese Frage wohl nie gestellt. Seine Versuche aus der Zeit vor seiner für seinen 'Durchbruch' so entscheidenden russischen Reise (August/September 1906) sind völlig vergessen, soweit sie überhaupt noch vorhanden sind. Was seine Dichtung betrifft, so kommt man kaum um die Tatsache herum, daß auch er dem Alter nach noch eher der Generation Kandinskys und Else Lasker-Schülers, die nur zwei Jahre älter war als er, angehört, ebenso wie der des nur wenige Jahre jüngeren Freundes seiner späteren Jahre, Theodor Däublers (1876–1944), eher jedenfalls als der Heyms oder Trakls. Aber noch ein weiteres Moment hebt sein Werk deutlich von dem der eigentlichen expressionistischen Stoßgruppe ab: Es ist so großstadtfern wie nur möglich.

Als Künstler hat Barlach lang gebraucht, um die ihm eigene Form zu finden, wobei die Erfordernisse der Dichtung und die der bildenden Kunst einander zunächst mehr im Wege gestanden als sich wechselseitig gefördert zu haben scheinen. Es war schwer für ihn, aus der Beengung durch den seine Jugend noch beherrschenden ornamentalen Jugendstil auszubrechen, auch wenn er dessen Fragwürdigkeit schon früh durchschaut hatte. Die strengen, so eindrucksvollen Linien seiner großen Skulpturen waren wohl die Antwort darauf, und das entspräche im Sinne einer künstlerischen Selbstfindung dem Vorgang, in dem Kafka zur Präzision seines Prosastiles fand. Dahin gelangte er erst, ähnlich wie vor ihm Rilke, durch sein Erlebnis Rußlands. Auch ihm wurde der russische Mensch in seinem Einssein mit Landschaft und Natur, mit seiner schlichten Menschlichkeit zum Erlebnis: der Arme und nach der gescheiterten Revolution von 1905 so schwer Unterdrückte, der Mensch in seiner irdischen Ausweglosigkeit. Diesen Menschen suchte und fand er dann auch in Deutschland, allerdings nicht in Berlin, wo er immerhin mit Unterbrechungen von 1905 bis 1910 lebte, sondern auf dem Land in Mecklenburg, in dem kleinen Landstädtchen Güstrow, das ihm bis zu seinem ihm durch das Hitler-Regime bereiteten tragischen Ende zur Heimat werden sollte.

Nun läßt sich natürlich der Gedanke vertreten, daß gerade sein erstes, bereits 1907 in Angriff genommenes 'Drama in fünf Akten', *Der tote Tag* (ersch. 1912), in seiner zentralen Problemstellung eines der Hauptthemen der expressionistischen Dramatik auf erstaunliche Weise vorwegnehme, denn im Mittelpunkt der Handlung steht ja so etwas wie ein Vater–Sohn-Konflikt. Man müßte sich dann nur darüber klar sein, daß wir es hier mit einem Expressionismus unter umgekehrtem Vorzeichen zu tun haben, denn bei Barlach lehnt sich nicht ein 'aufsässiger' Sohn gegen den Vater auf, sondern ein Vater kämpft mit der Mutter um den Sohn. Besteht man aber trotzdem im *Toten Tag* auf der die Dichtung tragenden expressionistischen Welterfahrung, müßte man sie eher in die Nähe Kokoschkas als etwa Hasenclevers rücken, wenn Barlach sich nicht selbst eindeutig von einer solchen, den Geschlechterkampf in den Mittelpunkt rückenden Deutung distanziert hätte. Einem sich nach dem «Kernproblem» des Stückes erkundigenden Julius Cohen hat er nämlich noch 1916 geschrieben: *Ich bedachte nur dies und empfand es: Wie niedrig ist der Mensch, an seine Erzeugerin gebunden, wie banal, wie bürgerlich seine Existenz! An Sexuelles dachte ich dabei nicht. Im Gegenteil, ich hatte soviel davon gehört und geredet, es hatte sich so übelriechend überall breitgemacht, es hing mir zum Hals heraus* (10, Br. I, 480). Also nichts von Kokoschkas Schlachtenlärm der Geschlechter. Statt dessen geht es hier um den Kampf zwischen Mann und Frau, Vater und Mutter, um den Sohn, wobei der Dichter sich selbst in die Gestalt des Vaters wie auch des Sohnes projiziert, des 'verlorenen Sohnes' – ein Motiv, von dem schon Klaus Lazarowicz feststellte, daß es «in den folgenden Werken [. . .] in verschiedenen dramatischen und epischen Konstellationen durchgespielt» würde (62, 69).

Man hat den *Toten Tag* Barlachs autobiographischste Dichtung genannt, und das sicher mit Recht. Man rückt das Stück wohl erst dann in die richtige Perspektive, wenn man bedenkt, daß Barlach im August 1906 ein unehelicher Sohn geboren worden war, um den er lange Jahre – auch während der Niederschrift des *Toten Tages* noch – mit der Mutter zu prozessieren hatte. In demselben Brief an Julius Cohen weist er selbst auf diese Zusammenhänge hin: *Meine damalige Situation als Vater eines unehelichen Kindes, dessen Mutter mich betrog und erpreßte, die ich aber nicht so dumm war, für «schlecht» zu halten, die aber doch einem niedrigen Lebenskreis, gegen den meinen genommen, angehörte. Ich entriß der Mutter das Kind, nebenbei* (ebda). Und das ist wohl für Barlach typisch: Erst in der Transformation des 'Erlebnisses' in einen überpersönlichen – man könnte fast sagen: religiösen – Vorgang entstand die Dichtung. Dafür zitiert Lazarowicz einen anderen bezeichnenden Ausspruch Barlachs, die 'Kernproblematik' des Stückes betreffend: *Die Mutter wollte den Knaben nicht hergeben. Auf diese Weise mußte ich früher oder später notwendig Gott für ihn werden. Das war der Anstoß. Unter den Händen wuchs die Idee von selber ins Mythische* (44, 446), denn, wie es weiter in dem Brief an Julius Cohen heißt, *ich bin allewege zuviel Mystiker, ahnungsvolles Subjekt* (10, Br. I, 482). So wird ihm der Vater, der um seinen Sohn kämpft – sicher zu einem guten Teil, um ihn dem niederen Milieu der Mutter zu entreißen, also aus einem menschlich-väterlichen Verantwortungsgefühl heraus – zum Gott–Vater, der den Sohn retten möchte, aber ihm letzten Endes doch nicht helfen kann, denn er – der Sohn, mit dem sich der Dichter in dieser Hinsicht identifiziert – *kommt nicht los, er zerreibt und zerstört sich selbst, er ist doch zu viel Muttersohn* (ebda, 481). Archetypische Vorstellungen schwingen da ohne Frage mit, hier wie in eigentlich allen Dichtungen Barlachs. Man versteht aber auch, warum der Bildhauer zum Dichter werden mußte, um sich selbst künstlerisch zu realisieren: die Skulptur mag das Destillat solcher Urerlebnisse sein, ins Visuelle übertragen, aber nur die Dichtung kann sie als solche zur Anschauung (oder Anhörung) bringen.

Wieder also ein Außenseiter im Außenseitertum des Expressionismus! Und wahrscheinlich sogar der erste. An sich war ihm die Welt des Expressionismus als Großstadt-Produkt fremd; aber ihm widerstand nicht weniger der Zug zur Abstraktion in der Malerei, dem er in seiner bekannten Auseinandersetzung mit Kandinsky und dessen Theorien Ausdruck gab. Etwas von dem später so notorisch gewordenen 'Blut und Boden' steckt zweifellos auch in seiner Dichtung – bei all ihrer hochgradigen Intellektualität, die mit der eigentlichen 'Blu-Bo'-Literatur nicht zu vereinbaren ist. Seine Welt ist die der menschlichen Kreaturen in ihrem Ringen um Gott und den 'rechten Weg', aber auch mit ihren Geistern und Gespenstern, den Mühseligen und Beladenen. Schon 1919 schrieb Monty Jacobs gelegentlich der Uraufführung des *Toten Tags* in der *Vossischen Zeitung*: «Aus 'Des Knaben Wunderhorn' stammt die Melodie, und niemand würde staunen, wenn Grimms Prinzessin Gänsemagd das tote Roß anredete: O Falada, der du hangest», und sprach von der «Belebung einer allzu literarischen Bühnenkunst [. . .] aus dem Geiste des Märchens» (*VZ,* 7. April 1919). Diese Welt aber ist dem modernen Menschen so gut wie verschlossen.

In Barlachs Dichtung kreist alles Geschehen um die Sprache: Er benutzt sie wie der bildende Künstler den Ton, knetet und formt sie, wobei sich sonderbare Formen ergeben können, die er festhält oder wieder fallenläßt. Da geht nicht immer alles 'mit rechten Dingen' zu: Worte und Bilder haben die Tendenz, sich zu verrätseln, der Dialog baut sich auf nicht genau Begreifbarem und sofort Einsichtigem auf, folgt seiner inneren Motorik – und das ist dann der Augenblick, in dem der Dichter Barlach dem Expressionismus am nächsten kommt. Es ist eine Sprache von verhaltener Kraft, aus geistigen Energien gespeist, aber der tiefe Ernst ist auch jederzeit zu einem Schabernack bereit. Viel einfache Volkssprache ist in sie eingegangen, eine oft verspielte, in sich selbst verliebte Sprache, die er auswarf wie Netze, um mit ihnen die sich immer wieder entziehenden Inhalte einzufangen. Dabei war seine Kunst noch ganz im Realismus und Naturalismus verhaftet, einem Realismus oder Naturalismus jedoch, dem die Wiedergabe des Äußeren, der Oberfläche, der sich dem Auge darbietenden 'Wirklichkeit' nicht genügte. Dem Außen entspricht bei ihm immer ein Innen, wobei das Außen allerdings täuschen kann, das Innen aber nicht. Wie entsetzt war er, als er 1919 in Berlin der Jessnerschen Inszenierung eines seiner Stücke beiwohnte: Panikartig verließ er das Theater, in dem man sein Stück auf den Expressionismus hin stilisiert und damit vollkommen mißverstanden hatte. Erst Jürgen Fehling hat sich in den zwanziger Jahren verständnisvoller für Barlachs Dramenwerk eingesetzt, aber Barlach selbst hat nie wieder die Aufführung eines seiner Stücke über sich ergehen lassen. Herbert Kaiser fand für seinen dramatischen Stil die glückliche Formulierung: «funktionalisierter Naturalismus» im Gegensatz zu einer «milieugetreuen Wirklichkeitsnachzeichnung» (89, 48).

Auch wenn es den Menschen Barlachs offensichtlich schwerfällt, miteinander zu kommunizieren, sie gleichsam alle auf ihrer eigenen sprachlichen Wellenlänge operieren – ein glänzendes Beispiel dafür wäre gleich die erste Szene im *Blauen Boll* (1926) –, hat das nichts mit irgendeiner Art von Sprachskepsis zu tun. Eher wäre schon das Gegenteil richtig: daß das Vertrauen in die Sprache den Menschen über alle Fragwürdigkeiten des Lebens hinwegzutragen vermag. Nicht die Sprache versagt bei Barlach, sondern es sind immer wieder die Menschen, die versagen.

War Barlach ein 'Mystiker'? Er selbst hat sich – etwa in dem bereits herangezogenen Brief an Julius Cohen – einen solchen genannt. Wir stehen den Mystikern unserer Tage gern mit einem gewissen Mißtrauen gegenüber. Barlach sei kein Mystiker, meint Herbert Kaiser, «wenn der Begriff eine christlich-mittelalterliche Mystik» beinhalte (89, 214). Nun, mit einer mittelalterlichen Mystik haben wir es bei ihm natürlich nicht zu tun, was auch wohl noch niemand behauptet haben dürfte. Aber mit einer letztlich christlichen wohl schon eher, auch wenn sie sich durch kein spezielles Glaubensbekenntnis festlegen läßt. Sicher geht es in seinen Stücken nie wie in einem Mysterienspiel unmittelbar um Gott, sondern immer um den Menschen und das 'Geistige', das keimhaft in ihm angelegt ist und gepflegt sein will, aber auch das Wort vom «Herrn» fällt erstaunlich oft, und er selbst kann, wie am Ende des *Blauen Boll,* verhüllt, aber doch unverkennbar unter den Menschen auftreten. Das 'Geistige', um das es eigentlich immer bei Barlach geht, hat auf den ersten Blick wenig mit der 'Geistigkeit' – sprich: dem Intellektualismus – zu tun, die im 'Neuen Club' gepflegt wurde, und dennoch besteht da offenbar eine untergründige Beziehung. So überrascht es eigentlich nicht, wenn Herbert Kaiser in seinen Analysen einiger Dramen Barlachs zu dem Schluß kommt, der Autor stehe in der Tradition Kants – also endlich einmal nicht in der Nietzsches und seines Vitalismus: «sein unbedingtes Vertrauen auf die Macht des Geistigen» entspreche «dem formalen optimistischen Vernunftsglauben der Aufklärung und des Idealismus weit eher als christlichem Gottvertrauen», allerdings dann wieder mit der Einschränkung, «seine wie jede neuzeitliche aufgeklärte, dogmenfreie Religiosität» habe «ihren geschichtlichen Ursprung» denn doch «im christlichen Offenbarungsglauben», auch wenn er damit «über einen vagen Deismus nicht» hinausgehe (89, 213–214).

Das 'Geistige' steht für Barlach im Gegensatz zum 'Fleischlichen' und ist für ihn gleichbedeutend mit dem Menschlichen als reinster Daseinsform, dem menschlichen Potential schlechthin, das 'werden' muß und 'gewollt' sein will. Dieses 'Werden' und 'Wollen' aber ist nicht jedem gegeben, was Barlach in seinem Osterspiel vom *Armen Vetter* (1918) und auch noch im *Blauen Boll* vor Augen führt. *Werden ist die Losung,* heißt es im *Blauen Boll* (10, 419), und Boll bekennt selbst: *Ich bin neugierig, wie Bolls Werden ausfällt* (ebda, 423). Herbert Kaiser hat dem vielleicht bedeutendsten amerikanischen Barlach-Kenner Edson M. Chick vorgeworfen, er habe in seiner Interpretation der *Echten Sedemunds* (1920) «die für Barlach ganz grundsätzliche Überzeugung von der Notwendigkeit der Ich-Überwindung und Selbstlosigkeit nicht klar genug» gesehen (89, 78). Daß sie in Barlachs Denken eine zentrale Rolle spielt, ist nicht zu leugnen, aber damit stehen wir erneut vor der Frage: Hat das etwas mit Expressionismus zu tun? Oder war er gerade damit über die Ichhaftigkeit des Kreativismus, die ja im Expressionismus ihre hemmungslosen Feste feiert, bereits hinaus? Überwunden aber wird bei ihm nur das 'schlechte Ich', eben das 'Fleisch', das behäbige, träge, das bürgerlich-materialistische, gegen das auch die Expressionisten von Anfang an eindeutig Stellung bezogen haben, nicht das zum 'Werden' bereite Ich, und damit befänden wir uns dann doch wieder im Bereich expressionistischer Welterfahrung. Da man – wie überhaupt die Welt – nicht 'ist', wie man sein sollte, bleibt nur die Hoffnung, daß man es 'werden' könne. Das ist die Grundvoraussetzung des ganzen expressionistischen Utopismus, wie ihn wohl Kaisers Dramen am lautesten, wenn auch keineswegs am überzeugendsten formuliert haben.

Ernst Barlach hat an dem von ihm seit dem *Toten Tag* eingeschlagenen Weg bis zuletzt festgehalten. Man könnte sogar, vielleicht mit Ausnahme des so schwer zu entschlüsselnden *Findlings* (1922), den nachgelassenen *Grafen von Ratzeburg* (veröff. 1951), den Klaus Lazarowicz als sein letztes 'Märtyrerdrama' bezeichnet (62, 69), für sein 'expressionistischstes' nehmen, es sei denn, daß wir es hier bereits mit dem Surrealismus, dem Barlach ja auch an anderen Stellen nahekommt, zu tun hätten. Somit wäre er nicht nur einer der ersten, sondern auch der letzten expressionistischen Dramatiker. In den *Echten Sedemunds* von 1920, die für Edson Chick die einzige Komödie Barlachs sind (24), sieht auch Lazarowicz eine Rückkehr zu der mit einer langen Tradition behafteten Komödie der 'verkehrten Welt', in der «die verlorenen Söhne ihre verlorenen Väter anklagen» (107, 449), und damit «den Anfang einer neuen Phase von Barlachs dichterischer Produktion» (ebda, 448). Mich will das nicht überzeugen, denn ging es nicht schon im *Toten Tag* um einen verlorenen Sohn und einen verlorenen Vater? Das dramatische Instrumentarium Barlachs hat sich fraglos bereichert und aufgelockert, aber an seiner Problematik hat sich wenig geändert.

Hat das Drama Barlachs Schule gemacht? Es ist schwer auszumachen, weil das, was sich als solches zu geben scheint, nicht leicht von dem gerade in den zwanziger Jahren erneuten Mysterienspiel (Max Mell u.a.) in der Nachfolge Hofmannsthals abzuheben ist. So fällt auch das dramatische Werk von Alfred Brust (1891–1934), das uns Horst Denkler wieder zugänglich gemacht hat (204), nach frühen, bis 1912 zurückreichenden Anfängen im wesentlichen in die frühen zwanziger Jahre. Technisch hat der Ostpreuße Brust nicht nur von den deklarierten Expressionisten gelernt, seinen Figuren haftet auch etwas Mythisches an, das der Dramatik Barlachs sehr nahe kommt. Aber auch Hans Henny Jahnn glaubt man manchmal aus seinen Dialogen heraushören zu können. Karl Otten hat seine *Schlacht der Heilande* (1919, 1920) noch ganz selbstverständlich in seine Sammlung expressionistischer Dramatik (157) mitaufgenommen. Darin aber finden sich ja auch andere Stücke, gegen deren Aufnahme man manches einwenden könnte. Die Zeit der Erben war gekommen, ein neuer Umbruch kündete sich an, das Kommende aber hatte seine Form noch nicht gefunden, so daß vieles dem persönlichen Urteil überlassen blieb.

2. Der Durchbruch zum expressionistischen Drama

Als Barlachs *Toter Tag* 1912 erschien, blieb er so gut wie unbeachtet, obgleich sein Verleger Paul Cassirer im selben Jahr in seiner für die neue Kunst so maßgeblichen Galerie eine Barlach-Ausstellung veranstaltete, bei welcher Gelegenheit Friedrich Kayssler Szenen aus dem Stück vortrug. Das ist um so erstaunlicher, als die Jahre 1911 und 1912 die ersten großen Erfolge des expressionistischen und ihm nahestehenden Dramas gesehen hatten. 1911 war Sternheims erste, skandalumwitterte Komödie «Aus dem bürgerlichen Heldenleben», *Die Hose,* unter seinem ursprünglichen, vom Berliner Polizeipräsidenten von Jagow als weniger anstößig empfundenen Titel «Der Riese» über die Bretter gegangen und 1912 das wohl wirklich erste unbestreitbar expressionistisch konzipierte Drama, Reinhard (Johannes) Sorges «Dramatische Sendung» *Der Bettler* an prominentester Stelle, nämlich im S. Fischer-Verlag, erschienen und ihm auf Dehmels Vorschlag hin der Kleistpreis zuerkannt worden. Zu der damals gleich mitgeplanten Uraufführung in der 'Freien Bühne' kam es allerdings noch nicht; sie fand erst 1917, nach Sorges Tod, statt. Zu der Zeit aber war es eigentlich schon überlebt, denn die Hochflut der expressionistischen Dramatik hatte inzwischen eingesetzt.

Wenn wir zunächst von den weiteren, in den folgenden Jahren Schlag auf Schlag an die Öffentlichkeit getretenen Komödien Sternheims absehen, ist die Ernte auf dem Gebiet der expressionistischen Dramatik in diesen frühen, aber entscheidenden Jahren nicht allzu groß. Wenige Daten genügen, um ihre Fixpunkte festzulegen: 1913 verfaßte Walter Hasenclever seinen ein Jahr später veröffentlichten, aber erst 1916 im fernen Prag – gleichzeitig mit einer geschlossenen Vorführung in Dresden – uraufgeführten *Sohn,* während Franz Werfel die *Troerinnen* des Euripides ins Modern-Pazifistische übertrug, die auch 1915 noch erschienen, aber wie so viele avantgardistische Bühnenwerke seiner Zeitgenossen erst zu Ende des Krieges aufgeführt werden konnten. Auch Bronnens *Vatermord* entstand bereits um 1915 (123, 63), erschien jedoch erst 1920 im Druck, als das Thema seine Aktualität längst verloren hatte, seinen Autor damit den Reihen der Nachzügler zuwies. Die expressionistische Dramatik hatte bereits ihre Spätphase erreicht, in der sie für das Theater dank einer neuen Generation von im Expressionismus aufgewachsenen Regisseuren noch höchst fruchtbar fortwirken konnte, literarisch sich aber langsam im Sande verlor.

Zwischen 1914 und 1915 wurde mit den im *Sturm* veröffentlichten Bühnenstücken August Stramms so etwas wie der Höhepunkt, das Non-plus-ultra expressionistischer Experimente erreicht, von Lothar Schreyer und der Sturm-Bühne noch einige Jahre weitergepflegt, in denselben Jahren, in denen die Dadaisten mit ihrem Hohngelächter auf diesen ganzen ʻverschrobenen' Expressionismus reagierten. Danach war zwar immer noch eine zunehmende Breitenwirkung möglich, auch an weiteren dramatischen Experimenten sollte es nicht mangeln: Wir erinnern nur an Paul Kornfeld, Reinhard Goering, Fritz von Unruh, Georg Kaiser, Ernst Toller, Ludwig Rubiner, Alfred Brust und viele andere. Wenig scheinen alle diese Autoren miteinander gemein zu haben, es sei denn den Umstand, daß der ursprünglich kreativistisch motivierte Ich-Faktor in einen Wir-Faktor umzuschlagen begonnen hatte, wie ihn Werfels zweiter Gedichtband *Wir sind* aus dem Jahre 1913 bereits signalisiert zu haben scheint. Das absolut gesetzte Ich – wie etwa in Sorges *Bettler* – hielt es bei sich selbst nicht mehr aus, suchte in Gemeinschaften verschiedenster Art unterzutauchen. Der Wirklichkeit, die man nicht bewältigt hatte, wurde eine Ersatz-Wirklichkeit gegenübergestellt, die sich als Utopie gab und höchst sonderbare Formen anzunehmen vermochte. Auch eine Rückbesinnung auf klassische Formen der Dramaturgie (von Unruh) läßt sich in dieser Spätphase des Expressionismus feststellen.

Wie aber steht es nun mit dem Dramatiker, dessen Name auf den letzten Seiten bereits gefallen ist und an den man wohl in erster Linie denkt, wenn vom expressionistischen Drama die Rede ist – Georg Kaiser? Sein erstes expressionistisches Stück, *Von morgens bis mitternachts,* hatte er schon 1912 auf einer Italien-Reise konzipiert, aber wohl erst im folgenden Jahr ausführen und dann 1916 veröffentlichen können, im Erscheinungsjahr also des Sorgeschen *Bettlers* und frühestens ein Jahr nach Sternheims eklatantem Erfolg mit der *Hose,* während es ziemlich gleichzeitig mit Hasenclevers *Sohn* entstanden sein dürfte. In dieselbe Zeit fällt die Ausarbeitung der *Bürger von Calais,* die ebenfalls schon 1914 im Druck vorgelegt werden konnten, aber ihren ersten durchschlagenden Erfolg erst 1917 gelegentlich ihrer Frankfurter Uraufführung erlebten. Rein historisch gesehen ergeben sich damit Schwierigkeiten für eine sinnvolle Erfassung seines expressionistischen Werkes – ganz abgesehen davon, daß keineswegs alle seine Stücke aus diesen an sich expressionistischen Jahren dem Expressionismus zugerechnet werden können. Auf die frühe Blütezeit des expressionistischen Theaters jedenfalls hatte er keinen Einfluß. Erst 1917 begann der bis dahin kaum beachtete Georg Kaiser seinen Siegeszug über die deutschen Bühnen, um in den zwanziger Jahren, in denen sein inzwischen sehr angewachsenes Werk jedem Geschmack etwas zu bieten hatte, zu den meistgespielten Autoren seiner Zeit zu gehören.

Carl Sternheim

Es mag auf den ersten Blick wenig einleuchten, daß wir in unserem die historischen Perspektiven so weit wie möglich wahrenden Überblick den mit Kaiser und Döblin gleichaltrigen Carl Sternheim (1878–1942), der, um mit Manfred Durzak zu reden, «im Fabelkonstrukt seiner Stücke noch deutlich von der dramaturgischen Technik des psychologischen Dramas geleitet wurde» (35/I, 36), neben Barlach «mit seinem philosophisch verbohrten [. . .] Dramenbegriff» (ebda, 32) rücken, denn im Ganzen besehen lassen sich wohl größere Gegensätze kaum denken. Sie waren aber beide, jeder auf seine Weise, extreme Randerscheinungen des Expressionismus, und weder der eine noch der andere hat sich jemals wirklich zu ihm bekannt. Trotzdem wäre ihre Entwicklung ohne Sternheim fraglos anders verlaufen. Wenn Manfred Linke allerdings meint, «Sternheims Zuordnung zum Expressionismus, wie sie verschiedentlich vorgenommen wurde», sei «aus den Zielen der 'Expressionisten' nicht zu rechtfertigen» (110, 118), ist er uns die Erklärung schuldig geblieben, worin die Ziele der Expressionisten bestanden haben. Eine immerhin einigermaßen bekannte Größe läßt sich nun einmal an einer unbekannten oder doch so diffusen nicht messen. Man könnte geradezu den Standpunkt vertreten, es habe so viele 'Ziele von Expressionisten' gegeben wie Expressionisten, was gar nicht anders sein konnte, weil im Sinne des kreativistischen Vitalismus jeder sich selbst das Ziel zu sein hatte, und unter diesem Gesichtspunkt ist die Zuordnung Sternheims zum Expressionismus eben doch zu rechtfertigen, ganz abgesehen davon, daß die über das Land hingehende Woge der Bewegung auch ihn mitgetragen hat. Er mag auf die Grundprinzipien seiner Sprachreform selbst gestoßen sein, aber ohne die überall wild ins Kraut schießenden Sprachexperimente hätte er sich wohl kaum derart in ihren Netzen verfangen, daß sie schließlich sein ganzes Werk und dessen Gültigkeit in Frage stellen mußten. Aber nicht nur seine Willkür in Dingen der Sprache verbindet ihn mit den Expressionisten, laut Walter Sokel auch seine spezielle Technik der Dialogführung, dieses Monologisieren im Dialog (165, 62 f.). Man müßte sich dabei allerdings fragen, wieviel davon nicht hier wie da auf das Konto Wedekinds geht. Akzeptieren wir aber ruhig sein Argument, denn selbst wenn Wedekind hier den Lehrmeister abgegeben haben sollte, so hat die Nachwelt seine Anregungen doch weiterentwickelt, die Expressionisten und Sternheim mit ihr. Es ist sicherlich etwas geradezu Geniales in den bühnentechnischen Innovationen Sternheims, auch wenn er sie in der Folge zutode geritten hat. Was von ihm zunächst als bühnenwirksamer Realismus gemeint war – und was diesen Realismus betrifft, so war ihm Flaubert eingestandenermaßen das Vorbild, dokumentiert nicht zuletzt auch durch seine freie Bearbeitung von dessen schwacher Komödie in seinem *Kandidaten* (1913) –, führte ihn zu einer den Boden der Rationalität verlassenden Sprache, deren forcierte Eigenwilligkeit in dem Augenblick offen zutage trat, als er sie von der Bühne weg in seine Erzählungen übertrug. Vom Erhabenen bis zum Lächerlichen ist es tatsächlich manchmal nur ein Schritt.

Es kann gar keine Frage sein, daß sich Sternheims Wege mit denen der Expressionisten und Aktivisten auf vielfache Weise gekreuzt haben, wenn auch manchmal unter argen «theoretischen Mißverständnissen», um uns einer Formulierung von Karl Deiritz zu bedienen (27, 62). Pfemfert hat das eines Tages auch eingesehen und dem sich während der Revolution so revolutionär gebärenden Sternheim die *Aktion* verschlossen. Was sie, Sternheim und die Aktivisten, eine Zeitlang zusammengeführt hatte, war ihre beiderseitige Opposition gegen den gesellschaftlichen Status quo, die bei dem Schöpfer der Komödien *Aus dem bürgerlichen Heldenleben* nur eben ganz andere Voraussetzungen hatte als bei den immer mehr nach links abschwenkenden Aktivisten, denen der Kommunismus die Erfüllung ihrer sozialistischen Hoffnungen verhieß. Sternheim hat zwar das Bürgertum, diesen Träger des gesellschaftlichen wie politischen Status quo, immer wieder wie kein anderer aufs Korn genommen und es mit seinen Sarkasmen überschüttet, aber man irrt sich gewaltig, wenn man annimmt, daß seine Kritik auf einer tieferen Einsicht in die wahren Verhältnisse beruhe. «Die Sternheim-Kritik [. . .] hat sich auf das sozialkritische Glatteis führen lassen», meinte schon Wolfgang Stauch-von Quitzow (170, 16) und stützte sein Urteil auf Sternheims bürgerlichen Helden par excellence, Theobald Maske in der *Hose* (1911), von dem er feststellte, daß er «nichts begriffen habe» und am Ende des ihm gewidmeten Lustpiels «auf der gleichen Stufe» stehe «wie zu Anfang» (ebda, 37). In noch höherem Maße gilt das sicher von den Arbeiten Sternheims aus den zwanziger Jahren, in denen er nach Meinung Durzaks mehr und mehr von seiner Zeit abgerückt sei und ihr in völliger «Ratlosigkeit» gegenübergestanden habe (35, I, 45).

Wirklich verständlich wird Sternheims Gesellschaftskritik erst in dem Augenblick, wenn man sie mit den Kategorien Walter Falks angeht und erkennt, daß es sich bei diesem Autor geradezu um den klassischen Fall eines wild um sich schlagenden, aus den kreativistischen Ansätzen hervorgegangenen Destruktionismus handelt – ob man ihn nun als expressionistisch bezeichnet oder nicht. Man vergegenwärtige sich nur, wie tief Sternheim in seinem Frühwerk nicht nur in der Formenwelt, sondern überhaupt in seiner ganzen geistigen Orientierung der 'Kunstperiode' verhaftet war und es letzten Endes auch immer geblieben ist. Auf seinem frühen Gedichtband *Fanale!* (1901) liege der «skurril verzerrte Schatten Stefan Georges», lautet das Urteil seines jüngsten Biographen Manfred Linke (110, 23), des verdienstvollen Mitherausgebers von Wilhelm Emrichs mustergültiger Gesamtausgabe des Sternheimschen Werkes (171). Wer von der heute manchmal geradezu grotesk wirkenden Verherrlichung dieser auf den Denkformen eines spät-feudalistischen Systems beruhenden Kunstwelt einen Eindruck gewinnen möchte, braucht sich nur in die noch gegen Ende seines Lebens verfaßte Autobiographie Sternheims *Vorkriegseuropa im Gleichnis meines Lebens* (1936) zu vertiefen. Hier finden sich mit einer schon fast naiven Hemmungslosigkeit vorgebrachte Bekenntnisse des Autors, über die man nur lachen oder ungläubig den Kopf schütteln kann. Daß die immer noch im Feudalismus befangene Wilhelminische Ära Deutschlands vom Rokoko bis zu Bismarck und der Mentalität der preußischen Offizierkorps seine geistige 'Wahlheimat' war, steht außer Frage, und er selbst kultivierte sie mit seiner eigenen Person in einem hochherrschaftlichen Lebensstil. Wie sehr er auch dem Bürger *Mut zu seinen angeblichen Lastern* machte, dieser Bürger war doch nur eine 'Maske', die er sich selbst vorgebunden hatte, wie denn auch alle seine Bürger dieselbe Sprache sprechen: nämlich seine, Sternheims, eigene. Auf den Bürger als solchen sah er herab und schickte ihn als bloße Marionette an den Fäden in seiner Hand über die Bühne.

Man mag einwenden – und hat es auch getan –, daß es für den Kritiker nicht legitim sei, bei der Interpretation von Dichtungen auch den mit ins Auge zu fassen, dessen Werk diese Dichtungen sind. Solange es nur darum geht, formale Kriterien herauszuarbeiten, mag eine solche Auffassung zu vertreten sein. Der Mensch aber dichtet doch nur, was er ist – um diese letzte Wahrheit kommen wir nicht herum. Sternheim war ein vollendeter Egozentriker, ein Mann, den schon seine erste Frau bei ihrer Scheidung von ihm als «von Egozentrik belastet» bezeichnet hat (110, 45). Egozentriker aber sind auch alle von ihm erdichteten Gestalten und stehen unter dem Zwang, ihre Mitwelt ihren eigenen Zwecken und Bedürfnissen dienstbar zu machen – Menschen ohne die Möglichkeit einer das rein Sexuelle transzendierenden menschlichen Verhaltensweise und daher auch ohne soziale Verbindlichkeiten, ausgenommen die, die ihnen nützen und die sie dann so rücksichtslos durchsetzen wie Christian Maske mit seinem Aufstieg in die oberen Gesellschaftsschichten in *Der Snob* (1913) oder seine Tochter ihrem Vater gegenüber in *1913* (1914). Einen Ausweg aus dem sozialen Dilemma des Bürgertums gibt es für Sternheim daher nicht, es sei denn eben diesen mit allen Mitteln durchzusetzenden Aufstieg in eine höhere Gesellschaft, wie sie ja auch im *Bürger Schippel* (1912) demonstriert wird. «Die Dimension der Zukunft wird von Sternheim gekappt», formuliert Durzak diesen Sachverhalt (35, I, 50) – wenn man nämlich unter 'Zukunft' etwas anderes versteht als die private Glückseligkeit. In Sternheims Stücken geht es daher folgerichtig um nichts als «die überzeugende Zurschaustellung eines hemmungslosen Karrieredenkens» (ebda, 73).

Sternheim aber fühlte sich nicht nur behaftet mit dem Stigma, ein geborener Bürger zu sein, sondern dazu auch noch mit dem eines Halbjuden, was in sein Konzept grandseigneuraler Lebensformen schon gar nicht passen wollte. Sein ganzes Leben lang hat er sich bemüht, über diese Seite in sich hinwegzukommen, indem er gegen alles Jüdische blankzog: Das ist schon die besondere Funktion des so unmännlichen Friseurs Mandelstam im Handlungszusammenhang seiner ersten bürgerlichen Komödie. Besonders in seinen späteren essayistischen Pamphleten (*Berlin oder Juste milieu* [1920]; *Libussa, des Kaisers Leibroß* [1921]) finden sich Stellen, die jedem echten Nationalsozialisten Ehre gemacht hätten. Unter den Expressionisten – soweit er zu ihnen gehört – war er einer der wenigen, zugleich aber auch einer der virulentesten Antisemiten. Der sogenannte 'jüdische Selbsthaß' hat in Sternheim pathologische Formen angenommen.

Als ihm nach Abschluß – man darf wohl auch sagen: nach dem Scheitern – seiner zweiteiligen neuromantischen Tragödie *Don Juan* (1909) die Welt des schönen Scheins, in der jeder nach seiner Façon selig bzw. glücklich zu werden vermochte, unter den Händen zerbrach, ihre völlige Irrelevanz innerhalb der modernen Welt sich nicht länger übersehen ließ, kehrte Sternheim sich in bitterem Ressentiment gegen den unliebsamen Friedensstörer, den 'Bourgeois', und ging zum Gegenangriff über. Der ihm damals noch befreundete Franz Blei, mit dem zusammen er die höchst elitäre, aber kurzlebige Zeitschrift *Hyperion* (1908–1910) herausgab, hatte darin auf den *Don Juan,* den man fraglos auch als «Ahnherrn» seiner Komödienhelden ansehen kann (110, 52), mit einer Parodie reagiert, die mit dem Vers beginnt: *Ich weiß nicht, was ich will, weißt du es, Sternheim?,* und diesen offenbar desorientierten Neuromantiker auf Molière hingewiesen – mit den Folgen, die wir kennen: Sternheim hat sich seitdem als deutscher Molière geriert. Es war Blei damals natürlich noch nicht aufgegangen, daß weder der sich «in der von Nietzsche bestimmten Tradition» (185, 44) so vitalistisch aufführende Held noch sein Dichter gar nichts anderes im Sinne hatten, als sich frei auszuleben, was wenigstens letzterem in der bürgerlichen Welt nicht möglich war und ihn in Konflikte brachte, auf die seine Nerven mit häufigen Zusammenbrüchen und anschließenden Aufenthalten in Sanatorien reagiert hatten. «Rückblickend wird deutlich, wie stark er *Don Juan* mit eigenen Zügen ausgestattet hatte», ist das Ergebnis, zu dem auch Manfred Linke gekommen ist (110, 114). Daß Nietzsche für seine Vitalisten ein anderes Betätigungsfeld als das der «entfesselten Triebhaftigkeit, Sexualität» (35, I, 71) ins Auge gefaßt hatte, ist seit langem kein Geheimnis mehr, und es bedeutet wenig, daß Sternheim später in seiner Autobiographie, worauf Linke hingewiesen hat (110, 51), von dem Lehrmeister seiner Jugend abgerückt ist – denn von wem wäre er, der sich immer alle Verdienste selbst zuschrieb, nicht einmal abgerückt? Neurotisch so schwer belastete Autoren wie er – man denkt hier unwillkürlich an Conrad Ferdinand Meyer, bei dem die Dinge ja ähnlich lagen – stehen unter dem Zwang, ihre eigenen physischen Unzulänglichkeiten in übergroß konzipierten Gestalten zu sublimieren. Es ist sehr fraglich, ob Dichtung eine therapeutische Funktion besitzt – sie hat sie für Kafka nicht besessen! – aber sie kann die Möglichkeit von Ersatzleistungen schaffen, die im Augenblick ihre Wirksamkeit tun, die wirkliche Lösung der Probleme aber nur hinausschieben, wenn nicht überhaupt verhindern.

Der erst aus dem Nachlaß bekannt gewordene Umstand, daß sich Sternheims Umorientierung auf den neuen Stoffkreis doch nicht so glatt vollzog, wie die Chronologie der Werke und Bleis diesbezügliche Aussagen nahelegen, sollte uns eigentlich nicht überraschen. Noch nach dem 'Neuansatz' fühlte sich Sternheim erneut versucht, in die unproblematischen Bereiche der Geschichte auszuweichen und ein Schauspiel über den englischen Heinrich VIII. zu schreiben, der mit seinen vielen Frauen kurzen Prozeß zu machen pflegte. In der *Hose* ist davon wenig geblieben – nichts als ein frustriertes Frl. Deuter, die sich ins Bett abkommandieren läßt. Für einen Heinrich VIII. aber war auch bei Sternheim die Zeit vorbei: Die Arbeit wollte ihm nicht aus der Feder fließen, und so gab er das Projekt bald wieder auf (171, I, 569).

Oder war sie für ihn doch noch nicht so ganz vorbei? Bildete sie vielleicht noch immer den Hintergrund, vor dem das in die Neuzeit versetzte Geschehen seiner Komödien sich abspielte? Schon während des Krieges hatte er

sich mit allen möglichen Bearbeitungen älterer Werke befaßt (Klinger, Molière) und einige seiner Jugendwerke, die er noch nicht ganz aufzugeben vermochte, auf die Höhe seiner neuen Einsichten zu bringen gesucht. In den
zwanziger Jahren ist er entschlossener zu geschichtlichen Stoffen zurückgekehrt (und zwar eigentlich immer in Anlehnung an vorgegebene Literatur), wobei ihm zunächst die in der Zwischenzeit gewonnenen dramaturgischen Erfahrungen zu Hilfe kamen. So entstand bereits 1918 *Die Mar-
quise von Arcis* (nach Diderot), 1921 *Manon Lescaut* (nach dem Roman des
Abbé Prévost), 1924 *Oskar Wilde,* an dem Pfemfert und sein Kreis so leb-
haften Anstoß nahmen, daß sie mit seinem Autor brachen.

Die Hose sollte freilich als Komödie und Gesellschaftssatire in Sternheims Gesamtwerk kein vereinzelter Glücksfall bleiben. In regelmäßigen
Abständen, ziemlich genau ein Stück im Jahr – zum mindesten bis zum
Ausbruch des Krieges –, entstand die lange Kette seiner Komödien und
Lustspiele: Der von Stauch-von Quitzow herausgearbeitete Unterschied
zwischen beiden (170, 22 ff.) scheint von der Forschung entweder nicht zur
Kenntnis genommen oder stillschweigend übergangen worden zu sein. Die
verschiedenen Stücke sind natürlich von sehr ungleicher Qualität, aber eine
hinreichende Anzahl von ihnen steht der *Hose* in ihrem rein technischen
Gekonntsein kaum nach, und das ist immerhin, wie man sich im einzelnen
auch zu ihnen stellen mag – die Urteile gehen da weit auseinander – eine
beachtliche Leistung. Sechs von ihnen hat er später unter dem Gesamttitel
«Aus dem bürgerlichen Heldenleben» zusammengefaßt: mit der *Hose* den
Snob (1913), *1913* (1914), *Das Fossil* (1922), *Die Kassette* (1911) und den
Bürger Schippel (1912), und zwar in dieser Reihenfolge, in der sie auch in
die Ausgabe des *Gesamtwerks* als erster Band eingegangen sind. Gemeinsam ist ihnen allen im Grunde nichts als das bürgerliche Milieu, hier und
da unter Hineinnahme einzelner Figuren aus den oberen und unteren Gesellschaftsschichten, während einige von ihnen noch durch den Stamm-
baum der Familie Maske in ihrem nicht aufzuhaltenden Aufstieg in immer
höhere Regionen des Gesellschaftlichen zusammengehalten werden. Sternheim scheint eine Zeitlang mit dem Gedanken gespielt zu haben, auch *Tabula rasa* (1915) sowie den nach Flaubert bearbeiteten *Kandidaten* (1913)
in den Zyklus miteingehen zu lassen, denn sie gehören natürlich in denselben sozialen Zusammenhang. Wenn er den *Kandidaten* ausschloß, so wohl
hauptsächlich deswegen, weil er ihn nicht als ganz eigenständige Arbeit betrachtete und seine Schwächen früh durchschaute, während er offensichtlich eine Zeitlang daran gedacht hat, *Tabula rasa* in einen neuen zyklischen
Zusammenhang zu stellen, was er dann aufgab. An sich sind Wilhelm Ständer (in *Tabula rasa*) und Paul Schippel in dem nach ihm benannten Stück
mit derselben 'eigenen Nuance' ausgestattet, und der eine wie der andere
ist bis aufs letzte entschlossen, in die Welt bürgerlicher Respektabilität auf-
zusteigen. Daß dazu nicht viel 'Heldentum' gehört, zeigt die Duell-Szene
am Ende des *Bürger Schippel:* An ihr beweist Sternheim seine Meisterschaft, ein in der literarischen Tradition tragisches Ende in eine Farce auf-
zulösen. Ständer aber ist nichts als ein sozialistischer Opportunist und dar-

in schon eher ein Verwandter Russeks im *Kandidaten* als der Maskes. Die Akzente haben sich für Sternheim offenbar ins Politische verschoben – ein Gebiet, auf dem seine erzkonservative Natur mit den neuen sozialen Konzepten nur durch deren Ironisierung fertigzuwerden vermochte. Es hätte gar nicht erst des *Oscar Wilde* (1925) mit seinem Motto «Was nottut, ist Individualismus» bedurft, um Pfemfert, ein wenig spät, ein Licht über Sternheims 'Ideologie' aufzustecken. Es ist ja nicht dasselbe, ob ein gerissener Kleinbürger wie Theobald Maske demaskiert wird – und auf eine solche Demaskierung läuft ja auch noch *Die Kassette* hinaus – oder ob der politische Fortschritt selbst satirisiert wird. Die Politisierung der Sternheimschen Komödie lag dann in dem 1920 entstandenen *Entfesselten Zeitgenossen,* dem *Nebbich* aus dem folgenden Jahr und dem darauffolgenden *Fossil* offen zutage, die ihr zugrundeliegende Positionslosigkeit ihres Autors aber wurde nirgendwo so deutlich wie in der *Schule von Uznach* (entst. 1925), von der Sebald mit Recht feststellte, daß es «absolut unklar» bleibe, «ob es eine Satire oder Hymne auf die Privatschulerziehung sein soll» (161, 16) – eine Privatschule für höhere Töchter aus der obersten internationalen Gesellschaft, eine Art Pflanzstätte für 'Überfrauen'.

Man hat sich lange darüber gestritten, wie die Komödiendichtung Sternheims überhaupt zu nehmen sei. Wilhelm Emrich – und Wolfgang Wendler in seiner Analyse der Erzählungen – haben ihre Interpretationen auf dessen eigene Aussagen gestützt und deswegen, ihn beim Wort nehmend, jede satirische Intention seinerseits geleugnet. «Sein Werk» sei das «realistischste und zugleich hoffnungsvollste [!] unserer Zeit», fand Emrich (171, I, 19), weil er «der einzige Dichter» sei, der den «Begriff der 'freien Person' nicht mythisiert oder idealisiert» und damit seinen Helden «nicht zum Übermenschen» stilisiert habe (38, 165). Gewiß, er hat ihn nicht zum 'Übermenschen' im Sinne der klassischen Tragödie 'stilisiert'. Aber Emrich muß auch zugeben, daß die «Komödien und Dramen [...] erschreckend zweideutig im höchsten Grade» sind (ebda) – und damit ist eigentlich alles schon gesagt: Zweideutigkeit ist letztlich der Ausdruck innerer Positionslosigkeit. So konnte Franz Norbert Mennemeier mit Recht zu dem entgegengesetzten Schluß kommen, wenn er schrieb: «Gerade Sternheim ist in zahlreichen Werken, dramatischen wie erzählerischen, Satiriker; ja, er war einer der aggressivsten und provozierendsten Autoren jener Zeit» (123, 110). Emrich und Wendler begehen m.E. den Fehler, daß sie Sternheims Aussagen über sein Werk kritiklos akzeptieren – wo doch der Dichter wohl der letzte ist, der gültige Aussagen über sein Werk zu machen vermag, vor allem wenn dieser Dichter nicht einmal mit sich selbst ins reine kommen konnte. Wir werden sehen, daß bei Kaiser die Dinge ganz ähnlich liegen. Ich selbst habe vor Jahren (131) Sternheims Kulturkritik in die Tradition des europäischen, in Deutschland durch Nietzsche sanktionierten Nihilismus gerückt, und nichts hat mich seitdem bewegen können, mein Urteil wesentlich zu ändern. In welch anderem Lichte wäre denn Sternheims Aufforderung, dem Bürger *Mut zu seinen sogenannten Lastern* – zu machen – man beachte dies immoralistisch gefärbte 'sogenannten'! – zu sehen?

Wenn er vom Bürger spricht, meint er natürlich nicht mehr den Elitisten aus Nietzsches Welt, sondern jeden x-beliebigen Zeitgenossen, dem das nach Sternheim göttliche Geschenk – sprich: die 'Schnauze' – zuteil wurde, sich allen anderen gegenüber als etwas Besonderes durchzusetzen und zum Überbürger zu werden. Als solchen hat schon Arnold Zweig diesen Sternheimschen Zeitgenossen bezeichnet. Oder mit Viettas Worten: «In diesem Sinne meint die Darstellung der eigenen Nuance in Sternheims Dramen keine echte Selbstverwirklichung, sondern kritische Demonstration eines auf Machttrieb reduzierten [!] Subjekts» (179, 102). Potentiell könnte jeder ein Theobald Maske sein – ein unvorstellbar furchtbarer Gedanke! «Damit sind freilich alle auf die Gesellschaft gerichteten Ansprüche des Ichs nach Veränderung und Verbesserung aufgegeben», schließt Manfred Durzak folgerichtig (35, I, 58). Man kann Sternheim, eben seiner Bürgersatire wegen, auch heute noch aufführen, solange man die Zweideutigkeit seiner Welt-Auffassung überspielt. Er selbst würde uns auch zu einem solchen Laster allen Mut machen.

Ein besonderes Problem ist Sternheims Sprache, und er hat seine Leistung auf diesem Gebiet sehr ernst genommen: Fast jede neue Auflage eines seiner Werke wurde noch einmal wieder stilistisch überarbeitet. Seine Sprache besitze, meint Emrich, eine «nichts verklärende Härte und Dichte, die ihresgleichen im deutschen Sprachgebiet» nicht kenne (38, 167). Dem könnte man zustimmen, wenn damit alles gesagt wäre. Auch der preußische Offiziersjargon, dem Sternheim so manches abgelauscht zu haben scheint, besitzt 'Härte' und 'Dichte'. Die Mittel, mit denen Sternheim arbeitet, sind von außen her willkürlich an die Stoffe herangetragene Manierismen. Auch seine Sprache ist eine Kunstsprache, fürs Theater wie geschaffen – eine Erneuerung der deutschen Dichtungssprache aber hat sie nicht bewirkt. Er verkehrte die «nichts verklärende Härte und Dichte» seiner Sprache sogar, bar jeden echten Sprachgefühls, in ihr genaues Gegenteil, wenn er sie in seinen Erzählungen, besonders aber in seinem unlesbaren Roman *Europa* (1919) zu wahren Satz-Monstren anschwellen ließ. Aus dem 'Kampf gegen die Metapher' wurde eine ganz eigene Art von – Papierdeutsch.

3. Das Verwandlungsdrama

Wenn man sich nach diesem ersten Überblick über die den frühen Expressionismus begleitenden und ihn zum Teil schon antizipierenden Erscheinungen dem rein-expressionistischen Drama selbst zuwendet, gerät man in einige Verlegenheit, als ob man sich selbst den Boden unter den Füßen abgegraben hätte. Was das 'Eigentliche' sein sollte, verliert nicht nur an Dimension, sondern auch an Gewicht und Gehalt. Kaum etwas davon hat seine Zeit überlebt und ist heute von mehr als historischem Interesse, was seine guten Gründe hat und noch am ehesten rezeptionsgeschichtlich zu erklären wäre.

Horst Denkler (28) hat den Großteil dieser im engeren Sinne expressionistischen Dramen in 'filmverwandte', 'opernnahe' und 'einpolige' Verwandlungsdramen aufgegliedert, wobei ihnen das Moment der Verwandlung den gemeinsamen Boden liefert, während die modifizierenden Adjektive dramaturgische und damit auch wieder strukturelle, aber nicht notwendig auch literarische Varianten identifizieren. Die 'filmverwandten' sind für uns nur von geringem Interesse, einmal ihrer geringen Anzahl wegen, dann weil die betreffenden Texte zumeist in die frühen zwanziger Jahre fallen, also dem Expressionismus bestenfalls noch in seiner Spätphase zuzurechnen sind, gleichsam als dessen letzte Ausläufer und Versuche, ihn aus der Literatur in ein anderes Medium hinüberzuretten. Die einzigen Ausnahmen wären Carl Hauptmanns *Krieg. Ein Tedeum* (entst. 1913, veröff. 1914) und Walter Hasenclevers *Die Menschen* (1918) sowie dessen Film-Drama *Die Pest* (1919). Auf das Interesse, das die junge Generation dem sich in diesen Jahren emanzipierenden Film mit seinen neuen dramaturgischen Mitteln entgegenbrachte, sind wir bereits kurz zu sprechen gekommen (S. 56), wobei auch gerade von Hasenclevers Experimenten die Rede war. Kurt Pinthus gab sein in diesem Zusammenhang erwähntes *Kinobuch* im selben Jahr heraus wie Hauptmann sein *Tedeum*. Ohne Frage hat der schon 1858 geborene Hauptmann – vier Jahre älter als sein Bruder Gerhart und elf als Else Lasker-Schüler – sich für die Ausgestaltung seines Stückes der damals bereits weitverbreiteten neuen Stilmittel bedient und ist damit – allerdings nur in diesem einen Werk – den Bemühungen der Expressionisten sehr nahe gekommen. Mir will aber doch scheinen, als ob hinter diesen Stilmitteln bei ihm vor allem die aufs Moderne zugestutzte Tradition des alten Mysterienspiels stünde, das seinerseits natürlich ebenfalls einen bedeutsamen Einfluß auf die expressionistische Dramatik gehabt hat, eklektisch wie diese nun einmal war.

In diesem Zusammenhang wäre aber auch darauf hinzuweisen, daß nicht nur die expressionistischen Dramatiker, sondern auch die Epiker, Alfred Döblin allen voran, sich in eben diesen Jahren vom Film haben anregen lassen: Der *Wang-lun* wie der *Wallenstein* und noch *Berge Meere und Giganten* sind grandios konzipierte, zu Papier gebrachte Filme.

Ich muß gestehen, daß ich mit der 'Opernnähe' gewisser expressionistischer Dramen meine Schwierigkeiten habe. Auch Denkler kann nur neun solche 'opernnahe Verwandlungsdramen' namhaft machen, darunter Werfels *Mittagsgöttin,* auf die wir bereits eingegangen sind. Ich frage mich ernsthaft, ob es sich bei den meisten von ihnen im Grunde nicht doch um 'einpolige', aber ins Lyrische hin aufgelöste Stücke handelt. Die *Mittagsgöttin* war sicher nicht zufällig ursprünglich in den Lyrikband *Der Gerichtstag* eingebaut worden. Gleich das erste, von Denkler herangezogene Stück scheint diesen Verdacht zu bestätigen: Max Brods *Die Arche Noach* in dem Band *Die Höhe des Gefühls. Szenen Verse Tröstungen* (1913 – bei Ernst Rowohlt, nicht identisch mit dem Band unter dem gleichen Titel in der Reihe *Der Jüngste Tag* [81, o.J.], [1917?], wo das Entstehungsdatum als 1911 angegeben wird). Max Brod (1884–1968) unterhielt gute Beziehungen zu den expressionistischen Kreisen und hat ihnen gelegentlich auch seinen dichterischen Obulus entrichtet: Daß er *Die Arche Noachs* 1917 in den Neudruck von *Die Höhe des Gefühls* nicht wieder aufgenommen hat, erweckt den Eindruck einer Zurücknahme des recht schwachen Stückes.

Vielleicht aber ist nur die Formulierung 'opernnah' nicht ganz glücklich, denn man könnte natürlich argumentieren, daß der ganze Expressionismus in seiner verfließenden Ichhaftigkeit 'opernnah' gewesen sei. Ganz sicher ist Paul Kornfelds *Himmel und Hölle* (1919) im Vergleich mit der traditionellen Tragödie 'einpolig', insofern es auch hier keine eigentlichen Antagonisten und damit keine wirkliche dramatische Konfrontation gibt. Die Gegenspieler des Grafen sind zugleich dessen Mit-Spieler, so daß sich Konflikte so unerwartet auflösen können, wie sie sich gebildet haben. Man weiß nicht, warum wer etwas tut – ganz ähnlich wie in Kasimir Edschmids ein Jahr später erschienenem Roman *Die Achatnen Kugeln* –, aber letztlich geht es doch immer um die Hauptgestalt. Und ebenso verhält es sich in Kornfelds *Verführung* (1916). Kornfeld spielt hier natürlich den von ihm in seinem bekannten Manifest geforderten 'beseelten' Menschen gegen den 'psychologischen' aus, wie er der traditionellen Dramatik eignet, und damit fällt zwangsläufig jede mehr als episodische Konflikt-Bildung dahin.

Oder nehmen wir Kaisers *Bürger von Calais* (1913/1914), auf die wir noch eingehender zurückkommen. Ist das Stück wirklich 'opernnah'? Vielleicht. Manches spricht dafür. Mir will freilich der Festspiel-Charakter mehr einleuchten, aber auch dieses Stück ist, nach einem kurzen doppelpoligen Einsatz (der Konfrontation zwischen dem «Hauptmann des Königs von Frankreich» Dugesclins und Eustache de Saint-Pierre) eindeutig einpolig, wie überhaupt alle expressionistischen Dramen Kaisers entweder einpolig sind oder doch zum mindesten zur Einpoligkeit tendieren – schon aus diesem Grunde wäre *Der gerettete Alkibiades,* obgleich er bereits zwischen 1917 und 1919 entstand und 1920 erschienen ist, als Bruch Kaisers mit dem Expressionismus zu verstehen.

Es scheint also, daß mit der Abspaltung eines 'opernnahen' Wandlungsdramas nicht viel gewonnen ist. Die 'Einpoligkeit' allerdings, wie Horst Denkler sie herausgearbeitet hat, ist sicher ein für das expressionistische Drama entscheidendes Moment, das sogar noch eine ganze Reihe von Variationen zuläßt, die Denkler nicht in Betracht zieht, denn 'einpolig' ist letzten Endes ja auch noch von Unruhs *Ein Geschlecht.* Immer wieder geht es um den einen Helden und seinen 'Weg', und dieser Held ist in vielen Fällen auch noch ein Dichter und tritt als Wortführer seines Autors vor uns auf die Bühne. Dabei ist es nicht einmal so, als ob die dramatische Konflikt-Situation nun in das Innere des Helden hineingenommen wäre, gleichsam in die zwei Seelen in seiner Brust, denn dieser Held ist auch in sich selbst konfliktlos. Sein Problem ist, daß er IST. Er hat und kennt nur die eine Aufgabe, diesen seinen 'Weg' unbeirrt zu Ende zu gehen – zu einem Ende allerdings, das sich letztlich als endlos erweist, sich jedenfalls im nicht mehr Faßbaren verliert.

Die Einpoligkeit kommt offensichtlich im wesentlichen durch einen Schrumpfungsprozeß zustande, und zwar durch die Reduktion des Antagonisten auf ein absolutes Minimum an Gestalthaftigkeit: Er sinkt zur Nebenfigur herab und geht auf in der Masse von Menschen im Umkreis des Helden, aus denen die ihm feindlich begegnende Wirklichkeit besteht. Das ist ganz eindeutig die Rolle der Väter in Hasenclevers wie Bronnens Dramen über den Vater–Sohn-Konflikt. Dafür aber schafft sich der expressionistische Dramatiker eine ganz neue Gestalt, die man als den 'Begleiter' bezeichnen könnte: Sie ist entweder ein Freund, wie in Sorges *Bettler*, Hasenclevers *Sohn* und ansatzweise auch in Bronnens *Vatermord*, oder eine Frau, wobei die eine Gestalt (der Freund) noch durch die andere (die Frau) abgelöst werden kann, und zwar in dem Augenblick, wenn der Freund als Freund versagt. Sonderbar brüchig ist das Konzept 'Freund' im Expressionismus!

Da wir es bei diesen Stücken vorrangig mit Bekenntnis-Dramen zu tun haben, und zwar Bekenntnis-Dramen junger Menschen, ist es kein Zufall, daß so viele von ihnen so weitgehend – wenn auch keineswegs ausschließlich – im engsten Familienkreis spielen. Die Familie war ihre Welt, aus der sie sich zu befreien suchten – daher die feindliche Welt schlechthin. Bekenntnisse aber sind letzten Endes nichts als Emanationen des 'handelnden' Ich, für die die angemessene Form immer noch die Lyrik ist. Diese Helden sind von Hasenclever bis Kornfeld denn auch immer bereit, aus dem Dialog in die lyrische Selbstaussage auszubrechen.

Wir haben bisher von 'Wandlungsdramen' gesprochen, haben uns nun aber die Frage vorzulegen, ob diese Bestimmung der primären Anlage dieser Stücke wirklich ganz gerecht wird. Inwieweit 'wandelt' sich denn Sorges *Bettler?* Denn daß er den verschiedenen Mitspielern gegenüber in dem ihm gewidmeten Stück jeweils unter anderen Namen, die sein Verhältnis zu ihnen festlegen, auftritt, hat ja nichts mit einer Wandlung seinerseits zu tun. Wandelt sich Hasenclevers Sohn, von Bronnens Sohn, der sehr viel schießfertiger ist, gar nicht zu reden?! Sie alle entwickeln sich nicht einmal, sondern gewinnen im Verlaufe der jeweiligen Handlung nur die Kraft, sich durchzusetzen. Entscheidender als das Moment der 'Wandlung' scheint für sie alle das des 'Aufbruchs' zu sein – jenes Aufbruchs nämlich, von dem schon gelegentlich der expressionistischen Lyrik die Rede war und den Stadler programmatisch in den Titel seiner Gedichtsammlung gesetzt hatte. Selbst Kaisers Kassierer in *Von morgens bis mitternachts* wird ja durch seine Begegnung mit der seine verkümmerte Sexualität aufreizenden Italienerin vor seinem Bankschalter nicht 'gewandelt', sondern lediglich 'erweckt', um sich dann – nach Aufklärung des (ersten) Mißverständnisses dieses von ihr ausgehenden Appells – zu dem 'Aufbruch' zu entschließen, der zunächst nichts anderes ist als die Flucht vor der Polizei. Er handelt nach dem Prinzip: wenn schon, denn schon – ein für Kaiser typischer, doppelgesichtiger 'Aufbruch'. Seine 'Erweckung' ist in Wirklichkeit eine 'Jagd nach Liebe' – um den Titel eines frühen Romans von Heinrich Mann zu zitieren –, und zwar mit tödlichem Ausgang. Ganz ähnlich liegen die Dinge für den noch weniger motivierten 'Aufbruch' Spazierers in desselben Autors *Hölle Weg Erde,* der dann – man muß das Kaiser schon glauben – auf seine Mitbürger sonderbar ansteckend wirkt. Sonderbar sind die Brüche in diesen expressionistischen Dramen Kaisers: von dem Freund, dem – und das ist ja der Einsatzpunkt des Stückes – in *Hölle Weg Erde* so dringend aus größter Not geholfen werden soll, ist schon bald nicht mehr die Rede, wie ja auch die Frage, wie der Hafen von Calais in den *Bürgern von Calais* zu retten sei, nur im ersten Akt des Stückes zur Diskussion steht. Auch dieses vielleicht berühmteste expressionistische Drama folgt dem Schema eines 'Aufbruch-Dramas', das, mit Brecht zu reden, in eine wahre «ethische Orgie» ausartet.

Auf den ersten Blick könnte es überraschen, wie viele von diesen expressionistischen Dramen noch am traditionellen Aufbau in fünf Akten festhalten. Aber das täuscht insofern, als hier in den meisten Fällen nur sehr äußerlich an der offenbar eine magische Wirkung ausübenden Fünfer-Zahl festgehalten wird: Die Akte, auch wenn es fünf sind, bauen sich nicht wirklich aufeinander auf und könnten in vielen Fällen durch weitere ergänzt werden. Von Sorges *Bettler* meint Hans Schumacher sogar, «das Fünf-Akte-Schema» sei «provokativ beibehalten, um es desto gründlicher von innen her zu zerstören» (159, 568). Ich gestehe, daß mich diese provokative Absicht nicht so recht überzeugen will, und sehe darin eher ein traditionelles Moment, wie das Stück sich ja auch als Mysterienspiel nicht ganz von tradierten Formen befreien kann.

Wie ist es aber nun zu dieser 'offenen' Form gekommen, und warum konnte sie für den Expressionismus eine so zentrale Bedeutung gewinnen? Das Vorbild der Dramaturgie Strindbergs und seines 'Stationendramas' ist hinlänglich bekannt. Schon der schwedische Dichter hatte das mittelalterliche Mysterienspiel, anders als der deutsche Neuromantiker Hofmannsthal in seinem *Jedermann,* so verwandelt, daß dabei das Mysterium zu einem Mittel wurde, mit dessen Hilfe der jeweilige Held die Möglichkeit zur Selbstrealisierung gewann. Die im Mysterium beschworene Welt trat an die Stelle der verworfenen Wirklichkeit, die aber in ihren großen Umrissen immer noch durchschimmerte. Das expressionistische Mysterienspiel scheute sich daher nicht, durchaus realistische Momente aufzugreifen, wie das gerade auch Sorge in seinem *Bettler* getan hat. Man könnte also von einem säkularisierten Mysterienspiel sprechen, das von den kreativistisch-vitalistischen Impulsen der Zeit getragen war. Nichts natürlicher, als daß hinter den Vorgängen im expressionistischen Mysterienspiel immer der Schatten Nietzsches und insbesondere seine Vision vom Übermenschen steht. Aber ließ sich nicht auch Nietzsches Leben selbst als ein Mysterium begreifen?

Reinhard J. Sorge

Das wäre nun wenigstens kurz anhand der bedeutsamsten Leistungen auf diesem Gebiet zu erläutern, und da stünde der von dem neunzehnjährigen Reinhard (Johannes) Sorge (1892–1916) geschaffene *Bettler* sicher an erster

Stelle. Den Mittelnamen Johannes legte er sich wenig später nach seiner Konversion zum Katholizismus selbst zu, und zwar in einer höchst aufschlußreichen Anverwandlung früher homoerotischer Erlebnisse an christliche Vorstellungen: Einen solchen knabenhaften Johannes hat es in seinen jungen Jahren wirklich gegeben, bis dessen Eltern ihm das Haus verboten.

Der im Kriege jung gefallene Sorge hatte nicht mehr als acht Jahre für sein dichterisches Schaffen. Seine frühesten Versuche gehen auf seine Schulzeit, auf 1908, zurück, so daß der *Bettler* genau die Mitte, gleichzeitig aber auch den Höhe- und Wendepunkt in seiner Entwicklung markiert. Zu seinen frühesten Anregern gehörten im großen und ganzen alle die, die für die damals heranwachsende Generation diese Rolle gespielt haben, von Ibsen über Dehmel bis zu Nietzsche und George. Die für ihn so entscheidende Begegnung mit Nietzsche fällt dabei in die Zeit unmittelbar vor der Niederschrift des *Bettler,* ins Jahr 1910: Sie hat ihn zunächst überwältigt, ihm nach einer vorausgehenden Glaubenskrise, die wohl eine ziemlich 'normale' Entwicklungsstufe im Wachstumsprozeß eines jeden auch nur einigermaßen sensitiv veranlagten jungen Menschen ist, wieder festen Boden unter den Füßen verschafft. So vollkommen hat er sich Nietzsche und seiner Welt in diesem Augenblick verschrieben, daß die Reaktion und damit die radikale Abkehr von ihm nicht ausbleiben konnte: Von dem 'Antichristen' Nietzsche führte ihn der Weg zu Christus.

Sorges 'Bekehrung' zu Nietzsche sollte sich zunächst in einigen ersten, ernster zu nehmenden kürzeren Dichtungen niederschlagen: *Odysseus, Zarathustra* («Eine Impression») und *Antichrist,* alle 1911 entstanden, zwischen die sich außerdem noch ein nicht ausgeführtes Prometheus-Projekt schob. Genau besehen waren das alles Vorstudien zum *Bettler,* der 1911 entstand und gleich von dem begeisterten Samuel Fischer persönlich in seinen Verlag aufgenommen wurde – während er alles Spätere, ins christliche Fahrwasser Eingemündete ebenso entschieden ablehnte. Auf sein Bekenntnis zum 'Antichristen' war nämlich – noch im Erscheinungsjahr des *Bettler* – das zu Christus erfolgt. Gemeinsam ist beiden Entwicklungsstufen Sorges ausgesprochene Religionsbedürftigkeit, die fraglos ihren Grund in einem Mangel an innerer Stabilität hatte. Ein so verunsicherter Mensch fällt leicht von einem Extrem ins andere. Nietzsche gab ihm das Vertrauen zu sich selbst, bis zur Selbstidentifikation mit ihm. In Nietzsche fand er sich selbst und machte dessen Lehre zur eigenen: Er war überzeugt, eine Mission zu haben. «Sein 'Sendungsbewußtsein' war von vornherein so stark ausgebildet, daß ihm die Stigmata des modernen Künstlerintellektuellen: Gespaltenheit, Selbsthaß, Regressionswünsche, nie anhafteten», meint Hans Schumacher (159, 560). So verschmolzen ihm Zarathustra und Christus in der Gestalt des messianischen Dichters, der er selbst war. «Die eigene Botschaft» wurde dabei natürlich «maßlos überschätzt», meint Schumacher, ohne sich darüber klarzuwerden, wie sehr diese Selbstüberschätzung die natürliche Folgeerscheinung aus dem seine Zeit kollektiv beherrschenden Kreativismus war (ebda, 566). Der Dichter als Erlöser und die von ihm geschaffene Dichtung als Heilsweg für die Menschheit, wie ihn der

Bettler am Ende verheißt: Damit stehen wir nicht nur im seelischen Zentrum expressionistischer Welterfahrung – Werfels Dichtung wollte ja mit anderen Mitteln nicht viel anderes –, sondern gleich auch schon im ersten Aufzug der Dichtung selbst.

Um den *Bettler* richtig in den Blick zu bekommen, muß man sich vergegenwärtigen, daß das Stück zunächst einmal eine in Dichtung umgesetzte Autobiographie ist. Heinrich Henel hat in seiner Fragment gebliebenen Sorge-Monographie, die ich noch kurz vor seinem Tode einsehen durfte, darauf hingewiesen, daß der Held in der ersten Niederschrift Reinhold hieß und seine Geliebte Susanne, wie Sorges spätere Frau. Sonderbar muß uns daher schon der Titel des Stückes anmuten, der durch nichts im Text selbst gerechtfertigt scheint, denn dieser Bettler bettelt ja nicht, er fordert. Ist diese vorgegebene Armut vielleicht schon die christliche, die in Wahrheit der innere Reichtum ist, was sich auch mit Nietzsches Ersatz-Religion noch allenfalls in Einklang bringen ließe? Die Armut ist im Expressionismus, bis hin zum späten Jahnn, überhaupt ein immer wiederkehrendes Motiv, das aus den sozialen Bedingungen der Zeit nicht hinreichend zu erklären ist, da es diese ganz sinnloser Weise verklären würde: Es geht hier in jedem Falle letztlich um religiöse Vorstellungen. Von Armut kann auch im Elternhaus unseres Helden mit seinem hübschen Gärtchen und seiner guten Bürgerlichkeit keine Rede sein. So lehnt er auch die Hilfe seines von ihm später so brüsk abgewiesenen Freundes und des von diesem mobil gemachten Mäzens mit einer wortreichen Geste ab, weil ihm nichts als ein eigenes, Sorgesches Bayreuth gut genug ist. Diese Bayreuth-Idee scheint in manchen Dichterköpfen der Zeit gespukt zu haben, sicher, wie bereits bemerkt, in dem Georg Kaisers (87, VI, 852). Anders freilich steht es mit dem 'Bettler', wenn man den Titel vom Autobiographischen her versteht, denn Sorge selbst lebte seit dem Tode seines Vaters tatsächlich immer in Not und war finanziell von der Großzügigkeit seiner Freunde abhängig.

Die «dramatische Sendung», wie das Stück im Untertitel bezeichnet wird, ist bei all ihrer augenfälligen Unreife ein erstaunliches Werk, in das die verschiedenartigsten Formelemente, einschließlich eines stilisierten Naturalismus, eklektisch eingegangen sind. Man hat es immer wieder gerade seiner Form wegen bewundert, während daran eigentlich doch nur der so sicher gehandhabte Eklektizismus zu bewundern wäre. Das Stück war ein einmaliger großer Wurf, ein Bekenntnis und eine Abrechnung zugleich. Jenseits der 'Passion', als welche der Dichter–Sohn–Jüngling – der Held tritt jeweils unter einer dieser Bezeichnungen auf – seinen Weg zu sich selbst sieht und von dem Knapp feststellt, daß er «in völliger Vereinsamung und im monströsen Selbstkult enden muß» (97, 44), gibt es für die Dichtung keinen weiteren Weg, bleibt dem Dichter nur noch der Glaube; und was er, an diesem Punkt angelangt, dann hypothetisch noch zu Papier bringt oder bringen will, ist Literatur für diejenigen, die seinen Glauben teilen. Dasselbe wäre von den späten theologischen Dialogen Alfred Döblins zu sagen, nur daß sein Weg ein ungleich komplizierterer und komplexerer gewesen ist. Der 'Fall Sorge' steht jedenfalls keineswegs einzigartig da.

Zwei Aspekte dieser «dramatischen Sendung» wären noch kurz ins Auge zu fassen. Zunächst einmal muß man sich davor hüten – was in der Forschung nicht immer geschehen ist –, das Stück im Lichte der expressionistischen Vater-Sohn-Problematik zu sehen. So etwa heißt es bei Hans Schumacher, «das Vatermord-Motiv» trete «in biographisch bedingter Abwandlung auf» (159, 567). Damit soll wohl angedeutet werden, daß Sorge den erst zwei Jahre zurückliegenden Tod des eigenen Vaters, der in geistiger Umnachtung getorben war (wie der Jakob van Hoddis'), in seinem Stück literarisch verarbeitet habe. Einen Vater–Sohn-Konflikt jedoch im Sinne des Expressionismus, den man auch in einige seiner früheren Versuche hat hineinlesen wollen, hat es bei ihm nicht gegeben. Das Verhältnis zwischen Vater und Sohn hätte in der Sorge-Familie gar nicht harmonischer sein können. Warum dann aber diese ein wenig an den Haaren herbeigezogene Szene in dem Stück, die, wie so manches in den fünf Aufzügen, bloße Episode bleibt? Fehlte es dem jungen Dichter einfach an Stoff, mit dem sich fünf Akte füllen ließen? Alles verweist wieder auf Nietzsche, jedenfalls auf Sorges damals intensiv betriebene Nietzsche-Lektüre, denn dieser Vater, ob er nun selbst um den Tod bittet oder nicht, wird sozusagen aus dem Weg geräumt, weil sein Geist unschöpferisch geworden ist. Der Mensch als Mensch wird dabei ebenso wenig in Betracht gezogen wie die christliche 'caritas'. Das Maß der Nietzsche-Imitatio wird aber erst ganz voll, wenn auch die Mutter 'aus Versehen' – ein Versehen ohne jede dramatische Notwendigkeit – gleich mitvergiftet wird, weil sie als selbstsüchtig liebende Frau ihres Mannes letztlich die Schuld an seinem geistigen Verfall getragen haben soll. Das 'Versehen' hatte also seine Folgerichtigkeit. Man steht fassungslos vor dem Unheil, das Nietzsche – bis hin zu den Nazis – über das Denken der deutschen Intelligenz gebracht hat.

Damit kommen wir zu dem zweiten Punkt: Sorges Verhältnis zur Frau überhaupt. Jeder hatte in diesen Jahren so oder so seinen Nietzsche rezipiert, ohne deswegen auch gleich seinen Antifeminismus mit in Kauf zu nehmen. Die Vermutung liegt daher nahe, daß dieser Same bei Sorge aufgrund seiner besonderen Veranlagung auf fruchtbaren Boden fiel. Wir wollen seiner offensichtlich zunächst pubertär bedingten Homosexualität, wie Rötzer sie in der Einleitung zu der von ihm besorgten Ausgabe der Werke Sorges (168) sachlich belegt hat, nicht im einzelnen nachgehen. Die Tatsache als solche kann uns genügen. Daß Sorge später geheiratet und seine zukünftige Frau sogar schon während seiner Arbeit am *Bettler* kennengelernt hat – darauf verweist der noch in der ersten Fassung für «das Mädchen» gebrauchte Name Susanne –, konnte sich allem Anschein nach auf die Dichtung nicht mehr voll auswirken, auch wohl deswegen nicht, weil die neugewonnene Freundin sich persönlich mit der Rolle der Heldin identifizierte: Das würde dann als das sprichwörtliche 'weibliche Anpassungsbedürfnis' zu verstehen sein. Tatsächlich bleibt das 'Mädchen' im *Bettler* noch ganz im literarischen Klischee übelster Sorte hängen. Welche Rolle hätte ihr auch für den ihr als 'Jüngling' begegnenden 'Dichter' und 'Sohn' noch zufallen können? Sollte etwa das Weibliche den Mann noch einmal wieder wie zu Goethes guten Zeiten 'hinanziehen'? Aber das Mädchen ist ja, streng genommen, gar kein 'Mädchen' mehr, denn sie tritt mit einem unehelichen Sohn in das Leben unseres Helden, den sie ihm durch einen ihm zu gebärenden Sohn zu ersetzen verspricht. Auch das ist in dem Stück ein blindes Motiv, umgeistert allerdings durch das so expressionistische Motiv von dem zu gebärenden 'neuen Menschen'. Wollte Sorge sich mit diesem Handlungsstrang ostentativ über die bürgerlichen Moralvorstellungen – wieder im Sinne eines angelesenen Nietzsche – hinwegsetzen, oder geht es auch hier noch einmal um die 'Heiligsprechung' der Dirne? Wie immer dem sei, was Sorge zu gestalten suchte, war reine Konstruktion, bar jeden Erlebniskerns. So ist denn das 'Mädchen' unter den vielen blassen Gestalten des Stückes die blasseste. Heinrich Henel hat die von Sorge inszenierte Liebesgeschichte den größten Kitsch der deutschen Literatur genannt. Nun, ob sie der größte ist, soll dahingestellt bleiben, aber Kitsch ist sie jedenfalls aus heutiger Sicht. Kitsch kommt zustande, wo Emotionalitäten nicht die ihnen entsprechende Gestaltung finden können. Logischerweise – aber Logik hatte man bei Nietzsche ja nicht gelernt – hätte der 'Dichter–Jüngling' seinem 'Mädchen' dasselbe Los bereiten müssen wie seiner eigenen Mutter, denn Frau bleibt für den auf seine Mission besessenen Mann schließlich doch Frau. Es hätten ihm da in seiner Inkonsequenz noch schöne Überraschungen bevorstehen können! Was sich hinter den entsprechenden Szenen des Stückes psychologisch abspielt, ist kaum zu entwirren, weil der junge Dichter offensichtlich mit sich selbst noch nicht ins reine gekommen war.

Diese in zwei Teile zerlegte Episode steht zu den anderen 'Stationen' des Stückes in keiner anderen Beziehung als der, die kreativistischen Impulse des Helden auf jeweils höheren Stufen unter Beweis zu stellen. Zweigeteilt ist sie dadurch, daß sich der 'Dichter' zwischendurch noch in der Erfüllung eines praktischen Berufs versucht. *Auch dieser Morast ist durchschwommen. Was jetzt?* – mit diesen Worten kehrt er zu Beginn des fünften Aktes zu seiner eigentlichen 'Sendung' zurück, worin immer diese bestehen mag. Wie rein literarisch das alles für Sorge geblieben war, weil er die Sender-Geste bereits für eine Sendung genommen hatte, geht schon daraus hervor, daß er mit Abschluß seiner Dichtung seinen Nietzsche über Bord und sich mit seiner Frau der Kirche in die Arme warf. Am Ende seines kurzen Lebens trug er sich sogar mit dem Plan, Priester zu werden – auch das eine 'Station' in seinem Leben, die zu seinen anderen in keinem inneren Verhältnis steht. Wie hätte er sein Priestertum nicht nur mit seiner dichterischen Sendung, sondern auch mit seiner Ehe in Einklang bringen können? Ungelöste Probleme auch dies, deren Lösung ihm durch seinen frühen Tod im Krieg erspart blieb.

Sorges letztlich einziger ernsthafter Beitrag zum expressionistischen Drama seiner Zeit – was noch folgen sollte, ist nur von biographischem Interesse – mag seine hintergründige Wirkung gehabt haben, der wirkliche Erfolg aber blieb ihm versagt. Dem stand schon im Wege, daß Sorge keinen Kontakt mit irgendwelchen avantgardistischen Kreisen hatte, einen solchen augenscheinlich sogar mied. Fühlte er, daß seine 'Sendung' gar nicht an sie gerichtet war? Jedenfalls verschwindet er nach der Veröffentlichung des *Bettler* aus der Geschichte der expressionistischen 'Bewegung'.

Walter Hasenclever und Arnolt Bronnen

Anders Walter Hasenclever (1890–1940, durch Selbstmord geendet auf der Flucht vor den deutschen Armeen in Südfrankreich). Nach schweren Zerwürfnissen mit dem Vater hatte er noch ein erstes Semester in Oxford studiert und war dann mit einem Freund unter recht abenteuerlichen Umständen 1909 aus Lausanne, wo er unter strengster Aufsicht seine juristischen Studien hatte fortsetzen sollen, geflohen, um sich nach einer Reihe von Umwegen in Leipzig niederzulassen. Hier traf er mit Kurt Pinthus zusammen, durch den er in die Leipziger Künstlerkreise eingeführt und als Lektor im neugegründeten Rowohlt-Verlag untergebracht wurde: Dort sind wir ihm bereits in unserem Bericht über Werfels Lebensgeschichte begegnet. Sein erster expressionistischer Beitrag, die «nächtliche Szene» *Das unendliche Gespräch* (81, I, No. 2), die Miriam Raggam, der wir die eingehendste Darstellung Hasenclevers und seines Werkes verdanken, «eine merkwürdige oratorienhafte Dichtung» nennt (142, 59) und in der Werfel wie auch Hasenclever selbst in einer Bar auftreten, ist durchaus im Werfelschen Tonfall gehalten und wohl als eine Geste der Freundschaft zu verstehen.

Wenn Miriam Raggam diese «nächtliche Szene [. . .] merkwürdig» findet, könnte das daran liegen, daß sie in alter Forschungstradition im Expressionismus alles als bare Münze nimmt. Es handelt sich schließlich um nicht mehr als eine Szene, in der ein paar alte Herren, die einst zusammen die Schulbank gedrückt hatten, in einer Bar mit Werfel, Hasenclever sowie mit einer Olly und einem 'Chor der Damen' zusammentreffen und eine weinselige Rückschau auf ihre jüngeren Jahre halten. *Doch nun reicht die Mischung der Getränke. / Daß ein guter Geist uns wieder schenke / Im Unendlichen ein Stelldichein* – singt der 'Chor der Kaufleute' werfel-hasencleverisch. Ich halte das ganze für einen kapitalen Jux, wobei ich mich daran erinnere, was Kurt Pinthus mir schon vor vielen Jahren über das Leben der Freunde in Leipzig erzählt hat. Im Expressionismus hat man nicht nur mit ekstatisch erhobenen Händen gedichtet: Man fühlte sich unglaublich jung und war durchaus in der Lage, auch sich selbst gelegentlich zu persiflieren.

Über die Einzelheiten seiner schwer geprüften Jugend im Hause eines vom preußischen Autoritätswahn besessenen Vaters und einer unter einer schweren Psychose leidenden Mutter können wir kurz hinweggehen. «Hasenclever sprach nie von seiner Mutter; es bestand überhaupt keine Beziehung» zwischen ihnen, berichtet Pinthus (63, 10), so daß die sehr an ihrem Enkel hängende Großmutter für sie einspringen mußte. Die ganze sordide Geschichte läßt sich heute in Miriam Raggams Biographie (142) sowie in Horst Denklers Spezialuntersuchung (29) nachlesen, wie ebenfalls in Kurt Pinthus' Einleitung zu seiner Hasenclever-Ausgabe (63). Auch Hasenclever selbst hat ja das Entscheidende darüber, dichterisch verarbeitet, in seinem

Drama *Der Sohn* (entst. 1913/14, veröff. 1914) zu Papier und auf die Bühne gebracht. Das Bild der Mutter ist auch hier ausgespart.

Ebenso kurz können wir uns über Hasenclevers Frühwerk fassen: Es schöpft aus denselben Quellen wie das fast aller ihm gleichaltrigen Expressionisten. Noch vor dem Abitur im Februar 1908 hatte er sein erstes Stück *Nirwana* («Eine Kritik des Lebens in Dramaform») konzipiert, es während des Semesters in Oxford ausgeführt (29, 256) und im folgenden Jahr auf eigene Kosten (oder die der Großmutter) erscheinen lassen. Es steht noch völlig und recht naiv unter dem Einfluß Ibsens. In der Schweiz entwarf er dann zwei weitere, noch nicht veröffentlichte dramatische Projekte zu historischen Dramen, wie sie sich das Theaterpublikum damals wünschte. In Leipzig verhalf ihm Pinthus zur Veröffentlichung seiner frühen Gedichte (*Städte Nächte und Menschen. Erlebnisse* [1910]), und Kurt Wolff brachte drei Jahre später seinen ersten 'expressionistischen' Gedichtband unter dem immer noch recht jugendstilhaften Titel *Der Jüngling* (1913) heraus, aber wohl nicht zufällig nicht in der Reihe *Der jüngste Tag:* Das neue Lebensgefühl rang hier doch noch zu offensichtlich mit der an George geschulten Form. Es sind zum Teil außerordentlich 'gekonnte' Gedichte. Die turbulenten 'Erlebnisse' dieser Jahre mit einem wahrhaft beklemmenden Verschleiß von Weiblichkeiten, den er «ohne Furcht vor venerischer Erkrankung bestand», wie Horst Denkler es zutreffend und sachlich formuliert (29, 259), wurden in ihnen mit oft sicherem Griff und ohne Scheu vor sprachlichen 'Neuerungen' in die bewährten Formen gefügt, so daß der Band sich schon rein drucktechnisch an das Vorbild Georges anlehnt. Und doch war Hasenclever kein lyrischer Dichter von der Statur Heyms oder Trakls, oder er war es nur in seltenen Augenblicken. Als er sich schließlich vom Expressionismus befreite, versiegte ihm diese Quelle ganz. Sie hatte im Grunde schon versagt, als er sie in den Dienst der politischen Aussage stellte, und dahin gehört auch das bekannteste dieser Gruppe von Gedichten, «Der politische Dichter» (63, 86–89). Nichts von alldem kann heute noch wirklich überzeugen, wie ernst und ehrlich es dem jungen Dichter damit auch gewesen sein mag. Jedenfalls folgten den beiden ersten Gedichtbänden nur noch zwei weitere: *Tod und Auferstehung* (1917), aus dem eine Auswahl zusammen mit einigen Prosastücken 1919 unter dem damals zügigen Titel *Der politische Dichter* zusammengestellt wurde, und die *Gedichte an Frauen* (1922) mit der lyrischen Nachlese.

Hasenclevers «Dramen, Gedichte und Prosawerke», schreibt Miriam Raggam im Vorwort zu ihrer Hasenclever-Monographie, «sind Ausdruck seiner intensiven, etwas hektischen Lebensart, seines Suchens nach Wahrheit und seiner Sehnsucht nach Erlösung aus dem als qualvoll empfundenen Dasein». Seine «existentielle Grunderfahrung» sei «das Leid» gewesen (142, unpag.). Es wird einem nicht ganz wohl bei dieser summarischen Charakterisierung des Dichters und seines Werkes. Die «hektische Lebensart» als natürliche Reaktion auf die Frustierungen seiner Jugend mag als 'understatement' hingehen, ebenso wie die schon problematischere 'Suche nach Wahrheit', ohne die es ja keine Dichtung gibt und auf die man sich nur etwas zugute tut, solange man noch sehr jung ist. Diese Wahrheitssuche fiel bei Hasenclever daher sehr hektisch aus, wie das nicht anders sein kann, wenn man etwas sucht, aber nicht weiß, was das Gesuchte ist. Gerade als Dramatiker führte ihn diese Suche denn auch höchst verschlungene Wege: Nach dem durchschlagenden Erfolg seiner dramatisch stilisierten Kindheitserlebnisse im *Sohn* endete er in den zwanziger Jahren, die ihn als Journalisten in Paris sahen, in der auf alle welterschütternden Wahrheiten verzichtenden Gesellschaftskomödie – auch sie, die uns hier im einzelnen nichts mehr angeht, im ganzen durchaus 'gekonnt'. Bis dahin aber hatte er die verschiedensten Stadien zu durchlaufen: über den politischen Aktivismus mit Stücken wie *Der Retter* (1916), der Sophokles nachgedichteten *Antigone* (1916 entst., veröff. 1917), die wohl durch Werfels ein Jahr vorher erschienenen *Troerinnen* angeregt worden war, sowie der über allen Aktivismen den Stab brechenden Komödie *Die Entscheidung* (1919). Daß er sich zwischendurch auch mit dichterischen Filmexperimenten beschäftigte, haben wir bereits gesehen (s. S. 56). Das Hektische, das der frühe Film hatte, und zugleich die Auflösung der unlösbar gewordenen politischen Probleme in rein ästhetische Konzepte konnten ihn aber nur vorübergehend befriedigen. Wenn es schon Wahrheit sein mußte, ließ sie sich vielleicht bei Swedenborg finden? Drei Jahre lang will er sich in ihn versenkt haben, um schließlich eine Auswahl seiner Schriften zu veranstalten (1925). Aber auch in seinem «Drama in fünf Akten» *Jenseits* (1919) spukt es bereits erheblich. Von Expressionismus kann da nicht mehr gut die Rede sein. Die Gerechtigkeit aber erfordert es, auf das in den schweren Jahren des Exils entstandene Stück *Münchhausen* (1934, aber erst von Pinthus in seinem Auswahlband veröff. [63]) hinzuweisen, das eine wahre Kostbarkeit ist und ahnen läßt, was aus Hasenclever unter glücklicheren Umständen als Dichter hätte werden können. Nein, das 'Leid' war nicht die existentielle Grundlage Hasenclevers, was immer man darunter verstehen mag. Viel von dem Leid hat er sich selbst aufgebürdet, aber letzten Endes waren das alles Generationserlebnisse, mit denen er für seine Person durchaus fertig zu werden vermochte. Ruhelos und gehetzt verlief sein Leben, «bewundert viel und viel gescholten»: «Man kann sich von der Popularität der Gedichte und Stücke Hasenclevers, von der Menge und Heftigkeit der Diskussionen über deren Wert und Unwert zwischen 1913 und 1932 heute kaum eine Vorstellung machen» – diese Worte des Freundes Kurt Pinthus (63, 8) sagen eigentlich alles: Wir können uns keine Vorstellung mehr davon machen und können es eigentlich auch nicht verstehen. Seine Dichtungen sind persönliche Reaktionen auf das ihm auferlegte Schicksal, von der Flucht aus dem Elternhaus bis zur Verbannung aus der ihm so sehr ans Herz gewachsenen Heimat, aus der Sehnsucht, die ihm die Dichtung des *Münchhausen* eingab. Zeiterlebnis – aber auch sehr persönliches – war schon, daß er sich bei Ausbruch des Krieges 1914 sofort als Freiwilliger meldete und extra dafür aus den in Belgien verbrachten Ferien angereist kam. Zeiterlebnis auch die bald darauf erfolgte Ernüchterung, als persönliche Note dazu die in einem Sanatorium geschickt in Szene gesetzte Krankheitskomödie, um aus dem Kriegsdienst wieder entlassen zu werden – sie könnte in einer seiner späteren Komödien stehen. Aus dem Kriegsfreiwilligen war der Pazifist geworden und damit auch der Aktivist.

Sonderbar illusionistisch – um nicht zu sagen naiv – waren seine aktivistischen 'Lehrjahre': Auch er verlangte vom Dichter die Tat, und das mit beschwingten Worten, verquickte dabei aber politische Gesichtspunkte mit religiösen. Im *Retter* verlangt der als Held fungierende Dichter allen Ernstes, daß ihm die Regierung übertragen werde, und als das infernalische Militär eine solche Berufung zu hintertreiben weiß, nimmt er unter Tröstungen des Apostels Paulus den Opfertod auf sich. Hasenclever ließ das Stück 1916 in einer auf fünfzehn Exemplare begrenzten Erstauflage herstellen und verschickte sie an seine Freunde und an hochgestellte Persönlichkeiten, darunter den Reichskanzler von Bethmann Hollweg (63, 510 – hier auch die Liste der Empfänger). Überzeugender gestaltete er seinen Pazifismus in der der deutschen Gegenwartssituation angepaßten *Antigone,* auch wenn sie dadurch, daß Kreon in der Gestalt Wilhelms II. auftritt, bedenklich ins Karikaturistische abgleitet.

Der *Sohn* bleibt, alles in allem genommen, Hasenclevers bedeutendster Beitrag zum Expressionismus. Seit seiner Uraufführung 1916 in Prag wurde er zu einem von dessen ausgesprochenen Bestsellern. Die Buchausgabe erlebte bis 1922 fünfzehn Auflagen (29, 261). Wir stehen diesem Phänomen heute ein wenig ungläubig gegenüber, denn wir hören aus dem sich da zur Schau stellenden jugendlichen Vitalismus zuviel Schiller, Hofmannsthal, Wedekind und Heinrich Mann heraus. Hart, aber gerecht ist Gunter Martens' Urteil, der in Hasenclever einen «geschickt operierenden Epigonen» sieht (118, 294). Man hat ihn auch als 'ewigen Jüngling' apostrophiert, und das trifft vielleicht die Seite seines Dichtertums, die wir heute am schwersten ertragen. Der Psychoanalytiker Hanns Sachs hat schon 1917 in der von ihm herausgegebenen psychoanalytischen Zeitschrift *Imago* das Stück einer immer noch lesenswerten, von der Literaturkritik nie so recht zur Kenntnis genommenen Analyse unterzogen, in der er die psychologischen Hintergründe des da Verarbeiteten eindeutig genug herausbringt. Daß *Der Sohn* auf persönlichen Erlebnissen und noch nicht überwundenen Ressentiments seines Autors aufbaut, springt in die Augen. Wenn darauf dann aber eine 'Philosophie der Tat' begründet wird, verliert sich das Stück im Nebulösen: Der zu Beginn recht eingeschüchterte 'Jüngling' ruft nach seiner Flucht aus dem Elternhaus vor einem höchst unwahrscheinlichen Publikum zum allgemeinen Aufstand der Söhne gegen die Väter auf. Hasenclever hat seinem Sohn für diese Verwandlung nicht viel Zeit gelassen, gerade genug für sein Auftreten als Volksredner und für eine Nacht mit der Prostituierten Adrienne, die aus ihm einen 'Mann' machen möchte, bis die Polizei erscheint, um ihn wieder zu Hause einzuliefern. Der noch sehr traditionsgebundenen, auch hier wie im *Bettler* in fünf Akten aufgebauten Tragödie weicht Hasenclever im entscheidenden Moment dadurch aus, daß er den Vater an einem Herzschlag sterben läßt und damit am Ende die gute Form doch noch wahrt. Was aus all dem werden soll, bleibt offen.

Dunkel ist von neuen Taten die Rede. *Jetzt höchste Kraft in Menschen zu verkünden, / zur höchsten Freiheit, ist mein Herz erneut* – mit diesen Worten schließt das Drama. Man kann Norbert Mennemeier nur zustimmen, wenn er von der «inneren Harmlosigkeit des revolutionären Protestes dieser Generation à la Hasenclever» spricht und feststellt, daß «an die Stelle des privaten Leistungs- und Durchsetzungswillens der Väter der Genußwille» getreten sei (123, 57), «verunstaltet durch die teils dröhnende, teils empfindsame Suada» (ebda, 63). Die 'Gedankenfreiheit' des Marquis Posa ist zu einer hilflosen Phrase geworden.

Hasenclevers *Sohn* legt einen Vergleich mit dem *Vatermord* (1920) des fünf Jahre jüngeren Wieners Arnolt Bronnen (1895–1959) nahe. Die Evidenz des Textes macht es wahrscheinlich, daß das Stück nicht vor 1915 entstanden sein kann, denn es spielt mitten im Krieg, als die Nahrungsmittel schon knapp waren, so daß das Hungermotiv ganz naturalistisch die Handlung umspielen kann. Es wurde allerdings erst 1922 zusammen mit der einen Schüleraufstand dramatisierenden, 1914 entstandenen *Geburt der Jugend* veröffentlicht, als das Thema längst nicht mehr aktuell war, was nicht verhinderte, daß es bei der von Brecht inszenierten Premiere zu einer wütenden Schlacht im Foyer des Deutschen Theaters kam, die Hans Rothe als «die letzte große Prügelei» bezeichnete, «die die Theatergeschichte unseres immer ärmer werdenden Jahrhunderts zu verzeichnen» habe (41, 243). Obgleich auch hier persönliche Erlebnisse verarbeitet worden sind, dürfte es sich doch in der Hauptsache um einen Gegenentwurf zu Hasenclevers *Sohn* handeln. Dadurch erklärt sich wohl vor allem die so von Grund aus anders angelegte Bearbeitung des Stoffes: nichts von der epigonalen 'Suada' des Hasencleverschen Vorbilds. Bronnen hat sein höchstens noch weniger 'erfreuliches' Stück im Milieu des unteren Bürgertums angesiedelt, das keineswegs sein eigenes war, ihm aber eine größere Distanz zu seinem Stoff sicherte. Bei ihm endet der Kampf zwischen Vater und Sohn nach manchen melodramatischen Crescendi und Decrescendi in einem furchtbaren Gemetzel auf der Bühne. Dem Milieu entsprechend ist die Sprache eine Mischung aus Dialekt und der typischen Redeweise derer, die von der sogenannten Bildung nicht berührt sind. Mennemeier findet, «Bronnens Söhne» seien «frischer geblieben» und «'aktueller' als die Hasenclevers» (123, 69). Sind sie das wirklich? Kaum, wenn man sich nur an die Druckfassung hält. Man fühlt sich bei ihm natürlich nirgendwo an Schiller und auch nicht – was bei dem Wiener ja näher gelegen hätte – an Hofmannsthal erinnert, dafür um so mehr an eine aus Berlin nach Wien verlegte *Familie Selicke:* Das naturalistische Fluidum läßt ein expressionistisches gar nicht erst aufkommen. Bronnens Vater, Ferdinand Bronner, war selbst Schriftsteller in der Tradition des Naturalismus, in der der Sohn also schon gleichsam aufgewachsen war. Die leichte Namensänderung aus einem Bronner in einen Bronnen impliziert offensichtlich ein Distanzbedürfnis vom Vater, aber kein übertriebenes. Das naturalistische Moment läßt sich bis in einzelne Motiv-Zusammenhänge hinein verfolgen: Dazu wäre etwa das des nicht recht glaubhaft werdenden inzestuösen Verhältnisses von Mutter und Sohn und die ganz im Episodischen steckengebliebene homosexuelle Szene zu rechnen, die dem Stück als gewagter Leckerbissen mit auf den Weg gegeben wurde. Ähnliches ist bei dem fast gleichaltrigen, aber sehr viel frühreiferen Hans Henny Jahnn aus Hamburg überzeugender, weil innerlich notwendiger, deswegen aber auch qualvoller ausgefallen. An Bronnens Stück – seine spätere Entwicklung gehört nicht mehr in den Rahmen unserer Darstellung – ist somit eigentlich nur die zur Zeit der Niederschrift aktuell gewesene Thematik expressionistisch oder wenigstens doch avantgardistisch. Karl Otten hat ihn mit Recht nicht in seine Anthologie expressionistischen Theaters *Schrei und Bekenntnis* (157) mitaufgenommen.

Hans Henny Jahnn

Von ganz anderem Kaliber ist das nach ersten früheren, noch in die Schulzeit fallenden Versuchen in der Hauptsache während der Kriegsjahre im fernen Norwegen entstandene dramatische Frühwerk des später vor allem als Romanautor, aber auch als Orgelbauer bekannt gewordenen Hans Henny Jahnn (1894–1959) – ein erster Romanentwurf aus diesen frühen Jahren blieb Fragment *(Ugrino)* und wurde erst postum veröffentlicht. Jahnn war sicher so wenig wie August Stramm ein «vollblütiger Dramatiker», wie Heinz Ludwig Arnold im Nachwort zu seiner Neuausgabe der *Medea* (76) aus dem Jahre 1926 (Neufassung 1959) zugeben mußte, aber auch er war ein Sprachbesessener, allerdings in einem ganz anderen Sinn als Stramm: Wo dieser um die Reduktion der Sprache auf ihr essentielles Minimum bemüht war, gehörte Jahnn – darin vergleichbar mit Döblin – zu denen, die der Sprache verfallen waren, ihr gleichsam im Schaffensprozeß die Führung überließen. Wir müssen hier von der *Medea,* die ihr Neuherausgeber «als letztes seiner Jugenddramen» nimmt (76, 81), absehen, wie überhaupt von allen seinen seit seiner Rückkehr aus dem norwegischen Exil entstandenen Werken, mit Ausnahme des Romans *Perrudja,* dessen abgeschlossenen ersten Teil Jahnn selbst ausdrücklich als expressionistisch bezeichnet hat. Wir halten uns statt dessen an sein sich seit 1908 – Jahnn muß damals noch in der Tertia gesessen haben! – bis zu dem berühmt-berüchtigten *Pastor Ephraim Magnus* (entst. 1916/17, veröff. 1919 und dann mit dem Kleistpreis ausgezeichnet) zu einem wahren Dramen-Gebirge auftürmendes Frühwerk. Im Nachlaß haben sich, Walter Muschg zufolge (75, 743), nicht weniger als 22 bisher unveröffentlichte Stücke erhalten, von denen zum mindesten eins der Manuskripte mehr als 400 Seiten zählen soll, während weitere als verloren zu gelten haben. Man sieht schon an diesem Streben ins Breite, das eigentlich alle seine Dramen mit Ausnahme des Versdramas *Medea* aufweisen, den Zug ins Episieren. Von all diesen Anfängerstücken hat Muschg in seiner zweibändigen Ausgabe der Jahnnschen Dramen nur den «Hans Heinrich» von 1913, also aus des Autors letztem Schuljahr, gebracht, über alles andere in seinem aufschlußreichen Nachwort wenigstens kurz berichtet (75), so daß sich uns die Tür in diese seine

Frühzeit wenigstens einen Spalt weit auftut. Zu betonen ist, daß die erste Fassung der anderwärts wieder zugänglich gewordenen *Krönung Richards III.* (32), obgleich erst 1921 veröffentlicht, ebenfalls schon auf das Frühjahr 1916 zurückgeht, also zum mindesten in seiner Konzeption diesem Frühwerk noch zuzurechnen ist.

Dieser kurze Überblick soll nicht mehr bieten als einen Eindruck von dem Zwanghaften und Elementaren des Jahnnschen Dichtertums.

Jahnn hat sich später offen zum Expressionismus bekannt, obwohl er als überzeugter Pazifist schon gleich bei Ausbruch des Krieges ins freigewählte Exil ging – wie übrigens auch noch ein zweites Mal während der Hitler-Kriege – und somit keinen Kontakt mit irgendwelchen expressionistischen Kreisen hatte, obwohl man annehmen darf, daß der schon so früh der Literatur Verfallene als junger Schüler manches auf sich hat wirken lassen, was von seiner Heimatstadt Hamburg aus gar nicht so einfach gewesen sein dürfte. Viel-Leser, der er war, werden die Beziehungen für ihn durch die Bücher gegangen sein, aber darüber wissen wir so gut wie nichts. Greifbar als Anreger werden erst Döblins frühe Romane für *Perrudja.*

Triebhaft wie triebbesessen sind Jahnns Dramen. Er stellte seine Figuren – sicherlich nach vorentworfenem Plan – auf die Bühne und ließ sie reden, wahrscheinlich ohne bei ihrem Auftreten zu wissen, was ihr Reden zutage fördern würde. Er ließ die Dialoge wuchern, baute immer wieder neue Szenen mit wechselnden Dialogpartnern, bis das Drama aus allen Fugen geriet, so daß keine Bühne ihm gerecht werden kann. Brecht hat den *Pastor Ephraim Magnus* für seine Inszenierung radikal zusammenstreichen müssen, wobei er sicher seinem Publikum einige der wildesten Auswüchse Jahnnscher Phantasie ersparte, ohne damit einen Skandal verhindern zu können, was er wohl auch nicht beabsichtigt hatte. Lesedramen sind diese Stücke, und sie stehen seinen Romanen näher als dem tradierten Bühnenwerk.

Sonderbar mutet uns heute Edgar Lohners Bemerkung an, expressionistisch seien die frühen Dramen Jahnns «in der Substanz, aber die Sprache, die sie ausdrückt», sei traditionell (113, 316). Wir brauchen nur ganz beliebig einige Seiten im *Hans Heinrich* oder im *Pastor Ephraim Magnus* aufzuschlagen, um ein solches Urteil zu widerlegen. Zwei kurze Beispiele aus *Hans Heinrich* müssen uns genügen: *Auch Sie sind schrecklich, wie ein Tier in Ihrer Liebe,* erklärt Anne Martens, Hans Heinrichs Schwester – Bruder und Schwester stehen bei Jahnn einander immer nahe – einem ihrer Liebhaber. *Nur eine in Erz gegossene weiche Liebe vertraut sich Ihren Händen an, Fleisch muß vor Ihrem Körper zittern! / Oder: / Wer verstünde auch meine Tollheit! Weh mir, weh mir, daß der Unsinn meiner Geburt Gedanke ward!* (75, 237 und 243). Richtiger wäre vielleicht die Feststellung, daß Jahnn von der traditionellen Sprache ausging – aber wer hätte das damals nicht getan? –, um einen neuen Ausgangspunkt zu finden. Es gibt, das soll nicht geleugnet werden, sprachlich ganz traditionelle Partien bei ihm, aber wenn seine Menschen auf der Bühne redend auf das für sie Entscheidende stoßen, schwellen ihnen die Worte an, verfängt sich die Wucht ihrer Aussagen in einer Metaphorik, die sich der unmittelbaren Kommunikation entzieht. Ganze Dialogpartien im *Magnus* muten wie innere Gespräche ihres Autors mit sich selbst an, vor allem in Augenblicken – und das wäre doch wohl das eigentliche expressionistische Moment bei ihm –, in denen das Irrationale oder Metaphysische, das, was für Jahnn 'die letzten Dinge' sind, ins Reale einbricht, ein Phänomen, das uns ähnlich aus Kaiser, Brust und anderen, aber auch aus Sorges *Bettler* bekannt ist. Diesen Einbruch hat jeder für sich zu bestehen, und auch die Liebe, dieser für Jahnn höchste Wert im Leben, hebt dies letzte Alleinsein nicht auf.

Man kann bei Jahnn wirklich von einem «früh einsetzenden fanatischen Schaffen» sprechen und Muschg beim Wort nehmen, daß es sich dabei in der Frühzeit «meist um Puerilia» handle, «die nicht gedruckt werden können». Thematisch äußere sich «die Befangenheit» des frühen Jahnn «in der Neuromantik als krankhafte Ichbezogenheit. Wie in aller Pubertätspoesie» stehe für ihn «die eigene Person im Mittelpunkt» (75, 744 f.). Auch hier ist also wieder einer der kommenden Expressionisten der Welt der Neuromantik entwachsen. Ob aber die 'Ichbezogenheit' eines jugendlichen Dichters unbedingt der neuromantischen Formen bedarf? 'Puerilia' sind von ihnen wohl schon immer zu Papier gebracht worden und dann unter den Schulbänken von Platz zu Platz gewandert, ohne deswegen auch auf die Nachwelt gekommen zu sein. Es scheint aber, als ob diese 'Ichbezogenheit' sich seit der Jahrhundertwende intensiviert und sich deswegen der ihr damals zur Verfügung stehenden kreativistischen Formen bedient habe, um dann im Expressionismus ihren Höhepunkt zu finden. Bei Jahnn nahm das ganz besondere Formen – und Inhalte – an, die der Formulierung Benns *die Krone der Schöpfung, das Schwein, der Mensch* sehr nahe kommen. Wie Benn hatte auch Jahnn – er allerdings erst nach einer geradezu pietistischen Übergangszeit – mit dem überkommenen Christentum gebrochen. Und doch ist seine ganze Dichtung ein einziges Ringen um das 'höchste Wesen' angesichts des Grauens vor dem Tod und hat seine verzweifeltste Darstellung im *Pastor Ephraim Magnus* gefunden. Das im einzelnen darzustellen, müssen wir uns versagen. Was Jahnn vom Expressionismus dann doch wieder unterscheidet, ist der bei ihm – trotz seiner Herkunft aus Hamburg, einer Stadt, die dem auch wohl nicht entgegenkam – völlig fehlende Bezug auf die Großstadt, der ihm, soweit er ihn allenfalls noch hatte, in Norwegen bis auf den letzten Rest verlorengehen mußte. Die Natur wurde hier zu seiner Welt, aber keine rousseauistisch-romantische Natur, sondern eine wilde und unberechenbare, die bis in das Innere des Menschen reicht, Mensch und Tier einander in Liebe und der alles beherrschenden Geschlechtlichkeit begegnen läßt. Lohner spricht von einem «nahezu biologischen Furor für das Sexuelle» und meint, er sei «thematisch [...] Wedekind verwandter oder Unruhs *Ein Geschlecht*» als den Autoren expressionistischer 'Jünglingsdramen' (113, 314 u. 323). Das bei ihm allerdings sehr ausgeprägte homosexuelle Moment erinnert dann aber doch wieder an Ähnliches zum mindesten bei Sorge.

Jahnn hat es mit seinen Dichtungen dieser ihrer verquälten, das Maß des Ertragbaren immer wieder übersteigenden Sexualität wegen nicht leicht gehabt. Spätere Generationen mit ihren so ganz anderen Lebenserfahrungen können das von ihm inszenierte menschliche Grauen sicher leichter ertragen, denn die gängigen Moralvorstellungen haben sich fundamental geändert. Es ist Wilhelm Emrichs Verdienst, sich in zwei aggressiven Essays mit Jahnns moralinsauren Kritikern auseinandergesetzt zu haben (39). Eine solche Abrechnung war längst überfällig. Ob er damit den Stein des Anstoßes bei Jahnn wirklich aus dem Weg geräumt hat, ist fraglich, weil Jahnn sich ja nicht einfach nur über eine gutbürgerliche Moral hinweggesetzt, sondern tatsächlich immer wieder an Tabus gerührt hat, die tiefer verankert sind als nur im Bürgerlichen.

Georg Kaiser

Von 1914 an, rund gerechnet also seit dem Ausbruch des Krieges, wird es schwierig, die expressionistische Dramatik in ihrem weiteren Werdegang genauer zu erfassen. Das liegt einerseits an der zum mindesten bis 1917 einigermaßen erfolgreichen Zensur, die das Fortwirken des expressionistischen Impulses zwar nicht zu verhindern, aber doch zu verschleiern vermochte; es liegt jedoch nicht weniger an der zunehmenden Inkohärenz der Bewegung, an ihrem zentrifugalen Charakter, an der Tatsache schließlich, daß trotz aller Politisierung und ideologischer Gemeinsamkeiten wie etwa dem Pazifismus – selbst ein Hanns Johst hat ja als Pazifist begonnen – das, was man den Ich-Faktor genannt hat, weiterhin alles rein Weltanschauliche dominiert. Egozentrizität ist an sich nichts Neues – Hebbel besaß sie in hohem Maße! –, aber wohl zu keiner Zeit hat sich das schöpferische Ich so auf sich selbst zurückverwiesen gesehen wie im sogenannten 'expressionistischen Jahrzehnt'. Wenn Walter Falk den Expressionismus als Symptom des Destruktionismus versteht, wäre vielleicht zu bedenken, in wie hohem Maße der Wille zur Destruktion immer noch vom Kreativismus getragen wird, durch ihn überhaupt erst seinen Sinn erhielt. Der Fall Sternheim hat uns in diese Zusammenhänge einen ersten, genauer bestimmbaren Einblick gewährt; die in der Folge zu betrachtenden Autoren – allen voran Georg Kaiser, aber auch Paul Kornfeld und Fritz von Unruh, um nur auf die profiliertesten Figuren dieser expressionistischen Spätzeit zu verweisen – werden diesen Eindruck nur erhärten. Eine wie große, wenn auch ideologisch verdeckte Rolle der Ich-Faktor selbst im Aktivismus noch gespielt hat, lehrt das Beispiel Kurt Hillers.

Während der Expressionismus in seiner Frühzeit primär eine Angelegenheit der Ästhetik gewesen war, griff er in seiner Spätzeit die durch den Aktivismus aktuell gewordene Problematik auf, während die Aktivisten geradezu gezwungen waren, sich der durch die Expressionisten geschaffenen neuen sprachlichen und formalen Mittel zu bedienen. Beide Wege aber waren nur so lange begehbar, wie die politische Wirklichkeit aus sich heraus keine neuen Lösungsmöglichkeiten zur Verfügung stellte, vor denen sowohl der Expressionismus wie der Aktivismus versagen mußten. Den Wendepunkt signalisierte ohne Frage die Russische Revolution und in ihrem Gefolge das Heraufkommen des Kommunismus: Zu ihm werden sie alle ihre Stellung pro oder contra zu beziehen haben – das aber gehört in die Geschichte der zwanziger Jahre.

Versuchen wir, uns durch das Tohuwabohu der spätexpressionistischen Dramatik einen Weg zu bahnen. Da fällt zunächst alles Licht auf die Gestalt, die innerhalb dieser Dramatik gemeinhin als die prominenteste gilt: Georg Kaiser (1878–1945). Er war ohne jede Frage ein großer, wenn nicht überhaupt der größte 'Könner', ein geborenes Theatertalent, neben Sternheim – diesem aber nur gelegentlich gleichwertig – der führende Dramatiker zwischen Hauptmann und Brecht, und als solcher ist er auch in die Literaturgeschichte eingegangen. Er hat ein wahres Monumentalwerk hinterlassen, von dem nur das dramatische, und auch das nur in Auswahl, für uns hier von Interesse sein kann. Über die genaue Anzahl seiner Werke ist man sich in der Forschung nicht einig. Klaus Petersens jüngster Zählung zufolge sind es 74 Dramen, vier davon verschollen (138, 9), die Fragmente und Projekte nicht mitgerechnet. Es hat etwas Beängstigendes und Beunruhigendes, und es ist nur natürlich, daß die neuere Forschung sich diesem dramatischen Werk gegenüber sehr kritisch verhält, am schonungslosesten Manfred Durzak in seiner jüngsten Darstellung, mit der ich heute, was ich mir vor zwanzig Jahren noch nicht hätte träumen lassen (134), konform gehe (35, I, 105–173). Durchaus richtig hat er Kaisers dichterischen Einsatz erfaßt, wenn er feststellt, daß er, als er 1901 nach einem dreijährigen Aufenthalt in Argentinien nach Deutschland zurückkehrte, «ungefestigt und ziellos zu schreiben begann», so daß «die innere Linie dieses Werkes [. . .] entsprechend diffus und zerklüfftet» wirke (ebda, 112). Aus diesem Tatbestand folgerte Arnold, Kaiser wäre nicht «zu bestimmten Schlüssen» gekommen, an denen er festgehalten hätte: «Seine Ansichten änderte er nach Lust und Laune» (6, 123). Dramaturgisch gesehen bedeutet das, daß mit Mennemeiers Worten – «das Tragische und das Komische» bei ihm lediglich «Varianten ein und derselben künstlerischen Einstellung sind» (123, 147) und daß gerade in den Stücken, in denen «ein utopischer Glaube», also der expressionistische, gestaltet werden soll, «Züge der unfreiwilligen Selbstparodie» unverkennbar seien (ebda, 159).

Wie es mit der Lust und Laune Kaisers bestellt war, ist nicht so leicht auszumachen, weil wir über den Menschen, der da so hemmungslos seine Stücke vom Himmel regnen ließ – schon Alfred Kerr hat ihn ein «Dramenkaninchen» genannt (138, 129) –, trotz der von Gesa M. Valk besorgten voluminösen Auswahl aus seinen Briefen (88) immer noch so wenig wissen. Er scheint seine Briefe wie seine Stücke geschrieben zu haben, mit dem Unterschied, daß er sich in seinen Briefen selbst dramatisierte. Nur ganz selten geht er ganz aus sich heraus – wenn er sich nämlich völlig in die Ecke getrieben sieht. Er war ein Mensch, dem von einem bestimmten Zeitpunkt an das Schreiben zum Selbstzweck und zum Zwang geworden ist. Klaus Petersen meint, «der ihm eigene Schwung nervöser Hochspannung», in der er (mit Kaiser selbst) eine Folge seiner Malaria-Erkrankung in Argentinien sieht (was von medizinischer Seite angezweifelt worden ist [88, 10]), habe «seinem ganzen Schaffen einen Zug der Besessenheit» verliehen (138, 50).

Kaisers erste Versuche fallen schon in die Zeit vor seinem Argentinien-Aufenthalt, teils noch in die Schulzeit, wo sie sich aber noch auf einer völlig amateurhaften Ebene bewegen – ein Urteil, von dem ihr Herausgeber Walther Huder nur, sei es als Parodie Hofmannsthals oder ernstgemeinte Dichtung in Anlehnung an ihn, den «Schellenkönig» ausgenommen sehen möchte (87/I, 816), wobei er sich freilich an dessen 1902 erfolgte Bearbeitung halten mußte. Auch was in der Folge dann bis hin zu der *Jüdischen Witwe* (1. Fass. 1904, 2. [1911 veröff.] 1908) entstanden ist, sind die typischen Gehversuche eines seinen eigenen Weg noch planlos suchenden jungen Autors, der wahllos nach allen möglichen Vorlagen greift. Vieles davon hat er später, wohl vor allem aus finanziellen Gründen und auf eigene Kosten, auf den Markt geworfen, so daß in seinem Œuvre das Reife neben das Unreife zu stehen kam und die zeitgenössische Kritik begreiflicherweise verwirren mußte. Was die «Lust und Laune» betrifft, so steckt dahinter wohl noch etwas anderes und sehr viel Schwerwiegenderes, nämlich das dramaturgische Verhalten des Dichters, dessen Kunst damit bedenklich in die Nähe des Kunsthandwerklichen gerät. Ich habe an anderer Stelle (135) zu zeigen versucht, in wie hohem Maße Kaisers dramaturgischer Ansatz in vielen Fällen – wenn nicht vielleicht immer, oft auch nur sehr versteckt – auf dem Prinzip der umkehrbaren Thematik beruht, auf einem 'Trick' – Denkler spricht von «oft nur [...] trickreichen Manipulationen» (28, 106) –, der darin besteht, daß er entweder eine dichterische Vorlage oder eine 'normale' menschliche Verhaltensweise umkehrt und die sich ihm so ergebende neue Konstellation unter den geänderten Vorbedingungen auf eigene Faust durchkomponiert. Ich kann diese für sein Schaffen meiner Ansicht nach grundlegende Methode hier nur an einigen Beispielen andeuten. So stellt sich *Der Fall des Schülers Vehgesack* (1901/2, veröff. 1914) bei näherem Zusehen als das Produkt einer Motiv-Verkehrung von Wedekinds *Frühlings Erwachen* heraus: Anstatt daß ein Schüler ein nichtsahnendes Mädchen verführt, versuchen die frustrierten Lehrerfrauen der Landschule einen ebenso ahnungslosen, als Dichter in den Wolken schwebenden Schüler, der nicht weiß, wie ihm geschieht, zu verführen. Das ergibt eine ganz neue komische Situation, die Kaiser freilich noch nicht zu einer befriedigenden Auflösung zu bringen vermag. In der *Jüdischen Witwe* ist Judith ein genauer Gegenentwurf zu Hebbels Gestalt, eine Frau, die, mit einem impotenten alten Mann verheiratet, nach dessen Tod 'ihren Mann' sucht und dabei immer wieder scheitert, wobei sie dann wie aus Zufall auch ihr Volk befreit, bis sie in der letzten Szene im Allerheiligsten mit dem schönen Hohenpriester aus Jerusalem zu ihrem Ziel gelangt. *König Hahnrei* (1913) stellt die Tristan-Sage auf den Kopf, indem hier nicht die Liebenden à la Wagner, sondern die Reaktion König Markes auf sie zum tragenden dramatischen Konflikt gemacht wird, nicht aber als Tragödie des alternden

166

Mannes, sondern als Tragikomödie eines 'peeping Tom', wie auch Manasse in der *Jüdischen Witwe* einer war – ein Phänomen in Kaisers Werk, dem einmal näher nachzugehen wäre.

Was das umkehrbare 'normale' menschliche Verhalten betrifft, so darf man doch wohl sagen, daß ein Mann – auch wenn er Sokrates heißt – sich einen Dorn, den er sich in den Fuß getreten hat, so bald wie möglich herausziehen würde. Im *Geretteten Alkibiades* (1920), trotzdem eine der eindrucksvollsten Dichtungen Kaisers, besteht der Held darauf, mit dem zu einem nicht tragenden Symbol erhobenen Dorn im Fleisch herumzulaufen, ohne daß man sagen könnte, er hätte deswegen um so schärfer zu denken vermocht. In den *Bürgern von Calais* besteht die Verkehrung darin, daß normalerweise zu erwarten wäre, es müßte sich einer zu wenig für die den Bürgern auferlegte Opfertat melden, denn wer würde sich zu einem solchen Opfer vordrängen? Das Drama hätte eigentlich darin bestehen müssen, den fehlenden sechsten Bürger zu finden, sollte man meinen. Statt dessen melden sich bei Kaiser sieben, und sein dramatisches, in moralischer Hinsicht doch, wie schon Mennemeier gesehen hat (123, 166), höchst fragwürdiges Spiel hat nun darum zu gehen, den Siebenten, der verschont bleiben soll, dessen schließliches Opfer aber, von Eustache auf sich genommen, sich als «sinnlos» (35/I, 144) erweist, herauszuarbeiten. Daß Kaiser das mit großer, dem Theater das Seine gebender Kunst zuwege gebracht hat, gehört zu den Ingredienzien seiner einzigartig dastehenden Dichtung.

So mußte Kaiser, je mehr er das konstruktivistische Moment in den Vordergrund schob – Denkler spricht bei *Gas* von einem 'kubistischen' Drama (28, 98) – immer mehr «gegen die Gesetze der Wahrscheinlichkeit verstoßen», wie Mennemeier meint (123, 1959), während Denkler in seinem Abrücken von der Realität «den artistischen Eigenraum» (28, 100) sieht, den er sich geschaffen habe.

Wenn wir von Kaiser als expressionistischem Dramatiker sprechen, wäre zunächst einmal festzustellen, mit welchen seiner Stücke wir es in unserem Zusammenhang überhaupt zu tun haben; denn man kann bei ihm ja nicht von einer expressionistischen Phase im Sinne einer während einer bestimmten Zeit seines Schaffens einheitlich durchgehaltenen Dramaturgie sprechen. Eberhart Lämmert sieht das wohl richtig, wenn er meint, Kaiser habe sich keiner der expressionistischen Richtungen verpflichtet, aber er habe «mit dem ganzen Instrumentarium dieser Ideen gespielt» (106, 321), was nicht ausschließt, daß sich in seinem Denken doch eine Entwicklung feststellen läßt, so wenn Denkler fand, Kaiser habe sich «der expressionistischen Formmittel in immer rigoroserer Weise versichert» (28, 80).

Doch fassen wir kurz zusammen: Bei Kaisers Beitrag zum Expressionismus handelt es sich einmal um die zwischen 1912 und 1913 entstandenen Stücke *Von morgens bis mitternachts* (1916) und *Die Bürger von Calais* (1914), dann vor allem um die *Gas*-Trilogie, beginnend mit der 1916 ausgeführten *Koralle* (1917), an die sich unmittelbar darauf *Gas* (1918) anschloß, gefolgt zwei Jahre später von *Gas, Zweiter Teil* (1920). Es scheint mir sehr unwahrscheinlich, daß diese drei Stücke schon im ersten Ansatz als Trilogie ins Auge gefaßt waren, so daß der Entscheidung, sie in der Werkausgabe nicht als solche zusammenzustellen, nur zugestimmt werden kann. Die in der *Koralle* entwickelte Thematik – die Flucht vor dem eigenen Ich und der eigenen Vergangenheit – hat mit der der beiden *Gas*-Stücke nichts zu tun, und mit den beiden anderen hängt das Stück nur lose durch den Familienstammbaum zusammen – ähnlich wie Sternheims Bürgerkomödien. Aber auch sprachlich gehen der erste und die beiden letzten Teile ganz andere Wege. Selbst die beiden *Gas*-Stücke sind offensichtlich nicht als ein Drama in zwei Teilen geplant gewesen. Zwischen *Gas* (es wurde ja nicht als *Gas, Erster Teil* veröffentlicht!) und *Gas II,* von dem Kaiser dem Düsseldorfer Schauspielhaus am 1. März 1920 ein «handschriftliches Exemplar» zuschickte (88, 187), schieben sich in seinem Arbeitsprogramm erst noch 1919 *Hölle Weg Erde* und das möglicherweise schon 1917 konzipierte Stück *Der gerettete Alkibiades.* Ich halte es für durchaus möglich, daß ihn die Münchener Aufführung von *Gas* im November 1919, der er nicht beiwohnte, weil er, wie er schrieb, nicht mit ihr einverstanden war (88, 184), zur Wiederaufnahme der noch ungelösten Problematik angespornt hat. Kaiser lebte damals in München, und man wird annehmen dürfen, daß die verfehlte Aufführung ihn tief beschäftigt hat. So fiele dann die Entstehung von *Gas II* in die Monate von Mitte November 1919 bis Ende Februar 1920, was bei Kaisers gehetzter Arbeitsweise für das immerhin kurze Stück ja auch ein angemessener Zeitraum wäre. Damit endet dann seine expressionistische Periode, obgleich er sprachlich auch später noch gelegentlich auf sie zurückgegriffen hat.

Hölle Weg Erde wendet sich noch einmal der Stationen-Dramatik von *Von morgens bis mitternachts* zu, nimmt aber die da gefundene Lösung (Tod unterm Kreuz) wieder zurück und steht in dieser Hinsicht auch zu den beiden *Gas*-Stücken (totale Vernichtung des Menschen) im Widerspruch. Als Anhängsel an alle diese Stücke könnte allenfalls noch das 1921 im Gefängnis ausgeführte (und zunächst konfiszierte) *Noli me tangere* (1922) gelten – ein Titel, der als Motto über Kaisers ganzem Leben stehen könnte. Es hat sehr den Anschein, als ob es unter dem Einfluß von Goerings *Seeschlacht* (1918) konzipiert worden wäre, obgleich Kaiser später wenig Gutes über dessen Schaffen zu sagen hatte (88,258). Keinesfalls aber gehört auch noch, wie gelegentlich versichert wird, das «Volksstück» *Nebeneinander* (1923) zu Kaisers expressionistischer Dramatik. Für das 'Volksstück' hatte der Expressionismus keine Verwendung, erst die 'Neue Sachlichkeit' hat es wieder aufgegriffen. Kaiser aber hatte sich im Grunde auch schon in *Noli me tangere* um einen sachlicheren Stil bemüht.

Es handelt sich bei Kaisers expressionistischem Bühnenwerk also um nicht mehr als sechs Stücke aus einem Gesamtwerk von über siebzig, und auch sie stellen keinen in sich geschlossenen Werk-Block dar: Genau wie bei Sternheim schieben sich bei ihm – allerdings aus anderen Gründen: Kaiser hat immer wahllos nach allen Stoffen gegriffen, die ihn zur Dramatisierung lockten – zwischen diese expressionistischen Stücke noch eine Reihe anderer, und zwar recht bedeutsamer wie etwa *Europa* (1915), *Das*

Frauenopfer (entst. 1915/16) und *Der Brand im Opernhaus* (entst. 1917/18), vom *Geretteten Alkibiades* gar nicht zu reden.

Ein Expressionist also sozusagen im Nebenberuf, ein Autor, dem der Expressionismus gerade recht war, wenn er ihm etwas abgewinnen konnte. Daß die sechs Stücke trotzdem zu den bedeutendsten Leistungen des expressionistischen Theaters gehören, ist der schlagendste Beweis für Kaisers vielseitiges Können – ein Können allerdings auch wieder, das seinem Dichtertum sehr enge Grenzen steckte.

Zweierlei steht unserem Verhältnis zu Kaisers Werk – und keineswegs nur dem expressionistischen – heute im Wege: zunächst und vor allem die Realitätsferne der von ihm entworfenen Wirklichkeiten. Schon Mahrholz hat seinerzeit bemerkt, Kaiser lasse seine Menschen «ohne Rücksicht auf innere Wahrscheinlichkeit der Psychologie oder der ursächlichen Verknüpfung seiner Marionetten wirkungsvoll tanzen» (116, 411), und Diebolds Kritik (33) an Kaisers Dramatik zielte in dieselbe Richtung. Dagegen ließe sich vielleicht einwenden, daß der Expressionismus, Kornfelds berühmtem Manifest zufolge, ja den «psychologischen Menschen» durch den «beseelten» ersetzen wollte. Daß es Kaiser darum nicht ging, beweist der Umstand, daß es den 'beseelten' Menschen bei ihm nicht gibt. Diese Realitätsferne ist das Resultat von Kaisers eigenem Mangel an Zeitverbundenheit. Klaus Petersen hat wieder daran erinnert – und Gesa M. Valk hat in ihrem kurzen biographischen Abriß weiteres Material zugänglich gemacht (178) –, daß der Psychiater schon 1921 bei der Gerichtsverhandlung über Kaisers Unterschlagungen von einer «fast krankhaften Ablehnung der Wirklichkeit» zu berichten hatte, die «in einem gewissen Mangel an Wirklichkeitssinn, in einem gewissen Mangel an der Fähigkeit, sich zum gewöhnlichen Leben vorbehaltlos, ohne Angst [!] einzustellen», verankert sein müsse (138, 39). In einem Interview mit Ivan Goll erklärte er 1924: *Ich kann fast gar nicht mit den Menschen leben* (87, IV, 584), und dieses Versagen trieb ihn in späteren Jahren in eine fast totale Isolation. Dabei versteht es sich von selbst, daß dieser Mann, der «die Einsamkeit suchte», indem er an die Stelle der Wirklichkeit die seiner Dramenwelt setzte, oder noch genauer: sein totales Aufgehen in der Arbeit, die seine Wirklichkeit war, zugleich auch «an seiner Isolation gelitten» hat (138, 56).

Aber nicht nur das Unwirkliche seiner Wirklichkeiten ist uns fremd geworden, mehr noch das sprachliche Pathos, mit dem er es zu überbrücken suchte. Das hat bereits Brecht in ein für ihn typisches Aperçu gebracht: *So zu schreiben, daß möglichst wenige zu behaupten wagen, sie verstehen einen, ist keine Kunst, wenn man tüchtig Sternheim und Kaiser studiert hat* (18, XV, 45). Im gleichen Atem nannte er Kaiser den *redseligen Wilhelm des deutschen Dramas,* um daran einige höchst unschmeichelhafte Vergleiche zwischen dem dichtenden und dem einst regierenden Kaiser anzuschließen. Gerade seine Sprache beweist, daß es ihm nicht um eine letztlich 'ehrliche' Auseinandersetzung mit den Problemen seiner Zeit ging: Sie waren ihm nur Material, an dessen Bewältigung er sich selbst bewähren, sich «selbst in die Sterne» versetzen konnte, wie er es in seinem letzten Werk

Bellerophon (entst. 1944) getan hat (88, 983). Und dazu war ihm jedes Mittel recht, wie nicht nur der Münchener Prozeß beweist, sondern in noch viel höherem Maße der Grundzug seiner ganzen Korrespondenz. Aus dem 'Jenseits von Gut und Böse' hat er für sich die Berechtigung zur totalen Immoralität – und Verlogenheit abgeleitet. Furchtbar ist der letzte Satz in seinem späten Brief an Cäsar von Arx, seinen Schweizer Dichter-Freund, für dessen Werke er die feierlichsten Worte fand – in seinen Briefen an ihn, während er in Wirklichkeit nichts von ihnen hielt: *Ich bin schon mehr ein Tier – in Einsamkeit entmenscht – verlogen bis zum Mißbrauch der Lüge* (88, 1031). Natürlich hat Kaiser es in seinem Schweizer Asyl schwer gehabt – um uns milde auszudrücken. Er hat hier seine eigene Tragödie erlebt und nicht inszeniert. Nichts liegt uns ferner, als über dem Menschen Kaiser zu Gericht zu sitzen: In klaren Augenblicken hat er das selbst getan. Sein ganzes Leben war eine einzige große Lüge. Und aus Lüge entsteht auch in dichterischer Übertragung keine Wahrheit. Das spiegelt sich auch in seiner Sprache, die ihrem Gegenstand nur so selten adäquat ist. Die großen Worte haben vieles an wirklicher Miserabilität zu verdecken. Kreativismus? Sicherlich – auch dann noch, als seine Zeit längst vorüber war. Aus seinen Texten könnte man transformistische wie destruktivistische Tendenzen herauslesen, aber der Destruktionismus lag ihm wohl näher. Seine in späteren Jahren wachsende Verachtung des Menschen fand daher am Ende von *Gas II* den ihr schon damals gemäßen Ausdruck.

Wie aber ist Kaiser zu dieser Form und dieser Sprache gekommen? Sein sprachlicher Neuansatz geht ohne Frage auf das Vorbild der ersten bürgerlichen Komödie Sternheims, der 1911 uraufgeführten, schon Ende 1910 erschienenen (aber auf 1911 vordatierten) *Hose* zurück. Wie bereits bemerkt, entstanden seine ersten expressionistischen Stücke zwischen 1912 und 1913, wobei allerdings festzustellen wäre, daß auch der ins Jahr 1910 fallende *König Hahnrei* bereits eine Neubesinnung Kaisers auf seine sprachlichen Mittel verrät, die sich bisher auf einem durchaus konventionellen Niveau gehalten hatten. Diese Neubesinnung stand aber noch nicht im Zeichen des Expressionismus, sondern dem der neuromantischen Bühnensprache. Kaiser und seine junge Frau waren damals zeitgemäße Wagner-Enthusiasten, und der Zug ins Opernhafte – Denkler ordnete noch die *Bürger von Calais* den 'opernnahen Verwandlungsdramen' zu (28, 135) – wird auch seinen expressionistischen Stücken immer anhaften. Was Sternheim damals sprachlich geleistet hat, muß Kaiser tief beeindruckt haben, war er doch ein ausgesprochener Eklektiker. Sternheims Technik der Sprachverknappung und Präzisierung bot plötzlich ganz neue Möglichkeiten dramatischen Gestaltens. Kaiser hat sich die Tendenz dieser Technik angeeignet, sie freilich nicht einfach imitiert, sondern seinen eigenen Bedürfnissen anverwandelt. Auch er zielte von nun an auf knappe, geradezu harte Aussagen, hob sie aber dadurch wieder auf, daß er sie rhetorisch belud, pathetisch steigerte und hemmungslos aufeinanderhäufte. Fast kommandohafte Wortbrocken türmen sich auf, reihen sich zu ganzen Ketten mit oft nur leichten Variationen. Die Sätze werden zu Rufen, die durch Gedankenstriche verschweißt, aber nicht durch Punkt und Komma gegliedert sind. Seine innere Rechtfertigung findet dieses Verfahren, das in den *Bürgern von Calais* gipfelt, in den *Gas*-Stücken dann zu bloßer Formelhaftigkeit der Rede erstarrt, in dem, was Kaiser seinen Platonismus zu nennen liebte, wobei ihm Platon und Nietzsche in eins verflossen. Vom *Geretteten Alkibiades* (1918) schrieb er noch im August 1919: «Der ganze Platon darin – der ganze Nietzsche» (88, 174). Die Sprache wird nicht mehr gelenkt, sie lenkt sich selbst, so daß er einmal behaupten konnte, er wisse am Anfang eines Dialogs nicht, wohin er führen würde – ähnliches hat auch Sternheim ohne Platonismus von sich gegeben. Sie tendiert dazu, autonom zu werden, weitere Sprache zu generieren, so daß die Inhalte eher umschrieben als dargestellt werden und jene Unklarheit entsteht, die Brecht mit seiner Bemerkung im Sinne hatte und Mennemeier von *Hölle Weg Erde* feststellen ließ: «Zugleich wird die Sprache mystisch raunend» (123, 163). Sie wird es allerdings auch schon in den ersten expressionistischen Stücken Kaisers. Das Prinzip solcher Sprachbildung ist im Grunde nicht dramatisch, sondern rhetorisch – um noch einmal Brecht zu berufen: *Darin gleicht er Demosthenes. Wie jener lernt er das Reden nur sehr schwer, stottert, sagt alles zwei-, dreimal und ist bemüht, möglichst laut zu schreien. Nur geht er statt ans einsame Meer ins Theater (der Einsamen) [. . .] Er sagt, er hat bei Platon gelernt, daß Reden schön ist. Bei sich könnte er das Gegenteil lernen* (18/XV, 45). Weniger pointiert könnte man mit Lämmert (106, 312) von einer Tendenz zum Lyrischen sprechen.

Was die neue, auf dem Stationen-Prinzip aufgebaute Form betrifft, so steht auch hinter Kaiser der Schatten Strindbergs, aber es ist durchaus möglich, daß die unmittelbare Anregung zu seiner Umschaltung auf die expressionistische Dramaturgie durch Sorges *Bettler* angeregt wurde. Belegen läßt sich das zur Zeit noch nicht und wäre auch nur von sekundärer Bedeutung. Lämmert will das Stationen-Prinzip sogar noch in den so straff komponierten *Bürgern von Calais* wiedererkennen (ebda).

Das bringt uns kurz zu den Inhalten der Stücke. Wenn der 'Aufbruch'-Gedanke zu den primären Anstößen des Expressionismus gehört, so könnte man sehr leicht zu dem Schluß kommen, Kaiser habe, was damit gemeint war, gründlich mißverstanden. Der Aufbruch soll ja nicht ins Blaue hinein, sondern auf ein neues Ziel hin erfolgen – gleichgültig, wie deutlich (oder undeutlich) sich dieses Ziel im einzelnen abzeichnen oder gar eine bloße Illusion sein mag. Wenn der Kassierer in *Von morgens bis mitternachts* 'aufbricht', tritt zwar auch er aus der bürgerlichen Ordnung heraus, aber doch nur zum Zwecke einer Befriedigung seiner bisher unterdrückten Gelüste. Dabei stellt sich heraus, was Kaiser selbst am eigenen Leibe oft genug erfahren hatte, daß mit nichts als einer großen Summe Geld keine Seligkeiten zu erkaufen sind – und so endet der arme Kerl nach vierundzwanzig Stunden hingestreckt unter dem Kreuz. Sonderbar, welch große Rolle das Kreuzsymbol bei dem doch sicher nicht seiner tiefen Religiosität wegen bekannten Dichter Kaiser spielt! Es scheint immer noch seine Gültigkeit als menschliche Endstation zu haben, auch wenn es ziemlich mechanisch eingesetzt wird. Dasselbe ist ja in den *Bürgern von Calais* der Fall. Kein Kaisersches Stück ist so oft interpretiert worden, daß dem von anderen (besonders Lämmert und Durzak) Gesagten nicht viel hinzuzufügen ist. Nur dies sei noch vermerkt: Das Stück leidet unter einem inneren Bruch, den man bisher wohl noch nicht wirklich erkannt hat. Einerseits nämlich geht es um die Bewahrung des menschlichen 'Werkes' – hier den Hafenbau von Calais –, andererseits um eine letztlich völlig sinnlose Abrichtung der sechs menschlichen Opfertiere auf ihre völlige Selbstidentifizierung mit ihrer 'Tat'. Mir will scheinen, daß es Kaiser beim Einsatz seiner Arbeit zunächst nur um das erstere Motiv ging, denn die Idee 'Werk', mit der er sich als Dichter ja immer vollkommen identifiziert hat – man denke nur an seine monströse Selbstverteidigung vor dem Richter, als er wegen Unterschlagungen angeklagt war –, ist für ihn die ultima ratio menschlichen Tuns. Um dieses Werk – das für sein eigenes einzutreten hat – zu 'retten', wird der Militarismus zugunsten eines produktiven Pazifismus gebrochen. Damit aber hätte sich bestenfalls ein Einakter füllen lassen. An dieser Stelle setzt Kaisers abstruse Kalkulation ein: Wie, wenn statt der benötigten sechs Bürger sich sieben freiwillig meldeten? Auch das Problem wäre an sich leicht durch eine Opfertat – wie sie dann wirklich durch Eustaches Selbstmord vollzogen wird – zu beheben gewesen, nur um jedem der sechs die Peinlichkeit eines verfrühten Rückzugs zu ersparen. Statt dessen wird die Lösung bis zum letzten Akt immer wieder hinausgeschoben, und zwar zu dem Zweck, aus den Bürgern, die sich freiwillig zur Selbstaufopferung gemeldet hatten, moralische Automaten – oder wie Kaiser es sieht, bessere Menschen, wenn nicht gar Kaisersche Übermenschen – zu machen. Und welchen Sinn hat das Ganze? «Kaiser konzipiert gesichtslose Homunculi, groteske Spukgestalten», stellt Mennemeier fest: Er zielt damit auf *Von morgens bis mitternachts* ab, aber die Situation ist in den anderen Stücken genau dieselbe (123, 157). Noch viel tiefer greift Lämmert, der leugnet, daß es sich hier um den 'neuen Menschen' des Expressionismus handle – genauso wenig, könnte man hinzufügen, wie in den anderen Stücken: Sicher ist der Kassierer kein solcher, und wenn Spazierer in *Hölle Weg Erde* doch als ein solcher angesprochen werden kann, so weiß Kaiser am Ende nicht, was er mit ihm und seinem bekehrten Anhang anfangen soll. Die zu neuem Menschentum Aufgebrochenen lagern sich, auf weiteres wartend, auf steiniger Ebene, wo sie wohl noch immer sitzen werden. Ernst Schürer nennt das Stück mit Recht «eine der schwächeren Leistungen Kaisers» (158, 37). Den Kern des Kaiserschen Dilemmas in den *Bürgern von Calais* hat Lämmert mit der Frage getroffen, ob die «ichlose Gemeinschaft der Aufbrechenden» überhaupt «lebensfähig» sei (106, 317). Wie würde sich die Erneuerung der Sechs 'zum Tode' auf die anderen auswirken? Man wird am Ende in der Stadt ein wenig traurig sein und wieder an seine Arbeit gehen. Haben wir es hier überhaupt mit einer sozialen Problematik zu tun? So sah es im ersten Akt aus; danach aber sind die Bürger nur noch Zuschauer eines Dramas, in das nur sechs nach-nietzschesche Auserwählte hineingezogen sind. Aber Kaiser, «der selbst nie ein origineller Denker war» (138, 80), hat auch das soziale Problem nie erfaßt – nur gelegentlich, wie in den *Gas*-Stük-ken, einmal als Stoff aufgegriffen und sich dann in Abstraktionen verloren. Kaiser wisse «letzthin keine Lösungen», stellte schon Horst Denkler fest (28, 88), aber Lösungen werden von den Dichtern ja auch nicht verlangt; verlangt wird von ihnen nur die Erhellung von Problemen. Kaiser 'erhellt' aber nichts, er 'spielt' nur damit, weil er immer wieder von fiktiven Prämissen ausgeht. Bezeichnend ist daher, daß in den *Bürgern von Calais* «der neue Mensch nur im Tode verwirklicht wird». Eustache gehöre «in die Reihe der Läuterungsselbstmörder, die im expressionistischen Drama nicht eben selten» seien, schließt Lämmert (106, 318). Die psychologisch auf so grausame Weise geläuterten Bürger – 'brain-washed' nennt man das heute – sind wirklich «gesichtslose Homunculi», die nur eines 'Führers' bedürfen, um für jede Tat eingesetzt werden zu können, ethische Automaten. Wenn man sich darüber klar wird, tun sich einem erschreckende Perspektiven auf die deutsche Zukunft auf.

Wir können hier auf die *Gas*-Trilogie nicht weiter eingehen. Daß die Problemstellung in der *Koralle* mit der in den ihr folgenden Stücken nichts zu tun hat, haben wir bereits hervorgehoben. Aus ihr läßt sich aber sehr deutlich ablesen, wie prekär die Voraussetzungen der Stücke Kaisers oft sind, was ihm den Titel eines 'Denkspielers' eingetragen hat: Wenn ein Mensch, besessen von Angst vor der in der Jugend so schmerzhaft erlebten Armut, sich einen Doppelgänger zulegt (was ja auch nicht jeder kann), um sich dadurch, daß er ihn ermordet, dessen glücklichere Jugend anzueignen, gewissermaßen in ihn hineinzuschlüpfen, arbeitet Kaiser mit den unglaubwürdigsten Handlungsmomenten, zeichnet er Menschen, denen am Ende nichts übrig bleibt, als unter dem Kreuz zu enden, und das bei einem Dichter, der, anders als Sorge, das Religiöse nur als Chiffre zu benutzen vermag. Das durch ihn aufgeworfene Problem der Identitätskrise, dem man im Expressionismus ja auch anderwärts, zum Beispiel bei Kornfeld, begegnet, wird Max Frisch nach einem weiteren Weltkrieg sehr viel tiefer erfassen.

Paul Kornfeld

Es scheint kaum möglich, sich nach einer Betrachtung des Kaiserschen Werkes der Dramen des elf Jahre jüngeren und so ganz anders konstituierten Paul Kornfeld (1889–1942) zuzuwenden, obgleich beide ungefähr zur selben Zeit an die Öffentlichkeit traten. Man bekäme seine beiden expressionistischen Tragödien *Die Verführung* (entst. 1913, veröff. 1918) und *Himmel und Hölle* (1919), das Manon Maren-Grisebach als Mysterienspiel auffaßt (117, 522), wohl eher in den Griff, wenn man sie von der Prager (und jüdischen) Umwelt seiner Jugend oder dem Erlebniskreis eines Albert Ehrenstein her erfassen könnte. Mit letzterem teilt er zum mindesten den Zug in die Melancholie: Sein Schmerz sei «zwar oft ins Schöne gesteigert, zur Pracht erhoben», aber es werde «Kult mit ihm getrieben», lautet die Formulierung Manon Maren-Grisebachs (ebda, 526). Wir wissen leider zu wenig von seinen Lebensumständen und seiner Persönlichkeit, um daraus

Schlüsse auf seine Dichtung zu ziehen, so daß diese für uns, vor allem da sein dramatisches Werk sich mit dem keines anderen Expressionisten vergleichen läßt, wie in einem leeren Raume steht. Und doch liegt es im Hauptstrom der Geschichte des deutschen Expressionismus, zieht aus ihm, wenn man will, die letzten Konsequenzen. Der Hinweis auf seine mystisch-spiritistischen Inklinationen, die uns vor allem aus seiner Jugend berichtet sind, sowie seine Verwurzelung in altjüdischer Sagenwelt hilft uns nicht weiter, denn davon ist so gut wie nichts in seine Dichtung eingegangen. Sogar sein berühmt gewordenes essayistisches Manifest «Der beseelte und der psychologische Mensch» (1918) begründet zwar, wenn auch ein wenig verspätet, seine Ablehnung des durch den Naturalismus und die traditionelle Literatur profanierten Psychologismus, aber der von ihm proklamierte 'beseelte' Mensch ist nicht ganz das, was man sich üblicherweise unter einem solchen vorstellen würde. Hält man sich nur an seine Dramen, ist der 'beseelte' Mensch der, dem die Belange des eigenen Ich die alleinige Quelle seines Denkens und Handelns sind. Da aber jeder sich von ähnlich motivierten Gestalten umgeben sieht, stehen sie alle völlig kontaktlos da. Zur sozialen und politischen Gedankenwelt des späten Expressionismus gab es für Kornfeld daher auch keinen Zugang: Er wollte ganz einfach nichts damit zu tun haben, so daß wir ihm auch in keinem der expressionistischen Kreise begegnen. Seine Menschen fühlen – und das haben sie mit dem Kern des Expressionismus gemein –, daß sie in einem Kerker leben, aber sie wollen auch nicht aus ihm heraus, weil sie sich von den sie umschließenden Mauern auch gegen die feindliche Außenwelt geschützt wissen. In dieser Hinsicht liegt sein Fall ähnlich wie der Kaisers. So besteht die 'Versuchung' in seinem ersten Stück in einer Versuchung zur Freiheit. Da für Kornfelds Menschen die Maßstäbe der Außenwelt nicht gelten, handeln sie notwendig irrational und spontan. Wenn sie morden, so morden sie aus Gründen, die dem 'gesunden Menschenverstand' ein Geheimnis bleiben und sich nur als pathologisch erklären lassen. Die Kornfeldsche Bühne hat immer etwas von der Szenerie eines Irrenhauses an sich – so, wenn die Gräfin in *Himmel und Hölle* ihre Tochter ermordet, weil diese ihre Liebe zurückweist. Das hat sein Grausiges, aber es geht auch nicht ohne eine unfreiwillige Komik ab – wenn etwa der Graf am Ende des Stückes Lieder singend durch die Wüste zieht und sich zu seinem Gesang auf dem Schienbein seiner toten Frau begleitet. In ihrem Solipsismus sind diese Dramen erschreckende Dokumente. Was Sorge gesät hat, ist hier auf bedrückende Weise aufgegangen.

Fritz von Unruh

Gegensätze über Gegensätze, und es gibt deren noch mehr. Vielleicht sollte man Fritz von Unruh (1885–1970), vor allem sein immer als expressionistisch genommenes *Ein Geschlecht* (entst. 1915/16) und den *Opfergang* (entst. 1916), dem Expressionismus gar nicht zurechnen. Und doch berührt sich sein dichterisches Wirken sehr eigentümlich mit der zum Lebensprinzip erhobenen Egozentrizität bei Kornfeld und zum mindesten bei dem

174

Menschen Kaiser. Wir sprechen in solchen Fällen gerne von 'Individualismus', ohne uns darüber klarzuwerden, wie verschiedene Formen er anzunehmen vermag. Von Unruh hat sich nicht in sich selbst verkapselt wie Kornfeld und immer, anders als Kaiser, der trotzdem hinter der Szene sein eigener geschickter Manager war, die Öffentlichkeit gesucht, in der er eine Mission zu haben glaubte – und wohl auch hatte. Unter welch schwerer menschlicher Belastung entsteht Dichtung oft: Es ist wie ein Wunder! Wie verträgt sich zum Beispiel der in Kornfelds Dramen gestaltete Pessimismus mit dem 'lustigen Paul', als den die Freunde und Verwandten den Dichter kannten (117, 528)? Während der frühe, also expressionistische Kornfeld sich in seiner Dichtung geradezu 'verkriecht' – auch er wird später seine Komödien schreiben! –, steht von Unruh immer groß hinter seinen Gestalten, selbst eine eindrucksvolle Gestalt. Was ihn zum Dichter machte, war sein Protest gegen die auf dem Autoritätswahn beruhende Militärdisziplin in Preußen-Deutschland, die er in seinen frühen Stücken *Offiziere* (1911) und *Louis Ferdinand, Prinz von Preußen* (1913) der Kritik unterzog, so daß er als Offizier seinen Abschied nehmen mußte. Vor allem dieses Schrittes wegen hat man ihn gerne mit Kleist verglichen: so schon Alvin Kronacher in seinem Essay *Fritz von Unruh* (1946). Hier wie da ertrug der Sproß einer alten Offiziersfamilie die ihm auferlegten Fesseln nicht mehr – aber damit endet auch der Vergleich! Seinen kompromißlosen Pazifismus bekundete er schon vor Ausbruch des Krieges, früher als manch ein Expressionist, in dem Stück *Vor der Entscheidung* (1914), während er sich sonderbarerweise in dem auch nicht wirklich expressionistischen, nur mit ganzer Intensität hingeschriebenen 'Bericht' *Opfergang* (1916 im Feld entst.) weniger eindeutig gibt: Hier ist es mehr das Grauen vor dem Morden in der Schlacht von Verdun, das ihm die Feder führte, als irgendeine Form von Antikriegspropaganda.

Für den Sohn aus altem preußischem Adel war das ein weiter Weg, auch wenn es in seinem Denken noch wieder Rückstände gab, die Manfred Durzak, in Übereinstimmung mit Lukács' Kritik von einst, als «Borniertheit des Klassenstandpunkts» (35, II, 171) abtut. Mir wird bei dieser ideologisch verfärbten Formulierung nicht wohl, denn am Ende kann niemand aus seiner eigenen Haut, und der einzelne hat an vielem, auch an seiner Vergangenheit zu tragen. Von Unruh mag mit der Tradition seiner Familie und seines Standes gebrochen haben, aber der Tradition als solcher blieb er doch weitgehend verhaftet. Das wird an seinem ersten und im Grunde einzigen expressionistischen Drama *Ein Geschlecht* unmittelbar deutlich, nicht nur in dessen strengem und geschlossenem Aufbau, sondern auch in der Sprachgebung, die seine Orientierung am klassischen Vorbild belegen. Das Stück ist ein sonderbarer Zwitter: Das expressionistische Pathos, das in ihm fraglos vorherrscht, geht ein in das klassisch-gehobene und sprengt es von innen her auf – sprengt es auf, weil die, die da auf der Bühne so heftig agieren, die Mutter mit ihren beiden so verschiedenartigen Söhnen und ihrer Tochter, Menschen sind, die sich von ihren Leidenschaften bis zum Inzest treiben lassen, so daß ihr Pazifismus als von ihnen anvisierte politische

Lebensform im Widerspruch zu ihrem Wesen steht. Objektiv betrachtet sieht von Unruh natürlich durchaus richtig, wenn er das, was einem solchen Pazifismus in der Wirklichkeit im Wege steht, im Menschen selbst, in seiner in ihm angelegten Zügellosigkeit, und das heißt letztlich: in der ihn immer wieder zum Tier erniedrigenden Sexualität sieht. Die Auseinandersetzung mit dem unten in den Ebenen geführten Krieg – die Handlung selbst ist symbolisch auf einen Berg verlegt – ist daher auch ganz an den Rand des Stückes abgedrängt, um dann allerdings, wenn die letzte Entscheidung gefallen ist, zu einem weiteren 'Aufbruch' zu führen. Auf dieser sicher auf eigenen Erlebnissen beruhenden doppelten Problematik, der rein menschlichen wie der politischen, baut von Unruh nun aber ein ganzes utopisches Weltsystem auf, das weder überzeugt noch befriedigt. Es besteht darin, daß aus der Triebhaftigkeit des Menschen überhaupt und seiner, von Unruhs, eigenen erotischen Veranlagung die Notwendigkeit abgeleitet wird, ein Matriarchat zu errichten. Die vom Mann begehrte Frau – im Stück ist es die Tochter, die diesem Begehren ihrerseits entgegenkommt – wird zur Mutter sublimiert. Man kann in diesem Matriarchat natürlich den Gegenentwurf zu dem von von Unruh in so schweren inneren Kämpfen erlebten Patriarchat sehen, aber das wäre dann höchstens der psychologische Anlaß für Forderungen, die das Psychologische zu transzendieren hätten. So hat Ina Götz durchaus recht, wenn sie die Meinung vertritt, von Unruh liefere «nichts als eine abstrakte Utopie», welche zudem noch «ohne jeden konkreten Inhalt» sei (56, 93). Dieser 'konkrete Inhalt' fehlt ganz sicher in seinem Konzept, wenn man es auf die vorgegebene Gesellschaftsordnung bezieht – natürlich erst recht auf die marxistische, der Ina Götz offensichtlich ihre Maßstäbe entnimmt. Sie hält von Unruh seine «erotischen Obsessionen» vor (ebda, 212) und kommt, wenn auch weniger lapidar, zu demselben Schluß wie Mennemeier, der von dessen «Theater der Grausamkeit» spricht und meint, «das Stück» verrate «die Ohnmacht des Autors» (123, 51), wenn sie erklärt, daß er, «der den Verstand verschmäht und nur das Gefühl gelten läßt, folgerichtig immer wieder ein Opfer seiner eigenen mangelnden intellektuellen Kraft» werde (56, 228), wobei der Rückzug auf das Gefühl dann doch wieder ein recht expressionistischer Zug wäre – vorausgesetzt, daß man nicht gerade Kurt Hiller oder Carl Einstein heißt.

Im Verlauf ihrer Untersuchung wirft Ina Götz gelegentlich die Frage auf, inwieweit von Unruhs «Werke überhaupt zum Expressionismus gerechnet werden können» (ebda, 182). Es ist eine durchaus berechtigte Frage, die sich allerdings auch bei vielen anderen, dem Expressionismus gemeinhin zugeordneten Autoren stellen läßt und auch von uns schon hier und da zu stellen war. Von Unruh hat sich selbst ja nie mit den Expressionisten gemein gemacht und sie schon in seinem zweiten Stück der Trilogie «Ein Geschlecht» *Platz* (entst. 1919/20) – der dritte Teil *Dietrich,* eine große ästhetische Peinlichkeit, wurde erst postum veröffentlicht – parodiert. Andererseits unterscheidet auch sie zwischen dem 'Inhalt' und der 'Form' und findet, daß der «expressionistische Charakter» seines Werkes «mehr inhaltlich begründet» sei «als durch die Sprache» (ebda, 139). Wäre aber die

Sprache überhaupt das entscheidende Merkmal des Expressionismus, könnte man ihr ohne weiteres zustimmen, aber das ist doch nur insofern der Fall, als er sich zwar bewußt und oft militant von der Sprache seiner Vorläufer-Generation abhebt, nicht aber in dem, was das nun von den Expressionisten jeweils zu Leistende betrifft: Es stimmt also gleichsam im Negativen, aber nicht im Positiven. Ina Götz empfindet die von Unruhsche Sprache als expressionismusfremd, was sie in wesentlichen Zügen aus schon angedeuteten Gründen ja auch ist. Wie es dagegen mit den Inhalten steht, ist eine andere Sache. Walter Hinck sieht sie vielleicht doch zu sehr aus heutiger Sicht, wenn er über von Unruhs Tragödie – ist es wirklich eine Tragödie, nur weil der Dichter sein Stück als solche bezeichnet? – das Urteil fällt, sie nehme «zur allgemeinen, pathetisch-wortreichen Ächtung des Krieges Zuflucht, wo nüchterne Analyse der Ursachen Einsichten hätte vermitteln können» (69, 24). Als ob eine solche Analyse von Ursachen welcher Art auch immer Sache der Expressionisten gewesen wäre. Da sind denn doch die sehr viel historischer orientierten Kategorien Walter Falks hilfreicher, aufgrund deren man wohl zu dem Schluß kommen müßte, von Unruh und die Expressionisten wären, ein jeder auf seine Weise, Exponenten des sich seit der Jahrhundertwende herausbildenden und graduellen Wandlungen ausgesetzten Kreativismus gewesen, und zwar so, daß von Unruh noch auf der relativ frühen Stufe des Utopismus stehengeblieben wäre – eine Position allerdings, auf die sich auch die späteren Expressionisten angesichts der aussichtslos gewordenen Situation ihres kreativitischen Subjektivismus zurückgezogen hätten –, während der Expressionismus in seiner Hauptströmung bereits in die Phase des Destruktionismus vorgestoßen wäre, vor dem der traditionsverhaftete von Unruh instinktiv zurückscheuen mußte. Man könnte sogar die Meinung vertreten, daß in dieser seiner Unzeitgemäßheit der Grund für alle seine dichterischen Halbheiten liege.

Von Unruh hat seiner Zeit gegenüber – und das trifft auch noch auf seinen emotionellen Republikanismus während der zwanziger Jahre zu – immer ein wenig schief gelegen, die dichterische Verarbeitung seines Pazifismus nicht ausgenommen. Wie ein 'richtiger' expressionistisch dargebotener Pazifismus aussehen müßte, läßt sich mit Händen greifen, wenn man *Ein Geschlecht* – das Otto Mann seinerzeit versehentlich, aber gar nicht so unrichtig als «Das Geschlecht» präsentiert hat (42, 218) – mit dem Einakter *Empor* (1916, also aus demselben Jahr wie *Ein Geschlecht* [157, 238 ff.]) von Paul Zech (1881–1946) vergleicht, das Werk eines Dichters, der in seiner Gesamterscheinung natürlich unter die Lyriker einzuordnen ist. Auch sein Stück ist in einer streng durchgehaltenen, gereimten und eigentlich nicht typisch expressionistischen Versform verfaßt und wird nicht alle Augenblicke durch Irrationalitäten à la von Unruh aufgebrochen. In beiden Stücken – wie übrigens auch in dem Einakter *Die Stunde der Sterbenden* (1914; 36, 139–158) des damals von seinem Pazifismus noch nicht geheilten Hanns Johst – befinden wir uns mitten im Krieg, nach einer Schlacht. Die Handlung wird von drei Gestalten getragen (bei Johst sind es fünf

'Stimmen'), deren Dialog bei Zech von einem «Chor der Verwundeten» und einem «Chor der Gefallenen» in der Form eines Oratoriums begleitet wird, während es bei von Unruh an den entsprechenden Stellen, von außen her einbrechend, nur zwei amtierende «Soldaten» gibt, von denen der eine noch im letzten Vers seine 'Wandlung' erfährt. Zech läßt im Verlauf seiner Szene einen aus dem Fundus des expressionistischen Theaters hervorgeholten uralten «Fremden» (Johst, noch 'expressionistischer', einen «Irren») auftreten, der die noch in ihren militaristischen Vorstellungen befangenen Verwundeten verbrüdert und sie zum 'Aufbruch' veranlaßt. Wohin dieser Aufbruch sie führen wird, bleibt natürlich, wie in allen solchen Aufbruch-Dramen, offen: Irgendwie wird sich ihnen der blaue Himmel schon auftun. Kaiser hat das einmal in die Worte gefaßt, daß es auf das Ziel gar nicht ankomme, nur auf den Weg, womit dem allzu Wissensdurstigen jede weitere Frage abgeschnitten wird. Auch bei Zech geht es, was die Verwandlung des 'alten' in den 'neuen' Menschen betrifft, ein wenig unmotiviert zu, aber psychologische Motivierung war ja die Sache des Expressionismus nicht. An die Stelle dramatischer Logik ist das Wunder getreten. Und doch entwickelt Zech die Vorgänge in einer klaren, einleuchtenden Abfolge. Seine Botschaft läuft nie Gefahr, sich in irgendeinem panerotischen oder sonstwie irrationalen Morast zu verlieren.

Reinhard Goering

Die *Seeschlacht* (1917) von Reinhard Goering (1887–1936) ist 1916, in demselben Jahr also, in dem Fritz von Unruh an der Front *Ein Geschlecht* niederschrieb, in Davos entstanden, wo ihr Autor sich nach seiner Entlassung aus dem Kriegsdienst wegen einer tuberkulösen Infektion fast den ganzen Krieg über aufhielt. Kurz vor Ende des Krieges (am 10. Februar 1918) wurde es in Dresden und kurz darauf auch in Berlin uraufgeführt, und zwar in Berlin durch Max Reinhardt. 1922 konnte er sich dafür mit Fritz von Unruh in den Schiller-Preis teilen (nicht den Kleist-Preis, wie man immer wieder lesen kann, auch noch bei Kunisch [62] und Knapp [97]). Es ist keine sich leicht erschließende, eine widersprüchliche Dichtung, die man seinerzeit pazifistisch wie auch patriotisch nehmen konnte und genommen hat. In Dresden fand man sie offenbar unpatriotisch und rührte daher die Trommel, während Reinhardt in seiner Inszenierung das pazifistische Moment herausgestrichen haben muß, an dem man in Berlin so kurz vor Kriegsende schon längst keinen Anstoß mehr nahm. Goering dürfte das eine so recht gewesen sein wie das andere, denn ihn interessierten an den Aufführungen lediglich die Einnahmen. Es heißt, er habe sich damals sogar in Berlin aufgehalten und in den Straßen der Stadt herumgetrieben, sich aber 'einen Dreck' um das gekümmert, was der große Regisseur mit seinem Stück anstellte. Er war zu der Zeit allem Anschein nach schon ziemlich heruntergekommen. Mit dem, was man die 'Botschaft' des Stückes nennen könnte, wird nur gespielt, da alles 'Ideologische', letzten Endes die ganze

Problematik seiner Zeit, für ihn keine Verbindlichkeit besaß, vermochte er doch schon seine eigene nicht zu bewältigen. Die seelischen Erlebnisse der von ihm in seinem Stück auf die Bühne gebrachten Menschen dienten ihm nur als Baumaterial für eine sich an antiken Vorbildern orientierende Tragödie. Antik ist sie ja auch insofern, als in ihr das Schicksal – ganz ähnlich wie im *Oedipus* – von vornherein über die Menschen verhängt ist, so daß ihnen keine andere Aufgabe bleibt als die, mit dem über sie verhängten fertig zu werden. Zu dem Zweck werden sie schließlich das Unausweichliche tun und als 'Helden' in den Tod gehen. Das entspricht ohne Frage auch Goerings eigenem Weltbild, dem eines total Entwurzelten, durchs Leben Getriebenen, der seine Lebenslösung schließlich nur im Freitod finden konnte. Gemeutert wird bei ihm nicht: Der Fünfte Matrose in der *Seeschlacht,* der das zu Beginn des Stückes wollte, ist im entscheidenden Augenblick derjenige, der am besten geschossen hat. *Aber schießen lag uns wohl näher? Wie? Muß uns wohl näher gelegen haben* (57, 318): Das sind die letzten Worte, bevor der Vorhang niedergeht. Nietzsches 'amor fati' findet in dieser Indifferenz des 'Muß-wohl' sein letztes Echo.

Wenn man Goering als den 'Klassiker' oder gar den 'Goethe' [!] des Expressionismus bezeichnet hat, rückt er auf überraschende Weise in die Nähe von Unruhs, wenn auch gleichsam unter umgekehrten Vorzeichen. Weltanschaulich zum mindesten haben beide Autoren die Akzente anders gesetzt. Das aber ist kaum verwunderlich, wenn man bedenkt, daß Goering einer der vielen Bewunderer Georges im 'expressionistischen Jahrzehnt' war und daß er ihm gerade in dem für ihn so fruchtbaren Sommer 1916 auch persönlich begegnet ist. Natürlich konnten sich ihre Wege nur kreuzen. George mag Goering viel bedeutet haben, Goering George aber nichts. Das Mißverständnis erklärt sich vielleicht dadurch, daß Goering, wie so viele seiner Generation, in seinem tiefsten Innern noch ein Geisteskind der Kunst-Periode war, der Welt Stefan Georges. Das belegen besonders die so formvollen Gedichte – etwa «Wer es sagt» (57, 568) – aus seiner Frühzeit, aber auch noch aus der Zeit kurz vor der Niederschrift der *Seeschlacht.* Janis Solomon, deren Einsichten in Goering und sein Werk in ihrer noch unveröffentlichten grundlegenden Studie «Die Kriegsdramen Reinhold Goerings» ich viel verdanke, wundert sich, daß Goering später dem Sturm-Kreis nähergekommen ist und im *Sturm* – der freilich damals schon lange nicht mehr von Walden herausgegeben wurde – seine späten Gedichte veröffentlicht hat. Sie führt das darauf zurück, daß Walden und Goering sich über ihre gemeinsamen kommunistischen Ansichten getroffen haben. Vielleicht. Aber hätte ein Walden sich in dieser Hinsicht so leicht hinters Licht führen lassen? Wahrscheinlicher scheint mir, daß auch hier die Verehrung der Kunst, die auch Walden kaum ganz aufgegeben haben dürfte, den Treffpunkt abgegeben hat. (Ging die Beziehung überhaupt zu Walden oder zu Schreyer?) Soviel aber dürfte feststehen: Auch wenn Goering in der *Seeschlacht* und anderswo oft den Artikel hat unter den Tisch fallenlassen und sich auch andere sprachliche Freiheiten der Expressionisten zu eigen gemacht hat, ja selbst wenn das Pathos seiner Sprache und sein Drang zur Stilisierung ohne den Expressionismus kaum zu denken wären, so bleibt seine Dichtung, auch die *Seeschlacht,* doch bestenfalls nur eine Randerscheinung der 'Bewegung'. Vielleicht sollte man die *Seeschlacht* überhaupt eher als einen Vorläufer des Existentialismus nehmen, wobei wir uns an Thomas Anz' Argumente erinnern (3), der den ganzen Expressionismus in diesem Licht sehen will.

In politischer und weltanschaulicher Hinsicht aber war Goering zum mindesten ein 'unsicherer Kantonist'. Janis Solomon hat darauf hingewiesen (was der Forschung bisher so gut wie entgangen ist), daß fast gleichzeitig mit der Berliner Aufführung der *Seeschlacht,* möglicherweise sogar am selben Tag, eine dramatische Skizze Goerings unter dem Titel «Kriegerische Feier» in der *Neuen Rundschau* erschien, die wie so manches andere nicht in die Ausgabe seiner Werke mitaufgenommen worden ist. So etwas konnte man wahrscheinlich Anfang der sechziger Jahre einem deutschen Lesepublikum nicht mehr zumuten! Janis Solomon zufolge herrscht in diesem Stück dieselbe Ambivalenz wie in der *Seeschlacht:* Auch hier wird ein Pazifist 'bekehrt', werden ihm die Augen für wahres schwarz-weiß-rotes Heldentum geöffnet. Aber geht dieser nationalistische Geist nicht auch schon deutlich genug aus dem Zweiakter – oder sollte man sagen: dem zweigeteilten Einakter? – *Scapa Flow* (1919) hervor, der ja alles andere als eine 'sophokleische Tragödie' ist, wie man etwas leichtfertig behauptet hat, sondern eine höchst nationalistische Suada? «Etwaige Gerüchte vom Faschisten Goering» lassen sich jedenfalls nicht so leicht abweisen, wie Norbert Mennemeier es noch anzunehmen scheint (123, 94).

Die *Seeschlacht,* lesen wir bei Curt Hohoff, «löste mitten im Kriege» – es war freilich nicht mehr «mitten im Kriege», als weitere Kreise von ihr Kenntnis nahmen – «eine echte Ergriffenheit aus. Man hatte das Gefühl, hier habe ein Autor versucht, aus dem Leiden moderner Soldaten ein Mysterium zu dichten. Er hatte in einem sogenannten Kriegsstück nach antiker Größe gestrebt und sich weder vom nationalen noch vom pazifistischen Pathos die Konzeption verderben lassen» (164, II, 283). So konnte es wirklich aussehen, und man hat allen Grund, mit Mennemeier die «Leistung künstlerischer Abstraktion» zu bewundern und von Goerings «realistischer Überlegenheit» zu sprechen (123, 97). Und doch wird man, wenn man die ganzen Zusammenhänge bedenkt, dieser Leistung und Überlegenheit nicht so recht froh. Ist Goerings 'Mysterium' wirklich so realistisch? Schon die «künstlerische Abstraktion» ist ja nicht gerade eine realistische Tendenz. Wie wir die Sache auch anfassen, wir kommen wohl um die Tatsache nicht herum, daß wir mit Goerings wesentlichem Beitrag zum Expressionismus, nämlich der *Seeschlacht,* heute unsere Schwierigkeiten haben. Sie rührt sicher von der ihr zugrunde liegenden Positionslosigkeit ihres Autors her, dramaturgisch aber auch von dem Moment der 'Wandlung' eines Pazifisten und potentiellen Meuterers in einen Helden oder doch Quasi-Helden – einer Wandlung in einem dem Expressionismus entgegengesetzten Sinn! –, der sich am Ende selbst wundert, daß ihm das Schießen näher gelegen hat als das Meutern: *Ich habe gut geschossen wie? Ich hätte auch gut gemeutert, wie?* Ein Heldentum also ohne innere Nötigung, so daß der Tod des armen Kerls am Ende eher bedauernswert als tragisch ist.

Bevor Goering mit seinem sensationellen Einakter hervortrat, der sich, wie Janis Solomon meint, unschwer in drei Akte aufteilen ließe, hatte er bereits im selben Jahr 1916 einen, wenn nicht sogar zwei völlig anders geartete Einakter verfaßt: *Der Erste* (1918), der ursprünglich den Titel «Keiner» trug (43, 310), und wahrscheinlich auch noch die «Tragödie» *Der Zweite* (1919), der gleich nach der Drucklegung neu bearbeitet und noch im selben Jahr unter dem Titel *Dahin?* in begrenzter Auflage vorgelegt wurde. Der dem Expressionismus wohl am nächsten kommende Einakter *Die Retter* (ebenfalls 1919) dürfte seinen dichterischen Impuls dem Theatererfolg der *Seeschlacht* verdanken, wie ebenfalls das wohl als Gegensatz – oder eine Art Fortsetzung – zu ihr konzipierte Stück *Scapa Flow.* Es ist jedenfalls erstaunlich, wie hektisch Goering in diesen Jahren gearbeitet hat, auch wenn man die Stücke nicht mit in Rechnung setzt, die er damals außerdem noch zusammengeschrieben hat, vom Verlag aber abgelehnt worden sind. Die genauere Darstellung dieser hingehauenen Stücke muß die Publikation von Janis Solomons Untersuchungen abwarten. Nur so viel kann schon jetzt gesagt werden: daß Goering offenbar seine Konjunktur auszunutzen suchte, scheiterte und darauf als Dichter fast ein Jahrzehnt lang verstummte. Er trat dann noch einmal mit dem vielleicht gelungensten Theaterstück der 'Neuen Sachlichkeit' (*Die Südpolexpedition des Kapitän Scott* [1930]) an die Öffentlichkeit und wurde dafür mit dem Kleist-Preis ausgezeichnet.

Es ist ein sonderbares, uneinheitliches und ungleichwertiges Opus, das Goering uns hinterlassen hat, die dichterische Dokumentation seines unbürgerlich-chaotischen Lebens, der von ihm gelebten Tragödie. Es ist ihm nie gelungen, festen Boden unter die Füße zu bekommen: Mehrfach versuchte er, sich an verschiedenen Orten als Arzt niederzulassen und ein geregeltes Familienleben zu führen, aber immer wieder trieb es ihn in die Welt hinaus, ruhelos, haltlos. Man könnte das auf das Konto der expressionistischen Boheme setzen und als Zeiterscheinung nehmen, wenn er nicht «abseits vom Literaturbetrieb» (123, 91) und außerhalb aller 'normalen' menschlichen Bindungen gelebt hätte, trotz seiner zwei Ehen. Er ist nicht an seiner Zeit gescheitert, sondern an sich selbst. Ein immer wieder überraschender 'Könner', ein wirklicher Dichter ohne Frage, dessen Welt schon untergegangen war, wenn es sie je gegeben hat. Es steckt etwas von einem François Villon in ihm. Seine Unstete läßt sich wahrscheinlich auf traumatische Kindheitserlebnisse zurückführen: Schon der Vater hatte Selbstmord begangen, die Mutter war im Wahnsinn geendet, mit dem Bruder, der in ihm das vorgezogene Kind sah, stand er sich schlecht, und wie behindert er der Frau als Frau gegenüber war, geht aus seinem autobiographisch fundierten Jugendroman *Jung Schuk* (1913) hervor, der aber immerhin erst drei Jahre hinter ihm lag, als er die *Seeschlacht* schrieb. Sonderbar nahe, wenn auch sehr viel sentimentaler, steht dieser Roman den gleichzeitig entstandenen Romanen Gustav Sacks.

4. Die aktivistisch-pazifistische Dramatik des Spätexpressionismus

Gustav Sack und Ludwig Rubiner

Um den Menschen, der nicht mehr schießt und die bestehende Ordnung aus emotional-politischer Überzeugung ablehnt, ging es den Aktivisten des Spätexpressionismus, ging es aber auch schon so überzeugten Pazifisten wie dem eben genannten Gustav Sack (1885-1916), auch er einer, der «abseits vom Literaturbetrieb» stand. Bei Ausbruch des Krieges war er – keiner seiner frühen Romane war bisher veröffentlicht worden – in die Schweiz gegangen, ohne auch da Anschluß an Gleichgesinnte, Schickele etwa oder die Züricher Dadaisten, zu suchen. Allein konnte er sich hier aber nicht durchsetzen und kehrte bald wieder nach Deutschland zurück, wo er prompt eingezogen wurde und kurze Zeit darauf im Osten fiel. Schon in der Schweiz hatte er sein «Schauspiel in vier Aufzügen» *Der Refraktär* (entst. 1915/16, veröff. 1971) begonnen und es in Deutschland noch beenden können. Seiner ganzen Anlage nach haben wir es hier wieder mit einem Stück zu tun, das auf tradierte Formen, insbesondere Ibsen, zurückgreift. In ihm vollzog er dichterisch, was er als Mensch nicht zu leisten vermochte: Er ließ seinen Helden in den Bergen einen romantischen Selbstmord begehen. Das Pathos der letzten Szene verrät die innere Unstimmigkeit des Stückes.

Das einzige Drama, das aus dem Aktivismus hervorgegangen ist und wenigstens im Vorübergehen noch beachtet zu werden verdient, sind *Die Gewaltlosen* (1919) des früh verstorbenen Ludwig Rubiner (1881–1920) aus dem engeren Kreis um Kurt Hiller, später ein eifriger Mitarbeiter Pfemferts an der *Aktion.* In jungen Jahren scheint er den Expressionismus in den Berliner Cafés als einen kapitalen Jux genommen zu haben. Er trat zuerst mit 'Kriminalsonetten' auf und veröffentlichte noch 1911 einen Kriminalroman *Die indischen Opale.* Was Neopathetiker nicht alles konnten! Man wird ihm kaum zu nahe treten, wenn man ihn einen guten und sicher sehr klugen Menschen, aber einen schlechten Poeten nennt – einen Poeten, der nicht einmal ganz bei der Sache war. Das muß sich während des Krieges und angesichts der anschwellenden pazifistischen Bewegung geändert haben. Da wurde für ihn aus dem Spaß ein bitterer – vielleicht sogar allzu bitterer – Ernst, und er schrieb im Brustton der Überzeugung seine *Gewaltlosen,* ein breit angelegtes, in viele Szenen zerflatterndes Stück, lose an die Stationen-Technik angelehnt, in dem recht gesichtslose, im Typischen steckenbleibende und wie auf Anhieb verwandelbare Menschen zur 'wahren Freiheit' aufbrechen, in ein utopisches Land, von dem sie selbst nicht wissen, wo es liegt. Aber gleichgültig – die Hauptsache ist, daß man sich erst einmal auf dem Schiff trifft und losfährt, um dann auf dem Weg ins Unbekannte elend zugrundezugehen, menschliche Opfer für eine auf nichts als auf reiner Menschenliebe und noblen Gefühlen aufgebauten Idee. Der Garten Eden hat sich noch nicht wieder aufgetan.

Ernst Toller

Nicht nur bei Ernst Toller (1893–1939, geendet durch Selbstmord in New York), wie Mennemeier meint, auch bei Rubiner werden die «Schwierigkeiten» sichtbar, «die sich für das proletarische Theater», dem Rubiner sich gegen Ende seines kurzen Lebens ja auch anschloß, «ergeben, das dem Expressionismus-Kontext sich zu entwinden sucht» (123, 190) – waren sie doch beide Kinder aus guten bürgerlichen Häusern, die die Sache der Arbeiter zu der ihren zu machen suchten. Toller neben Rubiner zu stellen hat etwas Verlockendes, obgleich er nicht mehr zu der Generation gehört, der in jungen Jahren die Kunst noch ein schönes und amüsantes Spiel gewesen war – oft auch ein erregendes: Kriminalsonette und -romane hat er auch nicht geschrieben, vielmehr begann er gleich medias in res mit seinem Erstling *Die Wandlung. Das Ringen eines Menschen.* Das Stück erschien im gleichen Jahr wie *Die Gewaltlosen* und plakatierte den Expressionismus, ohne dessen technische Mittel auch Rubiner nicht auskam, schon auf der Titelseite. Im Aufbau ist es freilich sehr viel geschlossener und in der Herausarbeitung der Intentionen seines Dichters ungleich überzeugender. Es ging ihm ja nicht so sehr um einen 'Aufbruch' – die Zeit der expressionistischen 'Aufbrüche' war eigentlich auch vorüber, obgleich die Aufbruch-Geste noch lange fortwirkte – als vielmehr um einen 'Durchbruch' durch alle Unmenschlichkeiten zum Menschlichen, durch Vorurteile – das Schicksal des Juden reflektiert sich in ihnen –, durch einen leergelaufenen Patriotismus und pure Sturheit. Es war ein Stück aus Tollers eigener Lebensgeschichte, dichterisch gestaltet, Bruchstück einer großen Konfession. Im tiefsten Herzen ging es ihm darum, mit den Problemen fertig zu werden, auf die er als Jude in einem nicht gerade für seinen Philosemitismus bekannten Deutschland gestoßen war, das Land seiner Sehnsucht mit der Seele suchend. Zu diesem Zweck läßt er seinen Helden, den Bildhauer Friedrich, an seiner Stelle Erfahrungen machen, die ihn bis aufs Blut peinigen, lädt sie ihm gleichsam auf. Unendlich mehr noch als das Leben Rubiners war das seine «ein einziger Opfergang im Dienste einer sittlichen, humanitären Idee, für deren Verwirklichung die Zeit ihm reif erschien, ohne daß sie es war», wie Carol Petersen es im Sinne der gängigen Toller-Kritik formuliert (137, 572), ohne sich über die möglichen masochistischen Tendenzen in ihm, seine Todesbereitschaft, auf die Peter Heller in einem aufschlußreichen Essay hingewiesen hat (64), Rechenschaft abzulegen. Ich sehe in diesem 'Opfergang', sicher zur Zeit der Niederschrift von *Die Wandlung* entstanden, zugleich auch die Schilderung des Schicksalsweges, den der ans Deutsche assimilierte Jude zu gehen hatte, ein Thema, das ihn selbst in dem immer noch am unmittelbarsten zu uns sprechenden seiner Bücher, der früh im Exil verfaßten Autobiographie *Eine Jugend in Deutschland* (1933, ²1963), sehr beschäftigt hat. Diese Autobiographie – man wird lebhaft an Wassermanns *Mein Weg als Deutscher und Jude* (1921) erinnert – sowie seine *Wandlung* sind schon deswegen von besonderem Interesse, weil die meisten jüdischen Expressionisten diesem Problem ängstlich aus dem Wege gegangen sind.

Im Vergleich mit der *Wandlung* sind *Die Gewaltlosen* ein Stück, in dem sein Verfasser auf eine schon fast naive Weise mit allen dramaturgischen Mitteln des expressionistischen Theaters spielt; und man spürt auch ihm an, daß er damit das Ende eines Weges erreicht hatte und nun vor einer Hürde stand, die zu nehmen gewesen wäre, wenn er länger hätte leben können. Toller hat diese Hürde genommen, wenn es vielleicht auch nicht das 'proletarische', sondern einfach das 'politische' Theater war, dem er sich verschrieb. Oder läuft das eine auf das andere hinaus und man müßte Walter Hinck zustimmen, wenn er die Meinung vertritt, «die fatale Kehrseite des 'politischen Theaters'» sei «die Theatralisierung des Politischen» (69, 81)? Jedenfalls war Toller so wenig wie Rubiner seiner Herkunft nach 'Proletarier', hat sich auch, ganz ähnlich wie der so viel weniger politisch engagierte Döblin, der das proletarische Milieu in seiner Jugend wenigstens erlebt hatte, nicht mit dem Proletariat identifizieren können. Sie waren alle Mitglieder einer «'self-conscious' anti-elitist elite», wie Peter Heller es geistvoll formuliert (64, 3). Tollers dichterische Impulse kamen vielmehr aus einem deutsch-humanistischen Idealismus und einem osmotischen Sozialismus Gustav Landauerscher Provenienz: Ihm wollte es einfach nicht eingehen, daß sein polnischer Jugendfreund Stanislaus arm war, während ihm, dem Sohn wohlsituierter Eltern im ehemaligen Deutsch-Polen, die Welt, mit allem was sie zu bieten hatte, offenstand. Er ließ sich zwar nach Kriegsende in idealistischer Verkennung der Verhältnisse in die Münchener Aufstände hineinziehen und tat aus tiefster Überzeugung das seine, die bayrische Räterepublik zu retten, aber so ganz ging die Rechnung bei ihm schon damals nicht auf, zu einem guten Teil weil für ihn, mit den Worten Carel ter Haags, «proletarisch» ganz einfach «Metapher für allgemein menschlich» war (174, 143). Peter Heller erinnert daran, daß er während einer Streik-Versammlung in München Exzerpte aus der *Wandlung* verteilt habe, und «they must have puzzled the proletarians» (64,4). Das müssen sie wohl. Die Mißverständnisse, die es da, oben wie unten, gegeben hat, sind ihm erst während seiner fünfjährigen Festungshaft (1919–1924), zu der er verurteilt wurde, einigermaßen verständlich geworden, und die dabei gewonnenen Einsichten dieser Jahre geben die Grundlage für die hier entstandenen Dichtungen ab – seine bedeutendsten, unter ihnen vor allem *Masse Mensch* (entst. 1919): eine klare Abrechnung mit dem Herrschaftsanspruch seiner politisch konsequenteren Parteigenossen. In diesem Sinne ist *Masse Mensch* sogar ein doppeltes Wandlungsdrama: einmal das seiner Heldin aus einer 'Tochter aus gutem Haus' – wie Toller selbst ein solcher Sohn war – in eine die Tat auf sich nehmende Sozialistin und dann, als sie erleben muß, daß auch die neue sozialistische Gesellschaftsordnung Unfreiheit und Gewalt akzeptiert, aus einer politisch Engagierten zurück in eine Idealistin, die im Menschen nichts als den Bruder sehen will und für ihre gereinigte Gesinnung willig den Opfertod auf sich nimmt.

Toller hat seine sozialistischen Vorstellungen und seine Gesellschaftskritik dann noch einmal in seinem historischen Schauspiel *Die Maschinenstürmer* (1922) herausgearbeitet und ist zu demselben Ergebnis gekommen:

Der Traum einer sozialistischen Utopie ist nicht realisierbar. Mit Expressionismus hat das Stück schon nicht mehr viel zu tun, ebenso wenig wie sein eindrucksvoller, auf alle Emotionalitäten verzichtender *Hinkemann* (1924): Die 'Neue Sachlichkeit' hatte den Expressionismus abgelöst. Diesen Weg aber ist Toller allein in seiner Festungszelle gegangen, obgleich es derselbe Weg war, den auch andere einstige Expressionisten inzwischen gegangen waren, die in engerem Kontakt mit ihrer Zeit hatten leben können.

Wir können diese gedrängte Übersicht über Tollers Werk nicht schließen, ohne noch auf ein weiteres, in der Festungszeit entstandenes Stück zu verweisen, weil es vielleicht das zukunftsträchtigste des Dichters und bisher von der Kritik immer herabgespielt worden ist: *Der entfesselte Wotan. Eine Komödie* (ersch. 1923). Rosemarie Altenhofer hat in dem anregenden, von Bernd Urban und Winfried Kudszus herausgegebenen Band *Psychoanalytische und psychopathologische Literaturinterpretationen* (1981) eine Analyse des Stückes («Wotans Erwachen in Deutschland. Eine massenpsychologische Untersuchung zu Tollers Groteske [!] *Der entfesselte Wotan»*) geliefert, aus der hervorgeht, mit welchem Scharfblick Toller schon 1923 das Heraufkommen des Hitlerismus gesehen und – für alle Zeiten – an den Pranger gestellt hat. Wer das Stück bisher als eine literarische Albernheit gelesen hat, kann sich jetzt durch die Literaturpsychologie eines besseren belehren lassen. Mit Expressionismus hat das freilich weniger zu tun als mit der herkömmlichen Farce.

VI. Die Prosadichtung des Expressionismus

1. Zur Frage der Vorläuferschaft

Man sollte meinen, die Erzählkunst sei für den, der die Feder ergreift, die am leichtesten zugängliche aller literarischen Gattungen. Aber gerade ihre leichte Zugänglichkeit als allgemeines Kommunikationsmittel, nämlich als nur zu Papier gebrachte Sprache, konstituiert auch ihre besondere Problematik. Der Lyriker sagt letztlich nur sich selbst aus – nicht zufällig ist die objektivste Form der Lyrik, die Ballade, dem Kreativismus zum Opfer gefallen –, und der Dramatiker kommuniziert mit seinem Publikum auf dem Umweg über die Bühne, während der Erzähler sich im Prinzip unmittelbar an den einzelnen Leser wendet, mit ihm gleichsam in ein Vertrauensverhältnis tritt. So jedenfalls war es bis zum Expressionismus, dessen große Leistungen auf dem Gebiet der Erzählkunst die Verhaltensweise des Lyrikers auch für den Prosa-Autor reklamierten: Man verzichtete auf die Kommunikation (sprich: Unterhaltung) und ging unbekümmert um den möglichen Leser seine eigenen Wege. Das kennzeichnet die Prosa Benns nicht weniger als die Kafkas, die Döblins ebenso wie die des frühen Franz Jung. Daß die expressionistische Erzählkunst auch eine gegenläufige Bewegung kennt, nämlich den Leser direkt zu konfrontieren und zu überwältigen, ist wohl ein Teil des Gesamtkomplexes, der darin besteht, daß pfiffige Autoren die neugewonnenen Mittel des Erzählens aufgriffen und gleichsam zu Markt trugen: Das wäre etwa der Fall bei Sternheims oder Edschmids diesbezüglichen Produkten.

Nun ist aber festzustellen, daß die Desintegration der traditionellen Prosa in Deutschland ihre Geschichte hat, und man könnte geradezu den Standpunkt vertreten, daß der Expressionismus deren (vorläufiges) Ende markiere. Spätestens seit der Jahrhundertwende wird es deutlich, daß man hier und da mit neuen, zeitgemäßeren Aussageformen experimentiert. Man würde vielleicht vermuten, daß der erste Anstoß dazu von Nietzsche ausgegangen wäre, aber das träfe doch nur ganz allgemein auf das Auszusagende, die 'Inhalte', zu, weniger auf die Form der Aussage. Nietzsches Sprache hat eine unmittelbarere Wirkung auf die expressionistische Lyrik und die der Bewegung zugrunde liegenden Denkformen als auf die expressionistische Prosa ausgeübt. Die Impulse für das Experimentieren mit neuen Möglichkeiten des Erzählens kamen aus anderen Richtungen: Sie hatten sehr viel mehr mit dem Unbehagen der Autoren innerhalb ihrer Gesellschaft zu tun. Gesellschaftskritik, wie sie für die frühere Generation schon Wedekind geübt hatte, vermochte sich auf verschiedene Weise zu äußern – man könnte sagen: direkt oder indirekt. Sie kann grob zupacken, wie der junge Heinrich Mann es getan hat, oder zur Groteske greifen, die dann den Einsatzpunkt für die Expressionisten bilden sollte. Ihre Meister waren Paul Scheerbart und Salomo Friedländer, der unter dem Pseudonym Mynona ('anonym' rückwärts gelesen) schrieb. Es versteht sich, daß die Expressionisten später in ihnen allen ihre Vorläufer gesehen haben.

Das aber heißt noch nicht, daß man sie auch schon dem Expressionismus zurechnen kann, Wedekind so wenig wie Heinrich Mann, Scheerbart oder Mynona. Wenn man insbesondere Heinrich Mann gerne für die 'Bewegung' – den Aktivismus allerdings mehr als den Expressionismus – hat reklamieren wollen, beruht das wohl mehr auf seiner politischen Einstellung, der die Zukunft gehörte und die ihn schon bald den Anschluß an die pazifistischen und freiheitlichen Kreise finden ließ, als auf seiner epischen Leistung. Der von ihm – und mit oder nach ihm auch Jakob Wassermann – kurz nach der Jahrhundertwende geschaffene moderne Zeitroman, so fragwürdig er uns heute auch geworden sein mag, überragt alles andere an damaliger Romanproduktion, mit Ausnahme wohl nur der *Buddenbrooks* seines jüngeren Bruders. Seine ersten Romane *Im Schlaraffenland* (1900), *Die Jagd nach Liebe* (1903/04) und *Professor Unrat* (1904) haben die Tendenzen des Naturalismus, und zwar insbesondere des französischen (vgl. Manns bedeutsamen Zola-Essay), aber auch Fontanes wiederaufgenommen, die Gesellschaftskritik jedoch auf die Zeitsatire hin zugespitzt, die es sich erlaubt, mit den tatsächlich gegebenen sozialen Verhältnissen und 'Zuständen' ziemlich willkürlich, jedenfalls alles andere als vorbehaltlos zu verfahren. Figuren wie die uns *Im Schlaraffenland* vorgeführten mag es so oder so wirklich gegeben haben, aber sie können nicht als repräsentativ für ihre Zeit gelten. Wenn Fontane seinen waschechten Antisemitismus in den Berliner Romanen noch fast bis zur Unkenntlichkeit herunterzuspielen suchte, denn er wußte ja sehr genau um seine jüdische Leserschaft, so hat Heinrich Mann dem seinen die Zügel frei schießen lassen: Nicht die Wilhelminische Gesellschaft als solche wird *Im Schlaraffenland* angeprangert, sondern deren jüdischer Sektor im damaligen Berlin, mit der Unterstellung, daß sie für das Ganze stehe. Sonderbar, daß offenbar niemand unter den vielen jüdischen Expressionisten an dieser bösartigen Verzeichnung Anstoß genommen hat. Der Antisemitismus wurde als schlichte Gegebenheit einfach hingenommen. Sprachlich hat der frühe Romancier Mann wenig Neues zu bieten. Sein Stil wirkt heute durchaus jugendstilhaft und papieren, auch wenn er sich gelegentlich in Ballungen gefällt, in denen der preußische Militär-Ton steckt, dessen Verhältnis zum Expressionismus überhaupt einmal eine genauere Untersuchung verdiente. Daß auch Sternheim sich durch ihn hat beeindrucken lassen, geht aus seiner Autobiographie *Vorkriegseuropa im Gleichnis meines Lebens* eindeutig hervor.

Man wird Heinrich Manns Gesellschaftsromanen aber nicht gerecht, wenn man sie nicht als Korrelate zu den gleichzeitig entstandenen und in eine ganz andere Richtung weisenden Romanen und Erzählungen nimmt. Sie erst werfen das richtige Licht auf die seiner Zeitkritik zugrunde liegenden Intentionen. Es geht hier vor allem um die Romantrilogie *Die Göttinnen* (1902/03) und die Novellensammlung *Flöten und Dolche* (1905), die mit ihrem penetranten Vitalismus und genießerischen Ästhetizismus dem Renaissance-Kult der Zeit verpflichtet sind und damit Paul Heyse näher stehen als dem Expressionismus. Das muß einmal klipp und klar festgestellt werden.

Heinrich Manns großes Verdienst bestand in seinem Vorkämpfertum für die demokratische Idee in einem sehr undemokratischen Deutschland, und das hat in den Essays (etwa den in *Geist und Tat* [1910] gesammelten – der Titel könnte von Hiller stammen!) einen gültigeren Ausdruck gefunden als in seiner Belletristik. Nicht die Kunstauffassung verband ihn mit den Expressionisten, sondern lediglich das kollektive Zeiterlebnis.

Aber man hat nicht nur Heinrich Mann zum Vorläufer des expressionistischen Romans machen wollen, sondern auch Robert Musil mit seinem frühen Roman *Die Verwirrungen des Zöglings Törleß* (1906). Man beachte den Titel: Um nichts als 'Verwirrungen' eines jungen Menschen geht es hier, wie sie das deutsche und österreichische Schulsystem mit sich brachte, für das schon Wassermann in den *Juden von Zirndorf* (1897) bittere Worte gefunden hatte, und zwar im Hinblick auf die verkümmerte Menschlichkeit der Lehrerschaft. In seiner Darstellungsform steht Musils auf eigenen Erlebnissen aufgebauter Roman durchaus in der Tradition der österreichischen Literatur zu Beginn unseres Jahrhunderts. Die seine Achse bildende Geschichte betrifft außerdem nicht den Helden selbst, der nur die Rolle eines Zuschauers bei Vorgängen spielt, die unter dem Motto stehen könnten: «man's inhumanity toward man». Hermann Hesse hat durchaus Vergleichbares in seinen jungen Jahren geschrieben. Dadurch daß Musils Törleß sich von der eigentlichen Handlung distanzieren kann, wird er zu einem unbeteiligten, wenn auch heimlich-unheimlich faszinierten Beobachter, der am Ende in eine unveränderte Welt entlassen wird – eine Welt, die ihm auch gar nicht weiter veränderungsbedürftig erscheint. Der den Kern des Romans bildende 'Fall' wird auf diese Weise dichterisch verschalt: Solche Verschalungen zu durchbrechen aber war das eigentliche Anliegen der expressionistischen Generation.

Leonhard Frank / Albert Paris von Gütersloh / Alfred Kubin

Das wird sofort deutlich, wenn man Musils Roman mit einem der Romane Leonhard Franks, der *Ursache* (1915), auch ein Schulroman, vergleicht. Leonhard Frank (1882–1961) hat als Schriftsteller für kurze Zeit über den Pazifismus seinen Weg in den Expressionismus gefunden. Das Buch, das ihn seinerzeit berühmt gemacht und für das er den Fontane-Preis erhalten hat, war die sich eher an die Heimatliteratur anschließende *Räuberbande* (1914), die von der heutigen 'Frankfurter Bibliographie', wie ich feststelle, sogar unter 'Jugendliteratur' geführt wird. *Die Ursache* dagegen ist eine der Schulgeschichten, an denen die moderne deutsche Literatur so reich ist. Sie begnügt sich aber nicht mit der Wiedergabe von beobachteten Ereignissen, sondern gipfelt in einem 'Aufbruch'. Die 'Ursache' nämlich für die traumatischen Erlebnisse des Helden ist die unwürdige, un-menschliche Behandlung, die er als Schüler durch seinen den Schultyrannen spielenden Lehrer erfahren hat, eine mit Heinrich Manns Professor Unrat auswechselbare Gestalt. Schon Jakob Wassermann hat in seinen *Juden von Zirndorf* einen solchen, in seiner deutsch-bürgerlichen Bildung total versteinerten Mann demaskiert – es handelt sich hier also um ein gemein-deutsches Problem. Eines Tages, lange nach Abschluß seiner Schuljahre, bricht Franks «vermögensloser Dichter Anton Seiler» nach «vierzehn unter ständiger Beobachtung verbrachten Jahren» ganz «unvermittelt» und «ohne die Ursache zu kennen» auf, um «von Berlin in die kleine Stadt zu reisen», in der er auf die Welt gekommen war. Er fühlt sich in die Wohnung seines ehemaligen Lehrers getrieben, wo er diesen gleichsam in flagranti ertappt, wie er einen seiner jetzigen Schüler auf dieselbe herzlose Weise erniedrigt und beleidigt, die auch ihm einst zuteil geworden war, und ermordet ihn. Er hält über ihn das längst fällige Strafgericht ab, wird aber gleichzeitig zu der Einsicht geführt, daß nicht dieser einzelne armselige Mensch die Schuld an der seelischen Verkrüppelung der ihm anheimgegebenen Schüler trägt, sondern das 'System', die Gesellschaft, die ihn hervorgebracht hat. Der Anlage nach haben wir es hier im wesentlichen noch mit einer psychologisch aufgebauten Erzählung zu tun, die erst in ihrer Fortsetzung in *Der Mensch ist gut* (1920) zu einem rein expressionistischen 'Aufbruch' wird und damit auf alle Glaubwürdigkeit verzichtet. Es ist durchaus möglich, daß dieser Aufbruch Rubiners *Gewaltlosen* nachgebildet ist. Verfolgt man Franks Entwicklung von der *Ursache* bis zu *Der Mensch ist gut*, läßt sich mit Händen greifen, wie er sich im Laufe der Jahre die 'neue Sprache' angeeignet hat. Man hat diese 'neue Sprache' jetzt im Ohr, sie übt auf den Autor, der sich als Sprachrohr seiner Zeit empfindet, ihre Zwänge aus, so daß das 'modische' Moment an ihr nicht zu übersehen ist, vor allem wenn sie sich zu gegebener Zeit – wie im Falle Franks – auch wieder ebensoleicht ablegen läßt. Aber das führt uns in die Literaturgeschichte der zwanziger Jahre.

Nun hat man nicht nur Musil, sondern auch noch eine Reihe anderer Autoren aus dem ersten Jahrzehnt unseres Jahrhunderts dem Expressionismus zuschlagen wollen, weil man glaubte, in ihren Werken vorexpressionistische Momente entdecken zu können. In jedem Fall handelt es sich aber nur um 'Momente', denen man eine Bedeutung zulegte, die ihnen nicht zukam. Wir wollen uns nur noch an zwei weitere Beispiele halten, die in der Forschung immer wieder ins Spiel gebracht werden. Beide sind das Werk von Autoren, die – wieder einmal – als Maler begonnen haben: auf der einen Seite Alfred Kubin, Mitbegründer des 'Blauen Reiters', der in späteren Jahren einer der prominentesten Illustratoren des Expressionismus wurde, nach seinem ersten Roman *Die andere Seite* (1909) sich aber nicht weiter schriftstellerisch betätigt hat – auf der anderen Albert Paris von Gütersloh, Schüler Klimts in Wien, dessen erster Roman *Die tanzende Törin* 1913 erschien und wohl das Ende seiner Maler-Laufbahn bedeutet hat. Bildende Künstler, oder als solche ausgebildete, bringen zur Dichtung ein geschultes Auge mit und suchen dann offenbar, durch das Wort hinter das Visuelle vorzustoßen, es gleichsam zu 'vertiefen'. So neigen sie zu Bildprägungen, die ihrem Wesen nach impressionistisch sind. Das zeigt sich bei von Gütersloh gleich auf der ersten Seite seines Romans, wo er das Spiel der Straßenlichter mit Worten einzufangen sucht, worin man gerade das speziell Expressionistische seines Romans hat sehen wollen. Stellen wie diese gehören tatsächlich zu den dichterisch überzeugendsten seiner *Tanzenden Törin*, die im übrigen das Schema einer aus ihrer Familie ausbrechenden und daher im Elend endenden Gestalt mit Mitteln, die wir aus Heinrich Mann und Jakob Wassermann schon kennen, erfüllt. Besonders Heinrich Mann klingt hier durch, mit all seinen Sitten und Unsitten, einschließlich des schleichenden Antisemitismus. Auch Güterslohs Roman spielt, erst in Berlin und dann in Wien (das er offenbar besser kannte, denn auch sein Berlin hat etwas unverkennbar Wienerisches an sich), fast ausschließlich und ganz unnötigerweise in jüdischen Kreisen, die als für die ganze damalige Gesellschaft repräsentativ ausgegeben werden. Der Antisemitismus war eben in Wien (Bahr!) noch endemischer als in Berlin.

Was die Kritik an Kubins Roman offensichtlich bestochen hat, sind die fünfzig Illustrationen, mit denen er seinen Roman versah und die er für die Neuausgabe in den frühen sechziger Jahren durch weitere fünfzig ergänzte. Niemand wird an ihnen ihre ausgesprochen expressionistische Qualität verkennen. Der Roman selbst folgt durchaus der traditionellen Erzählweise und erinnert in seiner morbiden Phantastik noch am ehesten an E.T.A. Hoffmann. Da zieht jemand – ein Künstler von Beruf und noch dazu ein Maler – aus, um ganz gegen seine Absichten das Fürchten zu lernen. Er bricht nicht auf, um im fernen China eine Utopie zu finden – er suchte gar nichts, sondern wurde gesucht; dämonische Kräfte, wie sie etwa auch ein Meyrink zu berufen liebte, bringen ihn auf den Weg. Im Grunde gefällt es ihm in der Welt, in der er bisher gelebt hat, ganz gut. Er hatte nur eine Indienreise geplant, zu Erholungszwecken; statt dessen findet er sich in einem verwunschenen Ort in China, in einer durch und durch 'verkehrten Welt', die sich am Ende wie in einem schlechten Traum selbst zerstören muß. Er verliert dabei seine Frau, kommt aber selbst noch einmal mit heiler Haut davon. Wenn hier bereits der expressionistische Utopismus geistert, wird er gründlich entlarvt. Der Destruktionismus, falls von einem solchen geredet werden kann – und 1913 war er ja schon nichts Neues mehr –, richtet sich nicht gegen die Wirklichkeit, sondern gegen das, was allenfalls an ihre Stelle treten könnte. Es ist durchaus möglich, daß Kafka neun Jahre später bei der Konzeption seines *Schloß*-Romans auf Reminiszenzen an seine Kubin-Lektüre zurückgegriffen hat, zumal die beiden Autoren sich auch persönlich begegnet sind. Aber wenn dem so ist, beschränken sich die Parallelen nicht nur auf einzelne Figuren (62, 370), sondern auf die Schloß-Konzeption selbst, dieses mysteriöse Gebäude mit seinem Golem-haften Besitzer. Hinter beiden steht eben das deutsch-böhmische Erbe.

Jakob Wassermann

Soweit ich sehe, gibt es nur einen Roman in dieser Frühzeit, der den Grundkonzepten des Expressionismus nahegekommen ist, und das ist Jakob Wassermanns *Alexander in Babylon* (1905), obgleich sein Autor altersmäßig den Expressionisten um eine halbe Generation voraus war; und es ist Armin Arnolds Verdienst, das als erster erkannt zu haben. Jakob Wassermanns (1873–1934) Frühwerk zeigt noch alle Merkmale recht konventioneller Erzählkunst, während seine bedeutendsten Romane aus seiner mittleren Schaffensperiode in die Blütezeit des Expressionismus fallen: *Caspar Hauser* mit dem sprechenden Untertitel «Die Trägheit des Herzens» (1908) und *Das Gänsemännchen* (1915), in dem Arnold wenigstens eine thematische Verbindung mit dem Expressionismus sehen möchte, was wohl dahin zu präzisieren wäre, daß hier mit wieder recht traditioneller Erzähltechnik die Geschichte eines seinem ganzen Wesen nach expressionistisch-kreativistischen (aber eben noch nicht destruktivistischen) Komponisten erzählt wird. Wassermann erreichte seine volle Meisterschaft allerdings erst in den zwanziger Jahren mit den für diese Zeit wohl glänzendsten Zeitromanen bis hin zu der Maurizius-Trilogie. Martha Karlweis, Wassermanns späte Lebensgefährtin und selbst eine angesehene Schriftstellerin, sieht in dem Alexander-Roman «ein durch Jahre währendes zähes Bemühen um Bewältigung eines völlig objektiven Stoffes», nachdem er mit dem Projekt eines autobiographischen Romans gescheitert war (90, 181). Arnold hat dieses langjährige Bemühen bis auf das Jahr 1901 zurückverfolgen und feststellen können, daß der Roman bereits 1902 im Manuskript abgeschlossen war, dann aber das Jahr darauf noch einmal wieder überarbeitet worden ist. John C. Blankenagel zufolge, dem wir die gründlichste amerikanische Darstellung des Wassermannschen Werkes verdanken, will Wassermann in einer mir nicht zugänglichen Schrift *Selbstbetrachtungen* (1933) vier Jahre lang Vorstudien zu diesem Roman getrieben haben (17, 67). Darunter sind wohl die vier Jahre der ersten Niederschrift, der Überarbeitung und schließlich der von seinem Verleger Samuel Fischer geforderten Kürzung um mehr als die Hälfte des Textes zu verstehen. Es wäre interessant zu wissen, was hier gekürzt worden ist und ob vielleicht das so ausgesprochen 'expressionistisch' Massive des Romans, wie wir ihn kennen, einiges dieser Kondensation verdankt. Wassermann muß sich genau über die historischen Hintergründe seiner Fabel informiert haben, aber einen historischen Roman im überkommenen Sinne des Wortes hat er deswegen doch nicht geschrieben. Gerade er ist als Roman nicht zuletzt deshalb so bemerkenswert, weil er ohne alle historisierenden Details und farbenprächtigen Ausschmückungen, wie sie der Jugendstil liebte, auskommt. So wie wir ihn kennen, gehört er nicht nur zu den kürzeren Romanen Wassermanns, sondern fällt auch erheblich aus dem Rahmen seines Gesamtwerkes heraus. Das Buch stehe «in seltsamer Vereinzelung, wie eine abgeschlossene Vorhalle, vor dem Gesamtwerk da», meinte Martha Karlweis, die zu ihm offenbar selbst keinen rechten Zugang finden konnte (90, 107). So erspürte sie in dem Roman nur die thematische Verwandtschaft mit der Gedankenwelt des späten Wassermann, also die der 'Trägheit des Herzens' und dessen sich Einsetzens für die im Leben zu kurz Gekommenen, die 'underdogs', und las in ihn die Problematik von Bruder und Halbbruder hinein, von Alexander und der ihn auf seinem Wege begleitenden Schattengestalt Arrhidäos, des Starken neben dem Schwachen, der nach Alexanders Tod den Thron besteigen sollte. Von Arrhidäos aber hatte Hofmannsthal nach der Lektüre des Manuskriptes seinem Autor schon geschrieben, daß er solche «Figuren [. . .] nicht so gern» habe. «Ich verstehe», schrieb er ihm am 26. Februar 1903, «natürlich die Intention. Aber es ist etwas Fatales mit solchen *Gegen*figuren. Sie haben etwas von einem raisonneur im Theaterstück» (70,104). Hofmannsthal hatte das besser durchschaut als Martha Karlweis, und sein feines Gefühl für literarische Werte hat ihn auch hier nicht verlassen. Uns will dieser Arrhidäos auch nicht wirklich überzeugen. Er wird nicht so recht lebendig, und das ganz offensichtlich deswegen nicht, weil er für den Autor eben nicht mehr war als eine 'Gegenfigur'. Viel zentraler für die Problematik des Romans ist das Verhältnis des Übermenschen Alexander zu seinem schönen Freund Hephästion, der ihn, den in seiner Jugend von der eigenen Mutter Verstoßenen, erst auf den Weg gebracht, das aus ihm gemacht hatte, was er schließlich war. Ohne Hephästion kein Alexander, ohne den Lehrer nicht sein Schüler. Martha Karlweis ist er überhaupt nicht weiter aufgefallen, und doch lebt der Roman aus diesem menschlichen Miteinander, in dem sich das Ewige im Zeitlichen spiegelt. Solange Hephästion lebte, war er die Quelle von Alexanders Sein; an seiner Seite gab es für ihn den Tod nicht, auch wenn er auf seinem Wege über Leichen ritt. Da er nur im Augenblick und für den Augenblick lebte, der kreative Mensch in seiner Absolutheit, war ihm dieser Augenblick identisch mit der Unsterblichkeit. Aber die Pest raffte Hephästion in Bagdad dahin, und sein Tod verursachte denn auch die innere Auflösung von Alexanders Existenz. Vergeblich suchte er, Hephästions Tod dadurch aufzuheben, daß er ihn in seiner vollen Lebensfülle durch die Kunst in Bronze verewigen ließ, denn die Pest hatte auch ihn selbst erfaßt. Die Überwindung des Todes durch die Kunst muß wohl das letzte Ziel aller kreativistischen Bemühungen sein, um am Ende daran zu scheitern. Die Pest in all ihrer Scheußlichkeit hebt die kreativistische Ichhaftigkeit in einem von außen an sie herangetragenen Destruktionismus auf. Das klingt wie die terminologische Verklausulierung einer Binsenwahrheit, ist es aber auf der Ebene des Symbolischen nicht. Sonderbar, daß die Sucht, den Tod durch die Verewigung des Menschen durch die Kunst, in Stein oder Bronze, zu überwinden, auch eins der zentralen Themen im Werk Hans Henny Jahnns werden sollte. Eine Hauptlinie der expressionistischen Romankunst führt damit von Wassermanns *Alexander in Babylon* über Döblins frühe Romane bis zu Jahnns *Perrudja,* von 1905 bis 1929.

Ohne Frage ist in den Alexander-Roman noch sehr viel aus den Denkvorstellungen der 'Kunst-Periode' miteingegangen: Wassermanns Alexander ist ein Blutsverwandter von Georges Algabal. Vielleicht könnte man sagen, der Vitalismus, der auch sein Werk mitbestimmt, sei von ihm immer wieder auf die Probe gestellt und als unzulänglich befunden worden. Die Botschaften Nietzsches und Dostojewskis waren für ihn nicht mehr vereinbar. Es ist deswegen durchaus möglich, den Alexander-Roman als eine Abrechnung mit Nietzsches Übermenschen zu lesen. Dafür hätte Wassermann sich dann eine Form und eine Sprache geschaffen, denen Sokels Charakterisierung der expressionistischen Sprache schon weitgehend entspricht: Die Sätze sind im ganzen kurz, prägnant, wuchtig und jagen einander. Das Ungeheuerliche des Todes und des Grauens hinter der menschlichen Existenz wird von ihnen erbarmungslos eingefangen. Wie das bei Wassermann aussieht, läßt sich am besten an einem Beispiel illustrieren, das sich gleich auf den ersten Seiten des Romans findet und einen Augenblick im Todesmarsch der Armee durch die Wüste auf dem Weg nach Bagdad festhält:

> Die Nacht brach an. Sie kam nicht allmählich, sie kam plötzlich wie ein Schrecken. Die Söldner, die sich gesättigt hatten, suchten mit verbrennender Kehle nach Wasser; die salzige Nahrung hatte ihren Durst ins Unerträgliche gesteigert. Sie scherten sich nicht um die hohläugig im heißen Sand keuchenden Kameraden und traten auf dunkle Körper, die zu erschöpft waren, Gegenwehr zu leisten. Kein Lagerfeuer flammte mehr; nur weit im Rücken des Heeres, bei den phönikischen Kaufleuten, stiegen einige Brände empor, genährt durch die wohlriechenden und kostbaren Nardenwurzeln.
> Einer von den Suchenden stieß mißtönendes Triumphgeschrei aus. Neben einer aufgewehten Düne hatte er eine Pfütze aus brackigem, stinkendem Wasser entdeckt, lag schon bis zum Gürtel darin und trank nicht nur mit den Lippen, sondern mit dem ganzen Gesicht. Schweratmend warfen sich andere neben ihn und tranken lautlos, bemüht ihren Fund geheim zu halten. Ihre Körper erstarrten vor Wollust. (183, 2)

Diese Beschreibung, in der der Einzelne in der Masse untergeht, das Tierische in ihm sein Verhalten bestimmt, könnte auch in Döblins *Wang-lun* oder in seinem *Wallenstein* stehen, aber auch, und das ist vielleicht das Überraschendste, bei Kasimir Edschmid. Wassermann arbeitet hier wie sie und andere Expressionisten mit dem Abschreckenden, Grausigen, und das charakterisiert eigentlich alle seine Massenszenen im Alexander-Roman. Die Bilder sind ins Große gezeichnet, die Menschen eine Tierherde, überragt von der einen Gestalt: Alexander. Sprachlich steht zwischen ihm und Döblin eigentlich nur des letzteren Marinetti-Erlebnis: Bei Wassermann häufen sich die Worte noch nicht zu Wortketten. Er war auch späterhin noch zu sehr Kind der 'Kunst-Periode', um sich die expressionistischen Sprachformen wirklich aneignen zu können. Einen Bruch mit der Tradition hat er nie vollzogen; auch wo seine Stoffe einen Zug ins Expressionistische haben, wie etwa im *Gänsemännchen,* worauf schon zu verweisen war, ist er gleich nach dem Alexander-Roman zu traditionellen Formen des Erzählens zurückgekehrt. Eine Ausnahme bildet in mancher Hinsicht sein so oft dem Expressionismus zugeschriebener Zeitroman *Christian Wahnschaffe* (1919). Gerade hier scheint er in formaler Hinsicht der expressionistischen Erzählkunst sehr nahe zu kommen. Vor allem hat ihn wohl Edschmids Stil zeitweise beeindruckt: So wird auch bei ihm in diesem Roman von den verschiedenen Figuren durch die Welt gebraust, ohne jede tiefere Begründung als die, daß 'Bewegung' jetzt zum guten Erzählton gehörte.

Wassermann wie Edschmid schicken ihre Charaktere unentwegt herum, so daß sie sie selbst nie richtig ins Bild bekommen. In seiner späteren Bearbeitung des *Wahnschaffe* hat Wassermann versucht, das sprachliche Volumen der Erstfassung zu reduzieren. Es war wohl ein vergebliches Bemühen.

2. Frühexpressionistische Prosa

Die Prosa des Frühexpressionismus scheint ganz anderen Bereichen zu entstammen als dessen Lyrik oder Dramatik. Wollte man sie summarisch auf einen Nenner zu bringen suchen, müßte man wohl eine ausgesprochene Intellektualität als ihr wesentliches Merkmal bezeichnen. Das hat natürlich seine guten Gründe: In der Prosa – dem Essay vor allem – wurden von den jugendlichen Neuerern die Programme entworfen, die geistigen Kämpfe ausgetragen. Den Ton gab hier die Diskussionsbesessenheit des 'Neuen Clubs' mit Hiller an der Spitze ab.

Nun ist aber Intellektualität nicht so ohne weiteres mit Rationalität gleichzusetzen. Die intellektualisierte Prosa, sofern sie auf die Erzählkunst angewendet wird, kann sehr gegensätzlichen Zielen dienen: Sie kann gewissermaßen vom Autor wegstreben, sein Ich aussparen und ihr Mütchen an der Wirklichkeit kühlen – wie das etwa bei Carl Einstein der Fall war –, oder sie kann als Instrument benutzt werden, mit dem der Autor sein eigenes Innere erprobt, wie Gottfried Benn es getan hat. In dem einen Fall wird die Außenwelt zum Spielball des 'Geistes', in dem anderen das eigene Ich, das mit Mitteln der lyrischen Aussage nicht mehr zu erreichen ist. Man beachte, daß Benns Lyrik sich fast ausschließlich mit Phänomenen der Umwelt befaßt, aber so gut wie keine Selbstaussage enthält.

Carl Einstein

Carl Einsteins (1885–1940) *Bebuquin (oder Die Dilettanten des Wunders)* – den Untertitel scheint nur der Vorabdruck in der *Aktion* (1912) gebracht zu haben – ist eine erzählerische 'tour de force', ein Anfang und ein Ende zugleich. Seinen eigenen Mitteilungen zufolge wurde der Roman zwischen 1906 und 1909 geschrieben – eine lange Entstehungszeit in Anbetracht seiner Kürze! – und ist André Gide gewidmet. Man fragt sich unwillkürlich, wie der Franzose auf dieses sonderbare, selbst für den progressivsten deutschen Leser kaum lesbare Buch reagiert haben mag. Ohne jede Frage zählt Einstein, Mitglied des 'Neuen Clubs' und konsequenter Nihilist in der guten alten Nietzsche-Tradition, die freilich damals noch gar nicht so alt war, unter die brillantesten Köpfe des Frühexpressionismus. Er war der geborene 'Anreger', ein mit allen Wassern gewaschener Stilist, dem die Sprache in dem Augenblick zum Selbstzweck wurde, als er sich der Dichtung zuwandte. Ein Dichter aber war er nicht und noch weniger ein Romancier. Das muß er nach den turbulenten Zeiten des Expressionismus und der Revolution selbst eingesehen haben, denn nach einem letzten Anlauf gab er die Literatur 1921 auf und betätigte sich nur noch als Kunsthistoriker, der er seiner Ausbildung nach auch war. Sein bedeutendes Buch über *Neger-plastik* ist schon 1915 erschienen und wurde vom Herausgeber seiner *Ge-sammelten Werke*, Ernst Nef, noch unter die Dichtungen – es sind ja nicht viele! – mitaufgenommen (37).

In seinem zweiten – nun, sagen wir: Roman unter dem Titel *Der unent-wegte Platoniker* (1918), der nur wenige Seiten umfaßt und sich, etwa zehn Jahre nach dem *Bebuquin*, einer wesentlich zugänglicheren Sprache be-dient, lesen wir: *Ich ertrage es nicht, wie die Vielfältigkeit meines Innern und der nirgends faßbaren Welt gegeneinanderstehen. Früher versuchte ich aus diesem Gewimmel mit der Künstlichkeit* – der 'Künstlichkeit' eben des im 'Neuen Club' gepflegten Stils – *einer rücksichtslosen, absichtlich kapri-ziösen Willkür mich zu retten* (ebda, 301). Kein Zweifel, daß diese Worte aus dem zweiten Brief auf den *Bebuquin* gemünzt sind, denn 'Künstlich-keit' und 'kapriziöse Willkür' charakterisieren seinen Text genau. Worum aber geht es in dem Roman? Wer sind die 'Dilettanten', und was ist das 'Wunder' – vor allem aber: Wer ist Bebuquin? Müßige Fragen! Fragen ei-nes Menschen, für den es noch eine Korrespondenz zwischen der 'Vielfäl-tigkeit' seines Innern und der einer noch 'faßbaren' Welt gibt – also eines ganz gewöhnlichen Lesers. «Der Inhalt seiner Dichtungen» sei «ein geisti-ger Prozeß, welcher sich in der Aufeinanderfolge der Begriffe vollziehen soll, und nichts weiter»; und: «Das Denken denkt nicht mehr etwas; es denkt nur noch für sich [. . .], weil es sich eben gar nicht mehr auf Objekte richtet», lautet Nefs Deutung der geheimnisvollen Vorgänge (ebda, 15 u. 17). Nicht nur eine zerbröckelte Welt, wie wir ihr in expressionistischen Dichtungen immer wieder begegnen, sondern auch das Unvermögen eines typischen Intellektuellen, ihr gedanklich beizukommen, wird von Einstein in einer Erzählung, die keine ist und auch keine sein soll, reflektiert. Also reinster und unbeschönigter Nihilismus, der seinen Anhänger allerdings nicht daran gehindert hat, während der Revolution mit 'auf die Barrikaden zu steigen'. Man lernt dann ja auch, mit dem Nichts zu leben, denn das Nichts ist schließlich doch noch ein Etwas – allerdings nicht notwendig auch ein sehr bürgerliches Etwas, wie es der andere große Nihilist dieser Jahre, Franz Jung, zwar auf seine Weise gesucht, aber nicht gefunden hat. Wir befinden uns auf den Seiten des *Bebuquin* offenbar in Künstlerkreisen, in den Bereichen der Boheme jedenfalls, aber die Worte und Dialogfetzen wollen sich nicht zu Szenen konkretisieren. Es zeigt sich, daß jede Kom-munikation zwischen den handelnden Personen unmöglich geworden ist. Handlungssplitter werden uns gegeben – nicht etwa Steine aus einem Mo-saik, das sich mit viel Geduld noch zusammenfügen ließe. Und doch: Im-mer wieder blitzt etwas auf, Gedankliches oder Emotionelles, Bruchstücke eines Sinngefüges, an die man sich zu halten sucht in der Hoffnung, von hier aus einen Weg durch das Labyrinth der Romanhandlung doch noch zu fin-den – aber vergeblich. Man soll ihn ja auch nicht finden, weil es ihn gar nicht gibt. Ein kurzes Beispiel mag das erläutern: Euphemia und Nebukad-nezar – einfachere Namen tun es nicht – wollen ein Ball-Lokal besuchen, und das geht so vor sich:

Euphemia holte den Abendmantel, und Nebukadnezar ergriff ein Sprachrohr und bellte in die sich breit aufrollende Milchstraße: «Ich suche das Wunder.» Der Schoßhund Euphemias fiel aus dem Sprachrohr; Euphemia kehrte angenehm lächelnd zurück. «Beste», meinte Nebukadnezar, «Erotik ist die Ekstase des Dilettanten. Frauen sind aufreibend, da sie stets dasselbe geben, wir hinwieder nie glauben, daß zwei verschiedene Körper das gleiche Zentrum besitzen.» – «Adieu, ich will Sie nicht hindern, Ihre Betrachtungen durch die Tat zu beweisen.»

Die Dilettanten, die das Wunder suchen, das nach Nef darin bestünde, «daß die Wirklichkeit der Dinge zu einer 'Projektion der innerlichen Ewigkeit' würde» (ebda, 13), sind also nicht einfach die Bürger oder gar die 'Spießbürger', sondern alle, die das Nichts nicht als das Nichts akzeptieren – die Expressionisten nicht ausgenommen.

Franz Jung

Im selben Jahr wie *Bebuquin* erschien das *Trottelbuch* von Franz Jung (1888–1963), nur drei Jahre jünger als Einstein. So interessant er an sich ist, wir müssen uns im 'Fall' Franz Jung einigermaßen kurz fassen, denn auf der einen Seite ist sein Beitrag zur expressionistischen Prosa recht gering und wenig modulationsfähig, aufschlußreich vor allem für den sonderbaren Mann mit seiner abenteuerlichen Lebensgeschichte, der die verschiedenen kleinen Bücher geschrieben hat, auf die es uns ankommen muß, während er andererseits in der politischen Geschichte der Nachkriegszeit eine nicht unbeachtliche Rolle gespielt hat. Man müßte also, um sein Werk ins richtige Licht zu rücken, mit seiner Lebensgeschichte beginnen, wie Armin Arnold es in seinem umfänglichen Jung-Kapitel (7) auch gehalten hat, als die Texte noch nicht wieder allgemein zugänglich waren: Heute liegen sie uns alle in der «Bibliothek des Expressionismus» (80) wieder vor. Arnold Imhof hatte es in dieser Hinsicht mit seiner Monographie (73) schon wesentlich leichter, uns einen Einblick in Jungs Lebensgeschichte zu geben, diesen gelebten Roman, den er im Alter dann, erheblich abgeklärt und resigniert, in seiner Autobiographie *Der Weg nach unten* (1961) auch selbst geschrieben hat. Was er im 'expressionistischen Jahrzehnt' alles getrieben hatte, war für ihn damals längst in die tiefste Vergangenheit versunken und ihm offensichtlich ziemlich gleichgültig geworden. Er hatte sich schließlich auch keiner der vielen Gruppen enger angeschlossen. Selbst Pfemfert, der doch eine ganze Reihe seiner Bücher verlegt hatte, will er kaum gekannt haben. Die einzige Ausnahme ist der Kreis der Berliner Dadaisten, ihrer anarchistischen Tendenzen wegen, die auch die seinen waren, aber seine – übrigens bezeugte (etwa durch George Grosz) – Mitarbeit an deren Unternehmungen hat er in seiner Autobiographie ebenfalls bagatellisiert. Was alles er damals erlebt, wie er sich durch die Welt geschlagen, betrogen und gelogen hat, getrieben von einem Bedürfnis nach unbedingter Unabhängigkeit auch in Dingen der Politik, so daß man ihm da, wohin er noch am ehesten gehört hätte, in eine der kommunistischen Zellen, nur mit Mißtrauen begegnete

– seine Reise nach Rußland war ein einziges Desaster –, all das kann man in seinem Erinnerungsbuch nachlesen. In lebhaftem Gedächtnis waren ihm da vor allem seine privaten Erlebnisse geblieben, die alle um den Mittelpunkt seiner unglückseligen Ehe mit Margot kreisten, sicherlich einer Schwester von Wedekinds Lulu. Zwei Menschen hatten sich hier aneinandergekettet, von denen man mit gleichem Recht sagen könnte: Sie paßten nicht zueinander, da sie sich zu ähnlich waren. Zwei Menschen lebten da zusammen, die sich zu Hause wie auf der Straße zu Tätlichkeiten hinreißen ließen, so daß die Leute zusammenliefen, die Wirte sie aus den Kneipen an die Luft setzen mußten – zwei Menschen, die sich das Leben zur Hölle machten und doch nicht voneinander lassen konnten. *Wiederum quälte er sich gegen die Erkenntnis: Diese Frau ist mir fremd,* heißt es in dem Roman *Kameraden...!* (1913) mit seinem durchaus bitter-ironisch gemeinten Titel, und dann gleich auf den nächsten Seiten weiter: *Sie lächelten sich zu, aber sie sahen sich nicht, keiner hörte den anderen, und doch schienen sie zufrieden. [...] Ich bin stark genug, dachte er, mag sie mich lächerlich machen, ich werde sie doch niederzwingen* (S. 25–27). Frieda aber weiß – und ihr Autor weiß es ganz sicher auch –, ihre ganze Misere beruhe nur darauf, daß er *nicht stark genug* war (S. 61), und in *Sophie. Der Kreuzweg der Demut* (1915) sollte die nur mit einem anderen Vornamen versehene Heldin zu demselben Schluß kommen: *Mit deinen zeitweiligen Verschwommenheiten hast du am meisten geschadet* (S. 41). Er selbst hält sich für einen Feigling (S. 66) – *Und dann, überall messe ich mir so viel Schuld bei* (S. 45). So etwas erdichtet man nicht, man schreibt es sich nur vom Herzen, in dem immer wieder unternommenen Versuch, sein inneres Gleichgewicht wiederzufinden. Außer dieser Frau hatte er nichts, denn durch die Stiefmutter, die sich später allerdings liebevoll Margots Kind annahm, war er aus dem Elternhaus so gut wie verbannt worden.

Man könnte versucht sein, das alles einer zusammenbrechenden Gesellschaft zur Last zu legen, aber derartige Schicksale hat es wohl immer gegeben, Privatschicksale im Grunde, die uns nur deswegen etwas angehen, weil der, der sie erlebt hat, die Sprache intuitiv beherrscht, auch wenn er sie anscheinend formlos aus sich herausschleudert. Als Stilist hat Jung sicher viel von Einstein und Stramm gelernt. Zeitgeschichtlich aber wäre möglicherweise doch das Scheitern eines bis zum Exzeß getriebenen Subjektivismus oder auch die Kombination von Vitalismus und persönlicher Schwäche, der als Ausweg nur noch die Anarchie bleibt. *Ladwig nahm noch einmal alle Kraft zusammen, um in sein Leben Ordnung zu bringen,* heißt es in *Kameraden...! Er litt darunter. Ich habe mit der Ordnung nichts zu tun, sagte er sich, sie tötet mich, sie ist der Eisenhammer, der täglich, stündlich auf mich niederschlägt* (S. 66). Aber auch die Frau, um die es hier immer wieder geht, war sicher ein Produkt ihrer Zeit: triebhaft und halb emanzipiert, eine Frau mit künstlerischen Neigungen – sie war Tänzerin. Boheme, mit anderen Worten, in die uns Franz Jung einen furchtbaren Einblick gewährt. So ist es nur natürlich, daß es in seinen zahl-, aber meist wenig umfangreichen literarischen Beiträgen zum Expressionismus –

in den zwanziger Jahren werden es politische sein – fast ausschließlich um
das Moment sexueller Konvulsionen geht. Schon seine erste Sammlung
von Erzählungen unter dem Titel *Das Trottelbuch* (1912) kennt kein anderes Thema. Trotzdem kann man alle diese Schriften nicht einfach als einen Racheakt, eine bitterböse Abrechnung mit der Frau in seinem Leben
nehmen, wie das gängige Urteil lautet. Auch in der eindrucksvollsten Erzählung dieses ersten Bandes, «Die Erlebnisse der Emma Schnalke», geht
es um mehr als um die Nacherzählung der Vorgeschichte seiner Frau Margot, wie man gemeint hat. Dazu ist diese 'Vorgeschichte' viel zu zerfahren,
viel zu sehr im Stile der herangebrochenen neuen Zeit 'poetisiert'. Ebenso
verhält es sich mit seinem zweiten Buch, dem Roman *Kameraden . . . !,* der
keineswegs einfach die Geschichte seiner Ehe-Misere auftischt. Arnold
spricht von einer «therapeutischen Funktion» seines Schreibens (7, 61):
«Jung wurde sich zwar über nichts klar, er entschloß sich zu nichts, aber
er 'deckte' mit dem Schreiben die 'unbeantworteten Fragen' zu; er dachte
nun nicht mehr an Selbstmord», und er erinnert daran, daß Jung die
Schnalke-Novelle selbst als einen «Ruf nach [. . .] Hilfe» bezeichnet habe
(ebda). Bemerkenswert, wie sehr dieser gequälte Mensch sich doch immer
wieder bemüht, die Frau, die er nicht zu verstehen behauptet, dennoch zu
verstehen und ihr Gerechtigkeit widerfahren zu lassen. In einer der beiden
Erzählungen in dem Band mit dem wieder nur ironisch-satirisch zu nehmenden Titel *Gnadenreiche, unsere Königin* (1918), mit dem er Aufnahme
in die Sammlung *Der jüngste Tag* fand (Bd. 42), läßt er den in ein Sanatorium eingelieferten Schmid brüten: *Das Wesen der Frau war ihm so fremd.*
Er wollte ihr glauben und liebte sie, aber als er dann wieder nach Hause
kam, wußte auch er: *von ihm selbst wird's abhängen* (79, 30/1). Ähnlich
kommt Jehan, der 'Perser-Chan' in der kurzen Geschichte desselben Bandes, zu der Einsicht: *Den Himmel konnte er nicht einreißen und die Qual*
in seinem Herzen nicht mildern (ebda, 35). Wenn die meisten Expressionisten auch nicht in Ehen gelebt haben wie Franz und Margot Jung: Hier
sprach doch jemand, indem er seine 'Qual' zu Papier brachte, ihre Sprache.
Was aber Jungs Sprache als solche angeht, so stellt man mit einiger Verwunderung fest, daß das spätere *Gnadenreiche, unsere Königin* sehr viel ra-
dikaler mit ihr verfährt als das *Trottelbuch.* Die expressionistische Ausdrucksweise ist um 1918, vielleicht auch unter dem Einfluß der Dadaisten,
bereits zum Manierismus, zu einem Jargon geworden, den jeder beherr-
schen kann, der sich nur einige Mühe gibt – und auch Jung hat ihn sich nur
angeeignet, wo er sich als Dichter gerierte, denn in seiner um dieselbe Zeit
einsetzenden politischen Schriftstellerei gibt es davon keine Spur mehr.
Nur in seinen späteren, für Piscators politisches Theater verfaßten Stücken
hat er wieder auf expressionistische Techniken zurückgegriffen, wie andere
Autoren seiner Generation auch.

Abschließend sind noch einige Worte über ein Buch Jungs zu sagen – eigentlich nicht mehr als eine Erzählung –, das in seiner Übergangszeit aus
dem expressionistischen Literaturbetrieb in die politische Schriftstellerei
entstand und einiges Aufsehen erregte: *Der Fall Gross* (1921). Dies Stück

Prosa hat nichts zu tun mit der journalistischen Kampagne, die Jung kurz vor dem Krieg in Sachen seines Freundes, des Psychoanalytikers und Freud-Schülers Otto Gross, geführt hatte. Dieser war damals von seinem eigenen Vater, einem angesehenen österreichischen Kriminologen mit einem Lehrstuhl, auf juristisch sehr fragwürdige Weise in ein Sanatorium in Troppau eingesperrt worden. Jung und seine Freunde hatten dann mit ihrem Pressefeldzug seine Befreiung durchgesetzt, obgleich Otto Gross in Troppau bereits von einem Patienten zum praktizierenden Arzt aufgestiegen war. Hinter all dem steckte eine persönliche Fehde zwischen Vater und Sohn, wie sie damals so ziemlich an der Tagesordnung war und die Gemüter dementsprechend bewegte. Der Zufall wollte es, daß Jung nach Troppau reiste, um seinen Freund feierlichst abzuholen, von diesem bei der Gelegenheit mit einem an Verfolgungswahn leidenden Schizophrenen gleichen Nach-, aber ungleichen Vornamens, einem Anton Wenzel Gross, bekannt gemacht wurde. Der Psychologe in Jung – er war durch Otto Gross in seiner Münchener Studienzeit ein wenig in die Psychoanalyse eingeführt worden und hat sich später eingehend mit Wilhelm Reich beschäftigt – war von dem Fall fasziniert und bearbeitete ihn einige Jahre später in seiner Erzählung. Das Moment des Pathologischen forderte dabei eine expressionistische Darstellungsmethode (mit innerem Monolog) geradezu heraus.

Gottfried Benn

Über die Prosa Gottfried Benns, jedenfalls soweit sie von ihm in den Dienst der Dichtung gestellt wurde, war bereits im Zusammenhang mit seiner frühen Lyrik zu handeln. Auch sie ist, wie die Einsteins, bis in ihre feinsten Äderchen intellektualisiert, aber seine Sprache ist nicht auf der Suche nach irgendwelchen Wundern, die es nicht gibt, sondern gleichsam das Messer in der Hand eines Arztes, der gleichzeitig sein eigener Patient ist: Er sucht in sein eigenes Innere einzudringen, ist aber psychologisch geschult genug, um zu wissen, daß ein solches Verfahren nicht zum Ziele führen kann. So objektiviert er sein Ich und projiziert es in eine Spiegelfigur namens Rönne, die er nun besser in den Griff bekommen zu können glaubt. War sich der Dichter der Morgue-Gedichte selbst zum Problem geworden? Psychologisch gesehen sind ja auch schon die Morgue-Gedichte problematisch, denn ein Dichter, noch dazu einer, der im tiefsten Grunde seines Herzens so unbeirrt an der humanistischen Tradition festgehalten hat wie er, muß sich selbst zum Rätsel werden, wenn sich ihm die Wirklichkeit nur noch in ihrer Scheußlichkeit darstellt. Auf die Frage nach der Sinnhaftigkeit der menschlichen Existenz in der modernen Welt mußte also fast notwendig die nach dem Fragenden selbst auftauchen. Diese Prosa Benns aber ist in sich versponnen, weil sie auf einem doppelten Vorgang beruht: dem der Selbstbeobachtung und Selbstanalyse wie gleichzeitig auf dem der Selbstentfremdung. Das Resultat ist den Einsteinschen Versuchen gar nicht so unähnlich: Dem Leser wird hier so wenig geholfen wie dort. Nur ist der 'Fall' Benn in der schon nicht mehr der frühen Phase des Expressionismus angehörenden Prosa beängstigender, denn aus dem Spiel ist ein bitterer Ernst geworden, eine schwere Krise des Dichters, auf die wir bereits hingewiesen haben. Wenn man heute bei Einstein und seinem *Bebuquin* nicht mehr recht ernst bleiben kann, so erstarrt einem bei Benns Erzählungen das Lächeln auf den Lippen. Man folgt ihm nicht ganz, aber er läßt einen auch nicht los.

Wir haben mit unserem kurzen Hinweis auf Benns Prosa vorgegriffen, weil seine sprachlichen Experimente ohne die der aus dem 'Neuen Club' hervorgegangenen Frühexpressionisten nicht zu denken sind. Bei Benn läßt sich geradezu feststellen, wohin der von Einstein eingeschlagene Weg führen mußte. Das aber war keineswegs der einzige Weg, den die frühen Expressionisten sich in eine ihnen und ihren inneren Bedürfnissen adäquate Erzählprosa bahnten. Das Bild gewinnt an Komplexität.

Gustav Sack und Reinhard Goering

Ein Intellektueller, der mit seinen Emotionen – genauer: mit seinen sexuellen Trieben – nicht ins reine kommen konnte, wie Franz Jung und manch anderer seiner Generation, war auch der mit Einstein gleichaltrige Gustav Sack (1885–1916). Nihilist wie er war, stammte er vom Niederrhein, einer vom Expressionismus wenig betroffenen deutschen Landschaft – man muß sie kennen, um das zu verstehen. Die Literaturgeschichte hat mit diesem Sonderling nie so recht etwas anzufangen gewußt und ihn deswegen gewöhnlich unter die Vor-Expressionisten eingereiht, wozu jedoch kein Anlaß besteht. Was ihn von seinen expressionistischen (und erfolgreicheren) Altersgenossen unterschied, war sein äußerer Lebensweg, der in keiner Weise durch die Großstadt bestimmt worden ist. Man könnte ihn noch am ehesten in die Nähe des Hamburgers Hans Henny Jahnn rücken: Sack sei «den gleichen Weg» gegangen «wie einige Jahre später Hans Henny Jahnn», stellte schon Dieter Hoffmann in der von ihm veranstalteten Ausgabe seiner Werke fest (150, 18), und das klingt überzeugender als Soergels Versuch, ihn in die Nähe Benns zu rücken. Sacks beiden Romanen *Der Verbummelte Student* (entst. 1910, veröff. 1917) und *Ein Namenloser* (entst. 1912/13, veröff. 1920) – keine von seinen dichterischen Arbeiten ist zu seinen Lebzeiten erschienen – sind überhitzte und höchst pubertäre Produkte in unmittelbarer Nietzsche-Nachfolge, in denen sich ihr Autor, der gleichzeitig auch sein 'Held' ist, in Gottes freier Natur austobt. Er fühlte sich «von einer verzweifelten Sehnsucht zum Kreatürlichen» getrieben, «nachdem das intellektuelle Experiment» – gemeint sind wohl seine nie abgeschlossenen Studien – «gescheitert» war, lautet Dieter Hoffmanns Urteil (150, 11). So sind *Der Verbummelte Student* wie in geringerem Maße auch der *Namenlose* autobiographische Romane, deren Stärke in ihrer dynamisierten Sprache liegt. «Wenn das Elend des Denkens und Grübelns ihn am stärksten packt», meint Hoffmann, «gewinnt er aus dem Erleben der Pflanzen und Tiere oder aus der Verausgabung seiner eigenen körperlichen Kräfte neue Impulse» (ebda, 18). Entstanden ist der *Verbummelte Student* in offenbar immer neuen Einsätzen, wahrscheinlich ein wenig in der Art eines Tagebuchs, wenn auch eines transfigurierten, und wurde schließlich unterbrochen durch die Arbeit an dem sich um eine größere innere Distanz von seinem Gegenstand mühenden Projekt des *Namenlosen,* dessen erste Ansätze, wie mir scheint, früher liegen, als Hoffmann angibt – möglicherweise bis in die Entstehungszeit des *Verbummelten Studenten* zurückgehen, so daß wir es hier mit einem Roman-Autor zu tun haben, der zwei Wege auf einmal zu gehen versuchte und auf keinem zum Ziel kam. In beiden Romanen aber sprudelt es *von Leben, das den Rausch erfordert und dir die Kraft nicht gibt, den Rausch zu halten,* heißt es im *Namenlosen* (ebda, 295). Hätten das nicht alle Expressionisten von sich sagen können, mit oder ohne Großstadt in ihrem Lebenshintergrund? Auch Sacks ruhelose Helden werden von der Furcht geplagt, sie könnten wahnsinnig werden. War also die Großstadt doch nicht das Prärequisit für das Zustandekommen der expressionistischen 'Bewegung'? Intensivierte sie am Ende nur eine Krisensituation, die sehr viel weitere Kreise zog? Diese Krisensituation wäre dann zweifellos kollektiver Natur.

Auf ganz ähnlicher Ebene bewegt sich Reinhard Goerings Jugendroman *Jung Schuk* (1913). Goering, zwei Jahre jünger als Sack, hin- und hergerissen wie er zwischen seinem Intellekt und seiner sexuellen Besessenheit – auch Jung Schuk flüchtet am Ende in die Natur, um «sich wiederzufinden», und das im Selbstmord, wie ihn sein Autor Jahre später ganz ähnlich begehen wird –, schreibt noch eine viel konventionellere, der Neuromantik entlehnte Prosa. Nur unter Vorbehalten ist der Roman dem Expressionismus zuzurechnen: Autoren wie Hermann Hesse steht er im Grunde sehr viel näher. Mit dem Expressionismus im destruktivistischen Sinne verbindet ihn höchstens die Triebhaftigkeit, die ja Goerings eigene war, hier noch unmittelbar pubertär bedingt.

Albert Ehrenstein

Zu den am unmittelbarsten zu identifizierenden Merkmalen expressionistischen Erzählens gehört die Technik des Fortspinnens von Gedankenfäden an der laufenden Spule von Assoziationen. Das sich Hingeben an das Assoziative spiegelt den Zerfall des Wirklichen in das Zufällige, dessen schreckhaft erfahrene Inkohärenz. Wenn der Expressionist unverständlich wird, liegt es vor allem daran, daß sein Leser die Kette von Assoziationen nicht nachvollziehen kann. Eine Welt, die ihren logischen Zusammenhang verloren hat und damit sinnlos geworden ist, treibt in expressionistischen Dichtungen dann in ihren assoziativ berufenen Bruchstücken dahin, vom Zu-Fall regiert. Sacks Romane folgen mit immer neuen Erzähl-Einsätzen genau diesem Prinzip und nicht anders, nur verspielt-intellektualistischer, Einstein in seinem *Bebuquin.* Noch leichter läßt sich das an Albert Ehrensteins (1886-1950) schon 1911 – also sehr früh – erschienener Erzählung *Tubutsch* demonstrieren. Mit diesen rund fünfzig Seiten Text, von Oskar Kokoschka illustriert, ist Ehrenstein an prominenter Stelle in die Geschichte der expressionistischen Dichtung eingegangen; ohne diese Erzählung könnte man stillschweigend über ihn hinweggehen. Über die Charakterisierung der Erzählung als «tragikomisch» (62, 172) ließe sich allerdings streiten: Die einer 'Groteske' scheint mir angemessener, denn das Tragische in ihr ist, genau besehen, nicht viel mehr als weltschmerzliche Literatur-Sentimentalität, die durch das Moment der Groteske zwar nicht ins Komische transponiert, dadurch aber erträglich gemacht wird. Ehrenstein weist innerhalb der Erzählung jean-paulesk selbst darauf hin, daß er witzig sein möchte, indem er von seinen «Witzeleien» spricht, bei denen sein Leser aber wohl kaum irgendwelche Gesichtsmuskeln verzogen wird. Selbst gegen die Bestimmung des kleinen Prosastücks als Erzählung ließe sich einiges einwenden, denn von einer solchen würde man doch einen wenn auch noch so lose verknüpften Handlungsablauf erwarten. Den aber gibt es auch bei Ehrenstein – wie schon bei Einstein – nicht. *Tubutsch* ist eher ein in einer desparaten Laune zu Papier gebrachtes Stimmungsbild, nur daß eine 'Stimmung' irgendwelcher Art nicht mehr aufkommen kann, weil eben nichts mehr stimmt. In den meisten seiner anderen Erzählungen, bis in die zwanziger Jahre hinein, gibt er sich weniger schrullig, so daß das Gemütschwere seiner österreichisch-jüdischen Erbschaft immer wieder durchbricht. Sicher aber ist, daß auch der heutige Leser noch ein warmes Mitgefühl für diesen sich in seiner Haut so wenig wohlfühlenden Dichter aufbringen kann.

3. Die Prosa des Hochexpressionismus

Mit wenigen – aber dafür um so markanteren – Ausnahmen war die Spätzeit des Expressionismus den epischen Formen wenig günstig. Das aber kann täuschen, insofern hier nur die Übergänge weniger deutlich ins Auge fallen als in der Lyrik oder der Dramatik. Der Erzähler neigt offenbar dazu, den einmal angeschlagenen Ton auch durchzuhalten, vielleicht aus sich heraus weiterzuentwickeln. Man könnte andererseits auch argumentieren, daß in der Prosa die Spätformen sich früher herausgebildet hätten, und sich fragen, ob nicht etwa Franz Jung oder der Leonhard Frank von *Der Mensch ist gut* aus der Perspektive des späteren Expressionismus heraus zu sehen wären. Aber das sind auch wieder nur Sonderfälle, denen mit Jahreszahlen nicht beizukommen ist. Ganz so, wie wir es gerne hätten, läßt sich der Expressionismus nicht auffächern. Es gibt aber doch einige Prosaisten, an die man sich halten kann, wenn man vom Hochexpressionismus in der erzählenden Literatur spricht.

Kasimir Edschmid

Hätte man Kasimir Edschmid (Ps. für Eduard Schmid, 1890–1966), diesen selbstinstallierten Wortführer der Expressionisten – in späteren, nachexpressionistischen Zeiten als Reiseschriftsteller bekannt –, nach dem bedeutendsten Erzähler der 'Bewegung' gefragt, würde er kaum gezögert haben, zunächst auf seine eigenen, immerhin recht profilierten Sammlungen von Erzählungen *Die sechs Mündungen* (1915), *Das rasende Leben* (1916), *Timur* (1917), *Die Fürstin* (1918), *Frauen* (1922) – er hat es so lange wie möglich im expressionistischen Lager ausgehalten! –, ferner auf den Roman *Die achatnen Kugeln* (1920) und den Gedichtband *Stehe von Lichtern gestreichelt* (1919) zu verweisen. Der überraschende Erfolg seines ersten Bandes – er beschreibt ihn in seiner Autobiographie *Lebendiger Expressionismus* (1961) – produzierte bei ihm ein wahres Schnellfeuer von ähnlich gearteten Erzählungen, mit denen er ohne Frage sehr bald in die Vorfront des Expressionismus rückte, eine Position, die er noch durch weitere Bände theoretischer und kritischer Natur zu unterbauen wußte: die Sammlung von Vorträgen *Über den Expressionismus in der Literatur* (1919) und das geschwätzig-amüsante Buch von 'Abrechnungen' *Die doppelköpfige Nymphe* (1920). In dem von Paul Raabe herausgegebenen *Expressionismus* wird er uns durch ihn als «der erfolgreichste Prosaist des Expressionismus» präsentiert (41, 363), und das war er schon in Anbetracht der Tatsache, daß die expressionistische Prosa – wenn man einmal von Döblin und Kafka, von dem zu dieser Zeit natürlich noch kaum etwas vorlag, absieht – beim Lesepublikum nie so recht angekommen war. Mit Qualität hat das wenig zu tun, viel aber damit, daß es Edschmid gelang, aus den expressionistischen Intentionen das Zügige herauszuholen, sie im wahrsten Sinne zu popularisieren. Man neigt heute dazu, seine reichlich stürmisch daherkommenden Erzählungen zu belächeln; sogar das Wort 'Kitsch' fällt gelegentlich in diesem Zusammenhang, nicht immer zu Unrecht; das liegt wohl daran, daß hinter der von ihm inszenierten Raserei nicht viel mehr steckt als: boy meets girl and starts creating. Es ist eigentlich immer dasselbe, von dem er zu erzählen hat, ob es nun in Deutschland, Spanien, Amerika oder in der ganzen Welt spielt, und es kann dabei nicht extrem genug zugehen. Das 'rasende Leben' ist Edschmids Hauptthema, eigentlich sein einziges, so daß nicht nur die Reisenden, sondern auch die Leser am Ende müde werden. Gelebt wird da – immer in der besten Gesellschaft –, daß die Borgias neidisch werden könnten. Freilich, Edschmids Erzählungen haben sich, so trivial sie sein mögen, eine gewisse Frische bewahrt, was man von nur wenigen expressionistischen Produkten in diesem Genre sagen kann: Sorgfältig hat er das Niveau der Unterhaltungsliteratur eingehalten, expressionistisch zugestutzt. Die ganze Erde macht er zum Tummelplatz seiner Helden und Heldinnen, und sie alle haben trotz verschiedener historischer oder lokaler Aufmachung etwas Auswechselbares. Da nehmen sich die Männer die Frauen, wie es nur in den schönsten (männlichen) Wunschträumen vorkommt, und die Frauen fallen ihnen zu wie reife Äpfel. Das alles hat seine unfreiwillige Komik, und Robert Neumann hatte deswegen in seiner Parodiensammlung *Mit fremden Federn* ein leichtes Spiel mit ihm. Hinter dem sprachlichen Dynamismus Edschmids steht natürlich der Schatten Marinettis, aber er war klug genug – und Marinettis Zeiten waren ja auch schon vorbei –, sich vor dessen Extravaganzen zu hüten. In den Erzählungen bewältigt er das immer wieder spielend, aber für einen Roman reichte so viel Seichtigkeit nicht aus. Was er in den *Achatnen Kugeln* auf rund dreihundert Seiten mit seiner kanadischen Diva wollte, wußte er wohl selbst nicht, aber solchen Diven begegnet man seit dem Jugendstil (bei Heinrich Mann, Wassermann oder dem frühen Gütersloh) in atemberaubender Fülle. Was damals aber noch ein Versuch war, sich mit der Frauenemanzipation auseinanderzusetzen – auch wenn es dazu von männlicher Seite aus noch viel zu früh war –, wurde nun zu einer Abfolge von liaisons dangereuses, im Grunde nach ältestem Schema. Hollywood vor Hollywood!

Alfred Döblin

Die alles überragenden Leistungen auf dem Gebiet expressionistischer Prosa sind die Romane Alfred Döblins und Franz Kafkas. Da sie als Autoren den Expressionismus jedoch von seinen Anfängen bis über sein Ende hinaus begleitet haben, läßt sich ihr Werk innerhalb der 'Bewegung' schwer festlegen. In beiden Fällen geht der von ihnen aus dem Geist des Expressionismus – bewußt oder unbewußt – geschaffenen Dichtung eine vorexpressionistische voraus, die noch der 'Kunst-Periode' verpflichtet war und die bei dem fünf Jahre älteren Döblin dementsprechend länger dauerte als bei Kafka, auch wenn er schon 1904 an den Vortragsabenden des von Herwarth Walden als Vorläufer des 'Neuen Clubs' gegründeten «Vereins für Kunst», einer Studentenorganisation, teilgenommen hat. Bis gegen Ende des Krieges stand er Walden und dessen beiden Frauen nahe und wurde durch ihn und seine Zeitschrift *Der Sturm,* deren Mitarbeiter er war, in seiner Entwicklung entscheidend beeinflußt.

Alfred Döblin (1878–1957), in Stettin geboren, aber schon in frühester Jugend nach Berlin verpflanzt, war das Schreiben schon in jungen Jahren zum Bedürfnis geworden; er mußte es aber vor der Familie, besonders vor der aufs Praktische haltenden und sich allen schöngeistigen Unsinn verbittenden Mutter geheimgehalten: Deswegen mußte noch sein bereits erwähnter Einakter *Lydia und Mäxchen* im Dezember 1905 unter dem durchsichtigen Pseudonym Alfred Börne aufgeführt werden. Noch in seine Schulzeit (1896) fällt sein erster erzählerischer, am Naturalismus orientierter Versuch *Modern. Ein Bild aus der Gegenwart,* dem 1901 ein erster Jugendroman *Jagende Rosse* und zwei weitere Erzählungen, 1902/03 dann die erste Niederschrift seines ihn jahrelang beschäftigenden (also nicht des 'ersten'!) Jugendromans *Der schwarze Vorhang* folgten. Mit seiner heute allgemein als literarisches Ereignis von epochaler Bedeutung genommenen Erzählung «Die Ermordung einer Butterblume», der Titelerzählung seiner ersten Sammlung von zwölf zumeist in den Jahren seit 1905 entstandenen Erzählungen, wurde er zu einem der bahnbrechenden Vertreter expressionistischer Prosa. Es ist sonderbar und wirklich nur kollektivistisch zu erklären, daß im selben Jahr Georg Heyms Novellensammlung *Der Dieb* postum erschien, in dem zum mindesten die Erzählung «Der Irre» episch sehr ähnliche Wege geht, indem in ihr der Einbruch des Irrationalen resp. des

Pathologischen ins Rationale geschildert wird: Der Irre war ja schon immer eine zentrale Figur in Heyms Gedichten gewesen und geistert durch die ganze expressionistische Literatur.

Man wird wohl Wolfgang Kort zustimmen, daß Döblins erster veröffentlichter Roman *Der schwarze Vorhang* (entst. 1902/03, ersch. 1912 im *Sturm* und 1919 in Buchform) ein typischer Jugendroman, bereits «die Grundfrage nach der Situation des Menschen [. . .], die für Döblins Werk charakteristisch ist», aufwirft (101, 23), während Walter Muschg ihn noch pauschal als eine der «selbstverliebten, stimmungsschweren Erzählungen» abgetan hatte (126, 45). Wenn er auch im ganzen noch dem Jugendstil verhaftet ist, spürt der Leser doch, daß der junge Autor hier sprachlich aus dessen enger Umfriedung auszubrechen suchte. Es finden sich Bilder und Sprachformen (etwa: *Eine Unruhe dämmerte dann blau in ihm auf,* 34 [*Autobiographische Schriften und letzte Aufzeichnungen,* 1980], 114), die den Expressionismus vorwegnehmen, ja zu ihm hinstreben. Louis Huguet geht sogar noch einen Schritt weiter, indem er nicht nur auf Döblins Hegelianismus verweist, sondern die Meinung vertritt, der Roman enthalte «une certaine éruptivité dramatique, secrète, annonciatrice de l'Expressionisme» (253, 27). Den eigentlichen 'Durchbruch' verdankte er Marinetti und seinen Schriften, die er während dessen Berliner Tournee begeistert begrüßte, um dann allerdings schon bald dessen futuristische Prinzipien einer erbarmungslosen Kritik zu unterziehen. Was ihm vorschwebte und was er von den Expressionisten schon unabhängig realisiert sah, war nicht ein Roman im Stile von Marinettis *Mafarka le futuriste* (1909), den er selbst wohl auch kaum gelesen hatte, sondern die Rückbesinnung auf einen allerdings expressionistisch dynamisierten Naturalismus. Diese Dynamisierung vollzog er auf verschiedene Weise, am konsequentesten in der sprachlichen Durchgestaltung seiner Romane, die den Anregungen Marinettis viel verdankte, nicht zuletzt aber auch in der Herausbildung eines neuen Natur-Verständnisses, in dem Walter Falk sogar das eigentlich 'Moderne' etwa im *Wang-lun* sieht. Seit der «Ermordung einer Butterblume» habe Döblin, meint er, Dichtungen geschaffen, «in denen extranaturale Mächte den Menschen überwältigen und vernichten» – wie es ganz ähnlich auch in Kafkas *Prozeß* der Fall ist. Es gebe allerdings «in der von übermenschlichen Destruktionsgewalten beherrschten Welt nicht nur Not und Untergang [. . .], sondern auch Zeichen des Heils» (46, 520). Diese Zeichen gibt es hier fraglos, aber bleiben sie bei Döblin wie bei Kafka letzten Endes nicht nur Zeichen, die auf etwas Unerreichbares verweisen, sich daher selbst wieder aufheben und damit den Menschen nur um so tiefer seiner Not ausliefern? Aufschlußreich dafür ist schon Döblins Verhältnis zur Technik und zum Fortschritt im Rahmen seines metaphysierten Naturverständnisses: Der Schüler Marinettis konnte beide nur aus vollem Herzen bejahen und hat es in *Wadzek* auch getan, aber sein Vertrauen in sie brach sich immer wieder an seinem Wissen um die höheren Kräfte der Natur.

An dieser Hochschätzung der Wissenschaft hat auch der spätere Konvertit noch festgehalten: «Der Mensch beweist sich als Ebenbild Gottes vor der Natur, indem er denkt. Und, nebenbei, mein Freund, will ich dies zur Verteidigung von Vernunft, Wissenschaft und auch von Technik gesagt haben, gegen die manche Sturm laufen, was aber eine Kurzsichtigkeit und nicht Frömmigkeit ist», heißt es auf den letzten Seiten des postumen Dialogs «Der Kampf mit dem Engel» (34, 608).

Bedenkt man diesen ganzen Fragenkomplex und vergegenwärtigt sich vor allem, welch bedeutsame Rolle das Motiv der Heils-Suche in Döblins Romanen spielt, überrascht sein Weg vom Judentum über den Buddhismus in den Katholizismus nicht mehr: Diese letzte Wendung wäre gleichsam der vierte und letzte Sprung Wang-luns. So heißt es schon in der um 1918 abgefaßten autobiographischen Skizze «Ich nähere mich den Vierzig», in den *Autobiographischen Schriften und letzten Aufzeichnungen* (1980; 34, 34): «Gibt es einen Vater, zu dem man aufblicken kann? So schön einhüllend müßte das sein [. . .] Ein Gott – es ist ein schöner Gedanke; er ist stolz und menschenkennerisch, der Gedanke – er sagt: Nicht an einen Menschen kann ich mich wenden, mir hilft nur Gott; das Mißtrauen gegen die Menschen hat uns diesen Gott eingegeben» (34, 12).

Vorerst aber hatte der Naturwissenschaftler in ihm, der Arzt und vollausgebildete Psychiater, das Wort: «Ich bin Arzt und habe eine große Abneigung gegen Literatur. Viele Jahre habe ich keine Zeile geschrieben [. . .] Ein ganzes Jahrzehnt nichts Rechtes vorgenommen. Sondern mich in Psychiatrie und Klinik herumgetrieben, bis in die Nächte bei Laboratoriumsarbeit biologischer Art; es gibt eine Handvoll Publikationen von mir dieser Art. 1911 wurde ich aus dieser Tätigkeit gerissen, mußte in die mich erst fürchterlich abstoßende Tagespraxis. Von da ab Durchbruch oder Ausbruch literarischer Produktivität. Es war fast ein Dammbruch; der im Original erst fast zweibändige «Wang-lun» wurde samt Vorarbeiten in acht Monaten geschrieben, überall geschrieben, geströmt, auf der Hochbahn, in der Unfallstation bei Nachtwachen, zwischen zwei Konsultationen, auf der Treppe beim Krankenbesuch; fertig Mai 1913. Vorher hatte ich die tröpfelnden Novellen des verflossenen Jahrzehnts zum Band 'Ermordung einer Butterblume' zusammengefaßt» (ebda, 19 f.).

Leo Kreutzer hat die Erzählung über die «Ermordung einer Butterblume» überzeugend auf die in ihr verarbeiteten schizophrenen Symptome hin untersucht und ist zu dem Ergebnis gekommen, daß man hier «eine regelrechte Schizophrenie-Studie» vor sich habe (102, 32). «In rascher Folge» reihte Döblin «die Symptome der manifest gewordenen Krankheit auf, wobei er nur das Verschwinden des Helden am Ende *in dem Dunkel des Bergwaldes*» – wie es in der Novelle heißt – «nicht erklären kann». Es sei «die einzige Metapher und Undeutlichkeit des Textes (ebda, 33). Bei genauerem Zusehen ließen sich vielleicht doch noch einige andere Metaphern nachweisen, denn Döblin hatte ja nicht, wie Sternheim, der Metapher den Krieg erklärt. Zu einer Erzählung – und damit zu einem Kunstwerk – wird die Schizophrenie-Studie erst durch ihre Verankerung im Metaphorischen. Die «Undeutlichkeit des Textes» – sie ist es ja nur aus medizinischer Sicht – erhellt sich, wenn man das Eingreifen «übermenschlicher Destruktionsgewalten» mit in Betracht zieht. Der durch die Ermordung einer Butterblu-

206

me an der Natur schuldig Gewordene wird von der Natur in sich zurückgenommen. Außerdem wäre nicht zu übersehen, worauf schon Gerhard Schmidt-Henkel aufmerksam gemacht hat, daß die Erzählung auch eine «bewußt karikierende Beschreibung» des Helden bietet (153, 162), sowie der Umstand zu beachten, daß dessen «fixe Idee unversehens zum Bild einer botanischen Dämonologie umgeformt» wird (ebda, 161). Vielleicht ist in der Destruktion des Helden, seiner Vernichtung, gleichzeitig auch sein Heil zu sehen, denn beides steht bei Döblin ja immer in engstem Bezug zueinander. Zu dem Menschen und damit zu der 'menschlichen' Leistung hat Döblin wohl nie ein rechtes Zutrauen gehabt. Das Leben hat ihn früh zum Skeptiker gemacht, einem Skeptiker allerdings, der sich mit der Skepsis nicht abzufinden vermochte und daher seine Helden immer wieder auf die Suche schickte – auf die Suche nach dem Heil.

Es wäre interessant, Döblins 'epochale' Erzählung mit Franz Jungs Novelle über den 'Fall Gross' genauer zu vergleichen. Da Jungs Bekanntschaft mit dem Original seiner Darstellung in dieselbe Zeit fällt, aber erst später niedergeschrieben worden sein dürfte, markieren beide so etwas wie den Anfang und das Ende der expressionistischen 'Bewegung'. Was noch folgte, versickerte zumeist im Sand. Wir können einen solchen Vergleich hier nur andeuten und daraus den Schluß ziehen, daß Jung sich völlig mit seinem Helden – seiner 'Roman-Figur' – identifiziert, man möchte sagen: in ihn eingeht, seine irreale Wirklichkeit an die Stelle der objektiv gegebenen setzt. Dadurch entsteht das Bild eines totalen Wirklichkeitsverlustes, der den seines Autors reflektiert. Wenn die Wirklichkeit des Irren mehr Realität besitzt als die normalerweise als solche ausgegebene, dann sind die sogenannten 'Normalen' die wirklich 'Irren'. Solche Konsequenzen zieht Döblin noch nicht. Er steht vielmehr als unbeteiligter Beobachter über den Vorgängen in seiner Erzählung. Er beschreibt, was er sieht, und sucht nach einer Lösung aus dem Dilemma, und dazu bietet sich ihm das «Dunkel des Bergwaldes» an. Nähme man das als Notlösung, in der das Gegebene poetisiert wird, müßte man schließen, daß Döblin eine sinnvolle Lösung noch nicht gefunden hätte.

Dasselbe aber ließe sich dann auch von manchen seiner Romane sagen. Was Döblins expressionistische Romane von den *Drei Sprüngen des Wang-lun* (1915, in gekürzter Form) – dessen Niederschrift er, wie Huguet hervorhebt, 1912 im Jahre seiner Eheschließung nach einer vorausgegangenen Liaison begann, und damit impliziert, wie sehr Döblin von nun an in wilder Schreibbesessenheit seine Dichtung gegen die Realität seines 'gelebten Lebens' einsetzte (253, 22) – über *Wadzeks Kampf mit der Dampfturbine* (entst. August bis Dezember 1914, veröff. 1918), den *Wallenstein* (entst. 1917–18, veröff. 1920) bis zu den in langjähriger Arbeit wie aus großen Quadern aufgebauten *Berge Meere und Giganten* (1924) von allen anderen expressionistischen Dichtungen am meisten unterscheidet, ist neben der von ihm entwickelten Erzähltechnik seine fast prinzipielle Absage an den Subjektivismus. Auch bei ihm geht es noch um den Menschen, aber nicht um den einzelnen in seiner Miserabilität und erst recht nicht um den

'Gebildeten' mit seiner hypertrophierten Intelligenz, sondern um den Menschen 'an sich', wie er durch die Natur und die Geschichte vorgegeben ist, ein Rad in der großen Maschine des Lebens. So kann Walter Falk vom *Wang-lun* sagen, «der Roman» schildere «primär die Geschichte eines Kollektivs» (46, 522), was Gerhard Schmidt-Henkel dahingehend spezifiziert, daß er darin «die Geschichte vieler Individuen» sieht, «die durch die Sprachkraft Döblins zu einer metahistorischen Kollektivfigur werden» (153, 165). Dieses Kollektiv, dessen geistiges Oberhaupt Wang-lun wird, ist der Bund der «Wahrhaft Schwachen», die Masse der Armen, die der Staatsgewalt mit dem taoistischen Prinzip der Gewaltlosigkeit begegnen. Da aber dieses Kollektiv «kein Selbstzweck» ist, ohne politisches Programm, «sondern nur ein Mittel zur Erlösung» der ihm «angehörenden Individuen» (ebda), besteht ein unauflösbarer Konflikt zwischen ihm und dem einzelnen. Kein Wunder, daß Döblin sich vom Utopismus der Aktivisten distanzieren mußte. Die «drei Sprünge» des Helden sind seine drei Entwicklungsstufen, erst aus einem völlig verwilderten Individuum in einen rigorosen Taoisten, der sich dann, enttäuscht und desillusioniert, ins Privatleben zurückzuziehen sucht, und schließlich, als er seine 'Brüder' der Vernichtung ausgesetzt sieht, zu ihnen zurückkehrt, um der Gewalt mit Gewalt zu begegnen und unterzugehen.

Es lag wohl nicht nur an dem ungewöhnlichen Umfang des Manuskriptes, sondern mehr noch an der befremdenden Natur der Dichtung, daß Döblin zunächst keinen Verleger für sie finden konnte – ein Schicksal, das der Roman mit dem ihm in mancher Hinsicht so verwandten *Alexander* Wassermanns teilte. Der Verleger, in beiden Fällen S. Fischer, bestand offenbar auf erheblichen Kürzungen, bei deren Durchführung allem Anschein nach Martin Buber den Ratgeber abgegeben hat. Es waren zum Teil recht fatale Kürzungen, denen vor allem das erste Kapitel zum Opfer fiel, wodurch das ganze Romanwerk, wie Leo Kreutzer überzeugend dargetan hat (102, 50), ein ganz anderes Gesicht bekam. Bei der Neuausgabe (1965, 34) traf Walter Muschg dann die philologisch kaum zu rechtfertigende Entscheidung, das noch vorhandene Manuskript dieses ersten Kapitels nicht wieder zu restituieren; es ist erst jetzt in der Sammlung *Erzählungen aus fünf Jahrzehnten* (1979, 34) unter dem Titel «Überfall auf Chao-Lao-Sü» bekannt geworden. Weite Strecken des Romans, insbesondere der Schluß, werden erst verständlich, wenn man dieses gestrichene Kapitel in seine Lektüre miteinbezieht.

In Döblins zweitem Roman, *Wadzeks Kampf mit der Dampfturbine*, scheint es nun doch wieder um einen individuellen Helden zu gehen, einen Mann – einen hinter der Zeit zurückgebliebenen «Kapitalisten» –, der sich mit allen Mitteln bis zur Lächerlichkeit dem technischen Fortschritt, den sein Konkurrent vertritt, widersetzt. Hier spricht offensichtlich der durch Marinettis Glauben an den Fortschritt der Technik inspirierte Döblin, und er hat böse dafür bezahlt, denn zu mehr als einer bizarren Groteske hat er es dabei nicht gebracht. In seiner autobiographischen Skizze «Ich nähere mich den Vierzig», die jetzt wieder in dem Band *Autobiographische Schrif-*

ten und letzte Aufzeichnungen zugänglich geworden ist – sie wurde 1970 erstmalig veröffentlicht, muß aber aus dem Jahre 1918 stammen –, spricht Döblin davon, daß er 1913/14 den Novellenband *Die Lobensteiner reisen nach Böhmen* und von August bis Dezember 1914 den Roman *Wadzek* «als Erholung von der 'Wang-lun'-Arbeit» geschrieben habe, um dann fortzufahren: «Mitte 1916 warf ich mich auf den Wallenstein», von dem er nur noch zu vermelden hat: «fertig 1918». Erschienen ist der Roman erst 1920.

Man beachte dieses «warf ich mich», das in sonderbarem Gegensatz zu der weiteren Feststellung steht: «Ich schrieb in großer Ruhe; monatelange Krankheitspausen» (ebda, 20 f.). Man hat den Eindruck, daß er erst hier seiner Mittel ganz sicher geworden ist und sein eigentliches Ziel nun klar vor Augen gehabt hat, nämlich den traditionellen, bürgerlich-realistischen Roman auf seine Ursprünge zurückzuführen: auf das Epos. Sein Vorbild war jedenfalls nicht mehr der Geschichtsroman, wie ihn das 19. Jahrhundert herausgebildet hatte, sondern Homer. Das scheint mir unwiderleglich. Dabei ging es ihm auch im *Wallenstein* noch um den Menschen, aber nicht um den einzelnen in all seiner individuellen Fragwürdigkeit, sondern um den Menschen 'an sich', wie die Geschichte ihn geformt hat. Wie dieses aus Natur und Geschichte aufgestiegene Menschenwesen funktioniert, wird von Döblin durch den Sog seiner Worte und Sätze, fraglos in der Nachfolge Marinettis, eher verdunkelt als erhellt. Man könnte auch sagen: Die Sprache legt einen Schleier über das, was er sagt und tut. Die Sprache verkörpert gleichsam die Zeit, die den Menschen mit seinem Schicksal vor sich hertreibt. Sie mystifiziert den an der Romantradition orientierten Leser und verunsichert ihn, so daß er lesend zwar so etwas wie einen allgemeinen Überblick über das Geschehen, das Ablaufen der Maschine, aber keine speziellen Einsichten erhält. Da verhandeln die, welche die Macht in den Händen zu halten glauben, miteinander, aber sie reden am Leser vorbei, der ihren Argumenten nicht zu folgen vermag und das sich daraus ergebende Geschehen als Naturereignis hinnehmen muß. Man könnte sagen, Döblin sei darauf aus, mit seiner Sprache – er war immer ein Sprachbesessener, unangekränkelt von jeder 'Sprachskepsis' – das Einzelne in der Häufung der Worte untergehen zu lassen, es zu verwischen, so daß die beiden aus den Quellen ihrer unergründlichen Natur miteinander ringenden Kolosse, Wallenstein und der Kaiser, zwei in ihrer Art nicht in Einklang zu bringende 'Übermenschen' – auch Döblin hat seinen Nietzsche im Blut! – wie die beiden festen Pole in einem auf- und abwogenden Geschehen wirken. Daß es Döblin dabei nicht um 'Historientreue' ging, versteht sich am Rande.

Nach dem *Wallenstein* hat er sich zunächst wieder an «Kleinerem» 'erholt', diesmal an neuen Versuchen auf dem Gebiet des Dramatischen sowie an «Essays und politische[r] Satire (Linke Poot: 'Der deutsche Maskenball')», und auf diese Mitteilung folgt der ominöse Satz: «Seit zwei, drei Monaten» – also wohl seit dem Frühjahr oder Sommer 1918 – «über einer neuen großen epischen Arbeit: Nichthistorie, aber zukünftige, aus der Epoche um 2500 – Höhegewalt der Technik und ihre Begrenzung durch die Natur». So steht es heute in den *Autobiographischen Schriften* (34, 20 f.).

Rund gerechnet fünf Jahre also hat Döblin, sicher mit langen Unterbrechungen, an dem Monumentalroman *Berge Meere und Giganten* gearbeitet, bis er 1924, eigentlich schon in nachexpressionistischer Zeit, erscheinen konnte. Obgleich das deutsche Lesepublikum seit langem, zum mindesten seit Bernhard Kellermanns *Der Tunnel* (1912/13), seinen morbiden Spaß an Zukunftsromanen hatte, einer Art Karl May für größere Kinder, dürfte Döblin eine solche Hausse bei seiner Konzeption kaum miteinkalkuliert haben. Auch bei ihm geht es ziemlich abenteuerlich zu, und die Verausgabe an Menschenleben steigert sich ins Unvorstellbare. Es gibt bei ihm sogar einige Männer und Frauen, von denen er, zu irgendwelchen Zeiten, phantastische Geschichten zu erzählen weiß, aber alle sind doch von überdurchschnittlichen menschlichen Maßen – Giganten eben! Der Mensch ist mit der Maschine gewachsen, ins Ungeheuerliche, aber seine menschlichen Qualitäten verliert er im Verlaufe der kommenden Jahrhunderte auf erschreckende Weise: Er beherrscht nicht nur die Technik, die Technik beherrscht auch ihn. Die Grundfrage, die der Naturwissenschaftler Döblin sich stellt, ist also: Wie weit läßt sich die Technik weiterentwickeln, und erst die zweite Frage betrifft den Menschen in dieser von ihm veranstalteten Massenkatastrophe. Mit breitem Pinsel ist das Gemälde ausgeführt, so daß für die wenigen, die nach wie vor guten Willens sind, nicht viel Raum bleibt. Mit 'science fiction' aber hat das Ganze nichts zu tun, obgleich der Roman zu ihren Vorläufern gerechnet werden könnte; denn einerseits werden hier die Konsequenzen aus der fortschreitenden Technisierung bis ins Fabulöse fortgesponnen, die Technik also nicht als solche, sondern nur als Lebensprinzip genommen, als die Konkretisierung des Bösen im Menschen, andererseits wird diesem Bösen auch das Urteil gesprochen; die Technik wird sich am Ende selbst überschlagen, nachdem aus dem Traum längst ein Albtraum geworden ist: Der Mensch steht allein und verlassen in einer Natur, die ihn nur widerwillig aufnimmt. Man könnte den Standpunkt vertreten, *Berge Meere und Giganten* wären eine letzte Abrechnung Döblins mit Marinetti: Da siehst du, was du angestellt oder doch gepredigt hast! Mit dem Destruktionismus und dem Utopismus der Expressionisten hat der Roman nur noch in deren Verkehrung etwas zu tun. Der Destruktionismus wird bis in seine letzten Konsequenzen hinein verfolgt, die seine ganze Absurdität demonstrieren und einen Utopismus berufen, der keine festen Formen annehmen will. Walter Falk hat sicher recht, wenn er mit dem Expressionismus eine neue Ära beginnen läßt, die er als Absurdismus charakterisiert – jedenfalls unter anderem. Döblins Zukunftsvision grenzt an das Absurde, und man versteht, daß er offensichtlich mit der 1924 veröffentlichten Fassung seines Romans auf die Dauer selbst nicht zufrieden war und ihn in der Folge einer Bearbeitung unterzog, wobei er ihn nicht nur auf sinnvollere Proportionen reduzierte, sondern sich auch um eine den ihm inhärenten Nihilismus aufhebende Lösung bemühte, eine neue Lebensmöglichkeit unter dem 'Gesetz'. Die Bearbeitung erschien 1932 unter dem Titel *Giganten* – zu einer Zeit, als seine Zurücknahme schon zu spät kam: Gerade der Nihilismus sollte in der deutschen Wirklichkeit nun neue politische Formen annehmen. Inzwischen hatte Döblin selbst mit seinem *Berlin Alexanderplatz* (1929) bereits ganz andere Wege eingeschlagen.

Hans Henny Jahnn

Ehe wir uns Kafka zuwenden, ist noch wenigstens ein Blick auf den wohl einzigen im Bereich des Expressionismus entstandenen Roman Hans Henny Jahnns *Perrudja* (entst. seit 1922, veröff. 1929) – jedenfalls auf dessen ersten, abgeschlossenen Teil – zu werfen. Mit seinen erzählerischen Mitteln steht er der Prosa Döblins nahe, in seiner Thematik aber fußt er weniger auf intellektuellen Konzepten als auf einem Zug ins Autobiographische. Man kann ihn als ein Fazit aus Jahnns Jahren in Norwegen lesen. Expressionistisch in der Konsequenz ist vor allem die Auffassung des Helden als Nicht-Helden, des Täters, dem das Tun versagt ist. *In diesem Buche wird erzählt ein nicht unwichtiger Teil der Lebensgeschichte eines Mannes, der viele starke Eigenschaften besitzt, die dem Menschen eigen sein können – eine ausgenommen, ein Held zu sein –* so beginnt die Einleitung, die Jahnn seinem Roman vorausgeschickt hat. Perrudja ist ein Triebmensch, eins mit der Natur, die ihn umgibt, dabei im Grunde aber doch auch er ein Intellektueller. Jahnns frühen Dramen steht der Roman insofern nahe, als auch hier das homoerotische Moment in einem unauflöslichen Konflikt mit dem heterosexuellen steht. Hans Mayer meint in seiner Einleitung zur Neuausgabe 1974, «die Welt Jahnns» sei «eine der Präsexualität weit eher als der Homoerotik» (S. 41) – was immer er darunter verstehen mag: Dem wahren Sachverhalt geht man so nicht aus dem Wege. *Perrudja* ist der Roman einer intensiven Freundschaft zweier Männer, einzigartig wohl in der deutschen Literatur. Wenn Jahnn in späteren Jahren diesem ersten Teil noch einen zweiten hatte nachfolgen lassen wollen, so deswegen, weil er glaubte, *dem aufmerksamen Leser nocht etwas vom Lebenslauf der Frau Signe,* der Heldin des Romans, die in ihm nicht so recht lebendig werden will, *schuldig geblieben* zu sein, wie er im «Vorwort zur Ausgabe von 1958» erklärt. Aber das ließ sich nicht mehr bewältigen, hätte sich wohl auch nie bewältigen lassen, weil dem Archetypischen jedes Eigenleben versagt ist. Expressionistisch ist der Roman nicht nur in sprachlicher Hinsicht – Jahnn spricht von der *jugendlich expressionistische[n] Ausdrucksform* in eben dem «Vorwort» –, sondern auch in der Struktur: Da werden Szenen auf Szenen getürmt, Episoden aus Sage und Mythos ins Spiel gebracht, vom Allegorischen weiter Gebrauch gemacht, so daß das innere Geschehen durch das äußere nur reflektiert wird. Jahnns *Perrudja* ist eine der Spitzenleistungen expressionistischer Erzählkunst.

Franz Kafka

Auch Franz Kafka (1883–1924) erlebte seinen 'Durchbruch' in das, was Walter Sokel als «klassischen Expressionismus» (166, 10) bezeichnet hat – eigentlich ein, wenn auch sehr sinnvoller Widerspruch in sich selbst –, und zwar 1912 mit der seine ganze Existenz erschütternden Niederschrift der rätselhaften und vielumrätselten Erzählung «Das Urteil». Damals, in der Nacht vom 22. zum 23. September 1912, sei *die Wunde zum erstenmal aufgebrochen,* schrieb er noch nach Jahren an Milena (84, 214) – die 'Wunde', die der Landarzt in der nach ihm benannten Erzählung bei seinem Patienten nicht heilen kann, weil sie zu ihm gehört, die *schöne Wunde,* mit der dieser schon *auf die Welt* kam. An dieser Wunde hat man in der Kritik viel herumgedeutet, aber man ist sich heute wohl im allgemeinen darüber einig, daß damit die Angst gemeint ist, die Existenz-Angst, auf die wir in unserer Darstellung des Expressionismus wiederholt gestoßen sind. Es ist eine Angst mit vielen Schattierungen und gewissermaßen konstitutionell, wie nach der Meinung Kafkas besonders die Juden sie kennen, denn von den *unwahrscheinlichsten Seiten drohen* ihnen *Gefahren* (ebda, 47), bis hin zu der vor der *Selbstbefleckung* (ebda, 168) – eine Formulierung, die gar nicht so eindeutig ist, wie sie sich gibt. Es ist die Angst, von der er der Freundin schreibt, daß er aus ihr bestehe und daß sie vielleicht *sein Bestes* sei (ebda, 105). Jedenfalls, so meint er, sei *doch etwas sehr Ernstes um diese Angst* (ebda, 148). Man wird Klaus Wagenbach zustimmen, wenn er vermutet, diese Angst habe ihren Grund in Kafkas tiefer Unsicherheit gehabt (180, 109), denn er selbst gesteht gegenüber Milena: *Sie bedeutet ja ein Zurückweichen vor der Welt* (84, 56). Von dieser aus Unsicherheit geborenen Angst weiß er auch wieder, daß sie keineswegs seine *private Angst* ist (ebda, 105): Sie sei *es bloß auch und fürchterlich,* aber *ebenso die Angst alles Glaubens seit jeher* (ebda). Dunkle Worte, und um sie wirklich deuten zu können, müßte man auch Milenas Briefe kennen, auf die er mit diesen Worten reagierte. Dachte er dabei nur an die Juden, *ihre Erinnerung an längst vergangene oder die Vorahnung künftiger Zeiten,* wie es in der Tagebuch-Eintragung «In unserer Synagoge» (85, 193) heißt? Vielleicht wäre hier der Ort, an die Bemerkungen Peter Hellers zum Phänomen der Angst in Tollers Leben und Werk zu erinnern, der von dem «rebellious son» spricht, «who remains negatively dependent on his father, fights part of himself in fighting his father» (64, 11), aber auch noch einmal wieder an Louis Huguets bereits im selben Zusammenhang herangezogene Bemerkung: «Le monde 'cassé' n'est que l'image, la projection de notre scission intérieure» (253, 47). Das alles trifft ja in hohem Maße und fast auf notorische Weise auch auf Kafka zu – und zwar so sehr, daß man den Verdacht nicht ganz los wird, wenigstens Heller habe an Kafka gedacht, als er seine Überlegungen über Toller anstellte. (Er hat sich an anderen Stellen ja auch gerade mit Kafka intensiv auseinandergesetzt: *Dialectics and Nihilism: Essays on Lessing, Nietzsche, Mann and Kafka* [1966]). Jedenfalls dürfte Kafka seine Bemerkungen aufgrund von kollektiven Erfahrungen gemacht haben, die im Zeitgeschichtlichen wurzeln, tatsächlich aber über das speziell jüdische Schicksal hinaus das des europäischen Menschen überhaupt betreffen. War er sich dessen bewußt? Darauf kommt es vielleicht gar nicht an, aber nur weil dem so ist, konnte Walter Falk in ihm den «Repräsentanten seiner Zeit» sehen. Auf dieser Koinzidenz von Privatem und Kollektivem beruht ganz ohne Frage der Welterfolg seiner Dichtung, wie er nur ganz wenigen deutschen Dichtern jemals beschieden war.

Diese Nacht vom September 1912 gab dem Dichter Kafka die Möglichkeit – d.h. die schöpferischen Mittel – zu sagen, was er leidet, in einer anscheinend glasklaren, aber dennoch letzten Endes nur von ihm selbst ganz verständlichen und daher ihrem Wesen nach expressionistischen Sprache. *Ich suche immerfort etwas Nicht-Mitteilbares mitzuteilen, etwas Unerklärbares zu erklären,* lesen wir in einem der letzten Briefe an Milena (84, 249). Der Weg bis zu diesem Höhepunkt seiner Erzählkunst war auch für ihn ein langer gewesen, selbst wenn er ihn, chronologisch gesehen, schon mit einigen früheren Texten wie dem «Heizer» gefunden habe sollte: Er mag ihn schon damals gefunden haben, aber er war seiner noch keineswegs sicher. Die früheren Arbeiten hatten für ihn jedenfalls noch nicht denselben schöpferischen Intensitätsgrad erreicht. Schon 1903 hatte er sich in einem Brief an Oskar Pollack dahingehend geäußert, daß bisher die Beschreibung – gemeint ist damit ohne Frage das Erzählen in der Tradition der realistischen Prosa – das *herrschende Element* in seinem Werk geblieben sei (180, 54/5). *Du mußt aber daran denken,* hatte er damals hinzugefügt, *daß ich in der Zeit anfing, in der man 'Werke schuf', wenn man Schwulst schrieb; es gibt keine schlimmere Zeit zum Anfang. Und ich war so vertollt in die großen Worte* (ebda). Und an anderer Stelle: *Gott will nicht, daß ich schreibe, ich aber muß. So ist es ein ewiges Auf und Ab, schließlich ist doch Gott der Stärkere und es ist mehr Unglück dabei, als Du Dir denken kannst* (85,257).

Es ist etwas Sonderbares um diese explosiv-schöpferischen Durch- und Aufbrüche, wie wir sie ja auch aus Rilkes und Trakls Biographien und denen vieler anderer Dichter der 'Moderne' kennen, aus denen einige von ihnen geradezu einen Kult gemacht haben. Ähnliches hat es vielleicht schon in früheren Zeiten gegeben: sicher bei Büchner, wahrscheinlich bei Grabbe, und das waren dann wohl immer Dichter, denen die expressionistische Generation sich verwandt fühlte. Im ganzen gesehen aber bestand die Entwicklung eines Dichters wohl in einem mehr oder weniger organischen Wachstum. Was sich um die Jahrhundertwende zu ändern begann, war das Verhältnis des Dichters zu seinem dichterischen Tun, das er als etwas Besonderes zu nehmen begonnen hatte, wie Tonio Kröger es schon seinem Freund Hans Hansen zu erklären versuchte. Tonio empfand das noch als etwas Unnatürliches, es war ihm nicht ganz geheuer dabei, und er würde am liebsten auf jede solche Auszeichnung durch den 'Geist' verzichtet haben. Das aber heißt, daß Thomas Mann die Akzente damals noch anders setzte als die Generation der Expressionisten nach ihm. Die 'Segnungen des Bürgertums' hatten sich im Verlaufe des ersten Jahrzehnts unseres Jahrhunderts in zunehmendem Maße und in einem rapide fortschreitenden Prozeß als ein Zustand geistiger und seelischer Stagnation herausgestellt, die nicht länger zu tolerieren war. Die auf das materielle Wohlleben hin ausgerichtete gesellschaftliche Nivellierung verwies den schöpferischen Menschen auf sie selbst zurück, drängte ihn geradezu in die Opposition.

Das freilich heißt, daß der Einsatz der sich nun entfaltenden kreativistischen Tendenzen in ihren verschiedenen Entwicklungsstufen, wie Walter Falk sie herausgearbeitet hat (47), in der Negation lag, nicht – oder doch nur sehr vage – in dem Heraufkommen eines neuen Weltbildes. Man muß sich wohl darüber klar sein, daß die sich herausbildenden vitalistischen Strömungen, Nietzsche allen voran, der jungen geistigen Opposition den Rücken stärkte, ihr half, den Leerlauf der Tradition zu durchschauen, es ihr aber überließ, über die Negation zu einem neuen Positiven vorzustoßen. Dieses Positive hatte, so schien es, im Bereich eines erneuerten Menschentums zu liegen, und da bot sich denn zunächst der 'Übermensch' als Lösung an, freilich als eine höchst hypothetische und letztlich fragwürdige. Die Lösungen, die es zu finden galt, lagen wahrscheinlich überhaupt nicht auf dem Gebiet des Geistigen und Kulturellen, nicht auf dem individueller Wiedergeburten, in einer Rückkehr zu subjektivistischen Lebens- und Denkformen: An der Erkenntnis dieser Sachlage ist der Expressionismus am Ende gescheitert.

Die jungen Expressionisten jedenfalls sehen sich zunächst zurückgeworfen auf ihr Werk, geben sich aber der Illusion hin, daß sie mit diesem ihrem Werk die Welt erreichen und in ihrem Sinne transformieren können. Dadurch wurde für einen Kafka das *Schreiben zu einer so entsetzlichen Beschäftigung, die jetzt entbehren zu müssen sein ganzes Unglück ist* (83, 51). Da der Expressionist sich nur in seinem Schreiben zu realisieren vermochte, kommt diesen Worten Kafkas eine symptomatische Bedeutung zu.

Klaus Wagenbach hat das Besondere der deutschen Kultur-Enklave Prags, in der Kafka heranwuchs, genau untersucht und gezeigt, auf welche Weise er sich die Mittel erwarb, ohne die es zum Durchbruch im September 1912 gar nicht hätte kommen können. «Auch Rilke hat sich nur schwer von diesem unseligen Erbe Prags lösen können», meinte er (180, 82) – andere haben es nie vermocht.

Die sich so unwirklich gebende Wirklichkeit Kafkas seit dem «Urteil» ist die Wirklichkeit von Traumlandschaften, eine höchst private Wirklichkeit also, die erst dadurch, daß sie – wie Freud und Jung gezeigt haben – allgemein-menschlicher Natur ist, auch eine allgemeine Verbindlichkeit besitzt. Sokel kann daher mit gutem Recht bei Kafkas Dichtung von einer «Traum-Struktur» sprechen (166, 12). Daß Kafkas Verhältnis zu Traum und Dichtung Entwicklungen unterworfen war, denn der Abstieg in die Unterwelt der Traumwirklichkeit mußte ihm zur Tortur ausarten, so daß er schließlich meinte, der Psychologie abschwören zu können, braucht uns hier nicht weiter zu beschäftigen. Sein berühmter Ausbruch: *Nie wieder Psychologie!* darf freilich nicht mißverstanden werden, etwa in dem Sinne, daß er sich damit so manchen theoretischen Äußerungen der Expressionisten nähere. Es fragt sich nämlich, welche Psychologie hier gemeint ist – während andererseits die Expressionisten sich ja nur gegen die durch die Literatur profanierte Psychologie gewandt hatten, die Bedeutung Freuds aber durchaus zu schätzen wußten.

Es kann nicht unsere Aufgabe sein, das Werk Kafkas im einzelnen zu interpretieren. Wir hätten uns zu dem Zweck mit einer bereits uferlos gewordenen Sekundärliteratur auseinanderzusetzen, was dem Spezialisten überlassen bleiben muß. Nur einige wenige Hinweise müssen deswegen genügen.

Auszugehen haben wir auch bei Kafka von seinem schwer belasteten Verhältnis zu seinem Vater. Es unterscheidet sich von dem der meisten Expressionisten dadurch, daß hier ein Sohn den Anforderungen des Vaters nicht zu entsprechen vermag, diesen Vater deswegen auch zur Rede stellt – Kafka hat das in seinem nie abgeschickten «Brief an den Vater» getan –, aber im Grunde die Schuld an diesem 'Konflikt' doch sich selbst zumißt. In seinem ersten Roman, *Der Verschollene* (entst. 1912/14), dem Max Brod den Titel «Amerika» gegeben hatte, ist die Schuld noch als sexueller Fehltritt bestimmt. So gab es auch für den jungen «Verschollenen» Karl Roßmann am Ende noch die Aussicht, in einer utopischen Welt in Oklahoma untertauchen zu können. Utopien aber haben die üble Angewohnheit, sich als solche zu erkennen zu geben. Im *Prozeß* (entst. 1914/15) und in der aus derselben Zeit stammenden Erzählung «In der Strafkolonie» läßt sich die Schuld schon nicht mehr erhellen, obgleich sie zu einer ins Groteske verzerrten Todesstrafe führt, während sich im letzten seiner drei Romane, dem *Schloß*, der Vorgang, nämlich die Suche nach einem Refugium, im Unendlichen verläuft und ungelöst bleibt.

Expressionismus? Ohne jede Frage angesichts der kollektivistischen Zusammenhänge, ob nun ein «klassischer» oder nicht – ein «klassischer» aber vielleicht doch in Anbetracht der Formenstrenge, die Kafka sich auferlegt –, aber das haben ja auch andere Expressionisten wie Stadler getan. Und doch steht Kafka, wie so mancher andere Expressionist, abseits vom Hauptstrom der 'Bewegung'. Was ihn am weitesten von diesem Hauptstrom entfernt, ist seine Passivität, sein hilfloses Ausgeliefertsein an eine Wirklichkeit, in der die «Tücke des Objekts», wie Sokel es im Anschluß an F. Th. Vischer formuliert, herrscht. Es gibt bei Kafka nicht die 'Protest-Geste' und nicht den 'Schrei', es sei denn, man nähme sein gesamtes Werk als einen verhaltenen 'Protest' und einen unterdrückten 'Schrei'. Um mit einem Satz aus einem Brief an Milena zu schließen: «Man bekommt Mikroskop-Augen, und wenn man die einmal hat, kennt man sich überhaupt nicht mehr aus» (84, 64).

Auswahlbibliographie

Geführt werden nur Titel, auf die im Text unmittelbar Bezug genommen ist. Die Nummern im Text nach einem Zitat beziehen sich auf diese Titel, und zwar so, daß jeweils die erste Zahl auf den Buchtitel, die zweite, dem Komma folgende, auf die Seitenzahl in diesem Buch verweist.

1 Ahnung und Aufbruch. Expressionistische Prosa. Hrsg. von Karl Otten. Darmstadt-Neuwied 1957.
2 Allen, Roy F.: Literary Life in German Expressionism and the Berlin Circles. Göppingen 1974 (= Göppinger Arbeiten zur Germanistik 129).
3 Anz, Thomas: Literatur der Existenz. Literarische Psychopathographie und ihre soziale Bedeutung im Frühexpressionismus. Stuttgart 1977.
4 Arendt, Hannah: Rahel Varnhagen. Lebensgeschichte einer deutschen Jüdin aus der Romantik. Berlin 1974.
5 Arnold, Armin: «Ist der Halleysche Komet am Expressionismus schuld? Eine Klärung der Mißverständnisse um Jakob van Hoddis' Gedicht 'Weltende'». In: Neue Zürcher Zeitung 556 (29.2.70). Jetzt auch auf Englisch unter dem Titel «Haley's Comet and Jakob van Hoddis' Poem 'Weltende'». In: 53, 47–58.
6 Ders.: Die Literatur des Expressionismus. Sprachliche und thematische Quellen. Stuttgart ²1971.
7 Ders.: Prosa des Expressionismus. Herkunft, Analyse, Inventar. Stuttgart 1972.
8 Arp, Hans: Gesammelte Gedichte. 2 Bde. Wiesbaden 1963 [1974].
9 Balser, Hans-Dieter: Das Problem des Nihilismus im Werke Gottfried Benns. Bonn 1965 (= Abhandlungen zur Kunst-, Musik- und Literaturwissenschaft 29).
10 Barlach, Ernst: Das dichterische Werk in drei Bänden. Erster Band: Die Dramen. Hrsg. von Klaus Lazarowicz in Gemeinschaft mit Friedrich Droß. München 1956. – Die Briefe I: 1888–1924 (= Br. I). Hrsg. von Friedrich Droß. München 1968.
11 Basil, Otto: Georg Trakl in Selbstzeugnissen und Bilddokumenten. Reinbek 1965.
12 Bauschinger, Sigrid: Else Lasker-Schüler. Ihr Werk und ihre Zeit. Heidelberg 1980 (= Poesie und Wissenschaft 7).
13 Begriffsbestimmung des literarischen Expressionismus. Hrsg. von Hans Gerd Rötzer. Darmstadt 1976 (= Wege der Forschung 380).
14 Benn, Gottfried: Gesammelte Werke. 4 Bde. Hrsg. von Dieter Wellershoff. Wiesbaden ²1962.
15 Ders.: Lyrik des expressionistischen Jahrzehnts. Von den Wegbereitern bis zum Dada. München 1935 [1962].
16 Billetta, Rudolf: «Carl Sternheim: 'Briefe an Franz Blei'». Hrsg. und kommentiert von Rudolf Billetta. In: Neue deutsche Hefte 18 (1971), 3.
17 Blankenagel, John C.: The Writings of Jakob Wassermann. Boston 1942.
18 Brecht, Bertolt: Gesammelte Werke. 20 Bde. Frankfurt 1963 [1967].
19 Brinkmann, Richard: Expressionismus. Internationale Forschung zu einem internationalen Phänomen. Stuttgart 1980 (Sonderband der Deutschen Vierteljahrsschrift für Literaturwissenschaft und Geistesgeschichte).
20 Bronnen, Arnolt: Stücke. Vatermord, Die Exzesse, Ostpolzug, Die Kette Kolin. Nachwort von Hans Mayer. Kronberg/Ts. 1977.

21 Brown, Russell E.: «Alfred Wolfenstein». In: 44, 264–276.

22 Buddeberg, Else: Gottfried Benn. Stuttgart 1961.

23 Dies.: Probleme um Gottfried Benn. Die Benn-Forschung 1950–1960. Stuttgart 1962.

24 Chick, Edson M.: «Comic and grotesque elements in Ernst Barlach». In: Modern Language Quarterly 20 (1959).

25 Christiansen, Annemarie: Benn. Einführung in das Werk. Stuttgart 1976.

26 Daniels, Karlheinz: «Expressionismus und Technik». In: 44, 171–193.

27 Deiritz, Carl: Geschichtsbewußtsein, Satire, Zensur. Eine Studie zu Karl Sternheim. Königstein/Ts. 1979.

28 Denkler, Horst: Drama des deutschen Expressionismus. Programm, Spieltext, Theater. München 1967 [²1979].

29 Ders.: «Walter Hasenclever (1890–1940)». In: Rheinische Lebensbilder IV. Düsseldorf 1970, 251–272.

30 Ders.: S. 36.

31 Der deutsche Expressionismus. Formen und Gestalten. Hrsg. von Hans Steffen. Göttingen [²1970].

32 Deutsches Theater des Expressionismus. Wedekind, Lasker-Schüler, Barlach, Kaiser, Goering, Jahnn. Hrsg. von Joachim Schondorff. Mit einem Vorwort von Paul Pörtner. München o.J. [1962]. Darin: Jahnn, Die Krönung Richards III., S. 271–440. (Die Angaben Pörtners im Vorwort stimmen mit denen Muschgs [s. 75] nicht überein).

33 Diebold, Bernhard: Anarchie im Drama. Berlin-Wilmersdorf ⁴1928.

34 Döblin, Alfred: Ausgewählte Werke in Einzelbänden. Hrsg. von Walter Muschg, dann von Anthony W. Riley. Olten-Freiburg 1962.

35 Durzak, Manfred: Das expressionistische Drama. (Band I: Carl Sternheim, Georg Kaiser. Band II: Ernst Barlach, Ernst Toller, Fritz von Unruh). München 1978 u. 1979.

36 Einakter und kleine Dramen des Expressionismus. Hrsg. von Horst Denkler. Stuttgart 1968 (= Reclam UB 8562–64).

37 Einstein, Carl: Gesammelte Werke. Hrsg. von Ernst Nef. Wiesbaden 1962.

38 Emrich, Wilhelm: «Carl Sternheims 'Kampf der Metaper' und die 'eigene Nuance'». In: W.E.: Geist und Widergeist. Wahrheit und Lüge der Literatur. Studien. Frankfurt 1965.

39 Ders.: «Hans Henny Jahnns Dichtungen». – «Hans Henny Jahnn und seine Kritiker». In: W.E.: Polemik. Streitschriften, Pressereden und kritische Essays um Prinzipien, Methoden und Maßstäbe der Literaturkritik. Frankfurt–Bonn 1968, 181 ff. und 195 ff.

40 Ders.: Protest und Verheißung. Frankfurt–Bonn 1960.

41 Expressionismus. Aufzeichnungen und Erinnerungen der Zeitgenossen. Hrsg. von Paul Raabe. Olten–Freiburg 1965.

42 Expressionismus. Gestalten einer literarischen Bewegung. Hrsg. von Hermann Friedmann und Otto Mann. Heidelberg 1956.

43 Expressionismus. Literatur und Kunst 1910–1923. Eine Ausstellung des Deutschen Literaturarchivs im Schiller-National-Museum, Marbach a.N. Hrsg. von Paul Raabe und H.L. Greve. Marbach 1960.

44 Expressionismus als Literatur. Gesammelte Studien. Hrsg. von Wolfgang Rothe. Bern–München 1969.

45 Expressionismus-Debatte. Materialien zu einer marxistischen Realismuskonzeption. Hrsg. von Hans-Jürgen Schmitt. Frankfurt 1973 (= edition suhrkamp 646).

46 Falk, Walter: «Der erste moderne deutsche Roman: 'Die drei Sprünge des Wang-lun' von Alfred Döblin». In: ZfdPh 89 (1970), 510 ff.

47 Ders.: Der kollektive Traum vom Krieg. Epochale Strukturen der deutschen Literatur zwischen 'Naturalismus' und 'Expressionismus'. Heidelberg 1977 (= Beiträge zur Neueren Literaturgeschichte, 3. Folge, 31).

48 Ders.: «Impressionismus und Expressionismus». In: 44, 69–86.

49 Ders.: Leid und Verwandlung. Rilke, Kafka, Trakl und der Epochenstil des Impressionismus und Expressionismus. Salzburg 1961 (= Trakl-Studien 6).

50 Fischer, Peter: Wolfenstein. München 1968.

51 Fontane, Theodor: Briefe an Georg Friedlaender. Hrsg. von Kurt Schreinert. Heidelberg 1954.

52 Gedichte der «Menschheitsdämmerung». Interpretationen expressionistischer Lyrik. Hrsg. von Horst Denkler. Mit einer Einleitung von Kurt Pinthus. München 1971.

53 German Expressionism. Hrsg. von Victor Lange. New York 1978 (= Review of National Literatures 9).

54 Gier, Helmut: Die Entstehung des deutschen Expressionismus und die antisymbolistische Reaktion in Frankreich. Die literarische Entwicklung Ernst Stadlers. München 1977 (= Münchener Germanistische Beiträge 21).

55 Goldman, Heinrich: Katabasis. Eine tiefenpsychologische Studie zur Symbolik der Dichtungen Georg Trakls. Salzburg 1957 (= Trakl-Studien 4).

56 Götz, Ina: Tradition und Utopie in den Dramen Fritz von Unruhs. Bonn 1975 (= Abhandlungen zur Kunst-, Musik- und Literaturwissenschaft 175).

57 Goering, Reinhard: Prosa, Dramen, Verse. Vorwort von Dieter Hoffmann. München 1961.

58 Grosz, George: Briefe. Hrsg. von Herbert Knust. Reinbek 1979.

59 Gruber, Helmut: «Die politisch-ethische Mission des deutschen Expressionismus». In: German Quarterly 40 (1967), 186ff. (Deutsche Fassung in 13, 404–426).

60 Guthke, Karl S(iegfried): «Franz Werfels Anfänge. Eine Studie zum literarischen Leben am Beginn des 'expressionistischen Jahrzehnts'». In: Deutsche Vierteljahrsschrift 55 (1978), 71–89.

61 Haas, Willy: Die Literarische Welt. Erinnerungen. München 1957.

62 Handbuch der deutschen Gegenwartsliteratur. Hrsg. von Hermann Kunisch und Hans Hennecke. München 1965.

63 Hasenclever, Walter: Gedichte, Dramen, Prosa. Unter Benutzung des Nachlasses hrsg. und eingel. von Kurt Pinthus. Reinbek 1963.

64 Heller, Peter: «The liberal radical as a suicide. Notes on Ernst Toller». In: Modernist Studies (Edmonton, Alberta/Canada), 2 (1976), 1, 3–13.

65 Hermand, Jost: «Der 'neuromantische' Seelenvagabund». In: Das Nachleben der Romantik in der modernen deutschen Literatur. Die Vorträge des 2. Amherster Kolloquiums zur modernen deutschen Literatur. Heidelberg 1969.

66 Hermann, Helmut G.: «Jakob van Hoddis, 'Weltende'». In: 52, 56–69.

67 Heselhaus, Clemens: Deutsche Lyrik der Moderne von Nietzsche bis Yvan Goll. Die Rückkehr zur Bildlichkeit der Sprache. Düsseldorf ²1962.

68 Heym, Georg: Dichtungen und Schriften. Hrsg. von Karl Ludwig Schneider u.a. Bd. 3: Tagebücher, Träume, Briefe. Hamburg 1966.

69 Hinck, Walter: Das moderne Drama in Deutschland. Vom expressionistischen zum dokumentarischen Theater. Göttingen 1973.

70 Hofmannsthal, Hugo von: Briefe 1900–1909. Wien 1937.

71 Hohendahl, Peter U.: Das Bild der bürgerlichen Welt im expressionistischen Drama. Heidelberg 1967 (= Probleme der Dichtung 10).

72 Hopster, Norbert: Das Frühwerk Johannes R. Bechers. Bonn 1969 (= Abhandlungen zur Kunst-, Musik- und Literaturwissenschaft 78).

73 Imhof, Arnold: Franz Jung. Leben – Werk – Wirkung. Bonn 1974 (= Abhandlungen zur Kunst-, Musik- und Literaturwissenschaft 143).

74 Index Expressionismus. Bibliographie der Beiträge in den Zeitschriften und Jahrbüchern des literarischen Expressionismus. 1910–1925. Hrsg. von Paul Raabe. 18 Bde. Nendeln 1972.

75 Jahnn, Hans Henny: Dramen I. Mit einem Nachwort von Walter Muschg. Frankfurt 1963.

76 Ders.: Medea. Tragödie. Hrsg. von Heinz Ludwig Arnold. Stuttgart 1966 (= Reclam UB 8711).

77 Jauß, Hans Robert: Literaturgeschichte als Provokation, Frankfurt ³1973. (Darin der Essay «Literarische Tradition und gegenwärtiges Bewußtsein der Modernität», 11–66).

78 Jost, Dominik: «Jugendstil und Expressionismus». In: 44, 87–106.

79 Jung, Franz: Gnadenreiche, unsere Königin. Leipzig 1918 (= Der jüngste Tag 42).

80 Ders.: Gott verschläft die Zeit. Frühe Prosa. Hrsg. von Klaus Ramm. München 1976 (= Edition text und kritik). (Darin: Das Trottelbuch, Gott verschläft die Zeit [mit: Der Fall Gross]). – Jetzt auch als reprints: Kameraden . . . ! (1913) und: Sophie, Der Kreuzweg der Demut (1915). Nendeln 1973 (Bibliothek des Expressionismus).

81 Der jüngste Tag. Die Bücherei einer Epoche. Neu hrsg. von Heinz Schöffler. 2 Bde. Frankfurt 1970. (Reprint der Ausgabe Leipzig 1913–1921, Bd. 1–86. Ich verweise bes. auf den vorzüglichen, materialreichen biographischen Anhang des Hrsg., Bd. 2, S. 1553–1767. – Vorsicht ist bei diesen Texten geboten: Der Verleger Kurt Wolff hat später geleugnet, daß es sich hier überhaupt um Expressionisten gehandelt habe. Sicherlich ist das hier Erschienene keineswegs automatisch immer als expressionistisches Dokument zu verstehen.)

82 Kaes, Anton: Expressionismus in Amerika. Rezeption und Innovation. Tübingen 1975 (= Studien zur deutschen Literatur 43).

83 Kafka, Franz: Briefe (1902–1924). Frankfurt 1958 [1966].

84 Ders.: Briefe an Milena. Hrsg. von Willy Haas. New York–Frankfurt 1952.

85 Ders.: Tagebücher und Briefe. Prag 1937.

86 Kahn, Ludwig W.: Literatur und Glaubenskrise. Stuttgart 1964.

87 Kaiser, Georg: Werke. 6 Bde. Hrsg. von Walther Huder. Frankfurt–Berlin 1971–1972.

88 Ders.: Briefe. Hrsg. von Gesa M. Valk. Frankfurt–Berlin 1980.

89 Kaiser, Herbert: Der Dramatiker Ernst Barlach. Analysen und Gesamtdeutung. München 1972.

90 Karlweis, Martha: Jakob Wassermann: Bild, Kampf und Werk. Amsterdam 1935.

91 Killy, Walther: Über Georg Trakl. Göttingen ²1960. – Killy ist auch, zus. mit Hans Sklenar, Hrsg. der historisch-kritischen Trakl-Ausgabe (Dichtungen und Briefe. 2 Bde. Salzburg 1969).

92 Kino-Debatte. Texte zum Verhältnis von Literatur und Film 1909–1929. Hrsg. von Anton Kaes. Tübingen 1978.

93 Klarmann, Adolf D.: Einleitung zu Franz Werfel: Das Reich der Mitte. Graz–Wien 1961 (= Stiasny Bücherei 76).

94 Ders.: «Expressionismus in der deutschen Literatur. Rückblick auf ein halbes Jahrhundert». In: 13, 365–403.

95 Ders.: «Franz Werfel». In: 44, 410–425.

96 Klein, Johannes: Georg Trakl. In: 44, 374–397.

97 Knapp, Gerhard P.: Die Literatur des deutschen Expressionismus. Einführung, Bestandaufnahme, Kritik. München 1979.

98 Kohlschmidt, Werner: «Ernst Stadler». In: 44, 277–294.

99 Ders.: «Die Lyrik Ernst Stadlers». In: 31, 25–43.

100 Ders.: «Zu den soziologischen Voraussetzungen des literarischen Expressionismus in Deutschland». In: 13, 427–466.

101 Kort, Wolfgang: Alfred Döblin. Das Bild des Menschen in seinen Romanen. Bonn 1970 (= Studien zur Germanistik, Anglistik und Komparatistik 8).

102 Kreutzer, Leo: Alfred Döblin. Sein Werk bis 1933. Stuttgart 1970.

103 Kreuzer, Helmut: Die Boheme. Beiträge zu ihrer Beschreibung. Stuttgart 1968.

104 Lach, Friedhelm: Der Merz Künstler Kurt Schwitters. Köln 1971.

105 Lachmann, Eduard: Kreuz und Abend. Eine Interpretation der Dichtungen Trakls. Salzburg 1954 (= Trakl-Studien 1).

106 Lämmert, Eberhard: «Kaiser, Die Bürger von Calais». In: Das deutsche Drama vom Barock bis zur Gegenwart. Interpretationen. Hrsg. von Benno von Wiese. Bd. II. Düsseldorf 1958, 305 ff.

107 Lazarowicz, Klaus: «Ernst Barlach» In: 44, 439–453.

108 Lennig Walter: Gottfried Benn in Selbstzeugnissen und Bilddokumenten. Reinbek 1962.

109 Leonhard, Rudolf: «Marinetti in Berlin» In: 41, 121–124.

110 Linke, Manfred: Carl Sternheim in Selbstzeugnissen und Bilddokumenten. Reinbek 1979.

111 Loewenson, Erwin: Georg Heym oder Vom Geist des Schicksals. Hamburg 1962. (Bearbeitete Fassung eines Textes aus dem Jahre 1922, der seinerseits wiederum auf der Totenrede des dem Dichter befreundeten Verfassers im Jahre 1910 fußt).

112 Lohner, Edgar: Einleitung zu: «Die Lyrik des Expressionismus». In: 42, 56–83.

113 Ders.: «Hans Henny Jahnn» In: 42, 314–337.

114 Loose, Gerhard: Die Ästhetik Gottfried Benns. Frankfurt 1961.

115 Lukács, Georg: «'Größe und Verfall' des Expressionismus». In: 13, 19–66.

116 Mahrholz, Werner: Deutsche Literatur der Gegenwart. Probleme – Ergebnisse – Gestalten. Hrsg. von Max Wieser. Berlin 1930.

117 Maren-Grisebach, Manon: «Paul Kornfeld». In: 44, 519–530.

118 Martens, Gunter: Vitalismus und Expressionismus. Ein Beitrag zur Genese und Deutung expressionistischer Stilstrukturen und Motive. Stuttgart 1971 (= Studien zur Poetik und Geschichte der Literatur 22).

119 Martini, Fritz: Was war Expressionismus? Deutung und Auswahl seiner Lyrik. Urach 1948. (Wiederabgedruckt in 13, 137–179).

120 Mautz, Kurt: Mythologie und Gesellschaft im Expressionismus. Die Dichtung Georg Heyms. Frankfurt–Bonn 1961.

121 Mayer, Hans: «Rückblick auf den Expressionismus». In: 13, 263–281.

122 Ders.: «Versuch über Hans Henny Jahnn». Einleitung zu: Hans Henny Jahnn, Werk und Tagebücher. Romane I (Perrudja). Hamburg 1974.

123 Mennemeier, Franz Norbert: Modernes deutsches Drama. Kritiken und Charakteristiken, Band 1: 1910–1933. München 1973.

124 Menschheitsdämmerung. Ein Dokument des Expressionismus. Hrsg. von Kurt Pinthus. (Neuausgabe: Hamburg 1959. Erstausgabe Hamburg 1920 mit dem Untertitel «Symphonie jüngster Dichtung»).

125 Meyer, Alfred Richard: die maer von der musa expressionistica. zugleich eine kleine quasi-literaturgeschichte mit über 130 praktischen beispielen. Düsseldorf–Kaiserswerth 1948.

126 Muschg, Walter: Von Trakl zu Brecht. Dichter des Expressionismus. München 1961.

127 Naumann, Hans: Die deutsche Dichtung der Gegenwart. Stuttgart 1930.

128 Nef, Ernst: Das Werk Gottfried Benns. Zürich ²1958.

129 Oren, Michel: In: 162.

130 Paulsen, Wolfgang: «Alfred Lichtenstein: Die Dämmerung». In: 52, 70–80.

131 Ders.: «Carl Sternheim. Das Ende des Immoralismus». In: Akzente 3 (1956), 273–287.

132 Ders.: Expressionismus und Aktivismus. Eine typologische Untersuchung. Bern 1935.

133 Ders.: «Form and Content in German Expressionist Literature». In: Massachusetts Review (Amherst/Mass.), Vol. XXI (1980), 1, 127–156.

134 Ders.: Georg Kaiser. Die Perspektiven seines Werkes. Tübingen 1960.

135 Ders.: «Literatur aus Literatur. Die Technik der umkehrbaren Thematik bei Kaiser». In: Georg Kaiser. Eine Aufsatzsammlung nach einem Symposium in Edmonton/Kanada. Hrsg. von Holger A. Pausch und Ernest Reinhold. Berlin/Darmstadt 1980 (= Agora 31).

136 Ders.: «Walter Hasenclever». In: 44, S. 531–546.

137 Petersen, Carol: «Ernst Toller». In: 44, 572–584.

138 Petersen, Klaus: Georg Kaiser. Künstlerbild und Künstlerfigur. Bern–Frankfurt 1976 (= Kanadische Studien zur deutschen Sprache und Literatur 15).

139 Pörtner, Paul: «Literatur-Revolution 1910–1925. Zur Begriffsbestimmung der Ismen». – «Was heißt Expressionismus?» In: 13, 189–211 und 212–226.

140 Raabe, Paul: «Der Expressionismus als historisches Phänomen». In: 13, 241–262.

141 Ders.: Die Zeitschriften und Sammlungen des literarischen Expressionismus. Zeitschriften, Jahrbücher, Anthologien, Sammelwerke, Schriftenreihen und Almanache 1910–1921. Stuttgart 1964.

142 Raggam, Miriam: Walter Hasenclever. Leben und Werk. Hildesheim 1973.

143 Reiter, Udo: Jakob van Hoddis. Leben und lyrisches Werk. Göppingen 1970 (= Göppinger Arbeiten zur Germanistik 16).

144 Rhöse, Franz: Konflikt und Versöhnung. Untersuchungen zur Theorie des Romans von Hegel bis zum Naturalismus. Stuttgart 1978 (= Germanistische Abhandlungen).

145 Roebling, Irmgard: Das Problem des Mythischen in der Dichtung Georg Heyms. Bern–Frankfurt 1975 (= Europäische Hochschulschriften XX, 10).

146 Rölleke, Heinz: «George Heym». In: 44, 354–373.

147 Rosenhaupt, Hans W.: Der deutsche Dichter um die Jahrhundertwende und seine Abgelöstheit von der Gesellschaft. Bern–Leipzig 1939 (=Sprache und Dichtung 66).

148 Rothe, Wolfgang: Der Expressionismus. Theologische, soziologische und anthropologische Aspekte einer Literatur. Frankfurt 1977 (= Das Abendland, Neue Folge 9).

149 Ryan, Lawrence: «Johannes R. Becher: Klänge aus Utopia». In: 52, 252–262.

150 Sack, Gustav: Prosa – Briefe –Verse. Hrsg. von Dieter Hoffmann. München–Wien 1962.

151 Scheunemann, Dietrich: Romankrise. Die Entstehungsgeschichte der modernen Romanpoetik in Deutschland. Heidelberg 1978 (= Medium Literatur 2).

152 Schirokauer, Arno: «Expressionismus der Lyrik» – «Über Ernst Stadler». In: A. S.: Germanistische Studien. Hrsg. von Fritz Strich. Hamburg 1957, 19–117 und 417–434.

153 Schmidt-Henkel, Gerhard: Mythos und Dichtung. Zur Begriffs- und Stilgeschichte der deutschen Literatur im neunzehnten und zwanzigsten Jahrhundert. Bad Homburg v.d.H. 1967.

154 Schneider, Karl Ludwig: «Das Bild der Landschaft bei Georg Heym und Georg Trakl». In: 31, 44–62.
155 Ders.: Der bildhafte Ausdruck in den Dichtungen Georg Heyms, Georg Trakls und Ernst Stadlers. Heidelberg 1954 (= Probleme der Dichtung 2).
156 Ders.: Zerbrochene Formen. Hamburg 1967.
157 Schrei und Bekenntnis. Expressionistisches Theater. Hrsg. und eingel. von Karl Otten. Darmstadt–Neuwied 1959.
158 Schürer, Ernst: Georg Kaiser und Bertolt Brecht. Über Leben und Werk. Frankfurt 1971 (= Schriften zur Literatur 17).
159 Schumacher, Hans: «Reinhard Johannes Sorge». In: 44, 560–571.
160 Schwitters, Kurt: Das literarische Werk. Hrsg. von Friedhelm Lach (5 Bde. sind geplant). Köln 1973.
161 Sebald, Winifried G.: Carl Sternheim. Kritiker und Opfer der Wilhelminischen Ära. Stuttgart. Berlin 1969.
162 Sinn aus Unsinn. Dada International. Hrsg. von Wolfgang Paulsen. Bern 1982 (= 12. Amherster Kolloquium zur deutschen Literatur). (Darin der grundlegende Essay über das Verhältnis des Züricher Dada zum Futurismus von Richard Sheppard, S. 29–70).
163 Simon, Klaus: Traum und Orpheus. Eine Studie zu Georg Trakls Dichtungen, Salzburg 1955 (= Trakl-Studien 2).
164 Soergel, Albert: Dichtung und Dichter der Zeit. Neue Folge: Im Banne des Expressionismus. Leipzig 1925. Neubearb. von Curt Hohoff als: Dichter und Dichter der Zeit. Vom Naturalismus bis zur Gegenwart. Bd. 2. Düsseldorf 1963.
165 Sokel, Walter H.: «Dialogführung und Dialog im expressionistischen Drama. Ein Beitrag zur Bestimmung des Begriffs 'expressionistisch' im deutschen Drama». In: Aspekte des Expressionismus. Hrsg. von Wolfgang Paulsen. Heidelberg 1968. 59–84. (Darin auch der Essay von Karl S. Guthke über den 'schwarzen Humor' unter dem Titel «Das Drama des Expressionismus und die Metaphysik der Enttäuschung», S. 33–58).
166 Ders.: Franz Kafka. Tragik und Ironie. Zur Struktur seiner Kunst. München 1964 (Paperback Frankfurt 1976).
167 Ders.: Writer in Extremis. Stanford 1959. (Deutsche Übers.: Der literarische Expressionismus. Der Expressionismus in der deutschen Literatur des 20. Jahrhunderts. München 1970).
168 Sorge, Reinhard Johannes: Werke (in drei Bdn). Eingel. und hrsg. von Hans Gerd Rötzer. Nürnberg 1962.
169 Stadler, Ernst: Dichtungen, Gedichte und Übertragungen mit einer Auswahl der kleinen kritischen Schriften und Briefe. Hrsg. von Karl Ludwig Schneider. 2 Bde. Hamburg o.J. [1954].
170 Stauch-von Quitzow, Wolfgang: Carl Sternheim. Bewußtsein und Form seines Komödienwerkes. Diss. München 1969.
171 Sternheim, Carl: Gesamtwerk. Hrsg. von Wilhelm Emrich. 11 Bde. (von Band 8 an «unter Mitarbeit von Manfred Linke»). Neuwied 1963–1976.
172 Stramm, August: Das Werk. Hrsg. von René Radrizzani. Wiesbaden 1963. (Darin im Anhang vom Hrsg.: «Lebensgeschichte»).
173 Stramm, Inge: Dein Lächeln weint. Wiesbaden 1956. (Darin: «Einleitung», 7–23).
174 ter Haar, Carel: Ernst Toller. Appell oder Resignation. München 1977.
175 Theorie des Expressionismus. Hrsg. von Otto F. Best. Stuttgart 1976 (= Reclam UB 9817).
176 Thomas, R. Hinton: «Das Ich und die Welt: Expressionismus und Gesellschaft». In: 44, 19–36.

177 Uhlig, Helmut: «Von Ästhetizismus zum Expressionismus: Ernst Stadler, Georg Heym und Georg Trakl». In: 44, 44–115.

178 Valk, Gesa M.: «Georg Kaiser. Ansätze zu einer Biographie». In: Interpretationen zu Georg Kaiser. Hrsg. von Armin Arnold. Stuttgart 1980, 7–29 (= Literaturwissenschaft – Gesellschaftswissenschaft 49. Hrsg. von Theo Baeck, Manfred Durzak und Dietrich Steinbach). (Der ganze Band hat mir vor Abschluß meiner Arbeit noch nicht vorgelegen).

179 Vietta, Silvio und Hans-Georg Kemper: Expressionismus. München 1975.

180 Wagenbach, Klaus. Franz Kafka. Eine Biographie seiner Jugend 1883–1912. Bern 1958.

181 Walden, Herwarth: «Vulgär-Expressionismus». In: 13, 78–93.

182 Walden, Nell: Herwarth Walden. Ein Lebensbild. Berlin–Mainz 1963.

183 Wassermann, Jakob: Alexander in Babylon. Berlin 1905.

184 Ders.: Christian Wahnschaffe. 2 Bde. Berlin 1919.

185 Weber, Werner: Zeit ohne Zeit. Aufsätze zur Literatur. Zürich 1959.

186 Wendler, Wolfgang: Carl Sternheim. Materialienbuch. Darmstadt–Neuwied 1980 (= Sammlung Luchterhand 245). (Ging mir erst nach Abschluß meiner Arbeit zu.)

187 Werfel, Franz: Nicht der Mörder, der Ermordete ist schuldig. München 1922 [1920].

188 Wirth, Andrzej: «Kaiser und Witkiewicz. Der Expressionismus und seine Zurücknahme». In: Aspekte des Expressionismus. Hrsg. von Wolfgang Paulsen. Heidelberg 1968, 153–164.

189 Worringer, Wilhelm: Abstraktion und Einfühlung. Ein Beitrag zur Stilpsychologie. München 1908.

190 Zahn, Leopold: Franz Werfel. Berlin 1966.

Weitere Forschungsliteratur

Im folgenden sind die wichtigsten bibliographischen Hilfsmittel, Anthologien und Monographien aus den letzten Jahren angeführt, aus denen nur gelegentlich zitiert wurde. In einigen Fällen ist die Spezialliteratur außerdem bereits so angeschwollen (Benn, Kafka, Kaiser!), daß jeweils nur der eine oder andere Titel aufgenommen werden konnte. Beiträge zu Zeitschriften konnten nur in besonderen Fällen berücksichtigt werden: Für sie verweise ich vor allem auf die Bibliographien von Brinkmann und Knapp (s. u.).

A. Bibliographien

191 Brinkmann, Richard: Expressionismus. Internationale Forschung zu einem internationalen Phänomen. Stuttgart 1980 (Sonderband der Deutschen Vierteljahrsschrift für Literaturwissenschaft und Geistesgeschichte). – Brinkmann erfaßt alle Zweige des Expressionismus, in allen Ländern; seine Bibliographie ist die bisher letzte Stufe langjähriger bibliographischer Literaturberichte in der DVjS, die darin aufgegangen sind und deswegen nicht mehr besonders angeführt zu werden brauchen (s. auch Nr. 19).

192 Knapp, Gerhard P.: Die Literatur des deutschen Expressionismus. Einführung, Bestandaufnahme, Kritik. München 1979. Es handelt sich hier um einen Band der «Beckschen Elementarbücher»; das Buch wurde schon in der Auswahlbibliographie (Nr. 97) aufgeführt, ich möchte aber an dieser Stelle noch besonders auf seinen ausführlichen bio- und bibliographischen Anhang (S. 168–209) hinweisen.

193 Perkins, Geoffrey C.: Expressionismus. Eine Bibliographie zeitgenössischer Dokumente 1910–1925. Zürich 1971.

194 Die sich speziell mit Autoren des Expressionismus befassenden Bände in der Sammlung Metzler: Realien zur Literatur. Bisher:
   a. Dietze, Ludwig: Franz Kafka, 1975 (Nr. 138).
   b. Foltin, Lore B.: Franz Werfel, 1972 (Nr. 115).
   c. Prangel, Mathias: Alfred Döblin, 1973 (Nr. 105).
   d. Saas, Christa: Georg Trakl, 1974 (Nr. 124).
   e. Schlawe, Fritz: Literarische Zeitschriften 1910–1933, ²1973 (Nr. 24).
   f. Wodke, Friedrich Wilhelm: Gottfried Benn, ²1970 (Nr. 26).

Besonders für die Lyrik siehe auch:

195 Hermann, Helmut G.: «Einführendes Schrifttum. Eine Auswahlbibliographie». In: Horst Denkler (Hrsg.): Gedichte der 'Menschheitsdämmerung' (s. oben Nr. 52).

196 Billetta, Rudolf: Sternheim-Kompendium. Carl Sternheim: Werk, Weg, Wirkung. (Bibliographie und Bericht). Wiesbaden 1975.

B. Anthologien, Ausgaben und Dokumentensammlungen
(Alphabetisch nach den Herausgebern)

197 Anz, Thomas: Phantasien über Wahnsinn. Expressionistische Texte. München 1980.

198 Anz, Thomas und Michael Stark (Hrsg.): Manifeste und Dokumente zur deutschen Literatur 1910–1920. Stuttgart 1982.

199 Bergius, Hanne und Karl Riha: Dada Berlin. Texte, Manifeste, Aktionen. Stuttgart 1977.

200 Best, Otto F.: Expressionismus und Dadaismus. Stuttgart 1974 (= Reclam UB 9653).

201 Ders.: Theorie des Expressionismus. Stuttgart 1976 (= Reclam UB 9817).

202 Bode, Dietrich: Gedichte des Expressionismus. Stuttgart 1966 (= Reclam UB 8726)

203 Paul Boldt, Junge Pferde! Junge Pferde! Das Gesamtwerk. Lyrik, Prosa, Dokumente. Hrsg. von Wolfgang Minaty, mit einem Vorwort von Peter Härtling. Olten–Freiburg 1979.

204 Brust, Alfred: Dramen 1917–1924. Hrsg. von Horst Denkler. München 1971. (Weitere Bände dieser «Ausgewählten Werke in Einzelbänden» sind nicht erschienen).

205 Edschmid, Kasimir: Briefe der Expressionisten. Frankfurt 1964. (s. dazu Brinkmanns vernichtende Kritik in seiner Expressionismus-Bibliographie, Nr. 191, S. 51).

206 Einstein, Carl: Gesammelte Werke in Einzelausgaben. (Bisher nur Bd. 4: Die Fabrikation der Wirklichkeiten, Hrsg. von Sibylle Penkert und Katrin Sello). Reinbek 1973. (Nicht identisch mit 37).

207 Geerken, Hartmut (Hrsg.): Die goldene Bombe. Expressionistische Märchendichtungen und Grotesken. Darmstadt 1970.

208 Goll, Yvan: Dichtungen. Hrsg. von Claire Goll. Darmstadt/Berlin-Spandau/Neuwied 1960.

209 Heselhaus, Clemens: Die Lyrik des Expressionismus. Voraussetzungen, Ergebnisse und Grenzen, Nachwirkungen. Tübingen 1956 (= Deutsche Texte 5).

210 Hiller, Kurt: Leben gegen die Zeit. 2 Bde (I. Logos, II. Eros). Reinbek 1969 und 1973.

211 Ders.: Ratioaktiv. Reden 1914–1964. Ein Buch der Rechenschaft. Wiesbaden 1966.

212 Hohendahl, Peter Uwe: Benn. Wirkung wider Willen. Dokumente zur Wirkungsgeschichte Benns. Frankfurt 1971.

213 Huelsenbeck, Richard: Dada. Eine literarische Dokumentation. Reinbeck 1964.

214 Jansen, Elmar: Ernst Barlach. Werk und Wirkung. Berichte, Gespräche, Erinnerungen. Frankfurt 1972.

215 Kändler, Klaus: Expressionismus. Dramen. 2 Bde. Berlin–Weimar 1976.

216 Kaes, Anton: Kino-Debatte. Texte zum Verhältnis von Literatur und Film 1909–1929. Tübingen (dtv) 1978 (s. auch Nr. 92).

217 Lichtenstein, Alfred: Gesammelte Gedichte. Hrsg. von Klaus Kanzog. Zürich 1962 (= Sammlung Horizont).

218 Ders.: Gesammelte Prosa. Hrsg. von Klaus Kanzog. Zürich 1966.

219 Kokoschka, Oskar: Das schriftliche Werk. 4 Bde. Hamburg 1973–1976.

220 Marc, Franz: Schriften. Hrsg. von Klaus Lankheit. Köln 1978.

221 Martini, Fritz: Prosa des Expressionismus. Stuttgart 1971 (= Reclam UB 8379–82).

222 Otten, Karl: Ego und Eros. Meistererzählungen des Expressionismus. Stuttgart 1963 (= Neue Bibliothek der Weltliteratur).

223 Ders.: Expressionismus – grotesk. Zürich 1962 (= Die Arche).

224 Pörtner, Paul: Literaturrevolution 1910–1925. Dokumente, Manifeste, Programme. 2 Bde. Neuwied 1960/61.

225 Raabe, Paul: Expressionismus. Aufzeichnungen und Erinnerungen der Zeitgenossen. (Mithrsg. Karl Ludwig Schneider). Olten 1965. (S. auch Nr. 41.)

226 Ders.: Expressionismus. Der Kampf um eine literarische Bewegung. München (dtv) 1965.

227 Ders.: Ich schneide die Zeit aus. Expressionismus und Politik in Franz Pfemferts «Aktion». München (dtv) 1964.

228 Reso, Martin: Expressionismus. Lyrik. Berlin-Weimar 1969.

229 Richter, Hans: Dada: Kunst-Antikunst. Köln 1964.

230 Riha, Karl: Da Dada da war, ist Dada da. Aufsätze und Dokumente. München 1980. (Dokumente mit verbindendem Text).

231 Rothe, Wolfgang: Der Aktivismus 1915–1920. München (dtv) 1969.

232 Rühmkorf, Peter: 131 expressionistische Gedichte. Berlin 1976 (= Wagenbachs Taschenbücherei 18).

233 Schifferli, Peter: Arp, Huelsenbeck, Tzara: Dada. Dichtung und Chronik der Gründer. Zürich 1957 (= Sammlung Horizont).

234 Ders.: Das war Dada. Dichtungen und Dokumente. München (dtv) 1963.

235 Sheppard, Richard: Die Schriften des Neuen Clubs 1908–1914. Band 1. Hildesheim 1980. (Die Ausgabe ist auf zwei Bände angelegt).

236 Schondorff, Joachim: Deutsches Theater des Expressionismus. München o.J. [1962].

237 Sokel, Walter H.: Anthology of German Expressionist Drama. A prelude to the Absurd. Garden City/New York 1963. (Mit ausführlicher Einleitung).

238 Stern, Martin (Hrsg.): Expressionismus in der Schweiz. (Bd. 1: Erzählende Prosa, Mischformen, Lyrik; Bd. 2: Dramen, Essayistik, Editionsbericht, Biobibliographien, Nachwort). 2 Bde. Bern/Stuttgart 1981.

239 Toller, Ernst: Gesammelte Werke. Hrsg. von J.M. Spalek und Wolfgang Frühwald. 5 Bde. München 1978.

240 Vietta, Silvio: Die Lyrik des Expressionismus. Tübingen 1976 (= Deutsche Texte 37).

241 Wolff, Kurt: Briefwechsel eines Verlegers 1911–1963. Hrsg. von Bernhard Zeller und Ellen Otten. Frankfurt 1966.

C. Monographien

242 Albrecht, Friedrich: Deutsche Schriftsteller in der Entscheidung. Wege zur Arbeiterklasse 1918–1933. Berlin–Weimar 1970.

243 Arnold, Armin (Hrsg.): Interpretationen zu Georg Kaiser. Stuttgart 1980 (= Literaturwissenschaft – Gesellschaftswissenschaft 49). (S. auch Nr. 178.)

244 Brinkmann, Karl: Impressionismus und Expressionismus in deutscher Literatur. Hollfeld 1960.

245 Bussmann, Rudolf: Einzelner und Masse. Zum dramatischen Werk Georg Kaisers. Kronburg/Ts 1978 (= Monograhien, Literaturwissenschaft 41).

246 Durzak, Manfred (Hrsg.): Zu Carl Sternheim. Stuttgart 1982 (= LGW Interpretationen 58).

247 Emrich, Wilhelm: Franz Kafka. Bonn 1958.

248 Eykman, Christoph: Denk- und Stilformen des Expressionismus. München 1974.

249 Friedrich, Hugo: Die Struktur der modernen Lyrik. Von Baudelaire bis zur Gegenwart. Hamburg 1956 (= Rowohlts deutsche Enzyklopädie 25).

250 Grimm, Reinhold: Gottfried Benn. Die farbliche Chiffre in der Dichtung. Nürnberg ²1962.

251 Hillebrand, Bruno: Nietzsche und die deutsche Literatur. 2 Bde. Tübingen–München 1978.

252 Hucke, Karl-Heinz: Utopie und Ideologie in der expressionistischen Lyrik. Tübingen 1980 (= Untersuchungen zur deutschen Literaturgeschichte 25).

253 Huguet, Louis: L'Œuvre d'Alfred Döblin ou La Dialectique de l'Exode, 1878–1918. Paris 1978 (= Thèse presentée devant l'Université de Paris X). (Heute wohl die umfassendste Studie über den Expressionisten Döblin).

254 Kasang, Dieter: Wilhelminismus und Expressionismus. Das Frühwerk Fritz von Unruhs 1904–1921. Stuttgart 1980 (= Stuttgarter Arbeiten zur Germanistik 78).

255 Kemper, Hans Georg: Vom Expressionismus zum Dadaismus. Eine Einführung in die dadaistische Literatur. Kronberg/Ts. 1974 (= Scriptor Taschenbuch 50).

256 Kenworthy, B[rian] J.: Georg Kaiser. Oxford 1957.

257 Kesten, Hermann: Meine Freunde, die Poeten. Essays. München 1964.

258 Killy, Walther: Wandlungen des lyrischen Bildes. Göttingen ^{5}1967 (= Kleine Vandenhoeck-Reihe 22–23).

259 Knobloch, Hans-Jörg: Das Ende des Expressionismus. Von der Tragödie zur Komödie. Bern/Frankfurt 1975 (=Regensburger Beiträge zur deutschen Sprach- und Literaturwissenschaft 1).

260 Kolinsky, Eva: Engagierter Expressionismus. Politik und Literatur zwischen Weltkrieg und Weimarer Republik. Eine Analyse expressionistischer Zeitschriften (1914–1920). Stuttgart 1970.

261 Kraft, Herbert: Kunst und Wirklichkeit im Expressionismus. Mit einer Dokumentation zu Carl Einstein. Bebenhausen 1972.

262 Krispyn, Egbert: Georg Heym. A Reluctant Rebel. Gainesville/Florida 1968.

263 Ders.: Style and Society in German Literary Expressionism. Gainsville/Florida 1964 (= University of Florida Monographs, Humanities 15).

264 Lehnert, Herbert: Geschichte der deutschen Literatur vom Jugendstil zum Expressionismus. Stuttgart 1978 (= Geschichte der deutschen Literatur von den Anfängen bis zur Gegenwart, Bd. 5).

265 Linn, Rolf N.: Über Komödien von Expressionisten. St. Michael 1978.

266 Luther, Gisela: Barocker Expressionismus? Zur Problematik der Beziehung zwischen der Bildlichkeit expressionistischer und barocker Lyrik. The Hague 1969 (= Stanford Studies in Germanics and Slavics 6).

267 Maier, Rudolf Nikolaus: Paradies der Weltlosigkeit. Untersuchungen zur abstrakten Dichtung seit 1909. Stuttgart 1964.

268 Meyer, Jochen: Alfred Döblin 1878–1978. München ^{2}1979.

269 Minaty, Wolfgang: Paul Boldt und die 'Jungen Pferde' des Expressionismus. Erotik, Gesellschaftskritik und Offenbarungseid. Stuttgart 1976 (= Stuttgarter Arbeiten zur Germanistik 23).

270 Motekat, Helmut: Experiment und Tradition. Vom Wesen der Dichtung im 20. Jahrhundert. Frankfurt–Bonn 1962. (Darin der Essay: «Das Experiment des deutschen Expressionismus»).

271 Müller, Joachim: Yvan Goll im deutschen Expressionismus. Berlin 1962 (= Sitzungsberichte der Sächsischen Akademie der Wissenschaften zu Leipzig, Phil.-hist. Klasse 107, Heft 2).

272 Paulsen, Wolfgang und Helmut G. Hermann (Hrsg.): Dada international. Sinn aus Unsinn. Bern 1982 (= 12. Amherster Kolloquium zur deutschen Literatur).

273 Peter, Lothar: Literarische Intelligenz und Klassenkampf. 'Die Aktion' 1911–1932. Köln 1972.

274 Petersen, Klaus: Ludwig Rubiner. Eine Einführung mit Textauswahl und Bibliographie. Bonn 1980 (= Abhandlungen zur Kunst-, Musik- und Literaturwissenschaft 261).

275 Pickar, Gertrud Bauer und Karl Eugene Webb: Expressionism Reconsidered. Relationships and Affinities. München 1979 (= Houston German Studies 1).

276 Reif, Wolfgang: Zivilisationsflucht und literarische Wunschträume. Der exotistische Roman im ersten Viertel des 20. Jahrhunderts. Stuttgart 1975.

277 Rey, William H.: Poesie der Antipoesie. Moderne deutsche Lyrik. Genesis, Theorie, Struktur. Heidelberg 1978 (= Poesie und Wissenschaft 21).

278 Riedel, Walter E.: Der neue Mensch: Mythos und Wirklichkeit. Bonn 1970 (= Studien zur Germanistik, Anglistik und Komparatistik 6).

279 Sammuel, Richard und R. Hinton Thomas: Expressionism in German Life, Literature and the Theatre, 1910–1924. Cambridge/England 1939.

280 Sapper, Theodor: Alle Glocken der Erde. Expressionistische Dichtungen aus dem Donauraum. Wien 1974.

281 Schneider, Hansjörg: Jakob van Hoddis. Ein Beitrag zur Erforschung des Expressionismus. Bern 1967 (= Basler Studien zur deutschen Sprache und Literatur 35).

282 Schürer, Ernst: Georg Kaiser. New York 1971 (= TWAS 196).

283 Schuster, Ingrid (Hrsg.:) Interpretationen zu Alfred Döblin. Stuttgart 1980 (= LGW 48).

284 Sebald, Winfried Georg: Der Mythos der Zerstörung im Werk Döblins. Stuttgart o. J. [1980?].

285 Seiler, Bernd: Die historischen Dichtungen Georg Heyms. München 1972.

286 Steinitz, Kate T.: Kurt Schwitters. Erinnerungen aus den Jahren 1918–1930. Zürich 1963.

287 Steinlein, Rüdiger: Theaterkritische Rezeption des expressionistischen Dramas. Ästhetische und politische Grundpositionen. Kronberg/Ts. 1974 (= Skripten Literaturwissenschaft 10).

288 Thomke, Hellmut: Hymnische Dichtung im Expressionismus. Bern–München 1972.

289 Wandrey, Uwe: Das Motiv des Krieges in der expressionistichen Lyrik. Hamburg 1972 (= Geistes- und Sozialwissenschaftliche Dissertationen 23).

290 Weisbach, Reinhard: Wir und die Expressionisten. Studien zur Auseinandersetzung der marxistisch-leninistischen Literaturwissenschaft mit dem Expressionismus. Berlin (DDR) 1972 (= Literatur und Gesellschaft).

291 Weisstein, Ulrich (Hrsg.): Expressionism as an International Phenomenon. 21 Essays and a Bibliography. Paris–Budapest 1973.

292 Wellersdorf, Dieter: Gottfried Benn. Phänotyp dieser Stunde. Eine Studie zum Problemgehalt seines Werkes. Köln o.J. [1958].

293 Wiese, Benno von: Deutsche Dichter der Moderne. Berlin 1965.

294 Willett, John: Expressionismus. München 1970 (= Kindlers Universalbibliothek). (Aus dem Englischen von Helma Drews).

295 Wolff, Kurt: Autoren, Bücher, Abenteuer. Betrachtungen und Erinnerungen eines Verlegers. Berlin 1965 (= Quarthefte).

296 Ziegler, Jürgen: Form und Subjektivität. Zur Gedichtstruktur im frühen Expressionismus. Bonn 1972 (= Abhandlungen zur Kunst-, Musik- und Literaturwissenschaft 125).

Register

Albrecht, Friedrich 226
Allen, Roy F. 23, 216
Altenberg, Peter 44
Altenhofer, Rosemarie 185
Anz, Thomas 35, 40, 47, 180, 216, 224, 225
Arendt, Hannah 36, 216
Arnim, Achim von 36
Arnold, Armin 9, 42, 44, 53, 73, 74, 75, 78, 79, 80, 122, 124, 126, 165, 191, 196, 198, 216, 223, 226
Arnold, Heinz Ludwig 161, 219
Arp, Hans 10, 55, 216, 226
Arx, Cäsar von 170
Auerbach, Berthold 35

Baader, Johannes 59, 63
Bach, Anneliese 112
Bachmair, Heinrich F.S. 23
Bachmann, Ingeborg 41
Baeck, Theo 223
Bahr, Hermann 190
Bahrdt, Karl Friedrich 38
Ball, Hugo 24, 52, 54, 59, 103, 131
Balser, Hans-Dieter 119, 216
Barlach Ernst 9, 10, 18, 20, 25, 42, 50, 58, 71, 129, **133–139,** 141, 216, 217, 219, 220, 225
Basil, Otto 101, 104, 216
Baudelaire, Charles 14, 83, 226
Bauschinger, Sigrid 62, 216
Becher, Johannes R. 33, 37, 44, 49, 78, 79, 80, 99, **125–127,** 218, 221
Benn, Gottfried 16, 17, 19, 42, 43, 44, 47, 50, 51, 54, 59, 74, 84, 91, 93, 103, 104, **117–121,** 122, 123, 163, 186, 194, 199, 209, 216, 217, 220, 224, 225, 226, 228
Bergius, Hanne 225
Bergson, Henri 14, 30
Best, Otto F. 130, 222, 225
Bethmann Hollweg, Theobald von 159
Billetta, Rudolf 216, 224
Bismarck, Otto von 11, 142
Blankenagel, John C, 191, 216
Blass, Ernst 37, 64, 77, 82, **88–89,** 90, 108, 109
Blei, Franz 144, 216
Bloch, Ernst 10
Blümner, Rudolf 116, 125
Bode, Dietrich 225
Boldt, Paul 65, 66, 68, 82, **89–91,** 127, 225, 227

Braque, George 55
Brecht, Bert(olt) 57, 60, 72, 151, 160, 162, 165, 169, 171, 216, 220, 222
Brinkmann, Karl 226
Brinkmann, Richard 12, 68, 122, 216, 224, 225
Brod, Max 109, 110, 111, 148, 215
Bronnen, Arnolt 31, 114, 139, 150, 156, **160–161,** 216
Bronner, Ferdinand 160
Brown, Russel E. 22, 38, 56, 217
Brust, Alfred 57, 138, 140, 225
Buber, Martin 208
Büchner, Georg 213
Buddeberg, Else 119, 121, 217
Buschbeck, Erhard 106
Bussmann, Rudolf 226

Cassirer, Paul 9, 139
Chick, Edson M. 137, 138, 217
Christiansen, Annemarie 217
Cohen, Julius 135, 137

Daniels, Karlheinz 21, 49, 50, 217
Däubler, Theodor 26, 69, 85, 134
Dauthendey, Max 94, 111
Davidsohn, Hans (s. Hoddis, Jakob van)
Dehmel, Richard 34, 125, 139, 152
Deiritz, Karl 141, 217
Demosthenes 171
Denkler, Horst 50, 58, 123, 124, 129, 131, 138, 148, 149, 156, 157, 166, 167, 170, 217, 218, 224, 225
Diderot, Denis 145
Diebold, Bernhard 55, 169, 217
Dietrich, Marlene 28
Dietze, Ludwig 224
Döblin, Alfred 16, 19, 43, 44, 51, 52, 53, 54, 56, 58, 62, 73, 74, 103, 121, 122, 124, 125, 129, 130, 133, 140, 148, 153, 161, 162, 184, 186, 192, 193, 203, **204–211,** 217, 220, 224, 227, 228
Donne, John 56
Dostojewski, Fedor 39, 104, 192
Drey, Arthur 125
Drews, Helma 228
Droß, Friedrich 216
Durzak, Manfred 140, 142, 143, 147, 165, 172, 175, 217, 223, 226

Edschmid, Kasimir 26, 63, 64, 75, 149, 186, 193, 194, **202–204,** 225
Ehrenbaum-Degele, Hans 60
Ehrenstein, Albert 108, 173, **201–202**
Ehrenstein, Carl 108
Einstein, Carl 44, 49, 51, 53, 74, 80, 176, **194–196,** 197, 199, 200, 201, 202, 217, 225, 227
Eisenlohr, Friedrich 81
Emrich, Wilhelm 12, 14, 142, 146, 147, 164, 217, 222, 226
Engel, Eduard 18
Engelke, Gerrit 23, 69, 125
Erkens, Günther 108
Ernst, Paul 12
Eulenberg, Herbert 111
Euripides 112
Eykman, Christoph 226

Faktor, Emil 161
Falk, Walter 19, 30, 35, **44–48,** 51, 58, 61, 73, 76, 87, 97, 102, 103, 106, 110, 129, 142, 164, 177, 205, 208, 210, 212, 217, 218
Fehling, Jürgen 136
Ficker, Ludwig von 103
Fischer, Peter 218
Fischer, Samuel 152, 190
Flake, Otto 43, 51, 75
Flaubert, Gustave 141, 145
Fleißer, Marieluise 41
Foltin, Lore B. 224
Fontane, Martha (Mete) 32
Fontane, Theodor 11, 12, 19, 27, 36, 86, 187, 218
Frank, Leonhard 23, 27, 43, **188–189,** 202
Franz Joseph (Kaiser) 33
Freud, Sigmund 13, 214
Friedlaender, Georg 11, 218
Friedländer, Salomon (s. Mynona)
Friedmann, Hermann 217
Friedrich, Hugo 226
Frisch, Max 173
Froehlich, J.A. Peter 117
Frühwald, Wolfgang 226

Geerken, Hartmut 225
George, Stefan 12, 29, 38, 46, 52, 70, 83, 84, 85, 88, 92, 93, 96, 98, 100, 118, 142, 152, 157, 179, 192
Gide, André 194
Gier, Helmut 93, 218
Giono, Jean 19
Goering, Reinhard 39, 50, 84, 140, 168, **178–181, 200–201,** 218
Goethe, Johann Wolfgang von 114, 115, 155, 179

Goetz, Wolfgang 90
Goldmann, Heinrich 104, 105, 106, 218
Goll, Claire 225
Goll, Iwan (Yvan) 26, 49, 94, 169, 218, 225, 227
Götz, Ina 176, 177, 218
Grabbe, Christian Dietrich 27, 213
Greve, H.L. 217
Grimm, (Brüder) 134, 136
Grimm, Reinhold 23, 226
Gross, Anton Wenzel 199
Gross, Otto 199
Grosz, George 10, 48, 59, 60, 114, 196, 218
Gruber, Helmut 49, 218
Gütersloh, Albert Paris von 10, 34, 35, 133, 189, 190, 204
Guthke, Karl S. 81, 111, 218, 222

Haas, Willy 109, 111, 112, 113, 218, 219
Habenicht, Margarethe 52
Hadwiger, Victor 110
Hahn, Livingston 81
Hamsun, Knut 19
Hardekopf, Ferdinand 26, 40
Härtling, Peter 225
Hasenclever, Walter 19, 27, 30, 31, 33, 39, 50, 56, 64, 71, 98, 111, 132, 135, 139, 140, 148, 150, **156–160,** 217, 218, 221
Hauptmann, Carl 148
Hauptmann, Gerhart 19, 46, 148, 165
Hausmann, Raoul 59, 60
Heartfield, John 55, 59, 60
Hebbel, Friedrich 164, 166
Hegel, Friedrich Wilhelm 205, 221
Heidegger, Martin 47, 102
Heine, Heinrich 35, 81
Hennecke, Hans 218
Heller, Peter 33, 183, 184, 212, 218
Henel, Heinrich 51, 153, 155
Hennings, Emmy 41, 52, 59, 79
Hermand, Jost 22, 218
Hermann, Helmut G. 78f., 218, 224, 227
Herrmann-Neiße, Max **127–128**
Herzfelde, Helmut (s. Heartfield, John)
Herzfelde, Wieland 55, 59
Heselhaus, Clemens 77, 84, 93, 94, 218, 225
Hesse, Hermann 10, 22, 38, 44, 59, 188, 201
Hesse, Max René 38
Heym, Georg 20, 21, 24, 26, 31, 34, 35, 37, 38, 57, 58, 59, 64, 66, 70, 79, **82–88,** 89, 91, 92, 93, 94, 95, 100, 103, 105, 108, 109, 119, 123, 134, 157, 204, 205, 218, 220, 221, 222, 223, 227, 228
Heymel, Alfred Walter 35
Heynicke, Kurt 116, 125

Heyse, Paul 187
Hillebrand, Bruno 227
Hiller, Kurt 26, 29, 37, 53, 56, 57, 61, **63–64,**
    80, 82, 85, 88, 89, 90, 113, 114, 164, 176,
    182, 188, 194, 225
Hinck, Walter 177, 184, 218
Hoddis, Jakob van 9, 22, 31, 32, 37, 43, 52,
    58, 59, 63, 64, 65, 66, 71, 76, **77–80,** 81,
    82, 89, 103, 116, 153, 216, 218, 221, 228
Hoffmann, Dieter 200, 201, 218, 221
Hoffmann, Ernst Theodor A. 130, 190
Hofmannsthal, Hugo von 12, 13, 24, 46, 84,
    92, 93, 96, 98, 100, 111, 112, 115, 123,
    138, 151, 159, 160, 166, 192, 218
Hohendahl, Peter Uwe 29, 218, 225
Hohoff, Curt 180, 222
Hölderlin, Friedrich 70, 84, 105, 106, 125,
    130
Holz, Arno 16, 19, 34, 73, 85, 122, 160
Hopster, Norbert 126, 218
Huch, Ricarda 41
Hucke, Karl-Heinz 227
Huder, Walther 166, 219
Huelsenbeck, Richard 59, 225, 226
Huguet, Louis 33, 129, 130, 205, 207, 212,
    227

Ibsen, Henrik 19, 152, 157, 182
Ihering, Herbert 16
Imhof, Arnold 196, 219

Jacob, Heinrich Eduard 83
Jacobs, Monty 136
Jagow, Traugott von 139
Jahnn, Hans Henny 20, 32, 33, 39, 40, 57, 71,
    138, 153, **161–164,** 192, 200, **210,** 211,
    217, 219, 220
Jammes, Francis 93
Janco, Marcel 59
Jansen, Elmar 225
Jarry, Alfred 130
Jauß, Hans Robert 12, 219
Jean Paul (Richter) 27, 202
Jessner, Leopold 136
Johst, Hanns 164, **177–178**
Jost, Dominik 45, 46, 219
Juncker, Axel 111
Jung, Carl Gustav 33, 214
Jung, Franz 33, 59, 73, 74, 186, 195,
    196–199, 200, 202, 207, 219

Kaes, Anton 56, 219, 225
Kafka, Franz 10, 17, 27, 31, 33, 35, 43, 45,
    65, 73, 74, 75, 85, 102, 106, 108, 110, 115,
    134, 144, 186, 190, 203, 204, 205,
    211–215, 218, 219, 222, 223, 224

Kahler, Erich von 33, 43, 73
Kahn, Ludwig W. 102, 219
Kaiser, Georg 17, 18, 25, 49, 51, 52, 55, 71,
    72, 131, 138, 140, 146, 149, 150, 151,
    163, **164–173,** 174, 175, 178, 217, 219,
    220, 221, 222, 223, 224, 226, 227, 228
Kaiser, Herbert, 136, 137, 219
Kandinsky, Wassilij 10, 58, 123, 129,
    130–132, 134, 136
Kändler, Klaus, 225
Kant, Immanuel 137
Kanzog, Klaus 80, 81, 225
Karlweis, Martha 191, 192, 219
Kasang, Dieter 227
Kays, Charles de 9
Kayssler, Friedrich 139
Kellermann, Bernhard 210
Kemper, Hans-Georg 98, 106, 223, 227
Kempner, Friederike 31
Kenworthy, Brian 227
Kerr, Alfred 165
Kesten, Hermann 227
Kiepenheuer, Gustav 117
Killy, Walther 102, 103, 219, 227
Klabund (i.e. Alfred Henschke) 69, 75
Klarmann, Adolf D. 41, 111, 112, 219
Klein, Johannes 219
Kleist, Heinrich von 175
Klimt, Gustav 189
Klinger, Friedrich M. 27, 145
Knapp, Gerhard P. 70, 76, 115, 130, 132,
    153, 178, 219, 224
Knoblauch, Adolf 116, 125
Knobloch, Hans-Jörg 227
Knust, Herbert 218
Kohlschmidt, Werner 23, 24, 35, 92, 93, 95,
    98, 99, 220
Kokoschka, Oskar 9, 10, 58, 107, 123, 129,
    130, **132–133,** 135, 201
Kolinsky, Eva 227
Kornfeld, Paul 50, 149, 150, 164, 169,
    173–174, 175, 220
Kort, Wolfgang 205, 220
Kraft, Herbert 227
Kramberg, R.H. 126
Kretzer, Max 39
Kreutzer, Leo 206, 208, 220
Kreuzer, Helmut 9, 22, 220
Krispyn, Egbert 85, 227
Kronacher, Alvin 175
Kubin, Alfred 10, 189
Kudszus, Winfried 185
Kunisch, Hermann 178, 218
Küntzel, Heinrich 81

Lach, Friedhelm 117, 220, 222
Lachmann, Eduard 101, 220
Lämmert, Eberhart 167, 171, 172, 173, 220
Landauer, Gustav 184
Lange, Victor 218
Lankheit, Klaus 225
Lasker-Schüler, Else 10, 25, 41, 46, 53, 62, 68, 69, 107, 129, 134, 148, 216, 217
Lautensack, Heinrich 19, 90
Lazarowicz, Klaus 135, 138, 216, 220
Lehnert, Herbert 227
Lennig, Walter 118, 121, 220
Leonhard, Rudolf 53, 54, 220
Lessing, Gotthold E. 44, 133, 212
Levin, Georg (s. Walden, Herwarth)
Lewald, Fanny 35
Lichtenstein, Alfred 22, 24, 37, 39, 43, 49, 50, 58, 59, 66, 71, 77, 78, **80–82,** 116, 221, 225
Lienhard, Friedrich 92
Liliencron, Detlev von 18
Linke, Manfred 141, 142, 144, 220, 222
Linn, Rolf N. 227
Loerke, Oskar 21, 92, 128
Loewenson, Erwin 31, 37, 38, 63, 82, 83, 84, 85, 86, 87 220
Lohner, Edgar 20, 21, 60, 162, 163, 220
Loose, Gerhard 104, 220
Lotz, Ernst Wilhelm 82, 85, **88–89,** 95, 100, 108
Lukács, Georg 15, 17, 22, 24, 60, 175, 220
Luther, Gisela 227
Luxenburg, Rosa 30

Maeterlinck, Maurice 14
Mahler-Werfel, Alma 34
Mahrholz, Werner 169, 220
Maier, Rudolf Nikolaus 227
Majut, Rudolf 74
Mann, Heinrich 15, 19, 27, 28, 34, 150, 159, 186, 187, 188, 190, 204
Mann, Otto 177, 217
Mann, Thomas 23, 51, 187, 212, 213
Marc, Franz 225
Maren-Grisebach, Manon 173, 220
Marinetti, Emilio Filippo Tommaso 13, 15, **53–55,** 62, 116, 117, 122, 124, 125, 126, 193, 203, 205, 208, 209, 210, 220
Martens, Gunter 30, 70, 159, 220
Martini 12, 14, 220, 225
Marx, Karl 30
Mautz, Kurt 83, 220
May, Karl 60, 210
Mayer, Hans 20, 21, 32, 211, 216, 220
Mehring, Walter 62

Meidner, Ludwig 10
Mell, Max 138
Mendelssohn, Moses 35
Mennemeier, Franz Norbert 20, 146, 160, 165, 166, 167, 171, 172, 176, 180, 183, 220
Metternich, Klemens von 12
Meyer, Alfred Richard 23, 25, 26, 53, 64, 82, 88, 89, 117, 118, 220
Meyer, Conrad Ferdinand 144
Meyer, Jochen 227
Meyrink, Gustav 190
Miller, Henry 133
Minaty, Wolfgang 65, 89, 90, 91, 225, 227
Molière 143, 144
Mombert, Alfred 85, 125
Morgenstern, Christian 82
Motekat, Helmut 227
Müller, Joachim 227
Müller, Robert 107
Muschg, Walter 161, 163, 205, 208, 217, 220
Musil, Robert 38, 73, 188, 189
Mynona (i.e. Friedländer, Salomon) 186, 187

Napoleon 82, 85
Naumann, Hans 110, 221
Nebel, Otto 116, 125
Nef, Ernst 117, 118, 195, 196, 217, 221
Neumann, Robert 203
Nietzsche, Friedrich 12, 14, 20, 29, 30, 39, 46, 49, 51, 52, 53, 63, 82, 84, 85, 92, 102, 118, 119, 137, 143, 146, 147, 151, 152, 153, 154, 155, 170, 171, 179, 186, 192, 194, 200, 209, 212, 214, 218, 227

Oren, Michel 221
Otten, Ellen 226
Otten, Karl 61, 73, 81, 132, 138, 161, 216, 222, 225

Paulsen, Wolfgang 221, 222, 223, 227
Pausch, Holger A. 221
Pechstein, Max 9
Péguy, Charles 93
Penkert, Sibylle 225
Perkins, Geoffrey C. 224
Peter, Lothar 227
Petersen, Carol 183, 221
Petersen, Klaus 81, 165/6, 169, 221, 228
Pfemfert, Franz 26, 37, 61, **62–63,** 64, 78, 79, 83, 90, 94, 95, 141, 145, 146, 182, 196, 226
Picard, Jakob 109, 228
Picasso, Pablo 56
Pickar, Gertrud Bauer 228

Pinthus, Kurt 9, 37, 56, 61, **64–66,** 76, 77, 79, 84, 111, 128, 148, 156, 157, 158, 218, 220
Piscator, Erwin 199
Platon 171
Pollack, Oskar 213
Pörtner, Paul 107, 217, 221, 225
Prangel, Mathias 224
Prévost, Abbé Antoine F. 145

Raabe, Paul 24, 26, 37, 53, 64, 68, 78, 125, 203, 217, 219, 221, 226
Radrizzani, René 222
Raggam, Miriam 156, 157, 221
Raimund, Ferdinand 112
Ramm, Klaus 219
Reich, Wilhelm 199
Reif, Wolfgang 228
Reinhardt, Max 178
Reinhold, Ernest 221
Reiter, Udo 221
Reso, Martin 226
Rey, William H. 228
Rhöse, Franz 221
Richter, Hans 56, 116, 117, 226
Richter (s. Jean Paul Richter)
Riedel, Walter E. 228
Riha, Karl 225, 226
Riley, Anthony W. 217
Rilke, Rainer Maria 34, 69, 81, 105, 111, 128, 134, 213, 214, 218
Rimbaud, Arthur 14
Roebling, Irmgard 82, 84, 85, 87, 221
Rolland, Romain 93
Rölleke, Heinz 24, 85, 86, 87, 221
Rosenhaupt, Hans 45, 221
Roslund, Nell (s. Walden, Nell)
Rothe, Hans 160
Rothe, Wolfgang 13, 49, 66, 217, 221, 226
Rötzer Gerd 154, 216, 222
Rowohlt, Ernst 64, 111, 148
Rubiner, Ludwig 29, 37, 81, 140, **182,** 183, 184, 189, 228
Rühmkorf, Peter 226
Ryan, Lawrence 221

Saas, Christa 224
Sachs, Hanns 159
Sack, Gustav 20, 24, 39, 50, 181, **182, 200–201,** 221
Samuel, Richard 228
Sapper, Theodor 228
Scheerbart, Paul, 111, 130, 186, 187
Scheunemann, Dietrich 48, 221
Schickele, René 37, 43, 69, 92, 93, 182
Schifferli, Peter 226

Schiller, Friedrich von 128, 159, 160
Schirokauer, Arno 95, 98, 99, 221
Schlaf, Johannes 122, 160
Schlawe, Fritz 224
Schmidt-Henkel, Gerhard 207, 208, 221
Schmitt, Hans-Jürgen 217
Schneider, Hans-Jörg 228
Schneider, Karl Ludwig 20, 57, 84, 86, 92, 94, 95, 105, 218, 222, 226
Schnitzler, Arthur 40, 122
Schöffler, Heinz 68, 89, 219
Schondorff, Joachim 217, 226
Schopenhauer, Arthur 84
Schreinert, Kurt 218
Schreyer, Lothar 10, 62, 125, 131, 132, 139, 179
Schumacher, Hans 151, 152, 153, 154, 222
Schürer, Ernst 172, 222, 228
Schuster, Ingrid 228
Schwerte, Hans 69
Schwitters, Kurt 10, 55, **117,** 125, 220, 222, 228
Sebald, Winifred 146, 222, 228
Seidel, Ina 41
Seiler, Bernd 228
Sello, Katrin 225
Shakespeare, William 93
Sheppard, Richard 54, 63, 222, 226
Simmel, Georg 98
Simon, Klaus 102, 106, 222
Sklenar, Hans 219
Soergel, Albert 15, 69, 73, 200, 222
Sokel, Walter H. 12, 29, 43, 56, 73, 141, 193, 211, 214, 215, 222, 226
Solomon, Janis 179, 180, 181
Sophokles 158
Sorge, Reinhard (Johannes) 17, 39, 50, 51, 52, 71, 139, 140, 150, **151–156,** 163, 171, 173, 174, 222
Spalek, John M. 226
Spielhagen, Friedrich 27
Spitzweg, Karl 122
Stadler, Ernst 20, 25, 26, 27, 42, 43, 44, 50, 57, 58, 77, 87, 89, **91–100,** 105, 106, 107, 118, 119, 123, 150, 218, 220, 221, 222, 223
Stark, Michael 225
Stauch-von Quitzow, Wolfgang 142, 145, 222
Steffen, Hans 217
Steinbach, Dietrich 223
Steinitz, Kate T. 228
Steinlein, Rüdiger 228
Stern, Martin 226
Sternheim, Carl 17, 19, 25, 29, 42, 43, 51, 52,

58, 59, 68, 70, 71, 72, 73, 74, 75, 94, 96, 131, 139, **140–147,** 164, 165, 168, 169, 170, 171, 186, 187, 206, 216, 217, 220, 221, 222, 223, 224, 226

Stramm, August 10, 16, 19, 25, 42, 54, 62, 70, 99, 116, **122–125,** 131, 132, 139, 161, 197, 222

Stramm, Inge 122, 123, 222

Strich, Fritz 221

Strindberg, August 14, 59, 72, 95, 129, 151, 171

Swedenborg, Emanuel 59, 158

Sydow, Eckart von 13

ter Haag, Carel 184, 222

Thomas, Hinton R. 222, 228

Thomke, Hellmut 228

Tieck, Ludwig 129

Toller, Ernst 57, 140, **183–185,** 212, 217, 218, 221, 222, 226

Trakl, Georg 24, 29, 32, 33, 37, 39, 49, 57, 59, 66, 70, 85, 87, 94, 95, **100–108,** 109, 123, 134, 157, 213, 216, 218, 219, 220, 222, 224

Tzara, Tristan 59, 226

Uhlig, Helmut 87, 223

Unruh, Fritz von 10, 88, 140, 149, 163, 164, **174–178,** 179, 217, 218, 227

Urban, Bernd 185

Valk, Gesa M. 52, 165, 169, 219, 223

Varnhagen, Rahel 36, 216

Verdi, Giuseppe 112

Verlaine, Paul 14

Vietta, Silvio 147, 223, 226

Villon, François 181

Vischer, Friedrich Theodor 215

Wagenbach, Klaus 212, 214, 223

Wagner, Richard 29, 52, 129, 130, 131, 133, 166, 170

Walden, Herwarth 15, 16, 26, 37, 52, 54, **61–62,** 63, 95, 107, 122, 123, 124, 125, 131, 179, 204, 223

Walden, Nell 62, 223

Wandrey, Uwe 228

Wassermann, Jakob 28, 35, 107, 183, 187, 188, 189, **190–194,** 204, 208, 216, 219, 223

Webb, Karl Eugene 228

Weber, Werner 79, 223

Wedekind, Frank 19, 20, 28, 39, 46, 141, 159, 163, 166, 186, 187, 197, 217

Wegner, Armin T. 63, 83, 87

Weisbach, Reinhard 228

Weiß, Ernst 30

Weisstein, Ulrich 103, 228

Wellershoff, Dieter 216, 228

Wendler, Wolfgang 72, 146, 223

Werfel, Franz 17, 29, 32, 33, 34, 37, 44, 49, 52, 58, 64, 71, 77, 91, 92, 95, 97, 98, 100, 101, 103, 107, **108–115,** 125, 126, 127, 139, 140, 148, 153, 156, 158, 218, 219, 223, 224

Whitman, Walt 14, 94, 125

Wieland, Christoph Martin 93

Wiese, Benno von 220, 228

Wieser, Max 220

Wilhelm II. (Kaiser) 33, 159

Willett, John 228

Wirth, Andrzej 72, 223

Witkiewicz, Stanislaw I. 223

Wodke, Friedrich 224

Wolfenstein, Alfred 21, 22, 33, 38, 50, 56, 68, 89, 128, 217, 218

Wolff, Kurt 37, 64, 94, 107, 111, 127, 157, 219, 226, 228

Worringer, Wilhelm 223

Zahn Leopold 113, 223

Zech, Paul 20, 23, 60, 69, 128, **177–178**

Zeller, Bernhard 226

Ziegler, Jürgen 228

Zola, Emile 39, 187

Zuckmayer, Carl 28, 57, 60

Zweig, Arnold 147

Zweig, Stefan 44

Germanistische Lehrbuchsammlung

Herausgegeben von Hans-Gert Roloff (Berlin)

Abteilung I · Sprache

1 Grundbegriffe der Sprachwissenschaft. Ein Nachschlagewerk
(Hrsg. Herbert Penzl, Berkeley, und Hans-Gert Roloff, Berlin)

2 Der Weg zur deutschen Sprache. Von der indogermanischen zur Merowingerzeit
(Piergiuseppe Scardigli, Firenze)

3 Geschichte der deutschen Sprache
(Ingo Reiffenstein, Salzburg)

4 Historische Laut- und Formenlehre des Deutschen
(Alfred Kracher, Graz)

5 Historische Syntax des Deutschen I: Von den Anfängen bis 1300
(Paul Valentin, Paris)

6 Historische Syntax des Deutschen II: Von 1300 bis 1750
(Robert Peter Ebert, Princeton/N.J.)

7 Althochdeutsch. Eine Einführung
(Herbert Penzl, Berkeley/CA)

8 Mittelhochdeutsch. Eine Einführung
(Herbert Penzl, Berkeley/CA)

9 Frühneuhochdeutsch. Eine Einführung
(Herbert Penzl, Berkeley/CA)

10 Neuhochdeutsch I: Phonetik und Phonologie des Deutschen
(Günter Lipold, Wien)

11 Neuhochdeutsch II: Formenlehre und Wortbildung
(Paul Valentin, Paris)

12 Neuhochdeutsch III: Syntax
(Johannes Erben, Bonn)

13 Wortforschung I: Semantik des Deutschen
(Marthe Philipp, Strasbourg)

14 Wortforschung II: Lexikologie des Deutschen (Lexikographie, Wortgeschichte, Wortgeographie)
(Gilbert A. R. de Smet, Gent)

15 Wortforschung III: Etymologie des Deutschen
(Helmut Birkhan, Wien)

16 Angewandte Linguistik des Deutschen I: Soziolinguistik
(Matthias Hartig, Frankfurt a.M.)

17 Angewandte Linguistik des Deutschen II: Psycholinguistik
(Els Oksaar, Hamburg)

18 Angewandte Linguistik des Deutschen III: Sprachkontakte und Mehrsprachigkeit
(Els Oksaar, Hamburg)

19 Linguistische Theorien der Moderne
(W. P. Lehmann, Austin/Texas)
1981. 173 S. Brosch. sFr. 26.–

20 Dialektologie des Deutschen
(Peter Wiesinger, Wien)

21 Namenkunde des Deutschen
(Gerhard Bauer, Mannheim)

22 Geschichte der deutschen Sprachwissenschaft
(Herbert Kolb, München)

23 Probleme des Übersetzens aus älteren deutschen Texten
(Bernhard Sowinski, Köln)

24 Die gotischen Sprachreste. Überblick und Einführung
(Piergiuseppe Scardigli, Firenze)

25 Die nordischen Sprachen. Übersicht und Einführung
(Ulrich Groenke, Köln)

26 Niederdeutsche Sprache
(Dieter Stellmacher, Göttingen)

27 Jiddisch. Eine Einführung
(Josef Weissberg, Jerusalem)

Abteilung II · Literatur

Reihe A · Literaturgeschichte

28 Deutsche Literatur vom achten bis zehnten Jahrhundert
(Roswitha Wisniewski, Heidelberg)

29 Deutsche Literatur im elften und zwölften Jahrhundert
(Ursula Hennig, Berlin)

30 Deutsche Literatur im dreizehnten Jahrhundert
(Volker Mertens, Berlin)

31 Deutsche Literatur im vierzehnten Jahrhundert
(Dietrich Schmidtke, Berlin)

32 Deutsche Literatur im fünfzehnten und sechzehnten Jahrhundert
(Hans-Gert Roloff, Berlin)

33 Deutsche Literatur im siebzehnten Jahrhundert
(Marian Szyrocki, Wrocław)

34 Deutsche Literatur im Zeitalter der Aufklärung I: Frühaufklärung – Hochaufklärung – Empfindsamkeit (1720 bis 1770)
(Gonthier Louis Fink, Strasbourg)

35 Deutsche Literatur im Zeitalter der Aufklärung II: Sturm und Drang – Spätaufklärung (1770 bis 1795)
(Gonthier Louis Fink, Strasbourg)

36 Deutsche Literatur im klassisch-romantischen Zeitalter I: 1795 bis 1805
(Hans Eichner, Toronto)

37 Deutsche Literatur im klassisch-romantischen Zeitalter II: 1805 bis 1830
(Wilfried R. Malsch, Amherst/Mass.)

38 Deutsche Literatur im neunzehnten Jahrhundert
(Gerd Müller, Kiel)

39 Deutsche Literatur der Jahrhundertwende (1880–1910)
(Franz Norbert Mennemeier und Horst Fritz, Mainz)

40 Deutsche Literatur des Expressionismus
(Wolfgang Paulsen, Amherst/Mass.)

41 Deutsche Literatur zwischen den Weltkriegen I: Die Literatur der Weimarer Republik
(Gerhard Schmidt-Henkel, Saarbrücken)

42 Deutsche Literatur zwischen den Weltkriegen II: Exilliteratur
(Frithjof Trapp, Berlin)

43 Deutsche Literatur zwischen den Weltkriegen III: Literatur im Dritten Reich
(Herbert Knust und Karl-Heinz Schoeps, Urbana/Illinois)

44 Deutsche Literatur nach 1945. Teil I: Erzählende Literatur – Teil II: Lyrik – Teil III: Dramatische Literatur
(Hrsg. von Eberhard Mannack, Kiel)

45 Germanische Heldenepik von der Urzeit bis ins Spätmittelalter
(Carola Gottzmann, Heidelberg)

46 Mittellateinische Literatur
(Fidel Rädle, Marburg/Lahn)

47 Neulateinische Literatur
(Georg Roellenbleck, Köln)

Reihe B · Literaturwissenschaftliche Grundlagen

48 Praxis der Literaturermittlung. Teil I: Grundbegriffe und Methodik – Teil II: Systematisches Verzeichnis: Germanistik
(Carl Paschek, Frankfurt a.M.)

49 Germanistische Handschriftenkunde
(Petrus W. Tax, Chapel Hill/N.C.)

50 Druckkunde
(Hans A. Halbey, Mainz)

51 Buch und Verlagskunde
(Hans-Albrecht Koch, Berlin)

52 Deutsche Bibliotheksgeschichte
(Wolfgang Schmitz, Köln)

53 Die philologische Methode in der Germanistik
(Bernhard Sowinski, Köln)

54 Editionswesen
(Hans-Gert Roloff, Berlin/Hans Szklenar, Göttingen)

55 Deutsche Metrik
(Ursula Hennig, Berlin/Leif Ludwig Albertsen, Aarhus)